This text was packaged with an access code to the **Aventuras 4th Edition** Supersite.
A code can only be used once, is not transferable, and cannot be resold after it is used.
If the code is missing or used, visit **vistahigherlearning.com/store** to purchase a code.

FOURTH EDITION

AVENTURAS

PRIMER CURSO DE LENGUA ESPAÑOLA

José A. Blanco

Philip Redwine Donley, late

VISTA®
HIGHER LEARNING

Boston, Massachusetts

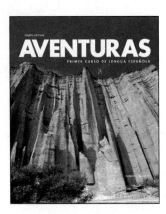

Talampaya National Park, Argentina

Publisher: José A. Blanco
President: Janet Dracksdorf
Editorial Development: Deborah Coffey, Marissa Fiala, Jo Hanna Kurth, Verónica Tejeda
Project Management: Maria Rosa Alcaraz, Sharon Inglis, Adriana Lavergne
Technology Editorial: Darío González, Paola Ríos Schaaf
Design and Production Director: Marta Kimball
Senior Creative Designer, Print & Web/Interactive: Susan Prentiss
Production Manager: Oscar Díez
Design and Production Team: Liliana Bobadilla, María Eugenia Castaño, Michelle Groper, Mauricio Henao, Jhoany Jiménez, Andrés Vanegas, Nick Ventullo

Library of Congress Control Number: 2012948547

Student Text ISBN: 978-1-61857-053-6
Instructor's Annotated Edition ISBN: 978-1-61857-055-0

6 7 8 9 10 RW 20 19 18 17 16

Introduction

Welcome to **AVENTURAS, Fourth Edition!** This highly successful introductory Spanish program is designed to provide you with an active and rewarding learning experience. You are about to embark on an exciting adventure as you learn Spanish and explore the diverse cultures of the Spanish-speaking world.

NEW to the Fourth Edition

- A completely new **Fotonovela,** filmed in the Yucatan Peninsula and Mexico City, features engaging international characters and a captivating storyline. Photos from the **Fotonovela** open each lesson.

- Enhanced Supersite—a simplified, user-friendly interface that highlights current assignments and makes all resources easy to find

- Convenient, downloadable eBook with embedded audio and easy-to-use navigation

- iPad®-friendly* access—get Supersite and vText on the go!

- Fun, interactive app that reinforces lesson vocabulary, grammar, and listening and speaking

- Online chat activities for synchronous communication and oral practice

- An expanded Testing Program with new tests, plus vocabulary, grammar, and oral quizzes

- 4 new **Lectura** readings, plus Supersite audio-sync technology for all **Lectura** readings

- 6 new authentic **Videoclips** showcasing Spanish from diverse locations in the Spanish-speaking world

Plus, the original hallmark features of AVENTURAS

- Fresh, user-friendly design and layout that support and facilitate language learning

- An abundance of illustrations, photos, and charts specifically chosen to help you learn

- Practical, high-frequency vocabulary for communicating in real-life situations

- Clear, concise grammar explanations that graphically highlight important concepts

- Guided activities that practice vocabulary and grammar so you feel confident communicating in Spanish

- Abundant opportunities to interact in communicative situations

- A process approach to reading, writing, and listening skills

- Presentation of important cultural aspects of the daily lives of Spanish speakers and coverage of the entire Spanish-speaking world

- Engaging video programs, including **Flash Cultura, Videoclip,** and **Panorama cultural,** that provide authentic cultural and linguistic input

- A complete set of print and technology ancillaries to make learning Spanish easier

To familiarize yourself with the program's organization, as well as its original and new features, turn to page xii and take the **AVENTURAS-at-a-glance** tour.

*Students must use a computer for audio-recording and select presentations and tools that require Flash or Shockwave.

table of contents

	PREPARACIÓN	**AVENTURAS**

CULTURA	GRAMÁTICA	LECTURA

table of contents

	PREPARACIÓN	AVENTURAS

CULTURA	GRAMÁTICA	LECTURA

table of contents

	PREPARACIÓN	AVENTURAS

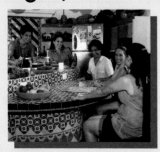

table of contents

	PREPARACIÓN	**AVENTURAS**

Lesson Openers
outline the content and goals of each lesson.

4 El fin de semana

Communicative Goals
You will learn how to:
• talk about pastimes, weekend activities, and sports
• make plans and invitations
• say what you are going to do

PREPARACIÓN
pages 84–89
• Words related to pastimes and sports
• Places in the city
• Word stress and accent marks

AVENTURAS
pages 90–91
• The friends spend the day exploring Mérida and the surrounding area. Maru, Jimena, and Miguel take Marissa to a cenote. Felipe and Juan Carlos join Felipe's cousins for soccer and lunch.

CULTURA
pages 92–93
• *Real Madrid y Barça: rivalidad total*
• Flash Cultura: *¡Fútbol en España!*

GRAMÁTICA
pages 94–105
• Present tense of **ir**
• Present tense of stem-changing verbs
• Verbs with irregular **yo** forms

LECTURA
pages 106–107
• Newspaper article: *Guía para el fin de semana*

PARA EMPEZAR
• ¿Cómo son estas personas? ¿Gordas o delgadas?
• ¿Son jóvenes o viejas?
• ¿En qué tienen interés: en el fútbol o en el ciclismo?
• ¿Tienen calor o frío?

Para empezar A series of questions on the lesson opener photo recycles the language you already know and previews the vocabulary you are about to learn.

Lesson organization Consistent, color-coded sections make navigating each lesson easy.

Supersite

Supersite resources are available for every section of the lesson at **vhlcentral.com**. Icons show you which textbook activities are also available online, and where additional practice activities are available. The description next to the ⑤ icon indicates what additional resources are available for each section: videos, recordings, tutorials, presentations, and more!

Supersite features vary by access level. Visit **vistahigherlearning.com** to explore which Supersite level is right for you.

Preparación
introduces vocabulary central to the lesson theme.

Art Dynamic photos and illustrations present high-frequency vocabulary.

Vocabulary Theme-related vocabulary appears in easy-to-reference Spanish/English lists. For words where the visual is sufficient, the Spanish is given and the English is provided at the end of the lesson.

Variación léxica This presentation of alternate words and expressions highlights the richness of the Spanish-speaking world.

Supersite

- Vocabulary tutorials
- Audio support for vocabulary presentation

Supersite features vary by access level. Visit **vistahigherlearning.com** to explore which Supersite level is right for you.

Preparación
practices vocabulary in stages.

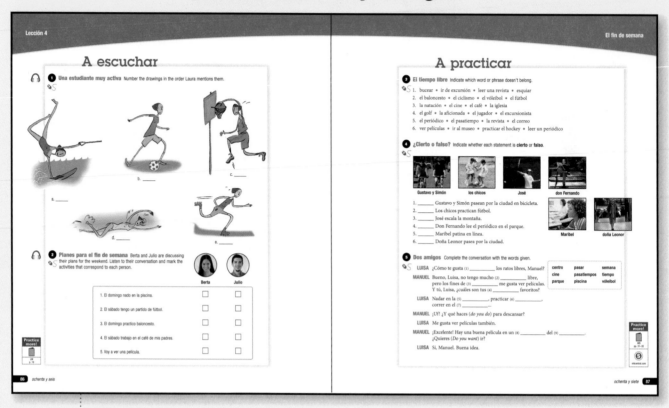

A escuchar Practice always begins with a page of listening activities that focus on vocabulary recognition and comprehension.

A practicar Practice continues with a page of guided and transitional activities that reinforce the new vocabulary in diverse formats.

Icons Icons provide a visual cue that indicates listening, Supersite, pair, group, and info gap activities. See page xxviii for a legend of all the icons used in the student text.

Practice more! Resource boxes identify the page number of the associated Workbook, Lab Manual, or Video Manual at point-of-use.

Supersite

- Textbook activities
- Additional online-only practice activities

Supersite features vary by access level. Visit **vistahigherlearning.com** to explore which Supersite level is right for you.

Preparación
wraps up vocabulary practice with communicative activities.

A conversar

6 **En el campus** With a partner, describe what the people in the illustration are doing.

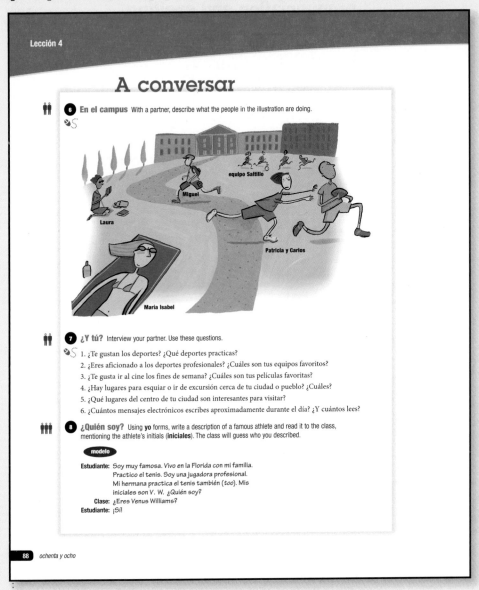

equipo Saltillo

Miguel

Laura

Patricia y Carlos

María Isabel

7 **¿Y tú?** Interview your partner. Use these questions.

1. ¿Te gustan los deportes? ¿Qué deportes practicas?
2. ¿Eres aficionado a los deportes profesionales? ¿Cuáles son tus equipos favoritos?
3. ¿Te gusta ir al cine los fines de semana? ¿Cuáles son tus películas favoritas?
4. ¿Hay lugares para esquiar o ir de excursión cerca de tu ciudad o pueblo? ¿Cuáles?
5. ¿Qué lugares del centro de tu ciudad son interesantes para visitar?
6. ¿Cuántos mensajes electrónicos escribes aproximadamente durante el día? ¿Y cuántos lees?

8 **¿Quién soy?** Using **yo** forms, write a description of a famous athlete and read it to the class, mentioning the athlete's initials (**iniciales**). The class will guess who you described.

> **modelo**
>
> **Estudiante:** Soy muy famosa. Vivo en la Florida con mi familia.
> Practico el tenis. Soy una jugadora profesional.
> Mi hermana practica el tenis también (too). Mis
> iniciales son V. W. ¿Quién soy?
> **Clase:** ¿Eres Venus Williams?
> **Estudiante:** ¡Sí!

A conversar This final set of activities gets you using vocabulary creatively for self-expression in interactions with a partner, a small group, or the entire class.

Supersite

Chat activities for conversational skill-building and oral practice

Supersite features vary by access level. Visit **vistahigherlearning.com** to explore which Supersite level is right for you.

Preparación
Pronunciación and *Ortografía* present the basics of Spanish pronunciation and spelling.

Pronunciación This section explains the sounds and pronunciation of Spanish in **Lecciones 1–9.**

Ortografía In **Lecciones 10–16,** this section focuses on topics related to Spanish spelling.

⑤upersite

- Audio for pronunciation explanation
- Record-compare textbook activities

Supersite features vary by access level. Visit **vistahigherlearning.com** to explore which Supersite level is right for you.

Aventuras
tells the story of a group of students living and traveling in Mexico.

Personajes The characters who appear in the episode are shown on the left.

Aventuras video The photo-based **Aventuras** conversations appear in the textbook's video program. To learn more about the video, turn to page xxvi.

Expresiones útiles New words and expressions are organized by language function so you can focus on using them for real-life, practical purposes.

Actividades Guided exercises check your understanding and communicative activities allow you to react in a personalized way.

Supersite

- Streaming video of the **Aventuras** episode
- Textbook activities

Supersite features vary by access level. Visit **vistahigherlearning.com** to explore which Supersite level is right for you.

Cultura

highlights engaging contemporary culture through readings and video.

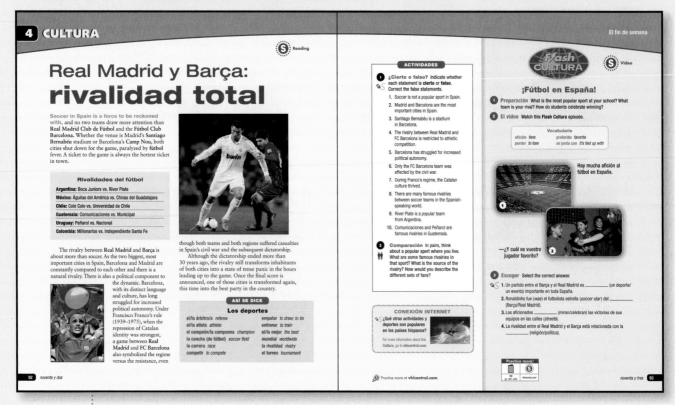

Feature article This focuses on a person, place, custom, event, or tradition in the Spanish-speaking world, with an emphasis on contemporary, day-to-day culture. Written in Spanish as of **Lección 7**, this feature also provides valuable reading practice.

Así se dice Additional lexical features expand cultural coverage to vocabulary from all over the Spanish-speaking world.

Flash Cultura The enormously successful video offers specially-shot content tied to the lesson theme. Previewing support and comprehension activities are integrated into the student text. To learn more about the video, turn to page xxvii.

ⓢupersite

- **Cultura** article
- Textbook activities
- Additional online-only practice activities
- **Conexión Internet** activity with questions and keywords related to lesson theme
- Streaming video of **Flash Cultura**

Supersite features vary by access level. Visit **vistahigherlearning.com** to explore which Supersite level is right for you.

Gramática
uses innovative design to support learning Spanish.

Layout For each grammar point, the explanation and practice activities appear together on two facing pages. Grammar explanations in the outside panels are the foundation for the activities in the shaded inner panels, providing you with support on the same page.

Explanations Written with the student in mind, **AVENTURAS'** grammar explanations are known for their clarity. Images, charts, and diagrams support the text by illustrating language and calling out key grammatical structures, patterns, and vocabulary.

Video Photos from the **AVENTURAS** video integrate it into the grammar explanations, providing a model and a real-life context for the structures you are studying.

Supersite

- Animated grammar tutorials
- Textbook activities
- Additional online-only practice activities

Supersite features vary by access level. Visit **vistahigherlearning.com** to explore which Supersite level is right for you.

Gramática
progresses from directed to communicative practice.

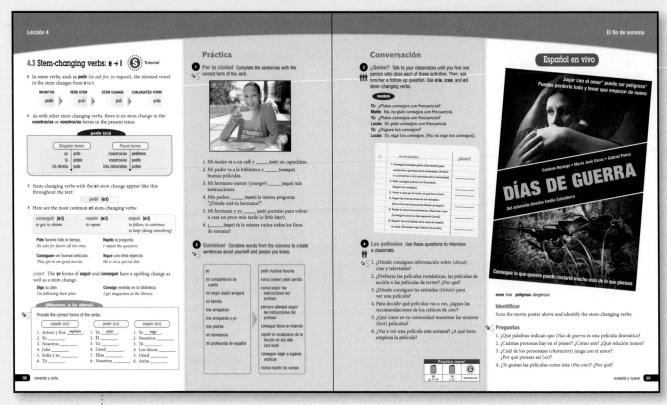

¡Manos a la obra! This first practice activity gets you working with the grammar point right away in simple, easy-to-understand formats.

Práctica Activities provide a wide range of guided exercises in contexts that combine current and previously learned vocabulary with each grammar point.

Español en vivo Documents like advertisements and movie posters highlight the new grammar point in a real-life context.

Conversación Opportunities for personalized expression use the lesson's grammar and vocabulary. Activities take place with a partner, in small groups, or with the whole class.

(S)uper**site**

- Animated grammar tutorials
- Textbook activities
- Additional online-only practice activities

Supersite features vary by access level. Visit **vistahigherlearning.com** to explore which Supersite level is right for you.

Gramática
includes additional practice and a video section.

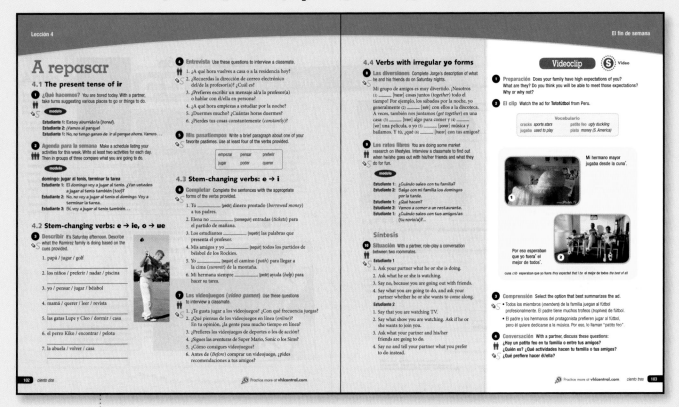

A repasar Two directed and/or communicative exercises provide additional practice opportunities for each grammar point.

Síntesis Every **A repasar** section concludes with an open-ended, cumulative activity that allows you and your classmates to re-combine the grammar points of the lesson with the lesson's vocabulary.

Videoclip An authentic video clip synthesizes the entire lesson in a fun and engaging way. News stories, commercials, and even short films will get you excited about learning Spanish and expose you even more to the cultures of the Spanish-speaking world.

Supersite

- Additional online-only practice activities
- Chat activities for conversational skill-building and oral practice
- Streaming video of **Videoclip**

Supersite features vary by access level. Visit **vistahigherlearning.com** to explore which Supersite level is right for you.

Vocabulario
summarizes the active vocabulary in each lesson.

4 VOCABULARIO

Audio: Vocabulary Flashcards

Las actividades

bucear	to scuba dive
escalar montañas	to go mountain climbing
escribir una carta	to write a letter
escribir un mensaje electrónico	to write an e-mail
escribir una (tarjeta) postal	to write a postcard
esquiar	to ski
ir de excursión (a las montañas)	to go for a hike (in the mountains)
leer el correo electrónico	to read e-mail
leer el periódico	to read the newspaper
leer una revista	to read a magazine
nadar en la piscina	to swim in the pool
pasar el tiempo	to spend time
pasear en bicicleta	to ride a bicycle
pasear por la ciudad/el pueblo	to walk around the city/town
patinar (en línea)	to skate (in-line)
practicar deportes	to play sports
tomar el sol	to sunbathe
ver películas	to watch movies
visitar un monumento	to visit a monument
la diversión	entertainment; fun activity
el/la excursionista	hiker
el fin de semana	weekend
el pasatiempo	pastime; hobby
los ratos libres	spare time
el tiempo libre	free time

Los deportes

el baloncesto	basketball
el béisbol	baseball
el ciclismo	cycling
el equipo	team
el esquí (acuático)	(water) skiing
el fútbol	soccer
el fútbol americano	football
el golf	golf
el hockey	hockey
el/la jugador(a)	player
la natación	swimming
el partido	game
la pelota	ball
el tenis	tennis
el vóleibol	volleyball
ganar	to win
ser aficionado/a (a)	to be a fan (of)

Los lugares

el café	café
la casa	house
el centro	downtown
el cine	movie theater
el gimnasio	gym, gymnasium
la iglesia	church
el lugar	place
el museo	museum
el parque	park
el restaurante	restaurant

Adjetivos

deportivo/a	sports-related
favorito/a	favorite

Verbos

cerrar (e:ie)	to close
comenzar (e:ie)	to begin
conseguir (e:i)	to get; to obtain
dormir (o:ue)	to sleep
empezar (e:ie)	to begin
encontrar (o:ue)	to find
entender (e:ie)	to understand
hacer	to do; to make
ir	to go
ir a (+ inf.)	to be going to do something
jugar (u:ue)	to play
mostrar (o:ue)	to show
oír	to hear
pedir (e:i)	to ask for; to request
pensar (e:ie)	to think
pensar (+ inf.)	to intend; to plan
pensar en	to think about
perder (e:ie)	to lose; to miss
poder (o:ue)	to be able to, can
poner	to put; to place
preferir (e:ie)	to prefer
querer (e:ie)	to want; to love
recordar (o:ue)	to remember
repetir (e:i)	to repeat
salir	to leave
seguir (e:i)	to follow; to continue; to keep (doing something)
suponer	to suppose
traer	to bring
ver	to see; to watch
volver (o:ue)	to return

Practice more at **vhlcentral.com**.

Vocabulario The end-of-lesson page lists the active vocabulary from this lesson. This is the vocabulary that may appear on quizzes or tests.

Supersite

- Audio for all vocabulary items
- Vocabulary flashcards with audio

Supersite features vary by access level. Visit **vistahigherlearning.com** to explore which Supersite level is right for you.

Aventuras en los países hispanos

presents the countries of the Spanish-speaking world and appears after every even-numbered lesson.

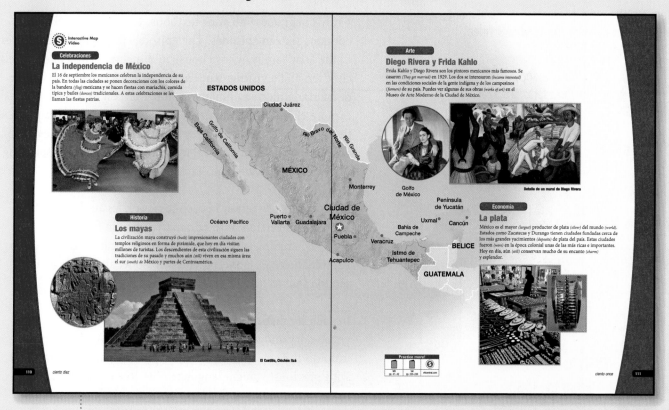

Maps These maps situate the country or region on its continent and highlight significant features.

Readings Short readings with eye-catching photos explore key facets of the location's culture, such as history, fine arts, food, celebrations, and traditions.

Video A video segment from the **Aventuras en los países hispanos** Video Program lets you experience the sights and sounds of each country featured in this section.

Opening and closing pages The opening page sets the scene for the section with a dramatic photo and statistics about the location. **¿Qué aprendiste?** activities on the closing page connect what you've learned with your own experiences.

Supersite

- Interactive map
- Streaming video of the **Aventuras en los países hispanos** program
- Textbook activities
- Additional online-only practice activities
- **Conexión Internet** activity with questions and keywords related to lesson theme

Supersite features vary by access level. Visit **vistahigherlearning.com** to explore which Supersite level is right for you.

The Cast

Here are the main characters you will meet when you watch the **AVENTURAS** video:

From Mexico,
Jimena Díaz Velázquez

From Mexico,
Felipe Díaz Velázquez

From Mexico,
María Eugenia (Maru) Castaño

From Argentina,
Juan Carlos Rossi

From the U.S.,
Marissa Wagner

From Spain,
Miguel Ángel Lagasca Martínez

Video programs

Aventuras

Fully integrated with your textbook, the **AVENTURAS** Video contains sixteen episodes. The episodes present the adventures of the Díaz family, whose household includes two college-aged children and a visiting student from the U.S. Over the course of an academic year, Jimena, Felipe, Marissa, and their friends explore **el D.F.** and other parts of Mexico as they make plans for their future. Their adventures take them through some of the greatest natural and cultural treasures of the Spanish-speaking world, as well as the highs and lows of everyday life.

The **Aventuras** section in each textbook lesson is actually an abbreviated version of the dramatic episode featured in the video. Therefore, each **Aventuras** section can be done before you see the corresponding video episode, after it, or as a section that stands alone.

In each dramatic segment, the characters interact using vocabulary and grammar you are studying. As the storyline unfolds, the episodes combine new vocabulary and grammar with previously taught language. The **Resumen** segment serves to recap the plot as well as to emphasize the grammar and vocabulary you are studying.

Aventuras en los países hispanos

The **Aventuras en los países hispanos** video is integrated with each **Aventuras en los países hispanos** section in **AVENTURAS**. Each segment is 2–3 minutes long and consists of documentary footage from each of the countries featured. The images were specially chosen for interest level and visual appeal; the all-Spanish narrations were carefully written to reflect the vocabulary and grammar covered in the textbook.

As you watch the video segments, you will experience a diversity of images and topics: cities, monuments, traditions, festivals, archeological sites, geographical wonders, and more. **Aventuras en los países hispanos** covers each Spanish-speaking country, including the United States and Canada, and gives you the opportunity to expand your cultural perspectives with information directly related to the content of **AVENTURAS**.

Flash Cultura

The dynamic **Flash Cultura** Video is fully integrated into the **Cultura** section of each lesson and into your Video Manual. Shot in eight countries (US, Puerto Rico, Mexico, Spain, Argentina, Costa Rica, Ecuador, and Peru), these contemporary and engaging episodes expand on the lesson themes. Each episode is hosted by a correspondent from the featured country; the host provides valuable information about a tradition, event, resource, or other aspect of the country's culture and talks to the locals to get their opinions about the subject at hand.

The episodes are entirely in Spanish as of **Lección 7**, but they feature authentic interviews in Spanish from the very beginning, exposing you to the diverse and authentic accents of the Spanish-speaking world. Support materials in the text, on the Supersite, and in the Video Manual make these interviews accessible so you get the most out of them.

We hope you enjoy **Flash Cultura, ¡el programa donde aprender es toda una aventura!**

Videoclip

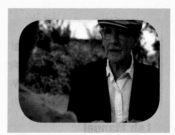

AVENTURAS features an authentic video clip from the Spanish-speaking world for each lesson. Clip formats include high-interest commercials and news stories. These clips have been carefully chosen to be comprehensible for students learning Spanish. Developed by Spanish speakers for Spanish speakers, they offer another valuable window into the products, practices, and perspectives that are key to the cultures of the Spanish-speaking world. More importantly, though, these clips are a fun and motivating way to improve your Spanish!

Here are the countries represented in each lesson in **Videoclip**.

Lesson 1 US	Lesson 5 Mexico	Lesson 9 Argentina	Lesson 13 Argentina
Lesson 2 Chile	Lesson 6 Spain	Lesson 10 Spain	Lesson 14 Argentina
Lesson 3 Spain	Lesson 7 Argentina	Lesson 11 Colombia	Lesson 15 Uruguay
Lesson 4 Peru	Lesson 8 Colombia	Lesson 12 Spain	Lesson 16 El Salvador

Rosa S. Samelson
Palo Alto College, TX

Bevin Sheehan
Granite State College, NH

Juan Soto
Odessa College, TX

Emily Stokes
Annie Wright Schools, WA

Elizabeth C. Ubiergo
Clark College, OR

Carla Zayas-Santiago
University of South Florida, FL

1 # Hola, ¿qué tal?

Communicative Goals

You will learn how to:

- use greetings, farewells, and courtesy expressions
- identify yourself and others
- tell time

PARA EMPEZAR

- Guess what the people in the photo are saying:
  a. Por favor.   b. Hola.   c. amigo
- Most likely they would also say:
  a. Gracias.   b. fiesta   c. Buenos días.

Tutorials

HOLA, ¿QUÉ TAL?

CARLA	Hola, Sofía. ¿Qué hay de nuevo?
SOFÍA	Nada. Y tú, ¿qué tal?
CARLA	Bien, gracias.
SOFÍA	Nos vemos, Carla.
CARLA	Chau, Sofía. Saludos a Roberto.

SEÑORA SALAS	Buenas tardes, señor Pérez. ¿Cómo está usted?
SEÑOR PÉREZ	Muy bien, gracias. ¿Y usted, señora Salas?
SEÑORA SALAS	No muy bien.
SEÑOR PÉREZ	Lo siento.

SALUDOS Y DESPEDIDAS

Hola. *Hello.*

Buenos días. *Good morning.*

Buenas tardes. *Good afternoon.*

Buenas noches. *Good evening; Good night.*

Adiós. *Goodbye.*

Chau. *Bye.*

Hasta la vista. *See you later.*

Hasta luego. *See you later.*

Hasta mañana. *See you tomorrow.*

Hasta pronto. *See you soon.*

Nos vemos. *See you.*

Saludos a... *Say hello to...*

¿CÓMO ESTÁS?

¿Cómo está usted? *How are you? (formal)*

¿Cómo estás? *How are you? (familiar)*

¿Qué hay de nuevo? *What's new?*

¿Qué pasa? *What's going on?*

¿Qué tal? *How is it going?*

(Muy) bien, gracias. *(Very) well, thanks.*

Nada. *Nothing.*

No muy bien. *Not very well.*

Regular. *So-so.*

PRESENTACIONES

¿Cómo se llama usted? *What's your name? (form.)*

¿Cómo te llamas (tú)? *What's your name? (fam.)*

Me llamo... *My name is...*

¿Y tú? *And you? (fam.)*

¿Y usted? *And you? (form.)*

Mucho gusto. *Pleased to meet you.*

El gusto es mío. *The pleasure is mine.*

Encantado/a. *Pleased to meet you.*

Igualmente. *Likewise.*

Éste es... *This is... (masculine)*

Ésta es... *This is... (feminine)*

Le presento a... *I would like to introduce you to... (form.)*

Te presento a... *I would like to introduce you to... (fam.)*

¿De dónde es usted? *Where are you from? (form.)*

¿De dónde eres? *Where are you from? (fam.)*

Soy de... *I'm from...*

LAURA	Hola. Me llamo Laura. ¿Y tú?
ESTEBAN	Hola. Me llamo Esteban. Mucho gusto.
LAURA	El gusto es mío. ¿De dónde eres?
ESTEBAN	Soy de los Estados Unidos, de Texas.

EXPRESIONES Y TÍTULOS DE CORTESÍA

De nada. *You're welcome.*

Lo siento. *I'm sorry.*

(Muchas) gracias. *Thank you (very much).*

No hay de qué. *You're welcome.*

Por favor. *Please.*

---

señor (Sr.) *Mr.; sir*

señora (Sra.) *Mrs.; ma'am*

señorita (Srta.) *Miss*

SUSANA	Leti, éste es el señor Garza.
LETICIA	Encantada.
SEÑOR GARZA	Igualmente. ¿De dónde es usted, señora?
LETICIA	Soy de Puerto Rico. ¿Y usted?
SEÑOR GARZA	De México.

Variación léxica

Buenos días. ⟷ Buenas.

De nada. ⟷ A la orden.

Lo siento. ⟷ Perdón.

¿Qué tal? ⟷ ¿Cómo te va?,
¿Qué hubo? (*Col.*)

A escuchar

 1 **¿Lógico o ilógico?** Listen to each conversation and indicate whether the conversation is logical or illogical.

	Lógico	Ilógico
1.	_____	_____
2.	_____	_____
3.	_____	_____
4.	_____	_____
5.	_____	_____
6.	_____	_____

2 **Una fiesta** Margarita is having an all-day party to celebrate her twentieth birthday. Listen to the conversations and indicate whether each guest is arriving (**Llega**) or leaving (**Sale**).

	Llega	Sale
1. Ramiro	_____	_____
2. Sra. Sánchez	_____	_____
3. Luisa	_____	_____
4. Vicente	_____	_____
5. Profesor Lado	_____	_____
6. Sr. Torres	_____	_____

3 **Seleccionar** Listen to each question or statement, and choose the correct response.

1. a. Muy bien, gracias.   b. Me llamo Graciela.

2. a. Lo siento.   b. Mucho gusto.

3. a. Soy de Puerto Rico.   b. No muy bien.

4. a. No hay de qué.   b. Regular.

5. a. Mucho gusto.   b. Hasta pronto.

6. a. Nada.   b. Igualmente.

7. a. Me llamo Guillermo Montero.   b. Muy bien, gracias.

8. a. Buenas tardes. ¿Cómo estás?   b. El gusto es mío.

Practice more!

LM
p. 1

A practicar

4 Sinónimos For each expression, write a word or phrase that expresses a similar idea.

modelo   ¿Cómo estás? _____¿Qué tal?_____

1. De nada. _____
2. Encantado. _____
3. Adiós. _____
4. Te presento a Antonio. _____
5. ¿Qué hay de nuevo? _____
6. Igualmente. _____

5 Ordenar With a classmate, put this scrambled conversation in order. Then act it out.

—Muy bien, gracias. Soy María Rosa.

—Soy del Ecuador. ¿Y tú?

—Mucho gusto, María Rosa.

—Hola. Me llamo Carlos. ¿Cómo estás?

—Soy de Cuba.

—Igualmente. ¿De dónde eres, Carlos?

CARLOS _____

MARÍA ROSA _____

CARLOS _____

MARÍA ROSA _____

CARLOS _____

MARÍA ROSA _____

6 Emparejar With a partner, match each question or statement with the correct answer.

___ 1. ¿Qué tal?

___ 2. Hasta mañana, señora Ramírez. Saludos al señor Ramírez.

___ 3. ¿Qué hay de nuevo, Alberto?

___ 4. Miguel, ésta es la señorita Perales.

___ 5. ¿De dónde eres, Antonio?

___ 6. Buenas tardes, señor. ¿Cómo está usted?

a. Muy bien, gracias.

b. Soy de México.

c. Nada. ¿Y tú?

d. Encantado. Soy Miguel Vega.

e. De nada.

f. Hasta pronto.

g. Bien. ¿Y tú?

h. Por favor.

Practice more!

WB pp. 1–2

S

vhlcentral.com

A conversar

7 Diálogos With a partner, complete and act out these conversations.

DIÁLOGO 1

—Hola. Me llamo Álex. ¿Cómo te llamas tú?

_____

—Soy de Puerto Rico. ¿Y tú?

_____

DIÁLOGO 2

_____

—Muy bien, gracias. ¿Y usted, señor/señora López?

_____

—Hasta luego, señor/señora. Saludos a la señora/al señor López.

_____

8 Conversaciones With a partner, make up a conversation for each photo.

9 Situaciones Work with two classmates to write and act out these situations.

1. As you leave class on the first day of school, you strike up a conversation with the two students who were sitting next to you. Find out each person's name and where he or she is from before you say goodbye.

2. You meet a friend and ask how he or she is doing. As you are talking, your friend Elena walks by. Introduce Elena to your friend.

3. You say hello to your parents' friends Mrs. Sánchez and Mr. Rodríguez and ask how they are doing. As you say goodbye, send your regards to their spouses.

¡LENGUA VIVA!

Note that **ch** and **ll** are digraphs, or two letters that together produce one sound. Conventionally they are considered part of the alphabet, but **ch** and **ll** do not have their own entries when placing words in alphabetical order, as in a glossary.

Pronunciación (S) Audio

The Spanish alphabet

The Spanish and English alphabets are almost identical, with a few exceptions. For example, the Spanish letter **ñ** (**eñe**) doesn't occur in the English alphabet. Furthermore, the letters **k** (**ka**) and **w** (**doble v**) are used only in words of foreign origin. Examine the chart below to find other differences.

Letra	Nombre(s)	Ejemplo(s)	Letra	Nombre(s)	Ejemplo(s)
a	a	**a**diós	n	ene	**n**acionalidad
b	be	**b**ien, pro**b**lema	ñ	eñe	ma**ñ**ana
c	ce	**c**osa, **c**ero	o	o	**o**nce
ch	che	**ch**ico	p	pe	**p**rofesor
d	de	**d**iario, na**d**a	q	cu	**q**ué
e	e	**e**studiant**e**	r	ere	**r**egular, seño**r**a
f	efe	**f**oto			
g	ge	**g**racias, **G**erardo, re**g**ular	s	ese	**s**eñor
			t	te	**t**ú
h	hache	**h**ola	u	u	**u**sted
i	i	**i**gualmente	v	ve	**v**ista, nue**v**o
j	jota	**J**avier	w	doble ve	**w**alkman
k	ka, ca	**k**ilómetro	x	equis	e**x**istir, Mé**x**ico
l	ele	**l**ápiz			
ll	elle	**ll**ave	y	i griega, ye	**y**o
m	eme	**m**apa	z	zeta, ceta	**z**ona

Práctica Spell these words aloud in Spanish.

1. nada
2. maleta
3. quince
4. muy
5. hombre
6. por favor
7. San Fernando
8. Estados Unidos
9. Puerto Rico
10. España
11. Javier
12. Ecuador
13. Maite
14. gracias
15. Nueva York

Oraciones Repeat these sentences after your instructor, then spell each word aloud.

1. Me llamo Carmen.
2. Hasta luego, señora Herrera.
3. ¿Qué tal, David?
4. Buenos días, Pedro.

Refranes Read these sayings aloud after your instructor.

Ver es creer.[1]

En boca cerrada no entran moscas.[2]

[1] Seeing is believing.
[2] Silence is golden.

Practice more!

LM p. 2

(S)

vhlcentral.com

1

 Video

Bienvenida, Marissa

Marissa llega a México para pasar un año con la familia Díaz.

PERSONAJES

 MARISSA

 SRA. DÍAZ

 DON DIEGO

 SR. DÍAZ

 FELIPE

 JIMENA

MARISSA ¿Usted es de Cuba?
SRA. DÍAZ Sí, de La Habana. Y Roberto es de Mérida. Tú eres de Wisconsin, ¿verdad?
MARISSA Sí, de Appleton, Wisconsin.

MARISSA ¿Quiénes son los dos chicos de las fotos? ¿Jimena y Felipe?
SRA. DÍAZ Sí. Ellos son estudiantes.

DON DIEGO Buenas tardes, señora. Señorita, bienvenida a la ciudad de México.
MARISSA ¡Muchas gracias!

SRA. DÍAZ Ahí hay dos maletas. Son de Marissa.
DON DIEGO Con permiso.

SR. DÍAZ ¿Qué hora es?
FELIPE Son las cuatro y veinticinco.

SRA. DÍAZ Marissa, te presento a Roberto, mi esposo.
SR. DÍAZ Bienvenida, Marissa.
MARISSA Gracias, señor Díaz.

ACTIVIDADES

1 **¿Cierto o falso?** Indicate if each statement is **cierto** or **falso**. Then correct the false statements.

	Cierto	Falso
1. La Sra. Díaz es de Caracas.	○	○
2. El Sr. Díaz es de Mérida.	○	○
3. Marissa es de Los Ángeles, California.	○	○
4. Jimena y Felipe son profesores.	○	○
5. Las dos maletas son de Jimena.	○	○

2 **Completar** Complete this other version of Don Diego and Marissa's meeting for the first time.

DON DIEGO Buenos días, (1) _____.
MARISSA Buenos días, señor. ¿Cómo se (2) _____ usted?
DON DIEGO Yo me llamo Diego, ¿y (3) _____?
MARISSA Yo me llamo Marissa. (4) _____.
DON DIEGO (5) _____, señorita Marissa.

MARISSA ¿Cómo se llama usted?
DON DIEGO Yo soy Diego. Mucho gusto.
MARISSA El gusto es mío, don Diego.

DON DIEGO ¿Cómo está usted hoy, señora Carolina?
SRA. DÍAZ Muy bien, gracias. ¿Y usted?
DON DIEGO Bien, gracias.

JIMENA ¿Qué hay en esta cosa?
MARISSA Bueno, a ver, hay tres cuadernos, un mapa... ¡Y un diccionario!
JIMENA ¿Cómo se dice *mediodía* en inglés?
FELIPE *"Noon".*

FELIPE Estás en México, ¿verdad?
MARISSA ¿Sí?
FELIPE Nosotros somos tu diccionario.

 3
Preguntas Imagine that you are speaking with a traveler you just met at the airport. With a partner, create a conversation using these cues.

▶ Greet each other.
▶ Introduce yourselves.
▶ Ask how your partner is doing.
▶ Ask where your partner is from.
▶ Say goodbye.

Practice more!
VM pp. 169–170
vhlcentral.com

Expresiones útiles

Identifying yourself and others
¿Cómo se llama usted?
What's your name?
Yo soy Diego, el portero. Mucho gusto.
I'm Diego, the doorman. Nice to meet you.
¿Cómo te llamas?
What's your name?
Me llamo Marissa.
My name is Marissa.
¿Quién es...? / ¿Quiénes son...?
Who is...? / Who are...?
Es mi esposo.
He's my husband.
Tú eres..., ¿verdad?/¿cierto?/¿no?
You are..., right?

Identifying objects
¿Qué hay en esta cosa?
What's in this thing?
Bueno, a ver, aquí hay tres cuadernos...
Well, let's see, here are three notebooks...
Oye/Oiga, ¿cómo se dice *suitcase* en español?
Hey, how do you say suitcase in Spanish?
Se dice *maleta.*
You say maleta.

Saying what time it is
¿Qué hora es?
What time is it?
Es la una. / Son las dos.
It's one o'clock. / It's two o'clock.
Son las cuatro y veinticinco.
It's four twenty-five.

Polite expressions
Con permiso.
Pardon me; Excuse me.
(to request permission)
Perdón.
Pardon me; Excuse me. (to get someone's attention or excuse yourself)
¡Bienvenido/a! *Welcome!*

Reading

Saludos y besos en los países hispanos

Spaniards and Latin Americans decrease their personal space to give one or two kisses on the cheek, sometimes accompanied by a handshake or a hug.

Even when people are introduced for the first time, it is common for them to kiss, particularly in non-business settings. In formal or business settings, where associates do not know one another on a personal basis, a simple handshake is appropriate.

Greetings can differ depending on gender, as well as the country and context. In Spain, it is customary to give **dos besos**, starting with the right cheek first. In most Latin American countries, a greeting consists of a single "air kiss"

on the right cheek. It is also acceptable to simply shake hands. In Colombia, female acquaintances tend to simply pat each other on the right forearm or shoulder. In Argentina, male friends and relatives lightly kiss on the cheek.

In Spanish-speaking countries, kissing on the cheek is a customary way of greeting friends and family members. Greetings between men and women, and between women, generally include a kiss (**un beso**) on the cheek, or a kiss on each cheek. Men generally greet each other with a hug or warm handshake. Whereas North Americans maintain considerable personal space when greeting,

Tendencias

País	Beso	País	Beso
Argentina	💋	España	💋💋
Bolivia	💋	México	💋
Chile	💋	Paraguay	💋💋
Colombia	💋	Puerto Rico	💋
El Salvador	💋	Venezuela	💋/💋💋

ASÍ SE DICE

Saludos y despedidas

Chao./Ciao.	Adiós.
¿Cómo te/le va?	*How are things going?*
¿Qué hay?	*What's up?*
¿Qué hacés? (Arg.)	
¿Qué te cuentas? (Esp.)	
¿Qué onda? (Arg., Chi., Méx.)	
¿Qué más? (Col., Ven.)	

ACTIVIDADES

1 **¿Cierto o falso?** Indicate whether each statement is true (**cierto**) or false (**falso**). Correct the false statements.

1. Hispanic people use less personal space when greeting than non-Hispanics.

2. Men never greet with a kiss in Spanish-speaking countries.

3. Shaking hands is not appropriate for a business setting in Latin America.

4. Spaniards greet with one kiss on the right cheek.

5. In Mexico, people greet with an "air kiss."

6. Gender can play a role in the type of greeting given.

7. If two women acquaintances meet in Colombia, they should exchange two kisses on the cheek.

8. In Peru, a man and a woman meeting for the first time in a business setting would probably greet each other with an "air kiss."

2 **Saludos** Based on your experiences, compare greeting styles in North America with those of Spanish-speaking countries.

CONEXIÓN INTERNET

What is the Spanish custom of *el paseo*?

For more information about this **Cultura**, go to **vhlcentral.com**.

Video

Encuentros en la plaza

1 **Preparación** Where do you usually meet your friends? Are there public places where you get together? What do you do there?

2 **El video** Watch this **Flash Cultura** episode.

Vocabulario			
abrazo	*hug*	¡Cuánto tiempo!	*It's been a long time!*
encuentro	*meeting*	¡Qué bueno verte!	*It's great to see you!*

Today we are at the **Plaza de Mayo**.

People come to walk and get some fresh air...

3 **Identificar** Identify the person or people who make(s) each of these statements.

1. ¿Cómo están ustedes?

2. ¡Qué bueno verte!

3. Mucho gusto, Mariana.

4. Hola.

a. Gonzalo

b. Mariana

c. Mark

d. Silvina

Practice more!

VM
pp. 201–202   vhlcentral.com

1 GRAMÁTICA

1.1 Nouns and articles (S) Tutorial

▸ Nouns identify people, animals, places, things. All Spanish nouns have gender (masculine or feminine) and number (singular or plural).

▸ Most nouns that refer to males are masculine. Most nouns that refer to females are feminine.

Masculine		Feminine	
el hombre	*the man*	la mujer	*the woman*
el chico	*the boy*	la chica	*the girl*
el pasajero	*the passenger*	la pasajera	*the passenger*
el conductor	*the driver*	la conductora	*the driver*
el profesor	*the professor*	la profesora	*the professor*

el chico　　**la chica**

▸ Most nouns ending in **–o**, **–ma**, and **–s** are masculine. Most nouns ending in **–a**, **–ción**, and **–dad** are feminine.

Masculine		Feminine	
el cuaderno	*the notebook*	la cosa	*the thing*
el diario	*the diary*	la escuela	*the school*
el diccionario	*the dictionary*	la maleta	*the suitcase*
el número	*the number*	la mochila	*the backpack*
el video	*the video*	la palabra	*the word*
el problema	*the problem*	la lección	*the lesson*
el programa	*the program*	la conversación	*the conversation*
el autobús	*the bus*	la nacionalidad	*the nationality*
el país	*the country*	la comunidad	*the community*

¡ojo! (*Careful!*) El lápiz (*pencil*), el mapa (*map*), and el día (*day*) are masculine. La mano (*hand*) is feminine.

▸ Some nouns have identical masculine and feminine forms. The article indicates the gender of these words.

Masculine		Feminine	
el turista	*the tourist*	la turista	*the tourist*
el joven	*the young man*	la joven	*the young woman*
el estudiante	*the student*	la estudiante	*the student*

Práctica

1 **¿Femenino o masculino?** Provide the opposite gender form for each word.

1. la chica _____
2. el conductor _____
3. el turista _____
4. la profesora _____
5. la mujer _____
6. el pasajero _____

2 **Singular y plural** Make the singular words plural and the plural words singular.

1. el turista _____
2. las cosas _____
3. una mujer _____
4. la palabra _____
5. los países _____
6. el problema _____
7. unos números _____
8. el conductor _____
9. un programa _____
10. una mano _____

3 **Identificar** For each photo, provide the noun and its corresponding definite and indefinite articles.

modelo

las maletas, unas maletas

1. _____　　2. _____

3. _____　　4. _____

Conversación

4 Clasificar With a partner, identify the photos and supply the definite and indefinite articles. Then indicate the plural forms of the singular nouns and vice versa.

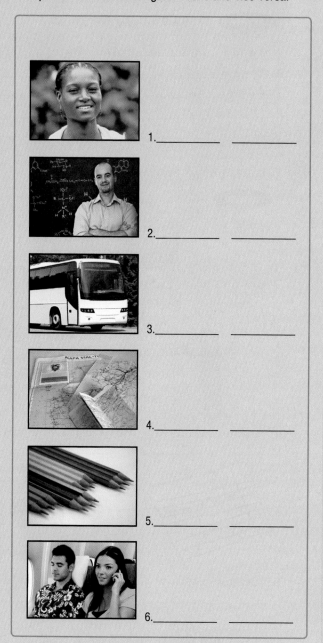

1._____ _____

2._____ _____

3._____ _____

4._____ _____

5._____ _____

6._____ _____

5 Dibujar In groups, play a game of *Pictionary.* Individually, think of three nouns, and taking turns, draw each noun for group members to guess. The first person to identify the singular and plural forms wins a point.

Practice more!
WB p. 3   LM p. 3   (S) vhlcentral.com

Plural of nouns

▸ Nouns that end in a vowel form the plural by adding **–s**. Nouns that end in a consonant add **–es**. Nouns that end in **–z** change the **–z** to **–c**, then add **–es**.

SINGULAR	PLURAL	SINGULAR	PLURAL
el chico	los chicos	el país	los países
la palabra	las palabras	el lápiz	los lápices

¡ojo! In general, when a singular noun has an accent mark on the last syllable, the accent is dropped from the plural form:

la lección → las lecciones	el autobús → los autobuses

▸ The masculine plural form may refer to a mixed-gender group.

1 pasajero + 2 pasajeras = 3 pasajeros

Spanish articles

Spanish has four forms that are equivalent to the English definite article *the*. Spanish also has four forms that are equivalent to the English indefinite article, which, according to context, may mean *a, an,* or *some.*

Spanish articles

Definite articles

MASCULINE		FEMININE	
el diccionario	*the dictionary*	la computadora	*the computer*
los diccionarios	*the dictionaries*	las computadoras	*the computers*

Indefinite articles

un pasajero	*a (one) passenger*	una fotografía	*a (one) photograph*
unos pasajeros	*some passengers*	unas fotografías	*some photographs*

¡Manos a la obra!

Provide the correct articles.

¿el, la, los o las?	¿un, una, unos o unas?
1. _la_ chica	1. _un_ autobús
2. _____ chico	2. _____ lección
3. _____ nacionalidad	3. _____ computadora
4. _____ cuadernos	4. _____ hombres
5. _____ problemas	5. _____ señora
6. _____ mujeres	6. _____ lápices

1.2 Numbers 0–30 Tutorial

Numbers 0–30				
0 cero	6 seis	12 doce	18 dieciocho	24 veinticuatro
1 uno	7 siete	13 trece	19 diecinueve	25 veinticinco
2 dos	8 ocho	14 catorce	20 veinte	26 veintiséis
3 tres	9 nueve	15 quince	21 veintiuno	27 veintisiete
4 cuatro	10 diez	16 dieciséis	22 veintidós	28 veintiocho
5 cinco	11 once	17 diecisiete	23 veintitrés	29 veintinueve
				30 treinta

▶ Before a masculine noun, **uno** shortens to **un**. Before a feminine noun, **uno** changes to **una**.

> un **hombre** → veintiún **hombres**

> una **mujer** → veintiuna **mujeres**

¡ojo! **Uno** and **veintiuno** are used when counting (**uno, dos, tres… veinte, veintiuno, veintidós…**). They are also used after a noun, even if it is feminine (**la lección uno**).

▶ To ask *how many*, use **¿Cuántos?** with a masculine noun and **¿Cuántas?** with a feminine noun. **Hay** means both *there is* and *there are*. Use **¿Hay…?** to ask *Is/Are there…?* Use **no hay** to express *there is/are not*.

—**¿Hay** chicos en la fotografía?
Are there boys in the picture?

—No, **no hay** chicos.
No, there aren't any boys.

—**¿Cuántas** chicas **hay?**
How many girls are there?

—**Hay** tres.
There are three.

¡Manos a la obra!

 Provide the Spanish words for these numbers.

a. **7** _siete_	f. **15** _____	k. **30** _____	p. **10** _____
b. **16** _____	g. **21** _____	l. **4** _____	q. **2** _____
c. **29** _____	h. **9** _____	m. **12** _____	r. **5** _____
d. **1** _____	i. **23** _____	n. **28** _____	s. **22** _____
e. **0** _____	j. **11** _____	o. **14** _____	t. **13** _____

Práctica

1 **Matemáticas** Solve these math problems.

+ más	− menos	= son

modelo   **9 + 2 =** *Nueve más dos son once.*

1. **3 + 10 =** _____
2. **22 − 3 =** _____
3. **4 + 8 =** _____
4. **17 + 13 =** _____
5. **22 + 1 =** _____
6. **5 − 2 =** _____
7. **11 + 12 =** _____
8. **10 − 0 =** _____
9. **3 + 14 =** _____
10. **22 − 11 =** _____

2 **¿Cuántos hay?** Say how many there are.

modelo

¿Cuántas maletas hay?
Hay *cuatro maletas.*

1. ¿Cuántos hombres hay?

_____

2. ¿Cuántas fotografías hay?

_____

3. ¿Cuántos chicos hay?

_____

4. ¿Cuántos turistas hay?

_____

5. ¿Cuántas conductoras hay? 6. ¿Cuántas chicas hay?

_____

Conversación

3 **Describir** With a classmate, answer the questions about the photo.

1. ¿Cuántas mujeres hay en la fotografía?

_____

2. ¿Cuántos hombres hay?

_____

3. ¿Cuántas jóvenes hay?

_____

4. ¿Cuántos libros (books) hay?

_____

5. ¿Cuántas personas hay?

_____

4 **En la clase** With a classmate, take turns asking and answering these questions about your classroom.

1. ¿Cuántos estudiantes hay?
2. ¿Hay un profesor o (or) una profesora?
3. ¿Cuántos hombres hay?
4. ¿Cuántas mujeres hay?
5. ¿Hay una computadora?
6. ¿Hay fotografías?
7. ¿Hay mapas?
8. ¿Hay diccionarios?
9. ¿Hay cuadernos?
10. ¿Cuántas mochilas hay?
11. ¿Hay maletas?

Practice more!		
WB p. 4	LM p. 4	vhlcentral.com

Español en vivo

¿Cuál es la fórmula para un futuro perfecto?

1 escuela + 3 profesores + 20 estudiantes +

30 cuadernos + 80° lápices de colores = una generación de niños con futuro

Proyecto **EducAR** trabaja° para construir un futuro mejor°. Apoye° a **EducAR** en la construcción de quince nuevas escuelas rurales.

ochenta 80 **trabaja** works **mejor** better **Apoye** Support

Identificar

Scan the poster and say the numbers out loud.

Preguntas

1. Indicate how many of each are needed. Write the numbers as words.

a. profesores _____

b. estudiantes _____

2. What is the purpose of this poster: to improve existing schools, or to raise funds for new schools?

3. What would be your formula for the perfect school?

1.3 Present tense of ser

 Tutorial

Subject pronouns

▸ In order to use verbs, you will need to learn about subject pronouns. A subject pronoun replaces the name or title of a person and acts as the subject of a verb.

Subject pronouns

	Singular		Plural	
FIRST PERSON	yo	*I*	nosotros nosotras	*we (masculine)* *we (feminine)*
SECOND PERSON	tú usted (Ud.)	*you (familiar)* *you (formal)*	vosotros vosotras ustedes (Uds.)	*you (masc., fam.)* *you (fem., fam.)* *you (form.)*
THIRD PERSON	él ella	*he* *she*	ellos ellas	*they (masc.)* *they (fem.)*

Carlos es estudiante. → Él es estudiante.

▸ Spanish has four subject pronouns that mean *you*. Use **tú** when talking to a friend, a family member, or a child. Use **usted** when talking to someone with whom you have a more formal relationship, such as an employer or a professor, or to someone who is older than you. In Latin America, **ustedes** is used as the plural of both **tú** and **usted**. In Spain, **vosotros/as** is used as the plural of **tú**.

▸ **Usted** and **ustedes** are abbreviated **Ud.** and **Uds.**

▸ **Nosotros, vosotros,** and **ellos** refer to a group of males or to a group of males and females. **Nosotras, vosotras,** and **ellas** refer only to groups of females.

nosotros, vosotros, ellos   nosotros, vosotros, ellos   nosotras, vosotras, ellas

▸ There is no Spanish equivalent of the English subject pronoun *it*.

—¿Qué es?   —Es una computadora.
What is it?   *It's a computer.*

Práctica

1 **¿Qué es?** Ask your partner to name the objects and say to whom they belong.

modelo
Estudiante 1: ¿Qué es?
Estudiante 2: Es un diccionario.
Estudiante 1: ¿De quién es?
Estudiante 2: Es del profesor Núñez.

1.   2.

3.   4.

2 **¿Quién es?** With a partner, take turns asking who these people are (**¿Quién es?/¿Quiénes son?**) and where they are from (**¿De dónde es?/¿De dónde son?**).

modelo   Jennifer López y Marc Anthony / Estados Unidos

Estudiante 1: ¿Quiénes son?
Estudiante 2: Son Jennifer López y Marc Anthony.
Estudiante 1: ¿De dónde son?
Estudiante 2: Son de los Estados Unidos.

1. Penélope Cruz y Antonio Banderas / España   2. David Ortiz / República Dominicana

3. Gloria Estefan / Cuba   4. Salma Hayek / México

5. Shakira / Colombia   6. Selena Gómez / Estados Unidos

Conversación

3 En el dormitorio Using the items in the box, ask your partner questions about Susana's bedroom.

¿Quién?	¿De dónde?	¿Cuántos?
¿Qué?	¿De quién?	¿Cuántas?

4 Personas famosas Pretend to be a person from **Cuba, México, España** (Spain), **Canadá** or **los Estados Unidos** (U.S.) who is famous in one of these professions. Your classmates will try to guess who you are.

actor	actor
actriz	actress
deportista	athlete
escritor(a)	writer
cantante	singer
músico/a	musician

modelo

Estudiante 3: ¿Eres de Cuba?
Estudiante 1: Sí.
Estudiante 2: ¿Eres mujer?
Estudiante 1: No. Soy hombre.
Estudiante 3: ¿Eres músico?
Estudiante 1: No. Soy actor.
Estudiante 2: ¿Eres Andy García?
Estudiante 1: ¡Sí! ¡Sí!

Andy García

Practice more!

		(S)
WB pp. 5–6	LM p. 5	vhlcentral.com

The present tense of **ser**

ser (*to be*)

Singular forms		Plural forms	
yo	soy (*I am*)	nosotros/as	somos (*we are*)
tú	eres (*you are*)	vosotros/as	sois (*you are*)
Ud./él/ella	es (*you are; he/she is*)	Uds./ellos/ellas	son (*you/they are*)

▶ Use **ser** to identify people and things.

—¿Quién **es** ella?
Who is she?

—**Es** Marissa.
She's Marissa.

—¿Qué **es**?
What is it?

—**Es** una maleta.
It's a suitcase.

▶ Use **ser** to talk about someone's occupation.[1]

Jimena **es** estudiante.
Jimena is a student.

Isabel **es** profesora.
Isabel is a professor.

▶ Use **ser** to express origin, along with **de**.

—¿**De** dónde **es** Marissa?
Where is Marissa from?

—**Es de** los Estados Unidos.
She's from the U.S.

▶ Use **ser** to express possession, with the preposition **de**. **De** combines with **el** to form the contraction **del**.[2] Note that Spanish doesn't use [*apostrophe*]+ *s* to indicate possession.

—¿**De** quién **es** la mochila?
Whose backpack is this?

—**Es** la mochila **de** Marissa.
It's Marissa's backpack.

—¿**De** quiénes **son** los lápices?
Whose pencils are these?

—**Son** los lápices **del** chico.
They are the boy's pencils.

---

[1] Spanish does not use **un** or **una** after **ser** when mentioning a person's occupation, unless the occupation is accompanied by an adjective.

[2] **De** does not form contractions with **la, los,** or **las**.

¡Manos a la obra!

Provide the correct subject pronouns, and the present forms of **ser**.

1. Gabriel	él	es
2. Juan y yo		
3. tú		
4. Adriana		
5. las turistas		
6. usted y el profesor Ruiz		
7. yo		
8. el señor y la señora Díaz		

1.4 Telling time Tutorial

▸ Use numbers with the verb **ser** to tell time. To ask what time it is, use **¿Qué hora es?** To say what time it is, use **es la** with **una** and **son las** with other hours.

Es la una.   **Son las** cuatro.

▸ Express time from the hour to the half hour by adding minutes.

Son las dos **y diez**.   Son las ocho **y veinte**.

▸ Use **y cuarto** or **y quince** to say that it's fifteen minutes past the hour. Use **y media** or **y treinta** to say that it's thirty minutes past the hour.

Son las cuatro **y cuarto**.   Son las nueve **y media**.
Son las cuatro **y quince**.   Son las nueve **y treinta**.

Práctica

1 Emparejar Match each watch with the correct statement.

_____   _____   _____

_____   _____   _____

1. Son las ocho menos veinticinco de la mañana.
2. Es la una menos diez de la mañana.
3. Son las tres y cinco de la mañana.
4. Son las dos menos cuarto de la tarde.
5. Son las seis y media de la mañana.
6. Son las once y veinte de la noche.

2 ¿Qué hora es? With a partner, take turns asking and answering the questions. Use the clocks as a guide.

modelo

Estudiante 1: *Son las siete de la noche en Los Ángeles. ¿Qué hora es en San Antonio?*
Estudiante 2: *Son las nueve de la noche en San Antonio.*

Miami   **San Antonio**   **Denver**   **Los Ángeles**

1. Son las cinco en punto de la tarde en Los Ángeles.
   ¿Qué hora es en Miami? _____
2. Son las seis de la tarde en San Antonio.
   ¿Qué hora es en Denver? _____
3. Son las siete de la noche en Denver.
   ¿Qué hora es en Los Ángeles? _____
4. Son las dos y media de la tarde en Los Ángeles.
   ¿Qué hora es en Miami? _____
5. Son las once menos cuarto en San Antonio.
   ¿Qué hora es en Los Ángeles? _____
6. Es la una de la tarde en Los Ángeles.
   ¿Qué hora es en San Antonio? _____

Conversación

3 **En la televisión** With a partner, take turns asking and answering questions about these television listings.

modelo

Estudiante 1: ¿A qué hora es el programa *Las computadoras?*
Estudiante 2: Es a las *ocho* de la noche.

TV Hoy
Programación

11:00 am Película: *El cóndor* (drama)
1:00 pm Telenovela: *Dos mujeres y dos hombres*
3:00 pm Programa juvenil: *Fiesta*
3:30 pm Telenovela: *¡Sí, sí, sí!*
4:00 pm Telenovela: *El diario de la Sra. González*
5:00 pm Telenovela: *Tres mujeres*
5:45 pm Clip de noticias
6:00 pm Especial musical: *Música folclórica de México*
7:00 pm La naturaleza: *Jardín secreto*
7:30 pm Noticiero: *Veinticuatro horas*
8:00 pm Documental: *Las computadoras*
9:00 pm Telecomedia: *Don Paco y doña Tere*
10:00 pm Película: *Pedro Páramo*

4 **Entrevista** Use these questions to interview a classmate.

1. ¿Qué hora es?
2. ¿A qué hora es la clase de español?
3. ¿A qué hora es el programa *60 Minutes?*
4. ¿A qué hora es el programa *Today Show?*
5. ¿A qué hora es tu (*your*) programa favorito?
6. ¿Hay una fiesta (*party*) el sábado (*on Saturday*)? ¿A qué hora es?
7. ¿Hay un concierto (*concert*) el sábado? ¿A qué hora es?

Practice more!

| WB pp. 7–8 | LM p. 6 | Ⓢ vhlcentral.com |

▶ To express time from the half-hour to the hour in Spanish, use **menos** to subtract minutes or a portion of an hour from the next hour.

Son las dos **menos cuarto**.   Es la una **menos cuarto**.

Son las nueve **menos diez**.   Son las ocho **menos cinco**.

Time-related expressions

▶ Here are some useful expressions related to telling time.

—**¿Qué hora es?**
What time is it?

—Son las cuatro **de la tarde**.
It's 4 o'clock in the afternoon.

—Son las diez **de la noche**.
It's 10 o'clock at night.

—Son las nueve **de la mañana**.
It's 9 o'clock in the morning.

—Es **el mediodía**.
It's noon.

—Es **la medianoche**.
It's midnight.

▶ To ask or state at what time a particular event takes place, use the constructions **¿A qué hora (...)?** and **a la(s)** + *time*.

—**¿A qué hora** es la clase?
(At) what time is the class?

—La clase es **a la una**.
The class is at one o'clock.

—La clase es **a las dos**.
The class is at two o'clock.

—La clase es **a las ocho en punto**.
The class is at 8 o'clock on the dot.

¡Manos a la obra!

Complete these sentences.

1. (1:00 a.m.) Es la ____una____ de la mañana.
2. (2:50 a.m.) Son las tres _____ diez de la mañana.
3. (4:15 p.m.) Son las cuatro y _____ de la tarde.
4. (8:30 p.m.) Son las ocho y _____ de la noche.
5. (6:00 a.m.) Son las seis de la _____.
6. (4:05 p.m.) Son las cuatro y cinco de la _____.
7. (12:00 a.m.) Es la _____.
8. (9:55 p.m.) Son las _____ menos cinco de la noche.

A repasar

1.1 Nouns and articles

1 Combinar Match the articles and the nouns. There are at least two correct answers for each noun.

un	chicas
una	país
unos	profesoras
unas	videos
el	mujer
la	cuaderno
los	estudiantes
las	lápiz
	conversación
	nacionalidades

2 Completar Make a list of at least six singular or plural nouns and their corresponding definite and indefinite articles. Then work with a partner. One person says a noun and the other responds by saying the correct articles for the noun.

modelo

Estudiante 1: *autobuses*
Estudiante 2: *los autobuses, unos autobuses*

1.2 Numbers 0–30

3 Bingo With a partner, take turns announcing these bingo balls.

B 10
G 17
I 23
N 8
N 14
O 19
O 22
B 27
I 4
G 30

4 ¿Cuánto cuesta? Using the cues provided, say how much each item costs.

modelo
cuaderno / $3.00
Un cuaderno cuesta (costs) tres dólares.

1. mapa del país / $6.00 _____
2. diccionario / $11.00 _____
3. mochila / $28.00 _____
4. video / $20.00 _____
5. diario / $9.00 _____

1.3 Present tense of ser

5 ¿Tú, usted o ustedes? Write which subject pronoun (**tú, usted, ustedes**) you would use when speaking directly to these people.

| 1 | 2 | 3 | 4 | 5 | 6 |
| DOCTOR MELÉNDEZ | MARISSA Y JIMENA | FELIPE | UN POLICÍA | MARTA | SEÑOR Y SEÑORA DÍAZ |

1. doctor Meléndez _____
2. Marissa y Jimena _____
3. Felipe _____
4. un policía _____
5. Marta _____
6. señor y señora Díaz _____

6 Presentaciones In pairs, complete the conversation with the correct forms of the verb **ser**.

DAVID ¡Hola! Tú (1) _____ Teresa, ¿verdad?

TERESA Sí, yo (2) _____ Teresa y ella (3) _____ Elena. ¿Y quiénes (4) _____ ustedes?

DAVID (5) _____ David y él (6) _____ Roberto. ¿De dónde (7) _____ ustedes?

TERESA (8) _____ de México, de la capital. ¿Y ustedes?

DAVID Yo (9) _____ de Los Ángeles y Roberto (10) _____ de San Francisco.

TERESA Mucho gusto, David.

DAVID ¡El gusto (11) _____ mío!

1.4 Telling time

7 **¿Qué hora es?** Say what time it is.

1. 5:30 PM

2. 8:50 AM

_____

3. 12:00 PM

4. 4:3_ PM

_____

5. 5:45 AM

6. 1:00 AM

_____

8 **En el aeropuerto** With a partner, take turns asking and answering questions about the departure times of these flights.

modelo

Estudiante 1: ¿A qué hora es el vuelo (*flight*) para Caracas?
Estudiante 2: Es a las once y dos de la mañana.

Destino (*Destination*)	Hora
Bogotá	10:00 a.m.
Cancún	2:10 p.m.
Caracas	11:02 a.m.
La Habana	12:30 p.m.
Lima	4:40 p.m.
Montreal	1:27 p.m.
Quito	5:50 a.m.
San Juan	8:15 a.m.

Síntesis

9 **En México** You are in Mexico City at the start of your semester abroad. Today there is an orientation session for new students. With a classmate, act out this situation. (Use the cue in brackets to answer the last question.)

- Greet your partner, tell him/her who you are, and find out his or her name.
- Find out where your partner is from.
- Ask if he/she is a professor.
- Find out how many students are in the program. [21 students]

Videoclip **S** Video

1 **Preparación** Think about three favorite activities you like to do with your family and friends. Do you have to pay for them? How much do they cost?

2 **El clip** Watch the ad for **MasterCard** from Argentina.

Vocabulario	
aperitivo *appetizer*	no tiene precio *priceless*
plato principal *main course*	un domingo en familia
postre *dessert*	*Sunday with the family*

Postre...

1 copa de helado: $6

Un domingo en familia...

2 un domingo en familia: no tiene precio

3 **Emparejar** Match each item with its price according to the ad.

___ 1. aperitivo

___ 2. plato principal

___ 3. postre

a. quince dólares
b. ocho dólares
c. treinta dólares
d. seis dólares
e. cinco dólares
f. veintiocho dólares

4 **Tener un precio** With a partner, brainstorm and write a TV ad about something you consider priceless. Use this MasterCard ad as a model. Then, read it to the class.

Ampliación

1 Escuchar

 A Listen to the conversation between an airline employee (Ms. Martínez) and a traveler. Then fill in the missing information on the form.

> **TIP** **Listen for words you know.** You can get the gist of a conversation by listening for words and phrases you already know.

Aero Tur

Número de pasajeros
1. ☐

Nombre (*first name*) **del pasajero**
2. ☐

Apellido (*last name*) **del pasajero**
3. ☐

Destino
4. ☐

Número de maletas
5. ☐

B When does this conversation take place, before or after the trip? How do you know?

2 Conversar

  You are surveying professors to find out about the resources in their classrooms. With a partner, act out an interview between you and a professor. During the interview, you need to find out the following information. (Don't forget to introduce yourself and thank the professor before saying goodbye.)

- *The professor's name (Confirm the correct spelling.)*
- *The start time of the class*
- *The number of students in class*
- *The number of dictionaries in the class*
- *Whether or not there are computers in class*
- *Whether or not there are maps in class*

Ampliación

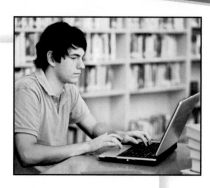

3 Escribir

Write an e-mail to Mrs. Suárez, the director of a language school in Madrid where you want to take a summer course. Introduce yourself and ask her questions about the program.

TIP **Write in Spanish.** Use grammar and vocabulary that you know. Also, look at your textbook for examples of style, format, and expressions in Spanish.

Organize	Make a list of the information that you can provide about yourself in Spanish (your name, your occupation, where you are from). In addition, make a list of questions that you want to ask Mrs. Suárez, such as what time class starts, the number of students in the class, and information about the other students (where they are from, number of males/females, etc).
Write	Using the material you have compiled, write the first draft of your e-mail.
Revise	Exchange your draft with a classmate and comment on the organization, style, and grammatical accuracy of each other's work. Then, revise your first draft, taking your classmate's comments into consideration.
Share	Read your e-mail aloud in small groups. What kind of greetings and expressions of courtesy were used in the e-mails?

4 Un paso más

Prepare a presentation about how Hispanic cultures have influenced an American city. Include the following in your presentation:

- An introduction of yourself in Spanish
- A general description of the city
- Examples of how Hispanic cultures have influenced the city
- Photos, drawings, and charts to make your presentation more interesting

CONEXIÓN INTERNET

Investiga estos temas en el sitio **vhlcentral.com.**

- Emisoras de radio en Nueva York
- Dominó en Miami
- Calle Olvera en Los Ángeles

SAN ANTONIO

Audio: Reading

Antes de leer

Cognates are words that share similar meanings and spellings in two or more languages. The Spanish words **computadora**, **problema**, and **programa** are examples of cognates.

When you read in Spanish, look for cognates and use them to get the general meaning of what you're reading. Watch out for false cognates such as **librería**, which means *bookstore*, not *library*.

Laura, a university student, made a list of important names and numbers she needed to remember. Look for cognates while you read her list.

Phone numbers are usually read as pairs of numbers. However, for phone numbers with an odd number of digits, the first number is read separately. For example, Mrs. Ruiz's phone number would be read as 4-24-17-11. For e-mail addresses in Spanish, the "at" symbol (@) is called **arroba** and the period is called **punto**.

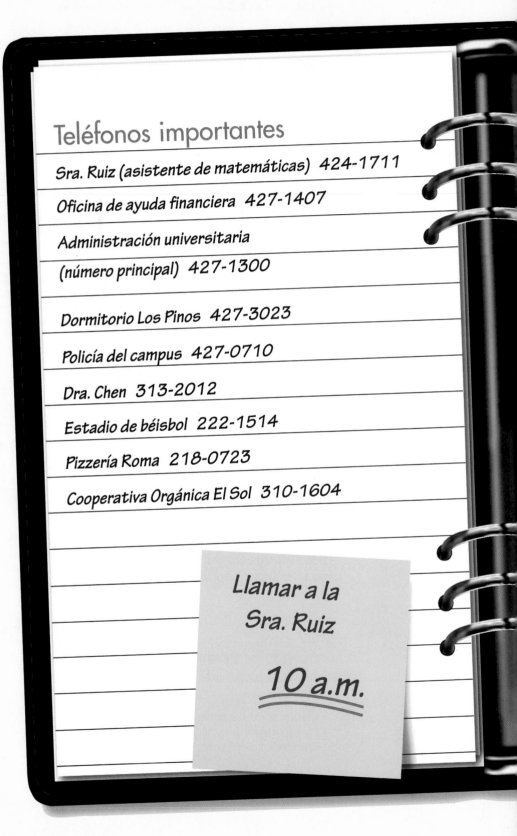

Teléfonos importantes

Sra. Ruiz (asistente de matemáticas) 424-1711

Oficina de ayuda financiera 427-1407

Administración universitaria
(número principal) 427-1300

Dormitorio Los Pinos 427-3023

Policía del campus 427-0710

Dra. Chen 313-2012

Estadio de béisbol 222-1514

Pizzería Roma 218-0723

Cooperativa Orgánica El Sol 310-1604

Llamar a la Sra. Ruiz

10 a.m.

Direcciones electrónicas

Oficina de matemáticas
ofna@matematicas.unimetro.edu.pe

Profesora González
a.gonzalez@matematicas.unimetro.edu.pe

Farmacia
rx@farmaciagomez.com.pe

Gimnasio
informacion@gimnasio.unimetro.edu.pe

A B C D E F G H I J K L M N O P Q R S T U V W X Y Z

Después de leer

¿Comprendiste? ✏️💲

Indicate whether each statement is **cierto** (*true*) or **falso** (*false*).

Cierto	Falso	
____	____	1. Professor González works in the math department.
____	____	2. If Laura wanted to get a student loan, she would call 427-3023.
____	____	3. Laura never eats pizza.
____	____	4. If Laura needed to report a crime, she would call 427-0710.
____	____	5. To find out the price of organic apples, Laura would call 310-1604.
____	____	6. Laura would call 427-1300 to get a baseball ticket.

Coméntalo ✏️💲

Think about the names, phone numbers, and e-mail addresses that Laura keeps in her address book. Can you think of any others she should add?

Tutorials

LAS CLASES

el laboratorio

EN LA UNIVERSIDAD

la cafetería *cafeteria*
la librería *bookstore*
la residencia estudiantil *dormitory*

el estadio

la biblioteca
library

la química
chemistry

LOS CURSOS

la administración de empresas *business administration*
el arte *art*
la biología *biology*
la clase *class*
la contabilidad *accounting*
el curso *course*
el español *Spanish*
la física *physics*
la historia *history*
el inglés *English*
las lenguas extranjeras *foreign languages*
las matemáticas *mathematics*
el periodismo *journalism*
la psicología *psychology*
la sociología *sociology*

la computación
computer science

la geografía

la pizarra

EN LA CLASE

el examen *test; exam*

el horario *schedule*

la mesa *table*

el papel *paper*

la pluma *pen*

la prueba *test; quiz*

la puerta *door*

el semestre *semester*

la tarea *homework*

la tiza *chalk*

el trimestre *trimester; quarter*

la ventana *window*

el borrador

el reloj
clock; watch

la silla

OTRAS PALABRAS Y EXPRESIONES

el/la compañero/a de clase *classmate*

el/la compañero/a de cuarto *roommate*

la semana *week*

la universidad *university*

Hoy es... *Today is . . .*

el libro
book

el escritorio

LOS DÍAS DE LA SEMANA

septiembre

lunes	martes	miércoles	jueves	viernes	sábado	domingo
	1	2	3	4	5	6
7	8	9	10			

Variación léxica

la pluma ⟷ el bolígrafo

la pizarra ⟷ el tablero (*Col.*)

la tarea ⟷ la asignación (*P. Rico*); los deberes (*Esp., Arg.*)

A escuchar

1 **Escuchar** Listen to Professor Morales talk about her Spanish classroom, then check the items she mentions.

1. puerta ❏
2. ventanas ❏
3. pizarra ❏
4. borrador ❏
5. tiza ❏
6. escritorios ❏

7. sillas ❏
8. libros ❏
9. plumas ❏
10. mochilas ❏
11. papel ❏
12. reloj ❏

2 **Mis clases** Listen and fill in the calendar with María's class schedule. Then complete the sentences below.

Estudiante María		Semestre Nº 1		
lunes	martes	miércoles	jueves	viernes
AM				
PM				

María

1. Éste (*This*) es el primer (*first*) _____ de María en la universidad.
2. Este semestre María toma cuatro _____.
3. La clase de _____ es el lunes a las diez y media de la mañana.
4. La clase de _____ es el martes a las dos y quince de la tarde.
5. La clase de periodismo es el _____ a las once de la mañana.
6. La clase de _____ es el jueves a las tres y media de la tarde.
7. María estudia (*studies*) en la _____ los viernes.

Practice more!

LM
p. 7

A practicar

3 Clasificar Indicate to which category each word belongs: **Persona**, **Objeto**, **Curso**, or **Lugar** (*place*).

	Persona	Objeto	Curso	Lugar
1. el periodismo	____	____	____	____
2. la residencia estudiantil	____	____	____	____
3. el compañero de cuarto	____	____	____	____
4. el estadio	____	____	____	____
5. la tiza	____	____	____	____
6. la contabilidad	____	____	____	____
7. la pluma	____	____	____	____
8. la compañera de clase	____	____	____	____

4 Analogías Choose the best words from the word bank to complete the analogies.

1. dos ⟷ cuatro ⊜ martes ⟷ _____
2. hoy ⟷ mañana ⊜ viernes ⟷ _____
3. EE.UU. ⟷ mapa ⊜ hora ⟷ _____
4. inglés ⟷ lengua ⊜ miércoles ⟷ _____
5. mapa ⟷ geografía ⊜ computadora ⟷ _____
6. pluma ⟷ papel ⊜ tiza ⟷ _____
7. papel ⟷ cuaderno ⊜ libro ⟷ _____

biblioteca	**pizarra**	**profesor(a)**
jueves	**semana**	**miércoles**
computación	**día**	**reloj**
sábado	**borrador**	**domingo**

5 Cursos What is the subject matter of each class?

modelo la cultura de España, el verbo **ser**
Es la *clase de español.*

1. los microbios, los animales
   _____

2. George Washington, Martin Luther King, Jr.
   _____

3. la geometría, la trigonometría
   _____

4. Frida Kahlo, Leonardo da Vinci
   _____

5. África, el río Amazonas
   _____

6. Freud, Jung
   _____

Frida Kahlo, famosa pintora (*painter*) mexicana.

El río Amazonas, en América del Sur.

Practice more!

WB
pp. 9–10

vhlcentral.com

Reading

La elección de una carrera universitaria

Since higher education in the Spanish-speaking world is heavily state-subsidized, tuition is almost free; as a result, public universities see large enrollments. Spanish and Latin American students generally choose their **carrera universitaria** (major) when they're eighteen, which can be during their last year of high school or their first year of college.

Estudiantes hispanos en los EE.UU.

In the 2010–11 academic year, over 13,000 Mexican students (2% of all international students) studied at U.S. universities. Colombians were the second largest Spanish-speaking group, with over 6,000 students.

In order to enroll, all students must complete a high school degree, known as the **bachillerato**. In countries like Bolivia and Mexico, the last year of high school (**colegio***) tends to be specialized in an area of study, such as natural sciences or the arts. Students then choose their major according to their area of specialization. Similarly, university-bound students in Argentina follow the **polimodal** track during the last three years of high school. **Polimodal** refers to exposure to various disciplines, such as business, social sciences, or design; based

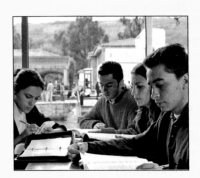

on this coursework, Argentine students choose their **carrera**. Finally, in Spain, students choose their major according to the score they receive on the **prueba de aptitud** (skills test or entrance exam).

Universidad Central de Venezuela en Caracas

University graduates receive a **licenciatura,** or bachelor's degree. In Argentina or Chile, a **licenciatura** takes four to six years to complete, and may be considered equivalent to a master's degree. In Peru and Venezuela, a bachelor's degree is a five-year process. Spanish and Colombian **licenciaturas** take four to five years, although some fields, such as medicine, require six or more.

*¡Ojo! **El colegio** is a false cognate. In most countries, it means *high school*, but in some regions it refers to an elementary school. All undergraduate study takes place at **la universidad.**

ASÍ SE DICE

Clases y exámenes

aprobar *to pass*
la clase anual *year-long course*
el examen parcial *midterm exam*
la facultad *department, school*
la investigación *research*
la materia; la asignatura (Esp.)
  la clase, el curso

reprobar; suspender (Esp.)
  to fail
sacar buenas/malas notas
  to get good/bad grades
tomar apuntes *to take notes*

ACTIVIDADES

1 **¿Cierto o falso?** Indicate whether each statement is **cierto** or **falso**. Correct the false statements.

1. Students in Spanish-speaking countries must pay large amounts of money toward their college tuition.

2. **Carrera** refers to any undergraduate and/or graduate program that students enroll in to obtain a professional degree.

3. After studying at a **colegio**, students receive their **bachillerato**.

4. Undergraduates study at a **colegio** or an **universidad**.

5. In Latin America and Spain, students usually choose their majors in their second year at the university.

6. The **polimodal** system helps students choose their university major.

7. In Mexico, the **bachillerato** involves specialized study.

8. In Spain, majors depend on entrance exam scores.

9. Venezuelans complete a **licenciatura** in four years.

10. According to statistics, Mexican students are the largest group of Spanish-speaking students studying at U.S. universities.

2 **Saludos** In pairs, research a Spanish or Latin American university online and find five statistics about that institution (total enrollment, majors offered, number of departments/schools). Using this information, create a dialogue between a prospective student and a university representative.

CONEXIÓN INTERNET

What **facultad** does your major belong to in Spain or Latin America?

For more information about this **Cultura**, go to **vhlcentral.com**.

Facultad de Arquitectura

Los estudios

1 **Preparación** What is the name of your school or university? What degree program are you in? What classes are you taking this semester?

2 **El video** Watch this **Flash Cultura** episode.

> ### Vocabulario
> ¿Qué estudias?   *What do you study?*
> ¿Cuál es tu materia favorita?   *What is your favorite subject?*
> carrera (de medicina)   *(medical) degree program, major*
> derecho   *law*

Estudio derecho en la UNAM.

¿Conoces algún° profesor famoso que dé clases... en la UNAM?

¿Conoces algún...?   *Do you know any...?*

3 **Emparejar** Match the phrases in column A to each sentence in column B.

1. En la UNAM no hay
2. México, D.F. es
3. La UNAM tiene (*has*)
4. La UNAM ofrece

a. muchos profesores famosos.
b. 74 carreras de estudio.
c. residencias estudiantiles.
d. la ciudad más grande (*largest*) de Latinoamérica.

Practice more!

VM pp. 203–204 | vhlcentral.com

Tutorial

2.1 The present tense of regular –ar verbs

▶ To create the forms of regular verbs, drop the infinitive endings (–**ar**, –**er**, –**ir**). Then add the endings that correspond to the different subject pronouns. The chart below shows how to conjugate regular –**ar** verbs.

estudiar (*to study*)

yo	estudi**o**	*I study*
tú	estudi**as**	*you (fam.) study*
Ud./él/ella	estudi**a**	*you (form.) study; he/she studies*
nosotros/as	estudi**amos**	*we study*
vosotros/as	estudi**áis**	*you (pl.) study*
Uds./ellos/ellas	estudi**an**	*you (pl.) study; they study*

Juan Carlos estudia ciencias ambientales.

Y tú, ¿qué estudias, Miguel?

Common –*ar* verbs

bailar	*to dance*	explicar	*to explain*
buscar	*to look for*	hablar	*to talk; to speak*
caminar	*to walk*	llegar	*to arrive*
cantar	*to sing*	llevar	*to carry*
comprar	*to buy*	mirar	*to look (at); to watch*
contestar	*to answer*	necesitar	*to need*
conversar	*to talk*	practicar	*to practice*
descansar	*to rest*	preguntar	*to ask (a question)*
desear	*to want; to wish*	preparar	*to prepare*
dibujar	*to draw*	regresar	*to return*
enseñar	*to teach*	terminar	*to end; to finish*
escuchar	*to listen*	tomar	*to take; to drink*
esperar	*to wait (for); to hope*	trabajar	*to work*
estudiar	*to study*	viajar	*to travel*

▶ The Spanish present tense has several meanings in English. Note the following examples.

Ana **trabaja** en la cafetería.
Ana works in the cafeteria.
Ana is working in the cafeteria.
Ana does work in the cafeteria.

Paco **viaja** a Madrid mañana.
Paco travels to Madrid tomorrow.
Paco is traveling to Madrid tomorrow.
Paco does travel to Madrid tomorrow.

Práctica

1 **Completar** Complete the conversation with the appropriate forms of the verbs.

Juan **Linda**

JUAN ¡Hola, Linda! ¿Qué tal las clases?

LINDA Bien. (1) _____ [tomar] tres clases: química, biología y computación. Y tú, ¿cuántas clases (2) _____ [tomar]?

JUAN (3) _____ [tomar] cuatro: sociología, biología, arte y literatura. Yo (4) _____ [tomar] biología a las cuatro. ¿Y tú?

LINDA Lily, Alberto y yo (5) _____ [tomar] biología a las diez.

JUAN ¿ (6) _____ [estudiar] ustedes mucho?

LINDA Sí, porque (*because*) hay muchos exámenes. Alberto y yo (7) _____ [estudiar] dos horas juntos todos los días (*together every day*).

JUAN ¿Lily no (8) _____ [estudiar] con ustedes?

LINDA No, ella (9) _____ [estudiar] con su novio (*boyfriend*), Arturo.

2 **¿Te gusta...?** Get together with a classmate and take turns asking each other if you like these activities.

¿Te gusta...?	▶	Sí, me gusta.../No, no me gusta...

modelo

Estudiante 1: ¿Te gusta dibujar?
Estudiante 2: Sí, me gusta dibujar. /
No, no me gusta dibujar.

	Sí	No
la universidad	____	____
cantar	____	____
la historia	____	____
la computación	____	____
los exámenes	____	____
trabajar	____	____
las lenguas extranjeras	____	____

Conversación

Describir With a partner, describe what the people in the photos are doing.

modelo

Ana María baila.

Ana María

Héctor

1. _____

Ernesto

2. _____

Gabriela

3. _____

Mario y Laura

4. _____

Entrevista Use these questions to interview a classmate.

1. ¿Qué clases tomas?
2. ¿Caminas a tus clases?
3. ¿A qué hora termina la clase de español?
4. ¿Cuántas lenguas hablas?
5. ¿Dónde estudias?
6. ¿Necesitas estudiar hoy para un examen?
7. ¿Miras mucho la televisión? ¿Qué programas te gustan?
8. ¿Te gusta viajar? ¿Deseas viajar a Sudamérica?
9. ¿Te gusta bailar? ¿Bailas salsa?
10. ¿Te gusta practicar el español fuera (*outside*) de clases? ¿Conversas con tus compañeros en español?

Practice more!

WB
pp. 11–12

LM
p. 9

vhlcentral.com

Using verbs in Spanish

▶ When two verbs are used together with no change of subject, the second verb is generally in the infinitive.

Deseo hablar con Felipe.
I want to speak with Felipe.

Necesito comprar lápices.
I need to buy pencils.

▶ To make a sentence negative, use **no** before the conjugated verb.

Yo **no** miro la televisión.
I don't watch television.

Ella **no** desea bailar.
She doesn't want to dance.

▶ Subject pronouns are often omitted; the verb endings indicate who the subject is. They may, however, be used for clarification or for emphasis.

—¿Qué enseñan?
What do they teach?

—**Él** enseña arte y **ella** enseña química.
He teaches art and she teaches chemistry.

—¿Quién desea trabajar hoy?
Who wants to work today?

—**Yo** no deseo trabajar.
I don't want to work.

The verb gustar

▶ The verb **gustar,** which is used to express likes and dislikes, is different from other **-ar** verbs. The most common forms of this verb are **gusta** and **gustan**. Use a singular noun with **gusta** and a plural noun with **gustan**. Also, there is no subject pronoun (**yo, tú,...**) before **gusta(n)**.

Me gusta la historia.
I like history.

Me gustan las lenguas extranjeras.
I like foreign languages.

▶ To say what you like, use **me** before **gusta(n)**. To ask a friend what he/she likes, use **te** before **gusta(n)**. To express dislikes, insert **no** before **me** or **te**.

—¿**Te gusta** la biología?
Do you like biology?

— No, **no me gusta** la biología.
No, I don't like biology.

—¿**Te gustan** las clases este semestre?
Do you like your classes this semester?

— Sí, **me gustan** las clases este semestre.
Yes, I like my classes this semester.

▶ To talk about what you like and don't like to do, use **(no) me gusta** + [*infinitive*].

—¿**Te gusta** bailar salsa?
Do you like to dance salsa?

— Sí, **me gusta** bailar salsa.
Yes, I like to dance salsa.

¡Manos a la obra!

Provide the present-tense forms of the verbs.

hablar

1. Yo _____ español.
2. Ellas _____ español.
3. Tú _____ español.
4. Isabel _____ español.
5. Nosotros _____ español.

gustar

1. _____ _____ la clase. [*I like*]
2. ¿_____ _____ las clases? [*Do you like?*]
3. _____ _____ _____ las pruebas. [*I don't like*]
4. _____ _____ _____ el arte. [*You don't like*]
5. _____ _____ viajar. [*I like*]

A repasar

2.1 The present tense of regular –ar verbs

1 Completar Complete the sentences with the appropriate forms of these verbs. Use each verb only once; there are two that you won't use.

buscar	mirar	terminar	trabajar
cantar	regresar	tomar	viajar

1. Ustedes _____ la clase de arte, ¿no?

2. El examen _____ a las diez.

3. ¿ _____ (tú) la televisión todos los días?

4. Yo _____ un libro en la biblioteca.

5. Nosotros _____ mañana a Madrid.

6. Ellos _____ una canción (*song*) de Shakira.

2 Combinar Combine words from the columns to create sentences about yourself and these people.

modelo   *El profesor no necesita explicar el examen.*

Yo	(no) desear	caminar	más
Mi (*My*) compañero/a	(no) necesitar	comprar	español
El/La profesor(a)		contestar	el examen
La clase		explicar	los libros
Nosotros		hablar	la lección 2
Los/Las estudiantes		terminar	la tarea
		enseñar	en la clase
		practicar	¿?

2.2 Forming questions in Spanish

3 Preguntas Write questions for these answers using interrogative words.

1. —¿ _____ es Patricia?
   —Patricia es de Ecuador.

2. —¿ _____ es él?
   —Él es mi compañero de cuarto.

3. —¿ _____ clases tomas?
   —Tomo cuatro clases.

4. —¿ _____ desean tomar?
   —Deseamos tomar dos cafés.

4 ¿Qué pasa? Write at least five questions about this photo using interrogative words. Then, with a partner, take turns asking and answering each other's questions.

1. _____

2. _____

3. _____

4. _____

5. _____

2.3 The present tense of estar

5 Oraciones Form sentences using the appropriate forms of **ser** or **estar** and the cues provided.

1. ¿De dónde _____ ustedes?

2. Nosotros _____ de Barcelona.

3. ¿Por qué _____ ustedes en Chapultepec?

4. Nosotros _____ profesores de historia.

5. Yo _____ el doctor Ochoa y él _____ el profesor Mendoza.

6. Nosotros _____ aquí (*here*) para visitar la biblioteca.

7. La biblioteca _____ a la izquierda, ¿verdad?

6 Entrevista Use these questions to interview a classmate.

1. ¿Cómo estás hoy?

2. ¿Cómo está tu (*your*) compañero/a de cuarto?

3. ¿Dónde está tu compañero/a de cuarto ahora?

4. ¿Quién(es) no está(n) en la clase hoy?

5. ¿Cuándo es la prueba de la lección 2?

6. ¿Dónde están tus amigos (*friends*) ahora?

7. ¿Dónde está la cafetería? ¿Y la librería?

8. ¿Eres de los Estados Unidos?

2.4 Numbers 31–100

7 Matemáticas Solve these math problems.

+ más	− menos	= son

30 + 42 = Treinta más cuarenta y dos son setenta y dos.

1. **20 + 32 =** _____
2. **65 + 18 =** _____
3. **46 + 51 =** _____
4. **76 + 13 =** _____
5. **93 − 45 =** _____
6. **81 − 34 =** _____
7. **77 − 66 =** _____
8. **90 − 55 =** _____

8 El clima With a partner, take turns asking what the high and low temperatures are in these cities today.

modelo

Estudiante 1: ¿Cuál es la temperatura máxima
en Managua?
Estudiante 2: Es ochenta y siete grados (*degrees*).
Estudiante 1: ¿Y cuál es la temperatura mínima?
Estudiante 2: Es sesenta y cuatro grados.

Ciudad	Máx. / Mín.	Ciudad	Máx. / Mín.
Santiago de Chile	37/24	San Salvador	78/62
Buenos Aires	73/51	Montevideo	55/41
La Paz	48/35	Managua	87/64
Ciudad de México	58/42	Bogotá	72/46
San José	80/69	Quito	63/50

Síntesis

9 El Cuerpo de Paz (*The Peace Corps*) In pairs, imagine that one of you is a supervisor in the Peace Corps and the other is a volunteer working on starting an elementary school in a rural area in Peru. The supervisor wants some information about the project. Act out this situation, using these guidelines.

- Find out how many students there are. [31 students]
- Find out who the teacher is. [Sra. Ana Pelayo]
- Ask what furniture (*muebles*) and things she needs.
- Find out what courses she wants to teach.
- Find out if the school is located far from the town (*el pueblo*).

Videoclip Video

1 Preparación Think about occasions when you normally receive gifts. How do you let your family and friends know what you want? Do you usually get what you want?

2 El clip Watch the ad for **Jumbo** from Chile.

Vocabulario

ahorrar *to save*	quería pedirte *I wanted to ask you for*
Navidad *Christmas*	te preocupa *it worries you*

Quería pedirte...

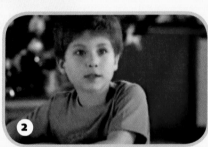

¿Cómo se escribe *mountain bike?*

3 ¿Qué hay? For each item, write **sí** if it appears in the TV clip or **no** if it does not.

_____ 1. pizarra   _____ 5. diccionario
_____ 2. lápiz   _____ 6. cuaderno
_____ 3. mesa   _____ 7. tiza
_____ 4. computadora _____ 8. ventana

4 Tu lista Write a list of things that you want for your next birthday. Use as much Spanish as you can. Then share your list with a classmate.

Ampliación

1 Escuchar

 A Listen to Armando and Julia's conversation. Then list the classes each person is taking.

TIP **Listen for cognates.** Cognates are words that have similar spellings and meanings in two or more languages. Listening for cognates will help you increase your comprehension.

Julia

1. _____
2. _____
3. _____
4. _____

Armando

1. _____
2. _____
3. _____
4. _____
5. _____

B ¿Cuántas clases toman Armando y Julia? ¿Cuántas clases tomas tú? ¿Qué clases te gustan y qué clases no te gustan?

2 Conversar

 Greet a classmate, find out how he or she is, and get to know your classmate better by asking these questions.

- ¿Cómo te llamas?
- ¿De dónde eres?
- ¿Qué clases tomas?
- ¿Qué clases te gustan?
- ¿Cuántos estudiantes hay en tu (your) clase de...?
- ¿Cuántas horas estudias durante (during) la semana?
- ¿Dónde estudias normalmente (usually)?

Ampliación

¡Hola! Me llamo Alicia Roberts. Estudio matemáticas en la Universidad de Nueva York...

3 Escribir

Write a description of yourself to post on a website in order to meet Spanish-speaking people.

> **TIP** **Brainstorm.** Spend ten to fifteen minutes jotting down ideas about the topic you are going to write about. The more ideas you write down, the more you'll have to choose from later when you start to organize your thoughts.

Organízalo	Make a list of things you would like people to know about you, including your name, your major, where you go to school, what you're studying, where you work, and your likes and dislikes.
Escríbelo	Using the material you have compiled, write the first draft of your description.
Corrígelo	Exchange papers with a classmate and comment on the organization, style, and grammatical correctness of each other's work. Then revise your first draft, keeping your classmate's comments in mind.
Compártelo	Read your descriptions aloud in small groups. Point out the three best features of each description.

4 Un paso más

Create a poster that will encourage students to study in a university in a Spanish-speaking country. The poster might include these elements:

- A title
- Photos of university locations
- A campus map
- A short summary of the university's programs
- Photos of the town where the university is located

> **CONEXIÓN INTERNET**
>
> Investiga estos temas en el sitio **vhlcentral.com**.
>
> - Las universidades en España
> - Las universidades en América Latina

UNIVERSIDAD DE ANDALUCÍA

El futuro en tus manos

Audio: Reading

Antes de leer

Examina el texto

Recognizing the format of a document can help you to predict its content. For instance, invitations and classified ads follow an easily identifiable format, which usually gives you a general idea of the information they contain. Glance at the document on this page and identify it based on its format.

Cognados

With a classmate, make a list of cognates in the text and guess their English meanings. What do the cognates reveal about the content of the document?

Piénsalo

If you guessed that this text is a brochure from a university, you are correct. You can now infer that the document contains information on departments, courses, and the university campus.

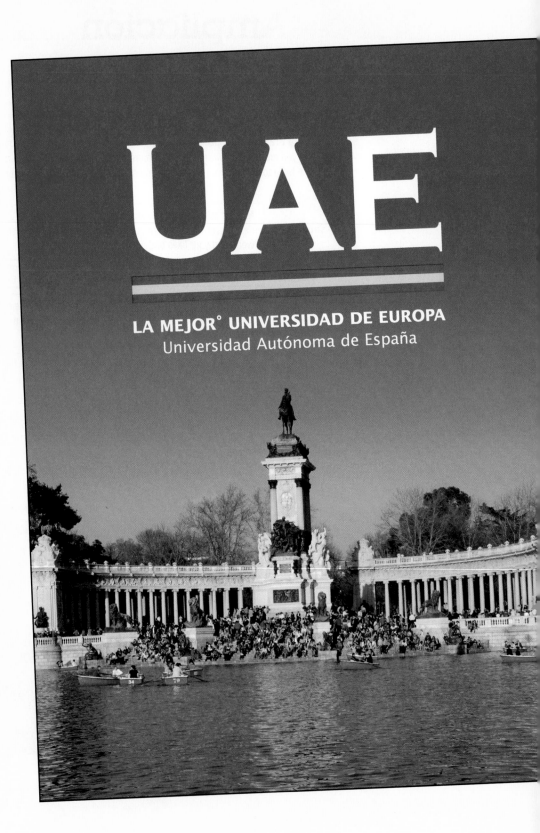

UAE

LA MEJOR° UNIVERSIDAD DE EUROPA
Universidad Autónoma de España

En el campus de la UAE hay ocho facultades:

- Ciencias
- Derecho°
- Medicina
- Psicología
- Filosofía y Letras
- Ciencias Económicas y Empresariales
- Escuela Técnica Superior de Computación
- Facultad° de Formación de Profesorado y Educación

Toma cursos de:

- Antropología Aplicada°
- Computación
- Contabilidad
- Derecho Privado
- Ecología
- Economía General
- Filosofía Antigua°
- Física General
- Geografía
- Historia Contemporánea
- Literatura Española
- Matemáticas
- Microbiología
- Psicología Social
- Química
- Sociología

UAE INICIAMOS LAS CLASES EN SEPTIEMBRE

¡La UAE está cerca de ti!
Calle del Valle de Mena 95 ▪ 28039 Madrid, ESPAÑA
Teléfono: (34) 91.754.87.25 ▪ www.uae.edu.es

mejor *best* **derecho** *law* **facultad** *school*
aplicada *applied* **antigua** *ancient*

Después de leer

¿Comprendiste? ✎ⓢ

Indicate whether each statement is **cierto** (*true*) or **falso** (*false*).

Cierto	Falso	
____	____	1. La Universidad Autónoma de España está en Europa.
____	____	2. En la UAE hay diez facultades.
____	____	3. Filosofía y Letras es un curso.
____	____	4. Hay cursos de literatura china en la UAE.
____	____	5. Hay una facultad de psicología en la UAE.
____	____	6. La UAE está en Málaga, España.

Preguntas ✎ⓢ

Answer these questions using complete sentences.

1. ¿Hay clases de contabilidad en la UAE?

_____

2. ¿Es posible estudiar medicina en la UAE?

_____

3. ¿En qué facultad hay clases de economía general?

_____

4. ¿En qué facultad hay clases de microbiología?

_____

5. ¿En qué facultad hay clases de literatura española?

_____

Coméntalo ✎ⓢ

Look at the brochure of the **Universidad Autónoma de España** and identify the courses taught there. Does your university offer the same courses? Are you taking any of those courses? Would you be interested in studying at the UAE? Why?

Audio: Vocabulary Flashcards

La clase y la universidad

el borrador	eraser
el escritorio	desk
el libro	book
la mesa	table
el papel	paper
la pizarra	blackboard; whiteboard
la pluma	pen
la puerta	door
el reloj	clock; watch
la silla	chair
la tiza	chalk
la ventana	window
la biblioteca	library
la cafetería	cafeteria
el estadio	stadium
el laboratorio	laboratory
la librería	bookstore
la residencia estudiantil	dormitory
la universidad	university
la clase	class
el curso	course
el examen	test; exam
el horario	schedule
la prueba	test; quiz
el semestre	semester
la tarea	homework
el trimestre	trimester; quarter
el/la compañero/a de clase	classmate
el/la compañero/a de cuarto	roommate

Los cursos

la administración de empresas	business administration
el arte	art
la biología	biology
la computación	computer science
la contabilidad	accounting
el español	Spanish
la física	physics
la geografía	geography
la historia	history
el inglés	English
las lenguas extranjeras	foreign languages
las matemáticas	mathematics
el periodismo	journalism
la psicología	psychology
la química	chemistry
la sociología	sociology

Los días de la semana

lunes	Monday
martes	Tuesday
miércoles	Wednesday
jueves	Thursday
viernes	Friday
sábado	Saturday
domingo	Sunday
la semana	week
Hoy es...	Today is...

Interrogative words	See page 41.
Prepositions of location	See page 43.
Numbers 31–100	See page 44.

Verbos

bailar	to dance
buscar	to look for
caminar	to walk
cantar	to sing
comprar	to buy
contestar	to answer
conversar	to talk; to chat
descansar	to rest
desear	to want; to wish
dibujar	to draw
enseñar	to teach
escuchar	to listen
esperar	to wait (for); to hope
estar	to be
estudiar	to study
explicar	to explain
gustar	to like; to be pleasing (lit.)
hablar	to talk; to speak
llegar	to arrive
llevar	to carry
mirar	to look (at); to watch
necesitar	to need
practicar	to practice
preguntar	to ask (a question)
preparar	to prepare
regresar	to return
terminar	to end; to finish
tomar	to take; to drink
trabajar	to work
viajar	to travel

Practice more at **vhlcentral.com**.

Todos los años *(Every year)*, en el mes de junio, Nueva York organiza un gran desfile *(parade)* en honor a los puertorriqueños.

ESTADOS UNIDOS Y CANADÁ

Estados Unidos

Población de EE.UU.: 308.750.000
Población de origen hispano: 50.480.000
País de origen de hispanos en los EE.UU.:

10,8% **otros**
3,5% **Cuba**
9,2% **Puerto Rico**
13,4% **Centroamérica y Sudamérica**
63,1% México

Estados con mayor población hispana:
California, Texas, Florida y Nueva York
SOURCE: U.S. Census Bureau

Canadá

Población de Canadá: 33.000.000
Población de origen hispano: 300.000
País de origen de hispanos en Canadá:

12,4% **México**
11,6% **Chile**
67% **otros**
9% **El Salvador**

Ciudades con mayor población hispana:
Montreal, Toronto y Vancouver
SOURCE: Statistics Canada

Interactive Map Video

Lugares

La Pequeña Habana

La Pequeña Habana *(Little Havana)* es un barrio *(neighborhood)* de Miami, Florida, donde viven *(live)* muchos cubanoamericanos. Es un lugar donde se encuentran *(are found)* las costumbres *(customs)* de la cultura cubana, los aromas y sabores *(flavors)* de su comida *(food)* y la música salsa. La Pequeña Habana es una parte de Cuba en los Estados Unidos.

Personalidades

Latinos famosos

Los estadounidenses de origen hispanoamericano contribuyen *(contribute)* en todos los niveles *(at all levels)* a la cultura y a la economía de los Estados Unidos.

Sonia Sotomayor, juez, de origen puertorriqueño

John Quiñones, periodista, de origen mexicano

Eva Mendes, actriz, de origen cubano

Ellen Ochoa, astronauta, de origen mexicano

CANADÁ

Vancouver • • Calgary

EE.UU.

• San Francisco

• Las Vegas

Los Ángeles •

• San Diego

MÉXICO

Ottawa

Toronto

Ciudad de
Nueva York

Chicago

Washington D.C.

Océano
Atlántico

Miami

Golfo
de México

Mar Caribe

Comida

La comida mexicana

La comida *(food)* mexicana es muy popular en los Estados Unidos. Los tacos, las enchiladas y las quesadillas son platos *(dishes)* mexicanos que frecuentemente forman parte de las comidas *(meals)* de muchos norteamericanos. También *(Also)* son populares las variaciones de la comida mexicana en los Estados Unidos... el tex-mex y el cali-mex.

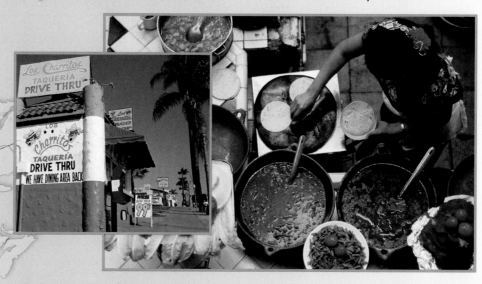

Comunidad

Hispanos en Canadá

La población hispana en Canadá crece *(grows)* cada año *(year)*. Más *(More)* del 50% de los hispanos está en Toronto y en Montreal. La mayoría de ellos tiene *(have)* estudios universitarios y habla una de las lenguas oficiales: inglés o francés *(French)*. Esto les permite *(This allows them)* participar activamente en la vida cotidiana *(daily life)* y profesional.

Familia colombiana en Mississauga, Ontario

Practice more!

WB
pp. 19–20

VM
pp. 233–234

vhlcentral.com

¿Qué aprendiste?

1 **¿Cierto o falso?** Indicate whether these statements are **cierto** or **falso**, based on what you have learned about Hispanics in the U.S. and Canada.

Cierto	Falso	
_____	_____	1. Los mexicanos son el grupo hispano más grande *(biggest)* de los EE.UU.
_____	_____	2. En Florida no hay muchas personas de origen hispano.
_____	_____	3. En Texas hay muchos hispanos.
_____	_____	4. La Pequeña Habana está en la isla de Cuba.
_____	_____	5. John Quiñones es de origen mexicano.
_____	_____	6. Eva Mendes es de origen hispano.
_____	_____	7. Los tacos y las quesadillas son los platos más populares en los restaurantes hispanos de los Estados Unidos.
_____	_____	8. A los estadounidenses no les gustan los tacos.
_____	_____	9. Los chilenos son el grupo hispano más grande de Canadá.
_____	_____	10. Muchos hispanos en Canadá tienen estudios universitarios.

2 **Preguntas** Answer these questions in complete sentences.

1. ¿Qué ciudades en los Estados Unidos tienen una visible influencia hispana?

2. ¿Hay barrios hispanos en tu ciudad o pueblo? Si es así *(If so)*, ¿los barrios son de algún *(any)* país hispano en particular?

3. ¿Estudias o trabajas con hispanos? ¿De dónde son?

4. ¿Qué otros estadounidenses de origen hispano conoces *(do you know)*?

5. ¿Qué platos de comida hispana te gustan?

6. ¿Qué música latina conoces? ¿Te gusta bailar música latina?

CONEXIÓN INTERNET

Investiga estos temas en el sitio **vhlcentral.com**.

- Norteamericanos famosos de origen hispano
- Lugares en Estados Unidos con nombres en español

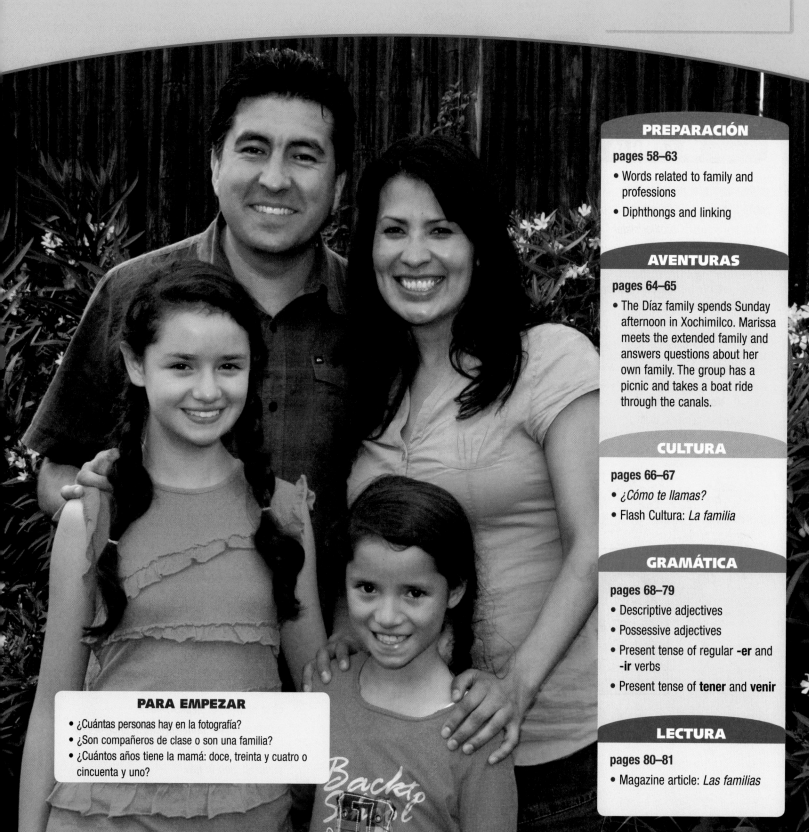

3 La familia

Communicative Goals

You will learn how to:
- talk about your family and friends
- describe people and things
- express ownership

PARA EMPEZAR
- ¿Cuántas personas hay en la fotografía?
- ¿Son compañeros de clase o son una familia?
- ¿Cuántos años tiene la mamá: doce, treinta y cuatro o cincuenta y uno?

Tutorials

LA FAMILIA

LA FAMILIA

el/la esposo/a *husband/wife*

el/la hermanastro/a *stepbrother/stepsister*

el/la hermano/a *brother/sister*

el/la hijastro/a *stepson/stepdaughter*

la madrastra *stepmother*

el/la medio/a hermano/a *half-brother/ half-sister*

el padrastro *stepfather*

los padres *parents*

Variación léxica

la madre ⟷ la mamá, mami (*colloquial*)

el padre ⟷ el papá, papi (*colloquial*)

los padres ⟷ los papás, papis (*colloquial*)

el abuelo
grandfather

la abuela
grandmother

el padre
father

la madre
mother

los hijos
sons; children

la hija
daughter

LA FAMILIA EXTENDIDA

el/la cuñado/a *brother-in-law/sister-in-law*

el/la nieto/a *grandson/granddaughter*

la nuera *daughter-in-law*

los parientes *relatives*

el/la primo/a *cousin*

el/la sobrino/a *nephew/niece*

el/la suegro/a *father-in-law/mother-in-law*

el/la tío/a *uncle/aunt*

el yerno *son-in-law*

el artista

LAS PROFESIONES

el/la ingeniero/a *engineer*
el/la médico/a *doctor*
el/la periodista *journalist*
el/la programador(a) *computer programmer*

la doctora

OTRAS PALABRAS

el/la amigo/a *friend*
el/la gato/a *cat*
la gente *people*
el/la muchacho/a *boy/girl*
la persona *person*
el/la perro/a *dog*

mi *my (sing.)*
mis *my (pl.)*

el niño
boy; child

la niña
girl

el novio
boyfriend

la novia
girlfriend

A escuchar

1 **Escuchar** Find Luisa Moya Sánchez on the family tree. Then listen to her statements and indicate whether each statement is **cierto** (*true*) or **falso** (*false*), based on her family tree.

Eduardo Sánchez Moreno   **Sara García de Sánchez**

Javier Moya Galán   **Irene Sánchez de Moya**   **Adela Sánchez García**   **Pilar Sánchez de Donoso**   **Andrés Donoso Álvarez**

Luisa Moya Sánchez   **Miguel Moya Sánchez**   **Elena Donoso Sánchez**

	Cierto	Falso			Cierto	Falso
1.	____	____		6.	____	____
2.	____	____		7.	____	____
3.	____	____		8.	____	____
4.	____	____		9.	____	____
5.	____	____		10.	____	____

2 **Emparejar** You will hear some definitions of vocabulary words. Indicate which sentence matches each definition.

1. a. Son mis padres.   b. Son mis abuelos.   c. Son mis suegros.
2. a. Es mi yerno.   b. Es mi sobrino.   c. Es mi cuñado.
3. a. Es una periodista.   b. Es una programadora.   c. Es una artista.
4. a. Es mi prima.   b. Es mi sobrina.   c. Es mi abuela.
5. a. Son mis perros.   b. Son mis primos.   c. Son mis abuelos.
6. a. Es mi nieto.   b. Es mi tío.   c. Es mi gato.

Practice more!

LM
p. 13

A practicar

3 **Completar** Complete these sentences with the correct words.

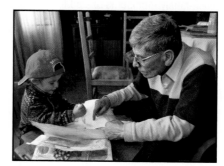

1. Mi madre y mi padre son mis _____.
2. El padre de mi madre es mi _____.
3. Yo soy el _____ del hijo de mi hermana.
4. La esposa de mi hijo es mi _____.
5. Yo soy el _____ de los padres de mi esposa.
6. La hija de mi hermana es mi _____.
7. El segundo (*second*) esposo de mi madre es mi _____.
8. La hija de mi padre y de mi madrastra es mi _____.

4 **Profesiones** Complete the description of each photo.

1. Rosa María Ortiz es

_____.

2. Héctor Ibarra es

_____.

3. Alberto Díaz es

_____.

4. Elena Vargas Soto es

_____.

5. Daniela López es

_____.

6. Irene González es

_____.

Practice more!

WB
pp. 21–22

vhlcentral.com

A conversar

5 **La familia Vargas** With a classmate, identify the members in the family tree by asking questions about how each family member is related to Graciela Vargas García.

> **modelo**
>
> **Estudiante 1:** ¿Quién es Beatriz Pardo de Vargas?
> **Estudiante 2:** Es la abuela de Graciela.

David Vargas Olmedo (Quito, 1940)

Beatriz Pardo de Vargas (Ibarra, 1940)

Carlos Antonio López Ríos (Cuenca, 1960)

Lupe Vargas de López (Quito, 1964)

Juan Vargas Pardo (Quito, 1966)

María Susana García de Vargas (Guayaquil, 1967)

Ernesto López Vargas (Loja, 1997)

Ramón Vargas García (Machala, 1998)

Graciela Vargas García (Machala, 1993)

Now take turns asking each other these questions.

1. ¿Cómo se llama la tía de Ernesto?
2. ¿De dónde es María Susana?
3. ¿Cómo se llama la hermana de Juan?
4. ¿De dónde es el yerno de David y Beatriz?
5. ¿Cómo se llama el sobrino de Lupe?
6. ¿De dónde es la abuela de Ernesto?

6 **¿Y tú?** With a classmate, take turns asking each other these questions.

1. ¿Cuántas personas hay en tu familia?
2. ¿Cómo se llaman tus padres? ¿De dónde son?
3. ¿Cuántos hermanos tienes? ¿Cómo se llaman?
4. ¿Cuántos primos tienes? ¿Cuántos son niños y cuántos son adultos?
5. ¿Eres tío/a? ¿Cómo se llaman tus sobrinos/as? ¿Dónde estudian o trabajan?
6. ¿Tienes novio/a? ¿Tienes esposo/a? ¿Cómo se llama?

tengo *I have*	**tu** *your (sing.)*
tienes *you have*	**tus** *your (pl.)*

🎧 Pronunciación Audio

Diphthongs and linking

. . . .

hermano   **niña**   **cuñado**

In Spanish, **a**, **e**, and **o** are considered strong vowels. The weak vowels are **i** and **u**.

. . . .

ruido   **parientes**   **periodista**

A diphthong is a combination of two weak vowels or of a strong vowel and a weak vowel. Diphthongs are pronounced as a single syllable.

. . . .

la abuela   **mi hijo**   **una clase excelente**

Two identical vowel sounds that appear together are pronounced like one long vowel.

. . . .

con Natalia   **sus sobrinos**   **las sillas**

Two identical consonants together sound like a single consonant.

. . . .

es ingeniera   **mis abuelos**   **sus hijos**

A consonant at the end of a word is linked with the vowel at the beginning of the next word.

. . . .

mi hermano   **su esposa**   **nuestro amigo**

A vowel at the end of a word is linked with the vowel at the beginning of the next word.

. . . .

Práctica Say these words aloud, focusing on the diphthongs.

1. historia	5. residencia	9. lenguas
2. nieto	6. prueba	10. estudiar
3. parientes	7. puerta	11. izquierda
4. novia	8. ciencias	12. ecuatoriano

Oraciones Read these sentences aloud to practice diphthongs and linking words.

1. Hola. Me llamo Anita Amaral. Soy del Ecuador.
2. Somos seis en mi familia.
3. Tengo dos hermanos y una hermana.
4. Mi papá es del Ecuador y mi mamá es de España.

Refranes Read these sayings aloud to practice diphthongs and linking sounds.

Cuando una puerta se cierra, otra se abre.[1]

Hablando del rey de Roma, por la puerta se asoma.[2]

[1] When one door closes, another opens.
[2] Speak of the devil and he will appear.

Practice more!

LM p. 14

vhlcentral.com

Un domingo en familia

Marissa pasa el día en Xochimilco con la familia Díaz.

PERSONAJES

FELIPE

TÍA NAYELI

JIMENA

MARTA

VALENTINA

SRA. DÍAZ

TÍO RAMÓN

SR. DÍAZ

MARISSA

JIMENA Hola, tía Nayeli.

TÍA NAYELI ¡Hola, Jimena! ¿Cómo estás?

JIMENA Bien, gracias. Y, ¿dónde están mis primas?

TÍA NAYELI No sé. ¿Dónde están mis hijas? ¡Ah!

MARISSA ¡Qué bonitas son tus hijas! Y ¡qué simpáticas!

FELIPE Soy guapo y delgado.

JIMENA Ay, ¡por favor! Eres gordo, antipático y muy feo.

MARISSA Tía Nayeli, ¿cuántos años tienen tus hijas?

TÍA NAYELI Marta tiene ocho años y Valentina doce.

SRA. DÍAZ Chicas, ¿compartimos una trajinera?

MARISSA ¡Claro que sí! ¡Qué bonitas son!

SRA. DÍAZ ¿Vienes, Jimena?

JIMENA No, gracias. Tengo que leer.

MARISSA Me gusta mucho este sitio. Tengo ganas de visitar otros lugares en México.

SRA. DÍAZ ¡Debes viajar a Mérida!

TÍA NAYELI ¡Sí, con tus amigos! Debes visitar a Ana María, la hermana de Roberto y de Ramón.

ACTIVIDADES

1 **¿Cierto o falso?** Indicate whether each sentence is **cierto** or **falso**. Correct the false statements.

1. La señora Díaz tiene dos hermanos.
2. Marissa no tiene novio.
3. Valentina tiene veinte años.
4. Marissa comparte una trajinera con la señora Díaz y la tía Nayeli.
5. A Marissa le gusta mucho Xochimilco.

2 **Identificar** Indicate which person would make each statement.

1. Felipe es antipático y feo.
2. Mis hermanos se llaman Jennifer, Adam y Zach.
3. ¡Soy un joven muy guapo!
4. Mis hijas tienen doce y ocho años.
5. Tus hijas son bonitas y simpáticas.
6. Ana María es la hermana de Ramón y Roberto.

TÍO RAMÓN ¿Tienes una familia grande, Marissa?

MARISSA Tengo dos hermanos mayores, Zack y Jennifer, y un hermano menor, Adam.

MARISSA La verdad, mi familia es pequeña.

SRA. DÍAZ ¿Pequeña? Yo soy hija única. Bueno, y ¿qué más? ¿Tienes novio?

MARISSA No. Tengo mala suerte con los novios.

(La Sra. Díaz habla por teléfono con la tía Ana María.)

SRA. DÍAZ ¡Qué bien! Excelente. Sí, la próxima semana. Muchísimas gracias.

MARISSA ¡Gracias, Sra. Díaz!

SRA. DÍAZ Tía Ana María.

MARISSA Tía Ana María.

SRA. DÍAZ ¡Un beso, chau!

MARISSA *Bye!*

---

3 **Conversar** With a partner, use these questions to talk about your families.

1. ¿Tienes una familia grande o pequeña?
2. ¿Hay artistas en tu familia?
3. ¿Tienes hermanos menores? ¿Y hermanos mayores?
4. ¿Cuántos años tiene tu abuelo (tu hermana, tu primo...)?
5. ¿De dónde son tus padres?

Practice more!

VM
pp. 173–174

vhlcentral.com

Expresiones útiles

Talking about your family

¿Tienes una familia grande?
Do you have a big family?
Tengo dos hermanos mayores y un hermano menor.
I have two older siblings and a younger brother.
La verdad, mi familia es pequeña.
The truth is, my family is small.
¿Pequeña? Yo soy hija única.
Small? I'm an only child.

Describing people

¡Qué bonitas son tus hijas!
Y ¡qué simpáticas!
Your daughters are so pretty!
And so nice!
Soy guapo y delgado.
I'm handsome and slim.
¡Por favor! Eres gordo, antipático y muy feo.
Please! You're fat, unpleasant, and very ugly.

Talking about plans

¿Compartimos una trajinera?
Shall we share a trajinera?
¡Claro que sí! ¡Qué bonitas son!
Of course! They're so pretty!
¿Vienes, Jimena?
Are you coming, Jimena?
No, gracias. Tengo que leer.
No, thanks. I have to read.

Saying how old people are

¿Cuántos años tienen tus hijas?
How old are your daughters?
Marta tiene ocho años y Valentina doce.
Marta is eight and Valentina twelve.

Additional vocabulary

ensayo *essay*
pobrecito/a *poor thing*
próxima *next*
sitio *place*
todavía *still*
trajinera *type of barge*

¿Cómo te llamas?

In the Spanish-speaking world, it is common to have two last names: one paternal and one maternal. In some cases, the words **de** or **y** are used to connect the two. For example, in the name **Juan Martínez de Velasco**, *Martínez* is the paternal surname (**el apellido paterno**), and *Velasco* is the maternal surname (**el apellido materno**); **de** simply links the two. This convention of using two last names (**doble apellido**) is a European tradition that Spaniards brought to the Americas. It continues to be practiced in many countries, including Chile, Colombia, Mexico, Peru, and Venezuela. There are exceptions, however; in Argentina, the prevailing custom is for children to inherit only the father's last name.

Gabriel García Márquez   **Mercedes Barcha Pardo**

Rodrigo García Barcha

Hijos en la casa

In Spanish-speaking countries, family and society place very little pressure on young adults to live on their own (**independizarse**), and children often live with their parents well into their thirties. For example, about 70% of Spaniards between the ages of 18 and 29 live at home with their parents. This delay in moving out is both cultural and economic—lack of job security or low wages coupled with a high cost of living may make it impractical for young adults to live independently before they marry.

When a woman marries in a country where two last names are used, legally she retains her two maiden surnames. However, socially she may take her husband's paternal surname in place of her inherited maternal surname. For example, **Mercedes Barcha Pardo**, wife of Colombian writer **Gabriel García Márquez**, might use the names **Mercedes Barcha García** or **Mercedes Barcha de García** in social situations (although officially her name remains **Mercedes Barcha Pardo**). Adopting a husband's last name for social purposes, though widespread, is only legally recognized in Ecuador and Peru.

Most parents do not break tradition upon naming their children; regardless of the surnames the mother uses, they use the father's first surname followed by the mother's first surname, as in the name **Rodrigo García Barcha**. However, both surnames come from the grandfathers, and therefore all **apellidos** are effectively paternal.

ASÍ SE DICE

Familia y amigos

el/la bisnieto/a	*great-grandson/ great-granddaughter*
el/la chamaco/a (Méx.); el/la chamo/a (Ven.); el/la chaval(a) (Esp.); el/la pibe/a (Arg.)	**el/la muchacho/a**
mi cuate (Méx.); mi parcero (Col.); mi pana (Ven., P. Rico, Rep. Dom.)	*my pal; my buddy*
la madrina; el padrino	*godmother; godfather*
el/la tatarabuelo/a	*great-great-grandfather/ great-great-grandmother*

ACTIVIDADES

1 **¿Cierto o falso?** Indicate whether each statement is **cierto** or **falso**. Correct the false statements.

1. Most Spanish-speaking people have three last names.

2. Hispanic last names generally consist of the paternal last name followed by the maternal last name.

3. It is common to see **de** or **y** used in a Hispanic last name.

4. Someone from Argentina would most likely have two last names.

5. Generally, married women legally retain two maiden surnames.

6. In social situations, a married woman often uses her husband's last name in place of her inherited paternal surname.

7. Adopting a husband's surname is only legally recognized in Peru and Ecuador.

8. Hispanic last names are effectively a combination of the maternal surnames from the previous generation.

2 **Una familia famosa** Create a genealogical tree of a famous family, using photos or drawings labeled with names and origins. Present the family tree to a classmate and explain who the people are and their relationships to each other.

CONEXIÓN INTERNET

What role do **padrinos** and **madrinas** have in today's Hispanic family?

For more information about this **Cultura**, go to **vhlcentral.com**.

La familia

1 **Preparación** What is a "typical family" like where you live? Is there such a thing? What members of a family usually live together?

2 **El video** Watch this **Flash Cultura** episode.

> **Vocabulario**
> **familia grande y feliz** *a big, happy family*
> **familia numerosa** *a large family*
> **hacer (algo) juntos** *to do (something) together*
> **reuniones familiares** *family gatherings, reunions*

¡Qué familia tan° grande tiene!

Te presento a la familia Bolaños.

tan *so*

3 **Completar** Complete this paragraph with the correct options.

Los Valdivieso y los Bolaños son dos ejemplos de familias en Ecuador. Los Valdivieso son una familia (1) _____ (difícil/numerosa). Viven *(They live)* en una casa (2) _____ (grande/buena). En el patio, hacen *(they do)* muchas reuniones (3) _____ (familiares/con amigos). Los Bolaños son una familia pequeña *(small)*. Ellos comen *(eat)* (4) _____ (separados/juntos) y preparan canelazo, una bebida *(drink)* típica ecuatoriana.

Practice more!
VM pp. 205–206   vhlcentral.com

3.2 Possessive adjectives

 Tutorial

▶ Possessive adjectives express ownership or possession.

Forms of possessive adjectives

Singular forms	Plural forms	
mi	mis	my
tu	tus	your (fam.)
su	sus	his, her, its, your (form.)
nuestro/a	nuestros/as	our
vuestro/a	vuestros/as	your (fam.)
su	sus	their, its, your (form.)

¡ojo! Spanish possessive adjectives show agreement in number with the nouns they modify. **Nuestro** and **vuestro** show agreement in gender and number.

mi primo	mis primos		mi tía	mis tías
nuestro tío	nuestros tíos		nuestra tía	nuestras tías

▶ Possessive adjectives are placed before the nouns they modify.

¿Dónde están mis primas?

Nuestra cuñada es muy simpática.

▶ **Su** and **sus** have multiple meanings (*your, his, her, their, its*). To avoid confusion, use this construction instead: [*article*] + [*noun*] + **de** + [*subject pronoun*].

	los parientes de él/ella	*his/her relatives*
sus parientes	los parientes de Ud./Uds.	*your relatives*
	los parientes de ellos/ellas	*their relatives*

¡Manos a la obra!

Provide the appropriate form of each possessive adjective.

1. Es ___mi___ (*my*) perro.
2. _____ (*my*) familia es ecuatoriana.
3. _____ (*your, fam.*) tío Marcelo es cubano.
4. _____ (*our*) profesor es español.
5. Es _____ (*her*) reloj.
6. Es _____ (*your, fam.*) mochila.
7. Es _____ (*your, form.*) maleta.
8. _____ (*their*) sobrina es alemana.
9. _____ (*her*) primos son franceses.
10. _____ (*our*) hermanastros son canadienses.
11. Son _____ (*their*) gatos.
12. _____ (*their*) nietos son japoneses.

Práctica

1 **Completar** Marta just took a photo of her family. Complete her description of the photo.

Ésta es una foto de (1) _____ familia. Aquí están (2) _____ abuelos. Son los padres de (3) _____ papá. (4) _____ casa (*home*) está en Valparaíso, Chile. ¡Es muy bonita!

Este (*This*) hombre es (5) _____ papá. Se llama David y es doctor. (6) _____ mamá se llama Rebeca; es periodista. (7) _____ hermana, (8) _____ tía Silvia, es una gran artista.

Y aquí está (9) _____ hermano Ramón. (10) _____ esposa se llama Sonia. (11) _____ hijos Javier y Laura son (12) _____ sobrinos. Son muy simpáticos.

2 **¿Dónde está?** Imagine that you can't remember where you put some of your belongings (pictured below). Your partner will help you by reminding you where things are. Take turns playing each role.

modelo

Estudiante 1: ¿Dónde está mi pluma?

Estudiante 2: Tu pluma está al lado de la computadora.

1. 2.

3. 4.

5. 6.

Conversación

3 **Describir** With a partner, take turns describing these people and places.

 modelo La biblioteca de su universidad

La biblioteca de nuestra universidad es muy grande. Hay muchos libros en la biblioteca. Mis amigos y yo estudiamos allí (*there*).

1. Tus padres
2. Tus abuelos
3. Tu mejor (*best*) amigo/a
4. Tu novio/a ideal
5. Su universidad
6. La librería de su universidad
7. Tu profesor(a) favorito/a
8. Su clase de español

4 **Tres fotos** Choose one of the three family photos and describe the family as if it were your own. Your partner will guess which photo you are describing. Then switch roles.

Familia 1

Familia 2

Familia 3

Practice more!

WB
pp. 25–26

LM
p. 16

(S)

vhlcentral.com

Español en vivo

Vida Láctea

Su crecimiento° es vital

¡La leche es nuestra bebida favorita!

A mi hijo le gusta Vida Láctea por su excelente sabor°. Su vaso° de leche diario tiene vitaminas y minerales esenciales para su crecimiento. Sus huesos° están cada vez más grandes y fuertes.

crecimiento *growth* **sabor** *flavor* **vaso** *glass* **huesos** *bones*

Identificar

Scan the advertisement, and identify the instances where possessive adjectives are used.

Preguntas

1. ¿Quiénes son las personas del anuncio (*advertisement*)?
2. ¿Cuál es su bebida (*drink*) favorita?
3. ¿Por qué bebe el niño un vaso de leche por (*per*) día?

Tutorial

3.3 Present tense of regular –er and –ir verbs

▶ In Lesson 2, you learned how to form the present tense of regular –ar verbs. The chart below contains the forms of the regular –ar verb **trabajar**, which is conjugated just like other –ar verbs you have learned. There are other regular verbs in Spanish: regular –er and –ir verbs. The chart also shows the forms of an –er verb and an –ir verb.

Present tense of –ar, –er, and –ir verbs

	trabajar	comer	escribir
	to work	*to eat*	*to write*
yo	trabajo	como	escribo
tú	trabajas	comes	escribes
Ud./él/ella	trabaja	come	escribe
nosotros/as	trabajamos	comemos	escribimos
vosotros/as	trabajáis	coméis	escribís
Uds./ellos/ellas	trabajan	comen	escriben

Felipe y su tío comen.

Jimena lee.

▶ **–Ar, –er,** and **–ir** verbs have very similar endings. Study the chart above to detect the patterns that make it easier for you to use the verb endings to communicate in Spanish.

▶ Like **–ar** verbs, the **yo** forms of **–er** and **–ir** verbs end in **–o**.

  trabajo   como   escribo

▶ The endings for **–ar** verbs begin with **–a**, except for the **yo** form.

  hablo   habla   habláis
  hablas   hablamos   hablan

▶ The endings for **–er** verbs begin with **–e**, except for the **yo** form.

  como   come   coméis
  comes   comemos   comen

▶ **–Er** and **–ir** verbs have the exact same endings, except in the **nosotros/as** and **vosotros/as** forms.

  nosotros ◀ comemos / escribimos   vosotros ◀ coméis / escribís

Práctica

1 Mi familia Susana is describing her family. Complete each sentence with the correct verb form.

1. Mi familia y yo _____ [vivir] en la ciudad de Montevideo, Uruguay.

2. Mi hermano Alfredo es muy inteligente. Él _____ [asistir] a clases de lunes a viernes.

3. Los martes Alfredo y yo _____ [correr] en el parque.

4. Mis padres _____ [comer] mucho; son un poco gordos.

5. Yo _____ [creer] que (*that*) mis padres _____ [deber] comer menos (*less*).

2 Completar Juan is talking about what he and his friends do after school. Complete his sentences.

modelo

Yo <u>*corro*</u> por (*for*) una hora.

1. Nosotros _____ en el restaurante.

2. Elena _____ en su diario.

3. Juan Diego y Sofía _____ café.

4. Ana y Lía _____ el almuerzo (*lunch*).

5. Carlos _____ en la biblioteca.

Conversación

3 **Entrevista** Use these questions to interview a classmate. Then report the results of your interview to the class.

1. ¿Dónde vives?

2. ¿Con quién vives? ¿Compartes tu cuarto?

3. ¿Dónde comes al mediodía?

4. ¿Bebes leche (*milk*) todos los días?

5. ¿Qué días asistes a clases?

6. ¿Qué cursos debes tomar el próximo (*next*) semestre?

7. ¿Lees el periódico (*newspaper*)? ¿Cuál?

8. ¿Recibes muchos mensajes de texto (*text messages*)? ¿De quién(es)?

9. ¿Escribes poemas o cuentos (*short stories*)?

10. ¿Crees en extraterrestres (*aliens*)?

4 **Encuesta** Walk around the class and ask your classmates if they do (or should do) the things mentioned on the survey. Try to find at least two people for each item.

modelo

Estudiante 1: ¿Asistes siempre (*always*) a la clase de español?
Estudiante 2: No, no asisto siempre a la clase de español.
Estudiante 1: ¿Asistes siempre a la clase de español?
Estudiante 3: Sí, asisto siempre a la clase de español.

Actividades	Nombres
1. Asistir siempre (*always*) a la clase de español	_____
2. Correr todos los días (*every day*)	_____
3. Leer mucho (*a lot*) para los exámenes	_____
4. Compartir tus cosas con tus hermanos	_____
5. Abrir las ventanas en invierno (*winter*)	_____
6. Escribir en un blog	_____
7. Vivir en una residencia estudiantil	_____
8. Comer en la cafetería de la universidad	_____

Practice more!

WB pp. 27–28 | LM p. 17 | vhlcentral.com

Common –er and –ir verbs

Common –er and –ir verbs

–er verbs		–ir verbs	
aprender	*to learn*	abrir	*to open*
beber	*to drink*	asistir (a)	*to attend*
comer	*to eat*	compartir	*to share*
comprender	*to understand*	decidir	*to decide*
correr	*to run*	describir	*to describe*
creer (en)	*to believe (in)*	escribir	*to write*
deber (+ inf.)	*should, ought to; must*	recibir	*to receive*
leer	*to read*	vivir	*to live*

Lucía y Marcos **corren** en el parque.

Rosa vive en la residencia estudiantil.

¡Manos a la obra!

Provide the correct forms of these verbs.

correr

1. Graciela __corre__ en el parque.
2. Tú _____ en el campus.
3. Mi primo y yo _____.
4. Yo _____ los domingos.
5. Mis hermanos _____.
6. Ud. _____ en la plaza.
7. Uds. _____ los lunes.
8. La familia _____.
9. Marcos y yo _____.

abrir

1. Ellos __abren__ la puerta.
2. Carolina _____ la maleta.
3. Yo _____ las ventanas.
4. Nosotras _____ los libros.
5. Ud. _____ el cuaderno.
6. Tú _____ la ventana.
7. Uds. _____ las maletas.
8. Él _____ el libro.
9. Los muchachos _____ los cuadernos.

aprender

1. Él __aprende__ español.
2. Uds. _____ español.
3. Maribel y yo _____ inglés.
4. Tú _____ japonés.
5. Uds. _____ francés.
6. Mi hijo _____ alemán.
7. Yo _____ alemán.
8. Ud. _____ inglés.
9. Nosotros _____ lenguas extranjeras.

3.4 Present tense of **tener** and **venir** Tutorial

▶ The verbs **tener** (*to have*) and **venir** (*to come*) are frequently used. Since most of their forms are irregular, you will have to learn each one individually.

Present tense of *tener* and *venir*		
	tener	venir
	to have	*to come*
yo	tengo	vengo
tú	tienes	vienes
Ud./él/ella	tiene	viene
nosotros/as	tenemos	venimos
vosotros/as	tenéis	venís
Uds./ellos/ellas	tienen	vienen

¿Tienes una familia grande, Marissa?

No, tengo una familia pequeña.

▶ Note that the **yo** forms are irregular:

tengo   vengo

▶ The **nosotros** and **vosotros** forms are regular:

tenemos   venimos
tenéis   venís

▶ In the **tú, Ud./él/ella** and **Uds./ellos/ellas** forms, the **e** of the stem changes to **ie** as shown below.

INFINITIVE	VERB STEM		VERB FORM
tener	ten-	tú	tienes
		Ud./él/ella	tiene
		Uds./ellos/ellas	tienen
venir	ven-	tú	vienes
		Ud./él/ella	viene
		Uds./ellos/ellas	vienen

Práctica

1 **Completar** Complete each sentence with the appropriate form of **tener** or **venir**.

1. Hoy nosotros _____ una reunión familiar.
2. Todos (*all*) mis parientes _____ , excepto mi tío Ricardo.
3. Él no _____ porque vive lejos, en Guayaquil.
4. Mi prima Inés y su novio no _____ hasta (*until*) las ocho porque ella _____ que trabajar.
5. En las fiestas, mis sobrinos siempre (*always*) _____ ganas de cantar y bailar.
6. Mi madre cree que mis sobrinos son muy simpáticos. Creo que ella _____ razón.

2 **Describir** Describe these people using **tener** expressions.

1. _____

2. _____

3. _____

4. _____

5. _____

6. _____

Conversación

3 **¿Sí o no?** Decide if these statements apply to you. Then interview a classmate by transforming each statement into a question. Report your results to the class.

modelo

Estudiante 1: *¿Tiene tu madre cincuenta años?*
Estudiante 2: *No, tiene cuarenta y dos años.*

	Yo	Mi amigo/a
1. Mi madre tiene cincuenta años.	Sí	No
2. Mi padre siempre (*always*) tiene razón.	___	___
3. Mis padres vienen a la universidad con frecuencia (*frequently*).	___	___
4. Vengo a clase los jueves.	___	___
5. Tengo dos pruebas hoy.	___	___
6. Mis amigos vienen a mi casa (*house*) los sábados.	___	___
7. Hoy tengo ganas de comer en un restaurante.	___	___
8. Tengo sed.	___	___
9. Tengo miedo de vivir solo/a (*by myself*).	___	___
10. Tengo que estudiar los domingos.	___	___
11. Tengo una familia grande.	___	___
12. Siempre tengo prisa.	___	___

4 **Entrevista** Use these questions to interview a classmate.

1. ¿Cuántos años tienes? ¿Y tus hermanos/as?
2. ¿Cuándo vienes a la universidad?
3. ¿Tienes que estudiar hoy? ¿Por qué?
4. Normalmente, ¿tienes hambre a la medianoche?
5. ¿Tienes sueño ahora (*now*)?
6. ¿Qué tienes ganas de hacer (*doing*) el sábado?
7. ¿De qué tienes miedo? ¿Por qué?
8. ¿Cuándo vienen tus amigos a tu casa, apartamento o residencia estudiantil?

Practice more!		
WB pp. 29–30	LM p. 18	vhlcentral.com

Expressions with tener

▶ In certain expressions, Spanish uses the construction **tener** + [*noun*] instead of **ser** or **estar** to express the English equivalent *to be* + [*adjective*].

Common expressions with tener

tener... años	*to be . . . years old*
tener (mucho) calor	*to be (very) hot*
tener (mucho) cuidado	*to be (very) careful*
tener (mucho) frío	*to be (very) cold*
tener (mucha) hambre	*to be (very) hungry*
tener (mucho) miedo	*to be (very) afraid/scared*
tener (mucha) prisa	*to be in a (big) hurry*
tener razón	*to be right*
no tener razón	*to be wrong*
tener (mucha) sed	*to be (very) thirsty*
tener (mucho) sueño	*to be (very) sleepy*
tener (mucha) suerte	*to be (very) lucky*

▶ To express an obligation, use **tener que** (*to have to*) + [*infinitive*].

—¿**Tienes que** estudiar hoy?   —Sí, **tengo que** estudiar física.
Do you have to study today?   *Yes, I have to study physics.*

▶ To ask people if they feel like doing something, use **tener ganas de** (*to feel like*) + [*infinitive*].

—¿**Tienes ganas de** comer?   —No, **tengo ganas de** dormir.
Do you feel like eating?   *No, I feel like sleeping.*

¡Manos a la obra!

Provide the appropriate forms of **tener** and **venir**.

tener
1. Ellos __tienen__ dos hermanos.
2. Yo _____ una hermana.
3. El artista _____ tres primos.
4. Nosotros _____ diez tíos.
5. Eva y Diana _____ un sobrino.
6. Ud. _____ cinco nietos.
7. Tú _____ dos hermanastras.
8. Uds. _____ cuatro hijos.
9. Ella _____ una hija.

venir
1. Mis padres __vienen__ de México.
2. Tú _____ de España.
3. Nosotras _____ de Cuba.
4. Pepe _____ de Argentina.
5. Yo _____ de Francia.
6. Uds. _____ de Canadá.
7. Alfonso y yo _____ de Puerto Rico.
8. Ellos _____ de Alemania.
9. Ud. _____ de Japón.

A repasar

3.1 Descriptive adjectives

1 Corregir All of these statements are false. Change the adjectives of nationality to make them true.

1. Antonio Banderas y Penélope Cruz son norteamericanos.

2. Una persona de Ecuador es estadounidense.

3. Celine Dion y Mike Myers son franceses.

4. Salma Hayek es japonesa.

5. Los habitantes de Puerto Rico son cubanos.

6. David Beckham es alemán.

2 Oraciones Combine elements from each column to form complete sentences about yourself and the people you know.

modelo Mi familia *no es* grande.

A		B	C	
Yo	Mis hijos/as	(no) ser	alto/a	moreno/a
Mi abuelo/a	Mi padre/		bajo/a	pelirrojo/a
Mi novio/a	madre		bonito/a	rubio/a
Mi familia	Mis padres		grande	simpático/a
Mi familia y	Mis primos		inteligente	tonto/a
yo	Mis tíos		interesante	trabajador(a)
Mi hermano/a	Mi(s) ¿?		joven	¿?

3.2 Possessive adjectives

3 Una familia Complete each sentence with the correct possessive adjective.

1. Me llamo Carmen. _____ hermano es Javier.
   a. Nuestros   b. Sus   c. Mi

2. _____ madre es médica y trabaja en un hospital.
   a. Nuestra   b. Sus   c. Mis

3. _____ padre es profesor y enseña biología.
   a. tu   b. Nuestro   c. Nuestros

4. Él admira mucho a _____ estudiantes porque trabajan mucho.
   a. tu   b. su   c. sus

5. Yo estudio en la misma (*same*) universidad, pero no tomo clases con _____ padre.
   a. nuestras   b. mi   c. tus

6. Y dime (*tell me*), ¿cómo es _____ familia?
   a. tu   b. mis   c. nuestro

4 Entrevista Get together with a classmate and take turns asking each other these questions.

1. ¿Cómo se llaman los miembros (*members*) de tu familia?

2. ¿Cómo es tu familia?

3. ¿Cómo son tus amigos/as?

4. ¿Cómo son tus profesores/as?

3.3 Present tense of regular –er and –ir verbs

5 Oraciones Form sentences using the cues provided.

1. Yo / asistir / la clase de arte

2. El médico / abrir / la puerta

3. Juan Manuel y yo / comer / la cafetería

4. Tomás y Mauricio / aprender / alemán

5. Tú / leer / la biblioteca

6. Los perros / correr / el parque (*park*).

6 Describir Look at the drawing and describe what these people are doing using –er and –ir verbs.

Diego _____

Marta y Susana _____

Yo _____

Sergio _____

3.4 Present tense of **tener** and **venir**

7 Completar Complete David's e-mail to Juan with the appropriate forms of **tener** or **venir**.

> Juan:
> ¿Qué (1) _____ ganas de hacer (*doing*) el sábado?
> Mis hermanos César y Beatriz (2) _____ a visitarme
> de Madrid. César (3) _____ 15 años y Beatriz
> (4) _____ 17 años. Yo (5) _____ suerte porque
> ellos son muy simpáticos y (6) _____ a visitarme
> a la universidad con mucha frecuencia (*frequently*).
> El sábado al mediodía vamos (*we go*) a un restaurante
> puertorriqueño. ¿(7) _____ (tú) con nosotros?
>
> Bueno, hasta pronto. Ahora voy (*Now I go*) a la
> cafetería porque (8) _____ mucha hambre.
> David

8 Tener React to these statements logically using expressions with **tener**.

modelo
Estamos en el Polo Norte.
Tenemos frío.

1. Mi hermana come dos sándwiches.
2. Estoy en una sauna.
3. ¡Mis primos ganaron (*won*) la lotería!
4. Luisa y Marta terminan de estudiar a las dos de la mañana y están cansadas (*tired*).
5. Estás en *La casa del terror*.
6. Mi clase es en cinco minutos y todavía (*still*) estoy en mi apartamento.

Síntesis

9 Describe a tu familia In groups of three, describe your families.

- Describe your family to your classmates in several sentences. (**Mi padre es alto y moreno. Mi madre es delgada y muy inteligente. Mis hermanos son...**)
- Your classmates will work together to try to repeat your description. (**Su padre es alto y moreno. Su madre...**)
- If they forget any details, they will ask you questions. (**¿Cuántos años tiene tu abuelo?**)
- Take turns until all of you have described your families.

Videoclip

 Video

1 Preparación Have you ever paid a different price than someone else for the same product or service? What happened?

2 El clip Watch the commercial for **Trivago** from Spain.

Vocabulario			
buscar	*to look for*	el dinero	*money*
el/la desconocido/a	*stranger*	el precio	*price*

La misma° sensación.

Siempre el mejor° precio.

Compara precios de hoteles

el/la mismo/a *the same* el mejor *the best*

3 ¿Cierto o falso? Indicate whether these statements about the commercial are true (**cierto**) or false (**falso**).

1. El hombre y la mujer están en la misma residencia estudiantil.
2. La mujer es gorda.
3. Ellos son desconocidos.
4. El hombre y la mujer trabajan en el hotel.
5. El hombre paga más (*more*) dinero.

4 Los personajes Choose one of the characters and write a description of him or her. Use as many adjectives as you can and mention the person's likes and dislikes. Then, in pairs, read your description to a partner.

Ampliación

1 Escuchar

 A Listen to Cristina and Laura's conversation. Then indicate who would make each statement.

TIP **Ask for repetition.** During a conversation, you can ask someone to repeat by saying **¿Cómo?** (*What?*) or **¿Perdón?** (*Pardon me?*) In class, you can ask your teacher to repeat by saying **Repítalo, por favor** (*Repeat it, please*). If you don't understand a recorded activity, you can simply replay it.

	Cristina	Laura
1. Mi novio habla sólo (*only*) del fútbol y del béisbol.	☐	☐
2. Tengo un novio muy interesante y simpático.	☐	☐
3. Mi novio es alto y moreno.	☐	☐
4. Mi novio trabaja mucho.	☐	☐
5. Mi amiga no tiene buena suerte con los muchachos.	☐	☐
6. Mi novio es un poco (*little*) gordo, pero guapo.	☐	☐

B ¿Cómo son Laura y Cristina? ¿Cómo son sus novios? ¿Tienes novio/a? ¿Cómo es?

2 Conversar

 You are taking a friend to your annual family reunion. So that there will not be any surprises for your friend, you have a conversation with him or her to talk about your relatives. During the conversation, your friend should find out about the following:

- Which family members are coming, including their names and their relationship to you
- What each family member is like
- How old each person is
- Where each person is from
- Where each person lives

Ampliación

③ Escribir

One of your online friends wants to know about your family. Write an e-mail describing your family or an imaginary family.

TIP **Use idea maps.** Idea maps help you group your information.

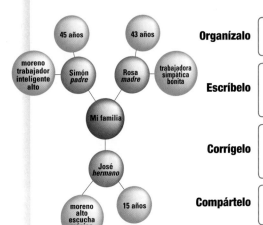

Organízalo | Use an idea map to help you list and organize information about your family. See the example.

Escríbelo | Using the material you have compiled, write the first draft of your e-mail. Use an appropriate greeting, such as **Querido/a** (*Dear*), and an appropriate closing, such as **Un abrazo** (*A hug*).

Corrígelo | Exchange papers with a classmate and comment on the organization, style, and grammatical accuracy of each other's work. Then revise your first draft, keeping your classmate's comments in mind.

Compártelo | Read your e-mail aloud to a small group of classmates. Discuss how your families are similar (**semejantes**) and how they are different (**distintas**).

④ Un paso más

Create an illustrated family tree for your family and share it with the class. Your family tree might include these elements:

- A simple title
- A format that clearly shows the relationships between family members
- Photos of family members and their names, following Hispanic naming conventions
- A few adjectives that describe each family member

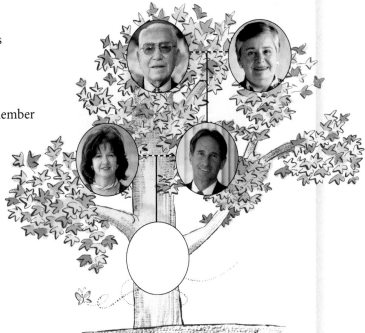

CONEXIÓN INTERNET

Investiga estos temas en el sitio **vhlcentral.com**.

- Tradiciones relacionadas con los nombres en el mundo hispano
- Origen y significado (*meaning*) de los nombres en español

Tutorials

EL FIN DE SEMANA

pasear en bicicleta
to ride a bicycle

LAS ACTIVIDADES Y LAS DISTRACCIONES

escalar montañas *to go mountain climbing*

escribir una carta *to write a letter*

escribir un mensaje electrónico *to write an e-mail*

escribir una (tarjeta) postal *to write a postcard*

ir de excursión (a las montañas) *to go on a hike (in the mountains)*

leer el correo electrónico *to read e-mail*

leer el periódico *to read the newspaper*

leer una revista *to read a magazine*

nadar en la piscina *to swim in the pool*

pasear por la ciudad/el pueblo *to walk around the city/town*

practicar deportes *to practice sports*

ver películas *to watch movies*

visitar un monumento *to visit a monument*

patinar (en línea)
to skate (in-line)

esquiar
to ski

bucear
to scuba dive

tomar el sol
to sunbathe

LOS DEPORTES

el baloncesto *basketball*
el ciclismo *cycling*
el esquí (acuático) *(water) skiing*
el golf *golf*
el hockey *hockey*
la natación *swimming*
el tenis *tennis*
el vóleibol *volleyball*

el equipo *team*
el/la excursionista *hiker*
el/la jugador(a) *player*
el partido *game*
la pelota *ball*

deportivo/a *sports-related*

ganar *to win*
ser aficionado/a (a) *to be a fan (of)*

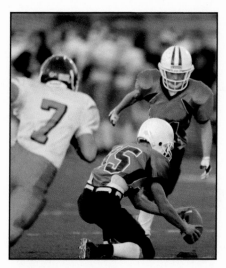

el fútbol americano
football

Variación léxica
la piscina ⟷ la pileta (*Arg.*), la alberca (*Méx.*)
el baloncesto ⟷ el básquetbol (*Amér. L.*)
el béisbol ⟷ la pelota (*P. Rico, Rep. Dom.*)

el fútbol
soccer

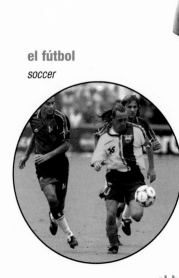

el béisbol
baseball

LOS LUGARES

la casa *house*
el centro *downtown*
el cine *movie theater*
el gimnasio *gym, gymnasium*
el museo *museum*
el restaurante *restaurant*

la iglesia
church

el café
café

OTRAS PALABRAS

la diversión *entertainment; fun activity*
el fin de semana *weekend*
el lugar *place*
el pasatiempo *pastime, hobby*
los ratos libres *spare time*
el tiempo libre *free time*

favorito/a *favorite*

pasar el tiempo *to spend time*

el parque
park

A escuchar

1 **Una estudiante muy activa** Number the drawings in the order Laura mentions them.

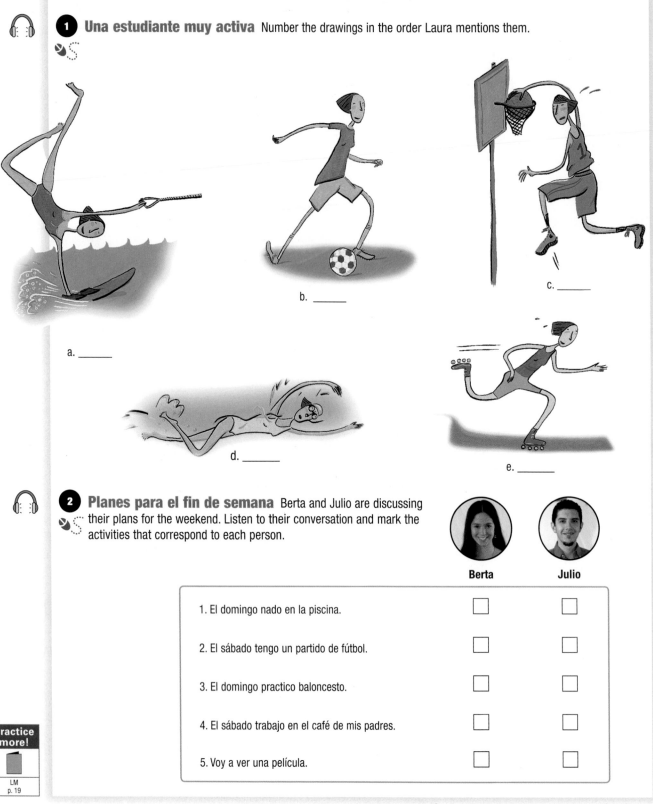

a. _____

b. _____

c. _____

d. _____

e. _____

2 **Planes para el fin de semana** Berta and Julio are discussing their plans for the weekend. Listen to their conversation and mark the activities that correspond to each person.

	Berta	Julio
1. El domingo nado en la piscina.	☐	☐
2. El sábado tengo un partido de fútbol.	☐	☐
3. El domingo practico baloncesto.	☐	☐
4. El sábado trabajo en el café de mis padres.	☐	☐
5. Voy a ver una película.	☐	☐

Practice more!

LM
p. 19

A practicar

3 **El tiempo libre** Indicate which word or phrase doesn't belong.

1. bucear • ir de excursión • leer una revista • esquiar
2. el baloncesto • el ciclismo • el vóleibol • el fútbol
3. la natación • el cine • el café • la iglesia
4. el golf • la aficionada • el jugador • el excursionista
5. el periódico • el pasatiempo • la revista • el correo
6. ver películas • ir al museo • practicar el hockey • leer un periódico

4 **¿Cierto o falso?** Indicate whether each statement is **cierto** or **falso**.

Gustavo y Simón   **los chicos**   **José**   **don Fernando**

Maribel   **doña Leonor**

1. _____ Gustavo y Simón pasean por la ciudad en bicicleta.
2. _____ Los chicos practican fútbol.
3. _____ José escala la montaña.
4. _____ Don Fernando lee el periódico en el parque.
5. _____ Maribel patina en línea.
6. _____ Doña Leonor pasea por la ciudad.

5 **Dos amigos** Complete the conversation with the words given.

LUISA ¿Cómo te gusta (1) _____ los ratos libres, Manuel?

MANUEL Bueno, Luisa, no tengo mucho (2) _____ libre, pero los fines de (3) _____ me gusta ver películas. Y tú, Luisa, ¿cuáles son tus (4) _____ favoritos?

LUISA Nadar en la (5) _____, practicar (6) _____, correr en el (7) _____...

MANUEL ¡Uf! ¿Y qué haces (*do you do*) para descansar?

LUISA Me gusta ver películas también.

MANUEL ¡Excelente! Hay una buena película en un (8) _____ del (9) _____. ¿Quieres (*Do you want*) ir?

LUISA Sí, Manuel. Buena idea.

centro	pasar	semana
cine	pasatiempos	tiempo
parque	piscina	vóleibol

Practice more!

WB
pp. 31–32

vhlcentral.com

A conversar

6 **En el campus** With a partner, describe what the people in the illustration are doing.

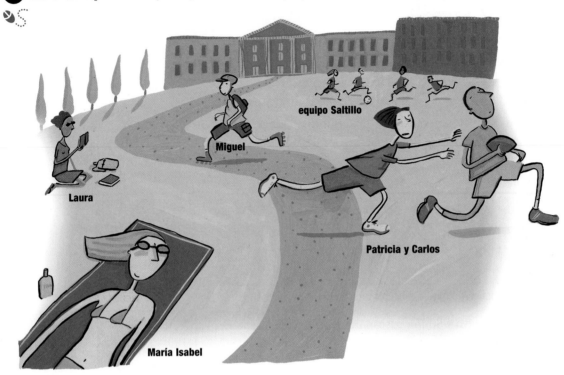

equipo Saltillo

Miguel

Laura

Patricia y Carlos

María Isabel

7 **¿Y tú?** Interview your partner. Use these questions.

1. ¿Te gustan los deportes? ¿Qué deportes practicas?

2. ¿Eres aficionado a los deportes profesionales? ¿Cuáles son tus equipos favoritos?

3. ¿Te gusta ir al cine los fines de semana? ¿Cuáles son tus películas favoritas?

4. ¿Hay lugares para esquiar o ir de excursión cerca de tu ciudad o pueblo? ¿Cuáles?

5. ¿Qué lugares del centro de tu ciudad son interesantes para visitar?

6. ¿Cuántos mensajes electrónicos escribes aproximadamente durante el día? ¿Y cuántos lees?

8 **¿Quién soy?** Using **yo** forms, write a description of a famous athlete and read it to the class, mentioning the athlete's initials (**iniciales**). The class will guess who you described.

modelo

Estudiante: Soy muy famosa. Vivo en la Florida con mi familia. Practico el tenis. Soy una jugadora profesional. Mi hermana practica el tenis también (*too*). Mis iniciales son V. W. ¿Quién soy?

Clase: ¿Eres Venus Williams?

Estudiante: ¡Sí!

🎧 Pronunciación ⓢ Audio

Word stress and accent marks

pe-lí-cu-la **e-di-fi-cio** **ver** **yo**

Every Spanish syllable contains at least one vowel. When two vowels are joined in the same syllable, they form a **diphthong***. A **monosyllable** is a word formed by a single syllable.

bi-blio-te-ca **vi-si-tar** **par-que** **fút-bol**

The syllable of a Spanish word that is pronounced most emphatically is the "stressed" syllable.

pe-lo-ta **pis-ci-na** **ra-tos** **ha-blan**

Words that end in **n, s,** or a **vowel** are usually stressed on the next-to-last syllable.

na-ta-ción **pa-pá** **in-glés** **Jo-sé**

If words that end in **n, s,** or a **vowel** are stressed on the last syllable, they must carry an accent mark on the stressed syllable.

bai-lar **es-pa-ñol** **u-ni-ver-si-dad** **tra-ba-ja-dor**

Words that do **not** end in **n, s,** or a **vowel** are usually stressed on the last syllable.

béis-bol **lá-piz** **ár-bol** **Gó-mez**

If words that do **not** end in **n, s,** or a **vowel** are stressed on the next-to-last syllable, they must carry an accent mark on the stressed syllable.

*The two vowels that form a diphthong are either both weak or one is weak and the other is strong.

Práctica Pronounce each word, stressing the correct syllable. Then give the word stress rule for each word.

1. profesor	4. Mazatlán	7. niños	10. México
2. Puebla	5. examen	8. Guadalajara	11. están
3. ¿Cuántos?	6. ¿Cómo?	9. programador	12. geografía

En la unión está la fuerza.²

Quien ríe de último, ríe mejor.¹

Oraciones Read the conversation aloud to practice word stress.

MARINA Hola, Carlos. ¿Qué tal?

CARLOS Bien. Oye, ¿a qué hora es el partido de fútbol?

MARINA Creo que es a las siete.

CARLOS ¿Quieres ir?

MARINA Lo siento, pero no puedo. Tengo que estudiar biología.

Refranes Read these sayings aloud to practice word stress.

¹ He who laughs last laughs loudest.
² In unity, there is strength.

Practice more!

LM
p. 20

ⓢ
vhlcentral.com

S Video

Fútbol, cenotes y mole

Maru, Miguel, Jimena y Marissa visitan un cenote, mientras Felipe y Juan Carlos van a un partido de fútbol.

PERSONAJES

MIGUEL

PABLO

ANA MARÍA

MARU

MARISSA

EDUARDO

FELIPE

JUAN CARLOS

JIMENA

DON GUILLERMO

1

MIGUEL Buenos días a todos.

TÍA ANA MARÍA Hola, Miguel... Maru, ¿qué van a hacer hoy?

MARU Miguel y yo vamos a llevar a Marissa a un cenote.

2

MARISSA ¿No vamos a nadar? ¿Qué es un cenote?

MIGUEL Sí, sí, vamos a nadar. Un cenote... difícil de explicar... es una piscina natural en un hueco profundo...

MARU ¡Ya vas a ver! Seguro que te va a gustar.

3

ANA MARÍA Marissa, ¿qué te gusta hacer? ¿Escalar montañas? ¿Ir de excursión?

MARISSA Sí, me gusta ir de excursión y practicar el esquí acuático. Y usted, ¿qué prefiere hacer en sus ratos libres?

6

FELIPE ¿Recuerdas el restaurante del mole?

EDUARDO ¿Qué restaurante?

JIMENA El mole de mi tía Ana María es mi favorito.

MARU Chicos, ya es hora, vamos.

7

(más tarde, en el parque)

PABLO ¡No puede ser! ¡Cinco a uno!

FELIPE Vamos a jugar. Si perdemos, compramos el almuerzo. Y si ganamos...

EDUARDO ¡Empezamos!

8

(mientras tanto, en el cenote)

MARISSA ¿Hay muchos cenotes en México?

MIGUEL Sólo en la península de Yucatán.

MARISSA ¡Vamos a nadar!

A C T I V I D A D E S

1 **Identificar** Identify the person who would make each statement.

1. Me gusta nadar, pero no sé (*I don't know*) qué es un cenote. _____

2. Me gustan las películas. _____

3. Voy a pedir mucha comida. _____

4. Nuestro equipo de fútbol juega en el parque. _____

5. Me gusta salir los fines de semana. _____

2 **Preguntas** Answer the questions using the information from **Aventuras**.

1. ¿Qué van a hacer Miguel y Maru?

2. ¿Adónde va Ana María en sus ratos libres?

3. ¿Quiénes van al parque?

4. ¿Quiénes ganan el partido?

5. ¿Qué va a comer Felipe en el restaurante?

4

PABLO Uy, pues, mi mamá tiene muchos pasatiempos y actividades.

EDUARDO Sí. Ella nada y juega al tenis y al golf...

PABLO ... va al cine y a los museos.

ANA MARÍA Sí, salgo mucho los fines de semana.

5

(*unos minutos después*)

EDUARDO Hay un partido de fútbol en el parque. ¿Quieren ir conmigo?

PABLO Y conmigo. Si no consigo más jugadores, nuestro equipo va a perder.

9

(*Los chicos visitan a don Guillermo, un vendedor de paletas heladas.*)

JUAN CARLOS Don Guillermo, ¿dónde podemos conseguir un buen mole?

FELIPE Eduardo y Pablo van a pagar el almuerzo. Y yo voy a pedir un montón de comida.

10

FELIPE Sí, éste es el restaurante. Recuerdo la comida.

EDUARDO Oye, Pablo... No tengo...

PABLO No te preocupes, hermanito.

FELIPE ¿Qué buscas? (*muestra la cartera de Pablo*) ¿Esto?

---

3 **Conversación** In pairs, talk about pastimes and plan an activity together. Use these expressions and the **Expresiones útiles** on this page.

▶ ¿Eres aficionado/a a...?

▶ ¿Te gusta...?

▶ ¿Qué prefieres hacer en tus ratos libres?

▶ ¿Por qué no...?

▶ ¿Quieres... conmigo?

▶ Nos vemos a las siete.

Practice more!

VM
pp. 175–176

vhlcentral.com

Expresiones útiles

Making invitations

Hay un partido de fútbol en el parque.
¿Quieren ir conmigo?
There's a soccer game in the park today.
Do you want to come with me?

Yo puedo jugar.
I can play.

Ummm... no quiero.
Hmmm... I don't want to.

Lo siento, pero no puedo.
I'm sorry, but I can't.

¡Vamos a nadar!
Let's go swimming!

Sí, vamos.
Yes, let's go.

Making plans

¿Qué van a hacer hoy?
What are you going to do today?

Vamos a llevar a Marissa a un cenote.
We are taking Marissa to a cenote.

Vamos a comprar unas paletas heladas.
We're going to buy some popsicles.

Vamos a jugar. Si perdemos, compramos el almuerzo.
Let's play. If we lose, we'll buy lunch.

Talking about pastimes

¿Qué te gusta hacer? ¿Escalar montañas? ¿Ir de excursión?
What do you like to do? Mountain climbing? Hiking?

Sí, me gusta ir de excursión y practicar esquí acuático.
Yes, I like hiking and water skiing.

Y usted, ¿qué prefiere hacer en sus ratos libres?
And you, what do you like to do in your free time?

Salgo mucho los fines de semana.
I go out a lot on the weekends.

Voy al cine y a los museos.
I go to the movies and to museums.

Additional vocabulary

la cartera *wallet*
el hueco *hole*
un montón de *a lot of*

Reading

Real Madrid y Barça: rivalidad total

Soccer in Spain is a force to be reckoned with, and no two teams draw more attention than **Real Madrid Club de Fútbol** and the **Fútbol Club Barcelona.** Whether the venue is Madrid's **Santiago Bernabéu** stadium or Barcelona's **Camp Nou,** both cities shut down for the game, paralyzed by **fútbol** fever. A ticket to the game is always the hottest ticket in town.

Rivalidades del fútbol

Argentina: Boca Juniors vs. River Plate

México: Águilas del América vs. Chivas del Guadalajara

Chile: Colo Colo vs. Universidad de Chile

Guatemala: Comunicaciones vs. Municipal

Uruguay: Peñarol vs. Nacional

Colombia: Millonarios vs. Independiente Santa Fe

The rivalry between **Real Madrid** and **Barça** is about more than soccer. As the two biggest, most important cities in Spain, Barcelona and Madrid are constantly compared to each other and there is a natural rivalry. There is also a political component to the dynamic. Barcelona, with its distinct language and culture, has long struggled for increased political autonomy. Under Francisco Franco's rule (1939–1975), when the repression of Catalan identity was strongest, a game between **Real Madrid** and **FC Barcelona** also symbolized the regime versus the resistance, even though both teams and both regions suffered casualties in Spain's civil war and the subsequent dictatorship.

Although the dictatorship ended more than 30 years ago, the rivalry still transforms inhabitants of both cities into a state of tense panic in the hours leading up to the game. Once the final score is announced, one of those cities is transformed again, this time into the best party in the country.

ASÍ SE DICE

Los deportes

el/la árbitro/a *referee*	empatar *to draw; to tie*
el/la atleta *athlete*	entrenar *to train*
el campeón/la campeona *champion*	el/la mejor *the best*
la cancha (de fútbol) *soccer field*	mundial *worldwide*
la carrera *race*	la rivalidad *rivalry*
competir *to compete*	el torneo *tournament*

ACTIVIDADES

1 **¿Cierto o falso?** Indicate whether each statement is **cierto** or **falso**. Correct the false statements.

1. Soccer is not a popular sport in Spain.

2. Madrid and Barcelona are the most important cities in Spain.

3. Santiago Bernabéu is a stadium in Barcelona.

4. The rivalry between Real Madrid and FC Barcelona is restricted to athletic competition.

5. Barcelona has struggled for increased political autonomy.

6. Only the FC Barcelona team was affected by the civil war.

7. During Franco's regime, the Catalan culture thrived.

8. There are many famous rivalries between soccer teams in the Spanish-speaking world.

9. River Plate is a popular team from Argentina.

10. Comunicaciones and Peñarol are famous rivalries in Guatemala.

2 **Comparación** In pairs, think about a popular sport where you live. What are some famous rivalries in that sport? What is the source of the rivalry? How would you describe the different sets of fans?

CONEXIÓN INTERNET

¿Qué otras actividades y deportes son populares en los países hispanos?

For more information about this **Cultura**, go to **vhlcentral.com**.

 Video

¡Fútbol en España!

1 **Preparación** What is the most popular sport at your school? What team is your rival? How do students celebrate winning?

2 **El video** Watch this **Flash Cultura** episode.

Vocabulario	
afición *fans*	preferido *favorite*
perder *to lose*	se junta con *it's tied up with*

Hay mucha afición al fútbol en España.

—¿Y cuál es vuestro jugador favorito?

3 **Escoger** Select the correct answer.

1. Un partido entre el Barça y el Real Madrid es _____ (un deporte/un evento) importante en toda España.

2. Ronaldinho fue (*was*) el futbolista estrella (*soccer star*) del _____ (Barça/Real Madrid).

3. Los aficionados _____ (miran/celebran) las victorias de sus equipos en las calles (*streets*).

4. La rivalidad entre el Real Madrid y el Barça está relacionada con la _____ (religión/política).

Practice more!

VM pp. 207–208 | vhlcentral.com

4 GRAMÁTICA

4.1 The present tense of ir Tutorial

▸ The verb **ir** (*to go*) is irregular in the present tense.

ir (to go)			
Singular forms		**Plural forms**	
yo	voy	nosotros/as	vamos
tú	vas	vosotros/as	vais
Ud./él/ella	va	Uds./ellos/ellas	van

▸ **Ir** is often used with the preposition **a** (*to*). When **a** is followed by the article **el,** the words form the contraction **al.** There is no contraction when **a** is followed by **la, las,** and **los.**

$$a + el = al$$

Voy al cine con María.
I'm going to the movies with María.

Ellos **van a** las montañas.
They are going to the mountains.

▸ The construction **ir a** + [*infinitive*] expresses actions that are going to happen in the future. It is equivalent to the English *to be going to* + [*infinitive*].

¡Voy a ir con ellos!

Vamos a jugar fútbol en el parque.

▸ **Vamos a** + [*infinitive*] can also express the idea of *let's (do something)*.

Vamos a pasear.
Let's take a walk.

¡Vamos a ver!
Let's see!

¡ojo! Use **adónde** instead of **dónde** when asking a question with **ir.**

¿Adónde vas?
Where are you going?

¿Dónde estás?
Where are you?

¡Manos a la obra!

Provide the present tense forms of **ir.**

1. Ellos __van__.
2. Yo _____.
3. Tu novio _____.
4. Adela _____.
5. Mi prima y yo _____.
6. Tú _____.
7. Ustedes _____.
8. Nosotros _____.
9. Usted _____.
10. Nosotras _____.
11. Miguel _____.
12. Ellas _____.

Práctica

1 **Adivina** Roberto has gone to see Doña Imelda, a fortune teller. Using **ir a** + [*infinitive*], say what Doña Imelda predicts.

modelo

Tu hermano Gabriel __va a__ ir a Europa.

1. Tú _____ correr en el Maratón de Boston.
2. Tú y tu familia _____ escalar el monte Everest.
3. Tu primo Pablo _____ visitar las ruinas mayas.
4. Tu hermana Tina _____ recibir una carta misteriosa.
5. Tu hermana Rosario _____ patinar en los Juegos Olímpicos.
6. Tus padres _____ tomar el sol en Acapulco.
7. Tú _____ ver las pinturas (*paintings*) de tu amiga en el Museo Nacional de Arte.
8. ¡Y yo _____ ser muy, muy rica!

2 **¿Adónde vas?** You are visiting Madrid with some friends. Work with a partner and ask each other which sites you will visit today.

modelo

Estudiante 1: ¿Adónde vamos nosotros?
Estudiante 2: Nosotros vamos a la plaza de Santo Domingo.

Conversación

3 Situaciones With a partner, say where you and your friends go in these situations.

> **modelo**
> Tienes ganas de tomar el sol.
>
> **Estudiante 1:** Tienes ganas de tomar el sol. ¿Adónde vas?
> **Estudiante 2:** Voy a la piscina.

1. Deseas descansar.
2. Tu novio/a tiene que estudiar.
3. Tus amigos/as necesitan practicar el español.
4. Tienes ganas de practicar deportes.
5. Tú y tus amigos/as tienen hambre.
6. Tienes tiempo libre.
7. Tus amigos/as desean esquiar.
8. Deseas leer.

4 Encuesta Walk around the room and ask your classmates if they will do these activities today. Try to find at least two people for each item and record their names. Report your findings to the class.

Actividades	Nombres
1. comer en un restaurante	_____
2. mirar la televisión	_____
3. leer una revista	_____
4. escribir un mensaje electrónico	_____
5. correr	_____
6. ver una película	_____
7. pasear en bicicleta	_____
8. estudiar en la biblioteca	_____

5 Entrevista Talk with two classmates and find out what they are going to do this weekend.

> **modelo**
>
> **Estudiante 1:** ¿Adónde vas este (this) fin de semana?
> **Estudiante 2:** Voy a Guadalajara con mis amigos.
> **Estudiante 3:** ¿Y qué van a hacer (to do) ustedes en Guadalajara?
> **Estudiante 2:** Vamos a visitar unos monumentos y unos museos. ¿Y ustedes?...

Practice more!		
WB pp. 33–34	LM p. 21	vhlcentral.com

Español en vivo

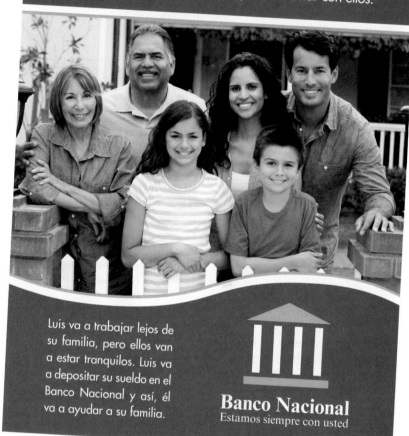

Esta familia siempre va a estar unida,

porque el **Banco Nacional** siempre va a estar con ellos.

Luis va a trabajar lejos de su familia, pero ellos van a estar tranquilos. Luis va a depositar su sueldo en el Banco Nacional y así, él va a ayudar a su familia.

Banco Nacional
Estamos siempre con usted

Identificar

Scan the advertisement and identify where the **ir a** + [*infinitive*] construction is used.

Preguntas

1. ¿Quiénes son las personas de la familia?
2. ¿Cómo va a estar la familia?
3. ¿Qué va a hacer (*to do*) el hijo?
4. ¿Por qué el hijo escoge (*chooses*) el Banco Nacional?

4.2 Stem-changing verbs: e → ie, o → ue

 Tutorial

▸ In stem-changing verbs, the stressed vowel of the stem has a change when the verb is conjugated.

INFINITIVE	VERB STEM	STEM CHANGE	CONJUGATED FORM
empezar	empez-	empiez-	empiezo
volver	volv-	vuelv-	vuelvo

▸ In many verbs, such as **empezar** (*to begin*), the stem vowel changes from **e** to **ie**. Note that the **nosotros/as** and **vosotros/as** forms don't have a stem change.

empezar (e:ie)

Singular forms		Plural forms	
yo	empiezo	nosotros/as	empezamos
tú	empiezas	vosotros/as	empezáis
Ud./él/ella	empieza	Uds./ellos/ellas	empiezan

Los chicos empiezan a hablar de su visita al cenote.

Ellos vuelven a comer en el restaurante.

▸ In many other verbs, such as **volver** (*to return*), the stem vowel changes from **o** to **ue**. The **nosotros/as** and **vosotros/as** forms do not have a stem change.

volver (o:ue)

Singular forms		Plural forms	
yo	vuelvo	nosotros/as	volvemos
tú	vuelves	vosotros/as	volvéis
Ud./él/ella	vuelve	Uds./ellos/ellas	vuelven

▸ **Jugar** (*to play* a sport or a game) is the only Spanish verb that has a **u:ue** stem change. **Jugar** is followed by **a** + [*definite article*] when the name of a sport or game is mentioned.

▸ Stem-changing verbs are identified like this throughout the text:

empezar **(e:ie)**   volver **(o:ue)**

Práctica

1 **El día del partido** Complete the conversation with the appropriate verb forms.

PABLO Óscar, voy al centro ahora.
¿(1) _____ [querer] venir?

ÓSCAR No, yo los fines de semana (2) _____ [preferir] descansar un poco y mirar la televisión.

PABLO ¡Qué perezoso (*how lazy*) eres!

ÓSCAR No, hombre. Es que yo no (3) _____ [dormir] mucho de lunes a viernes. (4) _____ [volver] a casa a la medianoche.

PABLO Lo siento. ¿Y (5) _____ [pensar] ver el partido de fútbol hoy? (6) _____ [empezar] a las cuatro.

ÓSCAR ¡Por supuesto! ¿Y tú?

PABLO Yo también. ¿(7) _____ [pensar] que (*that*) nuestro equipo (8) _____ [poder] ganar?

ÓSCAR Claro que sí. ¡Los Pumas (9) _____ [perder] hoy! Nuestro equipo (10) _____ [jugar] mucho mejor (*much better*).

2 **Preferencias** With a partner, take turns asking and answering questions about what these people want to do.

modelo
Guillermo: estudiar / pasear en bicicleta
Estudiante 1: ¿Quiere estudiar Guillermo?
Estudiante 2: No, prefiere pasear en bicicleta.

1. **tú:** trabajar / dormir

_____

2. **ustedes:** mirar la televisión / ir al cine

_____

3. **tus amigos:** ir de excursión / descansar

_____

4. **tú:** comer en la cafetería / ir a un restaurante

_____

5. **Elisa:** ver una película / leer una revista

_____

6. **María y su prima:** tomar el sol / esquiar

_____

Conversación

3 **En la televisión** In pairs, read this weekend's TV listing of sporting events. Discuss what sports you want to watch on TV and try to agree on one game you will watch together each day.

modelo

E1: ¿Qué quieres ver el sábado?
E2: Quiero ver el partido de fútbol americano.
E1: ¿A qué hora empieza?
E2: Empieza a las 4:30 de la tarde. ¿Quieres ver el partido conmigo (*with me*)?
E1: No, yo prefiero ver el partido de fútbol nacional...

sábado

13:30 NATACIÓN
1   Copa Mundial (*World Cup*) de Natación
15:00 TENIS
8   Abierto (*Open*) Mexicano de Tenis: Cecilia Montero (México) vs. Sandra de la Paz (España) Semifinales
16:00 FÚTBOL NACIONAL
3   Chivas vs. Monterrey
16:30 FÚTBOL AMERICANO
21 Jaguares vs. Costeños
20:00 BALONCESTO PROFESIONAL
16 Knicks de Nueva York vs. Toros de Chicago

domingo

13:00 GOLF
40 Campeonato (*Championship*) ADT: Lorena Ochoa, Natalie Gulbis, Paula Creamer
14:30 VÓLEIBOL
1   Campeonato Nacional de México
16:00 BALONCESTO
3   Campeonato de Cimeba: Correcaminos de Tampico vs. Santos de San Luis Final
17:00 ESQUÍ ALPINO
19 Eslálom
18:30 FÚTBOL INTERNACIONAL
30 Copa América: México vs. Argentina. Ronda final
20:00 PATINAJE ARTÍSTICO
16 Exhibición mundial

4 **Encuesta** Ask five classmates about each of these topics. Then, count the number of classmates who answered affirmatively to each question and report the information to the class.

1. Entender las reglas (*rules*) del fútbol americano.
2. Preferir descansar en casa en el tiempo libre.
3. Jugar al hockey.
4. Dormir más de ocho horas el fin de semana.
5. Perder las llaves frecuentemente.
6. Pensar ver una película este (*this*) fin de semana.
7. Jugar al baloncesto.
8. Volver a casa después (*after*) de las ocho de la noche.

Practice more!

WB pp. 35–36 | LM p. 22 | vhlcentral.com

Common stem-changing verbs

e:ie	
cerrar	*to close*
comenzar	*to begin*
empezar	*to begin*
entender	*to understand*
pensar	*to think*
perder	*to lose; to miss*
preferir	*to prefer*
querer	*to want; to love*

o:ue	
dormir	*to sleep*
encontrar	*to find*
jugar*	*to play*
mostrar	*to show*
poder	*to be able to; can*
recordar	*to remember*
volver	*to return*

*__Jugar__ is grouped with the **o:ue** verbs because it follows a similar pattern to these verbs.

Ella juega al tenis y al golf.

Los chicos juegan al fútbol.

▶ **Comenzar** and **empezar** require the preposition **a** when they are followed by an infinitive.

Comenzamos a jugar a las siete.
We begin playing at seven.

Ana **empieza a** trabajar hoy.
Ana starts working today.

▶ **Pensar** + [*infinitive*] means *to plan* or *to intend to do something*. **Pensar en** means *to think about someone or something*.

—¿**Piensan** ir al gimnasio?
Are you planning to go to the gym?

—Sí, **pensamos** ir al mediodía.
Yes, we are planning to go at noon.

—¿**En** qué **piensas**?
What are you thinking about?

—**Pienso en** el examen final.
I'm thinking about the final exam.

¡Manos a la obra!

Provide the correct forms.

cerrar (e:ie)
1. Ustedes _cierran_.
2. Tú _____.
3. Nosotras _____.
4. Mi hermano _____.
5. Yo _____.
6. Usted _____.
7. Los chicos _____.
8. Ella _____.

dormir (o:ue)
1. Mi abuela no _duerme_.
2. Yo no _____.
3. Tú no _____.
4. Mis hijos no _____.
5. Usted no _____.
6. Nosotros no _____.
7. Él no _____.
8. Ustedes no _____.

4.3 Stem-changing verbs: e → i Tutorial

▶ In some verbs, such as **pedir** (*to ask for; to request*), the stressed vowel in the stem changes from **e** to **i**.

INFINITIVE	VERB STEM	STEM CHANGE	CONJUGATED FORM
pedir	ped-	pid-	pido

▶ As with other stem-changing verbs, there is no stem change in the **nosotros/as** or **vosotros/as** forms in the present tense.

pedir (e:i)

Singular forms		Plural forms	
yo	pido	nosotros/as	pedimos
tú	pides	vosotros/as	pedís
Ud./él/ella	pide	Uds./ellos/ellas	piden

▶ Stem-changing verbs with the **e:i** stem change appear like this throughout the text:

pedir (e:i)

▶ Here are the most common **e:i** stem-changing verbs:

conseguir (e:i)	repetir (e:i)	seguir (e:i)
to get; to obtain	*to repeat*	*to follow; to continue; to keep (doing something)*

Pide favores todo el tiempo.
He asks for favors all the time.

Repito la pregunta.
I repeat the question.

Consiguen ver buenas películas.
They get to see good movies.

Sigue una dieta especial.
He is on a special diet.

¡ojo! The **yo** forms of **seguir** and **conseguir** have a spelling change as well as a stem change.

Sigo su plan.
I'm following their plan.

Consigo revistas en la biblioteca.
I get magazines at the library.

¡Manos a la obra!

 Provide the correct forms of the verbs.

repetir (e:i)
1. Arturo y Eva __repiten__.
2. Yo _____.
3. Nosotros _____.
4. Julia _____.
5. Sofía y yo _____.
6. Tú _____.

pedir (e:i)
1. Yo __pido__.
2. Él _____.
3. Tú _____.
4. Usted _____.
5. Ellas _____.
6. Nosotros _____.

seguir (e:i)
1. Yo __sigo__.
2. Nosotros _____.
3. Tú _____.
4. Los chicos _____.
5. Usted _____.
6. Anita _____.

Práctica

1 Por la ciudad Complete the sentences with the correct form of the verb.

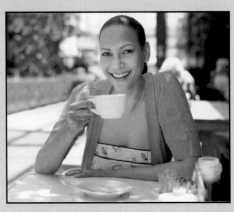

1. Mi madre va a un café y _____ [pedir] un capuchino.
2. Mi padre va a la biblioteca y _____ [conseguir] buenas películas.
3. Mi hermano menor (*younger*) _____ [seguir] mis instrucciones.
4. Mis padres _____ [repetir] la misma pregunta: "¿Dónde está tu hermana?".
5. Mi hermana y yo _____ [pedir] permiso para volver a casa un poco más tarde (*a little later*).
6. ¿_____ [seguir] tú la misma rutina todos los fines de semana?

2 Combinar Combine words from the columns to create sentences about yourself and people you know.

yo	pedir muchos favores
mi compañero/a de cuarto	nunca (*never*) pedir perdón
mi mejor (*best*) amigo/a	nunca seguir las instrucciones del profesor
mi familia	siempre (*always*) seguir las instrucciones del profesor
mis amigos/as	conseguir libros en Internet
mis amigos/as y yo	repetir el vocabulario de la lección en voz alta (*out loud*)
mis padres	
mi hermano/a	conseguir viajar a lugares exóticos
mi profesor(a) de español	nunca repetir los cursos

Conversación

3 ¿Quién? Talk to your classmates until you find one person who does each of these activities. Then, ask him/her a follow-up question. Use **e:ie**, **o:ue**, and **e:i** stem-changing verbs.

modelo

Tú: ¿Pides consejos con frecuencia?
Maite: No, no pido consejos con frecuencia.
Tú: ¿Pides consejos con frecuencia?
Lucas: Sí, pido consejos con frecuencia.
Tú: ¿Sigues los consejos?
Lucas: Sí, sigo los consejos. (No, no sigo los consejos).

Actividades	¿Quién?
1. Conseguir entradas gratis (free tickets) para conciertos o partidos de la universidad. (Preferir ir a conciertos o [or] a partidos de la universidad).	
2. Pedir consejos (advice) con frecuencia. (Seguir los consejos).	
3. Volver a casa por la noche. (A qué hora volver).	
4. Seguir las instrucciones de los manuales. (Encontrar las intrucciones fáciles de seguir).	
5. Perder la tarea frecuentemente. (Recordar traer [to bring] la tarea la clase siguiente [next]).	
6. Repetir las actividades de la clase de español en casa. (Entender mejor [better] la lección).	

4 **Las películas** Use these questions to interview a classmate.

1. ¿Dónde consigues información sobre (about) cine y televisión?

2. ¿Prefieres las películas románticas, las películas de acción o las películas de terror? ¿Por qué?

3. ¿Dónde consigues las entradas (tickets) para ver una película?

4. Para decidir qué películas vas a ver, ¿sigues las recomendaciones de los críticos de cine?

5. ¿Qué cines en tu comunidad muestran las mejores (best) películas?

6. ¿Vas a ver una película esta semana? ¿A qué hora empieza la película?

Español en vivo

Jugar con el amor° puede ser peligroso°
Puedes perderlo todo y tener que empezar de nuevo

Esteban Noriega • María José Garza • Gabriel Ponce

DÍAS DE GUERRA

Del aclamado director Emilio Salvatierra

Conseguir lo que quieres puede costarte mucho más de lo que piensas

amor love **peligroso** dangerous

Identificar

Scan the movie poster above and identify the stem-changing verbs.

Preguntas

1. ¿Qué palabras indican que *Días de guerra* es una película dramática?

2. ¿Cuántas personas hay en el póster? ¿Cómo son? ¿Qué relación tienen?

3. ¿Cuál de los personajes (characters) juega con el amor? ¿Por qué piensas así (so)?

4. ¿Te gustan las películas como ésta (this one)? ¿Por qué?

Practice more!

| WB pp. 37–38 | LM p. 23 | vhlcentral.com |

4.4 Verbs with irregular yo forms Tutorial

▸ In Spanish, several verbs have irregular **yo** forms in the present tense.

▸ The verbs **hacer** (*to do, to make*), **poner** (*to put, to place*), **salir** (*to leave*), **suponer** (*to suppose*), and **traer** (*to bring*) have **yo** forms that end in **-go**. The other forms are regular.

Verbs with irregular yo forms

	hacer	poner	salir	suponer	traer
	to do; to make	to put; to place	to leave	to suppose	to bring
yo	hago	pongo	salgo	supongo	traigo
tú	haces	pones	sales	supones	traes
Ud./él/ella	hace	pone	sale	supone	trae
nosotros/as	hacemos	ponemos	salimos	suponemos	traemos
vosotros/as	hacéis	ponéis	salís	suponéis	traéis
Uds./ellos/ellas	hacen	ponen	salen	suponen	traen

Salgo mucho los fines de semana.

Yo hago la tarea por las noches.

▸ **Poner** can also mean *to turn on* a household appliance.

Carlos **pone** la radio.
Carlos turns on the radio.

María **pone** la televisión.
María turns on the television.

▸ **Salir de** is used to indicate that someone is leaving a particular place.

Salgo de casa muy temprano.
I leave home very early.

El tren **sale de** la estación a las dos.
The train leaves the station at two.

▸ **Salir para** is used to indicate someone's destination.

Mañana **salgo para** México.
Tomorrow I leave for Mexico.

Hoy **salen para** España.
Today they leave for Spain.

▸ **Salir con** means *to leave with someone or something,* or *to date someone.*

Alberto **sale con** su amigo.
Alberto is leaving with his friend.

Margarita **sale con** su mochila.
Margarita is leaving with her backpack.

Hoy voy a **salir con** mi hermana.
Today I'm going out with my sister.

Raúl **sale con** una chica muy bonita.
Raúl is going out with a very pretty girl.

Práctica

1 Completar Complete the conversation with the appropriate verb forms.

ERNESTO David, ¿qué (1) _____ [hacer] por la noche?

DAVID (2) _____ [salir] con Luisa. Vamos al cine. Queremos (3) _____ [ver] la nueva (*new*) película de Almodóvar.

ERNESTO ¿Y Diana? ¿Qué (4) _____ [hacer] ella?

DAVID (5) _____ [salir] a comer con sus padres.

ERNESTO ¿Qué (6) _____ [hacer] Andrés y Javier?

DAVID Tienen que (7) _____ [hacer] las maletas. (8) _____ [salir] para Monterrey mañana.

ERNESTO ¿Qué (9) _____ [hacer] yo entonces (*then*)?

DAVID (10) _____ [suponer] que puedes estudiar o (11) _____ [ver] la televisión.

ERNESTO No quiero estudiar. Prefiero (12) _____ [poner] la televisión.

2 Oraciones Form sentences with the cues given.

modelo
Tú / ? / los libros / debajo de / escritorio
Tú *pones los libros debajo del escritorio.*

1. Nosotros / ? / mucha / tarea
2. ¿Tú / ? / la radio?
3. Yo / no / ? / el problema
4. Marta / ? / una grabadora / clase
5. Los señores Marín / ? / su casa / siete
6. Yo / ? / que (*that*) / tú / ir / cine / ¿no?

3 Describir In pairs, say complete sentences with the cues provided.

1. Fernán/poner

2. Yo/traer

3. Nosotras/salir

4. El estudiante/hacer

Conversación

4 **Preguntas** Ask and answer these questions with a classmate.

1. ¿A qué hora sales de tu residencia o de tu casa por la mañana? ¿A qué hora llegas a la universidad?
2. ¿Traes un diccionario a la clase de español? ¿Por qué? ¿Qué más traes?
3. ¿A qué hora salimos de la clase de español?
4. Cuando vuelves a casa, ¿dónde pones tus libros? ¿Siempre (*always*) pones tus cosas en su lugar?
5. ¿Oyes la radio o prefieres ver la televisión?
6. ¿Pones la radio o la televisión en cuanto (*as soon as*) llegas a casa?
7. ¿Cuándo estudias? ¿Haces la tarea cada (*each*) noche o esperas hasta el último (*last*) día?
8. ¿Qué haces los fines de semana? ¿Adónde vas?

5 **Charadas** Play a game of charades. Each person should think of a phrase using **hacer, poner, salir, oír, traer,** or **ver** and act out the phrase. The first person to guess correctly acts out the next charade.

6 **Típico fin de semana** Interview a classmate about what he or she does on a typical weekend.

- What time does he/she leave the house on the weekend?
- What does he/she do in the afternoon?
- What TV shows does he/she watch?
- Does he/she go out with friends?...

Practice more!

| WB pp. 39–40 | LM p. 24 | vhlcentral.com |

The verbs ver and oír

▸ The verb **ver** (*to see*) has an irregular **yo** form. The other forms of **ver** are regular but note that the **vosotros/as** forms do not carry an accent.

ver (to see)

Singular forms		Plural forms	
yo	veo	nosotros/as	vemos
tú	ves	vosotros/as	veis
Ud./él/ella	ve	Uds./ellos/ellas	ven

Ve a su abuela todos los domingos.
He sees his grandmother every Sunday.

No **veo** el problema.
I can´t see the problem.

▸ The verb **ver** also means *to watch.*

¿Cuando **vemos** la película?
When are we watching the movie?

Veo las noticias por la mañana.
I watch the news in the morning.

Quiero **ver** el partido de béisbol.
I want to watch the baseball game.

Veo a los niños jugar en el parque.
I'm watching the kids play in the park.

▸ The verb **oír** (*to hear*) has an irregular **yo** form and a spelling change in the **tú, usted, él, ella, ustedes, ellos,** and **ellas** forms. The **nosotros/as** and **vosotros/as** forms have an accent mark.

oír (to hear)

Singular forms		Plural forms	
yo	oigo	nosotros/as	oímos
tú	oyes	vosotros/as	oís
Ud./él/ella	oye	Uds./ellos/ellas	oyen

Oigo a unas personas en la otra sala.
I hear some people in the other room.

¿**Oyes** la música?
Do you hear the music?

¡Manos a la obra!

Provide the correct forms of the verbs.

1. **salir**	Isabel _sale_.	Nosotros _salimos_.	Yo _salgo_.
2. **ver**	Yo _____.	Ustedes _____.	Tú _____.
3. **poner**	Rita y yo _____.	Yo _____.	Los niños _____.
4. **hacer**	Yo _____.	Tú _____.	Usted _____.
5. **oír**	Él _____.	Nosotros _____.	Yo _____.
6. **traer**	Ellas _____.	Yo _____.	Tú _____.
7. **suponer**	Yo _____.	Mi amigo _____.	Nosotras _____.

A repasar

4.1 The present tense of **ir**

1 **¿Qué hacemos?** You are bored today. With a partner, take turns suggesting various places to go or things to do.

> **modelo**
>
> **Estudiante 1:** Estoy aburrido/a (*bored*).
> **Estudiante 2:** ¡Vamos al parque!
> **Estudiante 1:** No, no tengo ganas de ir al parque ahora. Vamos...

2 **Agenda para la semana** Make a schedule listing your activities for this week. Write at least two activities for each day. Then in groups of three compare what you are going to do.

> **modelo**
>
> **domingo: jugar al tenis, terminar la tarea**
> **Estudiante 1:** El domingo voy a jugar al tenis. ¿Van ustedes a jugar al tenis también (*too*)?
> **Estudiante 2:** No, no voy a jugar al tenis el domingo. Voy a terminar la tarea.
> **Estudiante 3:** Sí, voy a jugar al tenis también...

4.2 Stem-changing verbs: e → ie, o → ue

3 **Describir** It's Saturday afternoon. Describe what the Ramirez family is doing based on the cues provided.

1. papá / jugar / golf

   _____

2. los niños / preferir / nadar / piscina

   _____

3. yo / pensar / jugar / béisbol

   _____

4. mamá / querer / leer / revista

   _____

5. las gatas Lupe y Cleo / dormir / casa

   _____

6. el perro Kiko / encontrar / pelota

   _____

7. la abuela / volver / casa

   _____

4 **Entrevista** Use these questions to interview a classmate.

1. ¿A qué hora vuelves a casa o a la residencia hoy?
2. ¿Recuerdas la dirección de correo electrónico del/de la profesor(a)? ¿Cuál es?
3. ¿Prefieres escribir un mensaje al/a la profesor(a) o hablar con él/ella en persona?
4. ¿A qué hora empiezas a estudiar por la noche?
5. ¿Duermes mucho? ¿Cuántas horas duermes?
6. ¿Pierdes tus cosas constantemente (*constantly*)?

5 **Mis pasatiempos** Write a brief paragraph about one of your favorite pastimes. Use at least four of the verbs provided.

empezar	pensar	preferir
jugar	poder	querer

4.3 Stem-changing verbs: e → i

6 **Completar** Complete the sentences with the appropriate forms of the verbs provided.

1. Tú _____ [pedir] dinero prestado (*borrowed money*) a tus padres.
2. Elena no _____ [conseguir] entradas (*tickets*) para el partido de mañana.
3. Los estudiantes _____ [repetir] las palabras que presenta el profesor.
4. Mis amigos y yo _____ [seguir] todos los partidos de béisbol de los Rockies.
5. Yo _____ [seguir] el camino (*path*) para llegar a la cima (*summit*) de la montaña.
6. Mi hermana siempre _____ [pedir] ayuda (*help*) para hacer su tarea.

7 **Los videojuegos (*video games*)** Use these questions to interview a classmate.

1. ¿Te gusta jugar a los videojuegos? ¿Con qué frecuencia juegas?
2. ¿Qué piensas de los videojuegos en línea (*online*)? En tu opinión, ¿la gente pasa mucho tiempo en línea?
3. ¿Prefieres los videojuegos de deportes o los de acción?
4. ¿Sigues las aventuras de Super Mario, Sonic o los Sims?
5. ¿Cómo consigues videojuegos?
6. Antes de (*Before*) comprar un videojuego, ¿pides recomendaciones a tus amigos?

4.4 Verbs with irregular yo forms

8 **Las diversiones** Complete Jorge's description of what he and his friends do on Saturday nights.

Mi grupo de amigos es muy divertido. ¡Nosotros (1) _____ [hacer] cosas juntos (*together*) todo el tiempo! Por ejemplo, los sábados por la noche, yo generalmente (2) _____ [salir] con ellos a la discoteca. A veces, también nos juntamos (*get together*) en una casa: (3) _____ [traer] algo para comer y (4) _____ [ver] una película, o yo (5) _____ [poner] música y bailamos. Y tú, ¿qué (6) _____ [hacer] con tus amigos?

9 **Los ratos libres** You are doing some market research on lifestyles. Interview a classmate to find out when he/she goes out with his/her friends and what they do for fun.

modelo

Estudiante 1: ¿Cuándo sales con tu familia?
Estudiante 2: Salgo con mi familia los domingos por la tarde.
Estudiante 1: ¿Qué hacen?
Estudiante 2: Vamos a comer a un restaurante.
Estudiante 1: ¿Cuándo sales con tus amigos/as (tu novio/a)?...

Síntesis

10 **Situación** With a partner, role-play a conversation between two roommates.

Estudiante 1

1. Ask your partner what he or she is doing.
2. Ask what he or she is watching.
3. Say no, because you are going out with friends.
4. Say what you are going to do, and ask your partner whether he or she wants to come along.

Estudiante 2

1. Say that you are watching TV.
2. Say what show you are watching. Ask if he or she wants to join you.
3. Ask what your partner and his/her friends are going to do.
4. Say no and tell your partner what you prefer to do instead.

Videoclip Video

1 **Preparación** Does your family have high expectations of you? What are they? Do you think you will be able to meet those expectations? Why or why not?

2 **El clip** Watch the ad for **Totofútbol** from Peru.

Vocabulario	
cracks *sports stars*	patito feo *ugly duckling*
jugaba *used to play*	plata *money (S. America)*

Mi hermano mayor jugaba desde la cuna°.

Por eso esperaban que yo fuera° el mejor de todos°.

cuna *crib* esperaban que yo fuera *they expected that I be* el mejor de todos *the best of all*

3 **Comprensión** Select the option that best summarizes the ad.

• Todos los miembros (*members*) de la familia juegan al fútbol profesionalmente. El padre tiene muchos trofeos (*trophies*) de fútbol.

• El padre y los hermanos del protagonista prefieren jugar al fútbol, pero él quiere dedicarse a la música. Por eso, lo llaman "patito feo".

4 **Conversación** With a partner, discuss these questions:
¿Hay un patito feo en tu familia o entre tus amigos?
¿Quién es? ¿Qué actividades hacen tu familia o tus amigos?
¿Qué prefiere hacer él/ella?

Ampliación

1 Escuchar

A Read the sentences below and then listen as first José and then Anabela talk about themselves. Indicate who each statement describes.

TIP **Listen for gist.** When you listen for the gist, try to capture the general meaning of what you hear without focusing on individual words. You will be surprised at how much you can understand!

Descripción	José	Anabela
1. Es muy aficionado/a a los deportes.	☐	☐
2. Pasa el tiempo con sus amigos.	☐	☐
3. Va mucho al cine.	☐	☐
4. Es una persona muy activa.	☐	☐
5. Le gusta descansar por la tarde.	☐	☐
6. Es una persona estudiosa.	☐	☐
7. Su deporte favorito es el ciclismo.	☐	☐
8. A veces va a ver partidos de béisbol.	☐	☐

B ¿Tienes más cosas en común (*more in common*) con José o con Anabela? Explica tu respuesta.

2 Conversar

You and your friend, who lives in a different town, plan to meet in a nearby city. Role-play a phone conversation to discuss your plans. Include this information.

- When you are planning to arrive and go home
- What places you want to visit
- A few activities you can do together

Ampliación

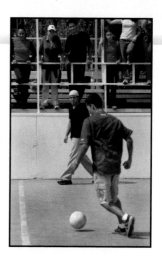

③ Escribir

Create a short article for your school's student website. Describe at least six leisure activities that students enjoy on campus. Include information about where and when these activities take place.

> **TIP** **Use bilingual dictionaries carefully.**
> Use a Spanish-English dictionary to look up words you don't know. Consider whether the first option given is really what you are trying to say.

Organízalo	List the activities you could include in the article. Use an idea map to organize them.
Escríbelo	Using your idea map, write the first draft of your article.
Corrígelo	Exchange drafts with a classmate and comment on the organization, style, and grammatical accuracy of each other's work. Then revise your first draft, keeping your classmate's comments in mind.
Compártelo	Exchange drafts with a different partner. Note any words that are new to you, so you can look them up later. Then turn your final draft in to your instructor.

④ Un paso más

You work for a radio station that caters to the Spanish-speaking community in your town. Prepare a radio spot that announces the sporting events taking place this week. Include the following information in your broadcast:

- An introduction of yourself and your program
- A list of local sports events
- The location and time of each event
- A brief sign-off

> **CONEXIÓN INTERNET**
> Investiga estos temas en el sitio **vhlcentral.com**.
>
> - Los deportes más (*most*) populares del mundo hispano
> - Los pasatiempos más populares del mundo hispano

Audio: Reading

Antes de leer

This article appeared in one of Mexico City's newspapers. Scan the article's headlines and visual elements. Based on what you see, what do you think it is about?

Can you guess the meaning of these cognates from the article?

baladas	_____
concierto	_____
contemporáneo/a	_____
creativo/a	_____
festival	_____
fotógrafo/a	_____
origen	_____
pasión	_____
recomendar	_____
romántico/a	_____

GUÍA para el fin

CINE

Festival de cine latinoamericano

Para los aficionados al cine, este fin de semana comienza el Festival de Cine Latinoamericano en el cine Plaza. Se muestran las últimas° producciones de Juan Pablo Reátegui, Lorena Suárez, Álvaro del Carpio y Diego Bianchi. Recomendamos especialmente *Un día sin° fútbol* del director Juan Pablo Reátegui. *Un día sin fútbol* cuenta la historia° de un grupo de aficionados al fútbol y su enorme pasión por este deporte.

Fechas: 10-14 de marzo
Hora: 8:00 p.m.
Lugar: Cine Plaza
Dirección: Calle Principal #152

CONCIERTO

Canta Maribel Puértolas

Si quiere escuchar buena música, la cantante° Maribel Puértolas va a ofrecer° un concierto en el café La Gloria. De origen puertorriqueño, esta joven cantante ha conquistado° a los románticos con *Cuando tú no estás*, su último CD de baladas. "Va a ser un concierto para recordar", dice Puértolas.

Fecha: 11 de marzo
Hora: 7:00 p.m.
Lugar: Café La Gloria
Dirección: Avenida Bolívar #345

de semana

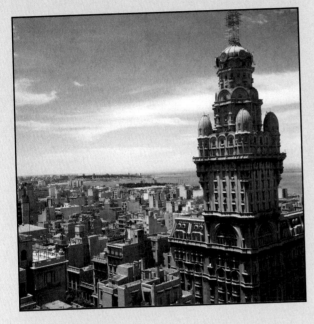

EXPOSICIÓN

Lucía Velasco: Cuarenta años de fotografía

Este fin de semana se va a inaugurar la exposición° de la fotógrafa uruguaya Lucía Velasco en el Museo de Arte Contemporáneo. Las cien fotografías que forman parte de la exposición muestran el desarrollo° creativo de Velasco durante sus 40 años de carrera.

Fechas: 10 de marzo – 8 de abril
Lugar: Museo de Arte Contemporáneo
Dirección: Avenida Juárez #248

Después de leer

¿Comprendiste? ✎⊆

Based on the reading, indicate whether each statement is **cierto** or **falso**.

Cierto	Falso	
_____	_____	1. La guía presenta noticias sobre eventos deportivos.
_____	_____	2. *Un día sin fútbol* cuenta la historia de un equipo de fútbol.
_____	_____	3. Maribel Puértolas es una cantante de baladas.
_____	_____	4. Las fotografías de Juan Pablo Reátegui se exhiben en el cine Plaza.
_____	_____	5. Lucía Velasco es una fotógrafa uruguaya.
_____	_____	6. En el café La Gloria hay una exposición de arte.

Preguntas ✎⊆

1. ¿De dónde es Maribel Puértolas?
   _____

2. ¿Qué clase de canciones (*songs*) canta ella?
   _____

3. ¿Cuántas fotografías de Lucía Velasco hay en la exposición?
   _____

4. ¿Dónde está la exposición de Lucía Velasco?
   _____

5. ¿Qué película recomienda la guía?
   _____

6. ¿Dónde es el festival de cine?
   _____

Coméntalo 👤👤👤

In small groups, discuss which of the activities in the article you would each prefer to do on a weekend and why.

últimas *latest*   **sin** *without*   **cuenta la historia** *tells the story*
cantante *singer*   **ofrecer** *offer*   **ha conquistado** *has won over*
inaugurar la exposición *to open the exhibit*   **desarrollo** *development*

Audio: Vocabulary Flashcards

Las actividades

bucear	to scuba dive
escalar montañas	to go mountain climbing
escribir una carta	to write a letter
escribir un mensaje electrónico	to write an e-mail
escribir una (tarjeta) postal	to write a postcard
esquiar	to ski
ir de excursión (a las montañas)	to go for a hike (in the mountains)
leer el correo electrónico	to read e-mail
leer el periódico	to read the newspaper
leer una revista	to read a magazine
nadar en la piscina	to swim in the pool
pasar el tiempo	to spend time
pasear en bicicleta	to ride a bicycle
pasear por la ciudad/el pueblo	to walk around the city/town
patinar (en línea)	to skate (in-line)
practicar deportes	to play sports
tomar el sol	to sunbathe
ver películas	to watch movies
visitar un monumento	to visit a monument
la diversión	entertainment; fun activity
el/la excursionista	hiker
el fin de semana	weekend
el pasatiempo	pastime; hobby
los ratos libres	spare time
el tiempo libre	free time

Los deportes

el baloncesto	basketball
el béisbol	baseball
el ciclismo	cycling
el equipo	team
el esquí (acuático)	(water) skiing
el fútbol	soccer
el fútbol americano	football
el golf	golf
el hockey	hockey
el/la jugador(a)	player
la natación	swimming
el partido	game
la pelota	ball
el tenis	tennis
el vóleibol	volleyball
ganar	to win
ser aficionado/a (a)	to be a fan (of)

Los lugares

el café	café
la casa	house
el centro	downtown
el cine	movie theater
el gimnasio	gym, gymnasium
la iglesia	church
el lugar	place
el museo	museum
el parque	park
el restaurante	restaurant

Verbos

cerrar (e:ie)	to close
comenzar (e:ie)	to begin
conseguir (e:i)	to get; to obtain
dormir (o:ue)	to sleep
empezar (e:ie)	to begin
encontrar (o:ue)	to find
entender (e:ie)	to understand
hacer	to do; to make
ir	to go
ir a (+ inf.)	to be going to do something
jugar (u:ue)	to play
mostrar (o:ue)	to show
oír	to hear
pedir (e:i)	to ask for; to request
pensar (e:ie)	to think
pensar (+ inf.)	to intend; to plan
pensar en	to think about
perder (e:ie)	to lose; to miss
poder (o:ue)	to be able to, can
poner	to put; to place
preferir (e:ie)	to prefer
querer (e:ie)	to want; to love
recordar (o:ue)	to remember
repetir (e:i)	to repeat
salir	to leave
seguir (e:i)	to follow; to continue; to keep (doing something)
suponer	to suppose
traer	to bring
ver	to see; to watch
volver (o:ue)	to return

Adjetivos

deportivo/a	sports-related
favorito/a	favorite

Practice more at **vhlcentral.com**.

AVENTURAS EN LOS PAÍSES HISPANOS

En Acapulco, un clavadista *(diver)* salta desde un acantilado *(cliff)* frente al océano Pacífico. El lugar se llama La Quebrada y miles de turistas lo visitan cada *(each)* día. ¿Te gustaría *(would you like)* visitarlo algún *(some)* día?

MÉXICO

MÉXICO

Área: 1.972.550 km² (761.603 millas²)
Población: 110.645.000
Capital: México, D.F. – 19.460.000
Ciudades importantes: Guadalajara, Monterrey, Ciudad Juárez, Puebla
Moneda: peso mexicano

SOURCE: Population Division, UN Secretariat

Celebraciones

La independencia de México

El 16 de septiembre los mexicanos celebran la independencia de su país. En todas las ciudades se ponen decoraciones con los colores de la bandera *(flag)* mexicana y se hacen fiestas con mariachis, comida típica y bailes *(dances)* tradicionales. A estas celebraciones se les llaman las fiestas patrias.

ESTADOS UNIDOS

Ciudad Juárez

Baja California

Golfo de California

Río Brav

MÉXICO

Historia

Océano Pacífico

Puerto Vallarta

Guadalaj

Los mayas

La civilización maya construyó *(built)* impresionantes ciudades con templos religiosos en forma de pirámide, que hoy en día visitan millones de turistas. Los descendientes de esta civilización siguen las tradiciones de su pasado y muchos aún *(still)* viven en esa misma área: el sur *(south)* de México y partes de Centroamérica.

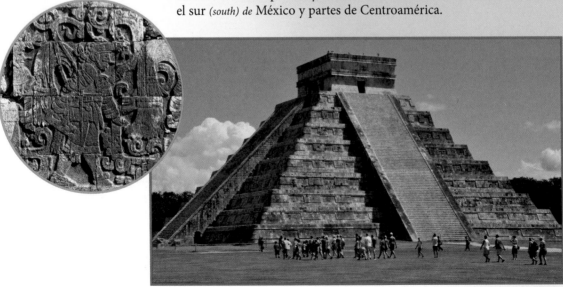

El Castillo, Chichén Itzá

Diego Rivera y Frida Kahlo

Frida Kahlo y Diego Rivera son los pintores mexicanos más famosos. Se casaron *(They got married)* en 1929. Los dos se interesaron *(became interested)* en las condiciones sociales de la gente indígena y de los campesinos *(farmers)* de su país. Puedes ver algunas de sus obras *(works of art)* en el Museo de Arte Moderno de la Ciudad de México.

Detalle de un mural de Diego Rivera

Monterrey

Golfo de México

Grande

Península de Yucatán

udad de México

Uxmal

Cancún

Bahía de Campeche

a

Veracruz

BELICE

Istmo de Tehuantepec

co

GUATEMALA

Economía

La plata

México es el mayor *(largest)* productor de plata *(silver)* del mundo *(world)*. Estados como Zacatecas y Durango tienen ciudades fundadas cerca de los más grandes yacimientos *(deposits)* de plata del país. Estas ciudades fueron *(were)* en la época colonial unas de las más ricas e importantes. Hoy en día, aún *(still)* conservan mucho de su encanto *(charm)* y esplendor.

Practice more!

| WB pp. 41–42 | VM pp. 235–236 | vhlcentral.com |

¿Qué aprendiste?

1 ¿Cierto o falso? Indicate whether each statement is **cierto** or **falso**.

Cierto	Falso	
_____	_____	1. La Quebrada está en México D.F.
_____	_____	2. Frida Kahlo es una pintora.
_____	_____	3. El 16 de septiembre en México organizan una celebración religiosa.
_____	_____	4. La plata no es un mineral abundante en México.
_____	_____	5. Los mexicanos celebran la independencia con las fiestas patrias.
_____	_____	6. En México no hay ciudades cerca de los yacimientos de plata.
_____	_____	7. Diego Rivera fue (was) el esposo de Frida Kahlo.
_____	_____	8. Puebla es la capital de México.
_____	_____	9. Muchos turistas visitan los templos mayas en Sudamérica.
_____	_____	10. La moneda mexicana es el dólar mexicano.

2 Preguntas Answer the questions in complete sentences.

1. ¿Qué elementos en común hay en las celebraciones de la independencia de tu país y las celebraciones en México? ¿Qué diferencias hay?

2. ¿Qué piensas del estilo artístico de Diego Rivera? ¿Prefieres el arte realista o el abstracto?

3. ¿Sigues alguna (any) tradición de tus antepasados? ¿Cuál(es)?

4. ¿Hay yacimientos de minerales cerca de donde vives?

5. ¿Cuál es la actividad económica más (more) importante de tu ciudad o estado: la agricultura, la minería, la industria, el turismo, los servicios o el comercio (trade)?

CONEXIÓN INTERNET
Investiga estos temas en el sitio **vhlcentral.com**.

- Lugares para visitar en México
- Pintores famosos de México

Communicative Goals

You will learn how to:

- talk about vacations
- describe a hotel
- talk about seasons and the weather
- talk about how you feel

PARA EMPEZAR

- ¿Es vieja o joven la persona de la foto?
- ¿Es rubio o moreno?
- ¿Está en su casa o de vacaciones?
- ¿Dónde está él, en la playa o en la montaña?
- ¿Qué hace: nada, bucea o toma el sol?

Tutorials

LAS VACACIONES

la estación del tren

REPUBLICA DEL ECUADOR

PASAPORTE

el pasaporte

LAS VACACIONES Y LOS VIAJES

el aeropuerto *airport*
la agencia de viajes *travel agency*
el/la agente de viajes *travel agent*
la cabaña *cabin*
el campo *countryside*
la estación de autobuses *bus station*
la estación del metro *subway station*
el/la inspector(a) de aduanas *customs officer*
la llegada *arrival*
el mar *ocean*
el pasaje (de ida y vuelta) *(round-trip) ticket*
la salida *departure; exit*
la tienda de campaña *tent*
el/la viajero/a *traveler*

¿QUÉ TIEMPO HACE?

¿Qué tiempo hace? *How's the weather?*
Está despejado. *It's clear.*
Está (muy) nublado. *It's (very) cloudy.*
Hace buen/mal tiempo. *The weather is nice/bad.*
Hace (mucho) calor. *It's (very) hot.*
Hace fresco. *It's cool.*
Hace (mucho) frío. *It's (very) cold.*
Hace (mucho) sol. *It's (very) sunny.*
Hace (mucho) viento. *It's (very) windy.*
Hay (mucha) niebla. *It's (very) foggy.*
Llueve. *It's raining.*
Nieva. *It's snowing.*

---

llover (o:ue) *to rain*
nevar (e:ie) *to snow*

el botones

EN EL HOTEL

el alojamiento *lodging*
el ascensor *elevator*
la cama *bed*
el/la empleado/a *employee*
el equipaje *luggage*
la habitación individual *single room*
la habitación doble *double room*
el hotel *hotel*
el/la huésped *guest*
la pensión *boarding house*
el piso *floor (of a building)*
la planta baja *ground floor*

la llave

202

LAS ACTIVIDADES

acampar *to camp*

confirmar una reservación *to confirm a reservation*

estar de vacaciones *to be on vacation*

hacer turismo *to go sightseeing*

hacer un viaje *to take a trip*

hacer una excursión *to go on a hike; to go on a tour*

ir a la playa *to go to the beach*

ir de pesca *to go fishing*

ir de vacaciones *to go on vacation*

ir en autobús (m.) *to go by bus*

ir en auto(móvil) (m.) *to go by car*

ir en avión (m.) *to go by plane*

ir en barco *to go by boat*

ir en taxi (m.) *to go by taxi*

pasar por la aduana *to go through customs*

pescar *to fish*

Variación léxica

el automóvil ⟷ el coche (*Esp., Arg.*), el carro (*Amér. L.*)
el autobús ⟷ el camión (*Méx.*), la guagua (*P. Rico*)
la motocicleta ⟷ la moto (*colloquial*)

ir en motocicleta

hacer las maletas

sacar fotos (f. pl.)

montar a caballo

LAS ESTACIONES Y LOS MESES

el invierno *winter*

la primavera *spring*

el verano *summer*

el otoño *autumn*

_____

el año *year*

la estación *season*

el mes *month*

LOS NÚMEROS ORDINALES

primer, primero/a *first*

segundo/a *second*

tercer, tercero/a *third*

cuarto/a *fourth*

quinto/a *fifth*

sexto/a *sixth*

séptimo/a *seventh*

octavo/a *eighth*

noveno/a *ninth*

décimo/a *tenth*

enero

febrero

marzo

abril

mayo

junio

julio

agosto

septiembre

octubre

noviembre

diciembre

OTRAS PALABRAS Y EXPRESIONES

ahora mismo *right now*

todavía *yet; still*

_____

¿Cuál es la fecha de hoy? *What is today's date?*

Hoy es el primero de marzo. *Today is March first.*

Hoy es el dos (tres, cuatro...) de marzo. *Today is March second (third, fourth...).*

A escuchar

1 **Escuchar** Indicate who would probably make each statement you hear. Each answer is used twice.

El agente de viajes	**La inspectora de aduanas**	**El empleado del hotel**
1. _____	1. _____	1. _____
2. _____	2. _____	2. _____
3. _____	3. _____	3. _____
4. _____	4. _____	4. _____
5. _____	5. _____	5. _____
6. _____	6. _____	6. _____

2 **¿Cierto o falso?** Listen to each sentence and indicate whether it is **cierto** or **falso**. Correct the false statements.

Cierto   **Falso**

_____   _____   1. _____

_____   _____   2. _____

_____   _____   3. _____

_____   _____   4. _____

_____   _____   5. _____

_____   _____   6. _____

_____   _____   7. _____

_____   _____   8. _____

Practice more!

LM
p. 25

A practicar

3 **Analogías** Complete the analogies using the words from the list.

1. primero → segundo ⊜ enero → _____
2. aeropuerto → viajero ⊜ hotel → _____
3. invierno → nevar ⊜ primavera → _____
4. mes → año ⊜ maleta → _____
5. hotel → botones ⊜ aduana → _____
6. pasaje → avión ⊜ llave → _____
7. acampar → campo ⊜ pescar → _____
8. agosto → verano ⊜ noviembre → _____
9. llave → abrir ⊜ pasaje → _____
10. maleta → hacer ⊜ foto → _____

equipaje	huésped	sacar
inspector	habitación	mar
febrero	llover	viajar
otoño	mayo	piso

4 **Describir** With a partner, take turns describing what these people are doing.

1. Enrique y Gustavo   **2. Yo**   **3. Tú**

4. Don Luis   **5. Marcela**   **6. Juan Martín y yo**

Practice more!

WB
pp. 45–46

vhlcentral.com

A conversar

5 **Contestar** With a classmate, take turns asking each other these questions.

modelo

¿Cuál es el primer mes de la primavera?
Estudiante 1: *¿Cuál es el primer mes de la primavera?*
Estudiante 2: *Es marzo.*

1. ¿Cuál es la fecha de hoy?

2. ¿Qué estación es? ¿Te gusta esta (*this*) estación?

3. ¿Cuál es el segundo mes del verano?

4. ¿Cuál es el primer mes del invierno?

5. ¿Cuál es la cuarta estación del año?

6. ¿Prefieres el otoño o la primavera? ¿Por qué?

7. ¿Prefieres el mar o las montañas? ¿Por qué?

8. ¿Te gusta más el campo o la ciudad? ¿Por qué?

9. Cuando vas de vacaciones, ¿qué haces?

10. ¿Piensas ir de vacaciones este año?
    ¿Adónde quieres ir? ¿Por qué?

11. ¿Cómo prefieres viajar: en barco, en motocicleta…?

12. ¿Prefieres comprar el pasaje en una agencia de viajes
    o en Internet?

6 **La reservación** In pairs, imagine that one of you is a receptionist at a hotel and the other is a tourist calling to make a reservation. Read only the information that pertains to you. Then role-play the situation.

Turista	Empleado/a
Vas a viajar a la península de Yucatán con un amigo. Piensan llegar a Cancún el 23 de febrero y necesitan una habitación para cuatro noches. Ustedes quieren descansar en la playa, pero también quieren hacer una excursión a las ruinas mayas en Chichén Itzá. Llama (*Call*) al Hotel Oceanía y averigua (*find out*) toda la información que necesitas. Luego decide si (*if*) quieres hacer la reservación o no.	Trabajas en la recepción del Hotel Oceanía en Cancún. Sólo quedan (*remain*) dos habitaciones en febrero: una habitación individual en el primer piso ($175 por noche) y una habitación doble en el quinto piso que tiene descuento (*discount*) porque no hay ascensor ($165 por noche). El hotel no ofrece excursiones a Chichén Itzá, pero hay una estación de autobuses cerca del hotel.

🎧 Pronunciación Ⓢ Audio

Spanish b and v

bueno   vólei**b**ol   **b**i**b**lioteca   vi**v**ir

There is no difference in pronunciation between the Spanish letters **b** and **v**. However, each letter can be pronounced two different ways, depending on which letters appear next to them.

bonito   **v**iajar   tam**b**ién   in**v**estigar

B and **v** are pronounced like the English hard *b* when they appear either as the first letter of a word, at the beginning of a phrase, or after **m** or **n**.

de**b**er   no**v**io   a**b**ril   cer**v**eza

In all other positions, **b** and **v** have a softer pronunciation, which has no equivalent in English. Unlike the hard **b**, which is produced by tightly closing the lips and stopping the flow of air, the soft **b** is produced by keeping the lips slightly open.

bola   **v**ela   Cari**b**e   decli**v**e

In both pronunciations, there is no difference between **b** and **v**. The English *v* sound, produced by friction between the upper teeth and lower lip, does not exist in Spanish. Instead, the soft **b** comes from friction between the two lips.

Verónica y su esposo cantan boleros.

When **b** or **v** begins a word, its pronunciation depends on the previous word. At the beginning of a phrase or after a word that ends in **m** or **n**, it is pronounced as a hard **b**.

Benito es de Boquerón pero vive en Victoria.

Words that begin with **b** or **v** are pronounced with a soft **b** if they appear immediately after a word that ends in a vowel or any consonant other than **m** or **n**.

Práctica Read these words aloud to practice the **b** and the **v**.

1. hablamos
2. trabajar
3. botones
4. van
5. contabilidad
6. bien
7. doble
8. novia
9. béisbol
10. cabaña
11. llave
12. invierno

Hombre prevenido vale por dos.[2]

No hay mal que por bien no venga.[1]

Oraciones Read these sentences aloud to practice the **b** and the **v**.

1. Vamos a Guaynabo en autobús.
2. Voy de vacaciones a la Isla Culebra.
3. Tengo una habitación individual en el octavo piso.
4. Víctor y Eva van en avión al Caribe.
5. La planta baja es bonita también.

Refranes Read these sayings aloud to practice the **b** and the **v**.

[1] *Every cloud has a silver lining.*
[2] *Forewarned is forearmed.*

Practice more!

LM p. 26

Ⓢ vhlcentral.com

S Video

¡Vamos a la playa!

Los seis amigos hacen un viaje a la playa.

PERSONAJES

FELIPE

JUAN CARLOS

MARISSA

JIMENA

MARU

MIGUEL

MAITE FUENTES

ANA MARÍA

EMPLEADO

TÍA ANA MARÍA ¿Están listos para su viaje a la playa?

TODOS Sí.

TÍA ANA MARÍA Excelente... ¡A la estación de autobuses!

MARU ¿Dónde está Miguel?

FELIPE Yo lo traigo.

(se escucha un grito de Miguel)

FELIPE Ya está listo. Y tal vez enojado. Ahorita vamos.

EMPLEADO Bienvenidas. ¿En qué puedo servirles?

MARU Hola. Tenemos una reservación para seis personas para esta noche.

EMPLEADO ¿A nombre de quién?

JIMENA ¿Díaz? ¿López? No estoy segura.

EMPLEADO Aquí están las llaves de sus habitaciones.

MARU Gracias. Una cosa más. Mi novio y yo queremos hacer windsurf, pero no tenemos tablas.

EMPLEADO El botones las puede conseguir para ustedes.

JUAN CARLOS ¿Qué hace este libro aquí? ¿Estás estudiando en la playa?

JIMENA Sí, es que tengo un examen la próxima semana.

JUAN CARLOS Ay, Jimena. ¡No! ¿Vamos a nadar?

JIMENA Bueno, como estudiar es tan aburrido y el tiempo está tan bonito...

ACTIVIDADES

1 Identificar Identify the person who would say the following.

1. No lo encuentro, ¿a nombre de quién está su reservación?
2. ¿Por qué estás estudiando en la playa? ¡Mejor vamos a nadar!
3. Nuestra reservación es para seis personas en dos habitaciones.
4. Miguel está enojado conmigo.
5. No tengo ganas de nadar. Estoy cansada.

2 Ordenar Place these events in the correct order.

_____ a. El empleado busca la reservación.

_____ b. Marissa dice que (*says that*) está confundida.

_____ c. Felipe, Juan Carlos, Marissa y Jimena están listos para ir a la playa.

_____ d. El empleado da (*gives*) las llaves de las habitaciones a las chicas.

_____ e. Miguel da un grito.

EMPLEADO No encuentro su nombre. Ah, no, ahora sí lo veo, aquí está. Díaz. Dos habitaciones en el primer piso para seis huéspedes.

FELIPE No está nada mal el hotel, ¿verdad? Limpio, cómodo... ¡Oye, Miguel! ¿Todavía estás enojado conmigo? (*a Juan Carlos*) Miguel está de mal humor. No me habla.

JUAN CARLOS ¿Todavía?

MARISSA Yo estoy un poco cansada. ¿Y tú? ¿Por qué no estás nadando?

FELIPE Es por causa de Miguel.

MARISSA Hmm, estoy confundida.

FELIPE Esta mañana. ¡Sigue enojado conmigo!

MARISSA No puede seguir enojado tanto tiempo.

---

3   **Conversar** With a partner, use these cues to create a conversation between a hotel employee and a guest in Mexico.

Huésped

1. Greet the employee and ask for your reservation.

2. Tell the employee that the reservation is in your name.

3. Tell the employee that the hotel is very clean and comfortable.

4. Ask the employee to call the bellhop because you have a lot of luggage.

Empleado/a

1. Welcome the guest and ask him/her under whose name the reservation was made.

2. Tell him/her the reservation is for a double room and the room is on the fifth floor.

3. Say that you agree with the guest and give him/her the keys.

4. Call the bellhop to help the guest with his/her luggage.

Expresiones útiles

Talking with hotel personnel

¿En qué puedo servirles?
How can I help you?

Tenemos una reservación.
We have a reservation.

¿A nombre de quién?
In whose name?

¿Quizás López? ¿Tal vez Díaz?
Maybe López? Maybe Díaz?

Ahora lo veo, aquí está. Díaz.
Now I see it. Here it is. Díaz.

Dos habitaciones en el primer piso para seis huéspedes.
Two rooms on the first floor for six guests.

Aquí están las llaves.
Here are the keys.

Describing a hotel

No está nada mal el hotel.
The hotel isn't bad at all.

Todo está tan limpio y cómodo.
Everything is so clean and comfortable.

Es excelente/estupendo/fabuloso/ fenomenal/increíble/magnífico/ maravilloso/perfecto.
It's excellent/stupendous/fabulous/ phenomenal/incredible/magnificent/ marvelous/perfect.

Talking about how you feel

Yo estoy un poco cansado/a.
I am a little tired.

Estoy confundido/a. *I'm confused.*

Todavía estoy/Sigo enojado/a contigo.
I'm still angry with you.

Additional vocabulary

afuera *outside*
agradable *pleasant*
el balde *bucket*
la crema de afeitar *shaving cream*
entonces *so, then*
es igual *it's the same*
el frente (frío) *(cold) front*
el grito *scream*
la temporada *period of time*

El Camino Inca

Early in the morning, Larry rises, packs up his campsite, fills his water bottle in a stream, eats a quick breakfast, and begins his day. Yesterday, Larry and his group hiked seven miles to a height of 9,700 feet. By tonight, that hike will seem easy. Today the hikers will cover seven miles to a height of 14,000 feet, all the while carrying fifty-pound backpacks.

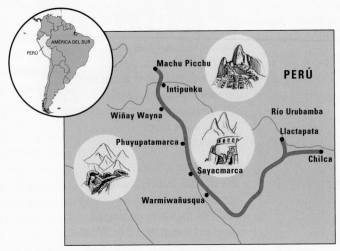

Ruta de cuatro días

While not everyone is cut out for such a rigorous trip, Larry is on the journey of a lifetime: **el Camino Inca.** Between 1438 and 1533, when the vast and powerful **Imperio Incaico** (*Incan Empire*) was at its height, the Incas built an elaborate network of **caminos** (*trails*) that traversed the Andes Mountains and converged on the empire's capital, Cuzco. Today, hundreds of thousands of tourists come to Peru

Sitios en el Camino Inca

Highlights of a four-day hike along the Inca Trail:

Warmiwañusqua (*Dead Woman's Pass*), at 13,800 feet, a hiker's first taste of the Andes' extreme sun and wind

Sayacmarca (*Inaccessible Town*), fortress ruins set on a sheer cliff

Phuyupatamarca (*Town in the Clouds*), an ancient town with stone baths, probably used for water worship

Wiñay Wayna (*Forever Young*), a town named for the pink orchid native to the area, famous for its innovative agricultural terraces which transformed the mountainside into arable land

annually to walk the surviving **caminos** and enjoy the spectacular landscapes. The most popular trail, **el Camino Inca,** leads from Cuzco to the ancient mountain city of Machu Picchu. Many trekkers opt for a guided four-day itinerary, starting at a suspension bridge over the Urubamba River, and ending at **Intipunku** (*Sun Gate*), the entrance to Machu Picchu. Guides organize campsites and meals for travelers, as well as one night in a hostel en route.

To preserve **el Camino Inca,** the National Cultural Institute of Peru limits the number of hikers to five hundred per day. Those that make the trip must book in advance and should be in good physical condition in order to endure the high altitude and difficult terrain.

ASÍ SE DICE

Viajes y turismo

el albergue (juvenil)	*(youth) hostel*
alojarse	*to stay*
el asiento del medio, del pasillo, de la ventanilla	*center, aisle, window seat*
la media pensión	*breakfast and one meal included*
el/la mochilero/a	*backpacker*
la pensión completa	*all meals included*
el puente	*long weekend (lit., bridge)*

Wiñay Wayna

ACTIVIDADES

1 ¿Cierto o falso? Indicate whether each statement is **cierto** or **falso**. Correct the false statements.

1. **El Imperio Incaico** reached its height between 1438 and 1533.

2. Lima was the capital of the Incan Empire.

3. Hikers on **el Camino Inca** must camp out every night.

4. The Incas invented a series of terraces to make the rough mountain landscape suitable for farming.

5. Along **el Camino Inca**, one can see village ruins, native orchids, and agricultural terraces.

6. High altitude is one of the challenges faced by hikers on **el Camino Inca**.

7. At Sayacmarca, hikers can see Incan pyramids set on a sheer cliff.

8. Travelers can complete **el Camino Inca** on their own at any time.

2 De vacaciones Spring break is coming up, and you want to hike **el Camino Inca** with some friends. In groups, decide how you will get there, where you prefer to stay and for how long, and what each of you will do during your free time. Present your trip to the class.

CONEXIÓN INTERNET

¿Qué otro lugar turístico es muy visitado en Cuzco?

For more information about this **Cultura**, go to **vhlcentral.com**.

 S Video

¡Vacaciones en Perú!

1 Preparación Have you ever visited an archeological or historic site? Where? Why did you go there?

2 El video Watch this **Flash Cultura** episode.

Vocabulario

ciudadela	*citadel*	quechua	*Quechua (indigenous Peruvian)*
el/la guía	*guide*	sector (urbano)	*(urban) sector*

Machu Picchu se salvó° de la invasión española [...] se encuentra aislada sobre° esta montaña...

... siempre he querido° venir [...] Me encantan° las civilizaciones antiguas°.

se salvó *was saved* **se encuentra aislada sobre** *it is isolated on*
siempre he querido *I have always wanted* **Me encantan** *I love* **antiguas** *ancient*

3 Completar Complete these sentences with the words from **Vocabulario**. Make any necessary changes.

1. Las ruinas de Machu Picchu son una antigua _____ inca.

2. La ciudadela estaba (*was*) dividida en tres sectores: _____, religioso y de cultivo (*farming*).

3. Cada año los _____ reciben a cientos (*hundreds*) de turistas de diferentes países.

4. Hoy en día, la cultura _____ está presente en las comunidades andinas (*Andean*) del Perú.

Practice more!

VM pp. 209–210

S

vhlcentral.com

Tutorial

5.1 Estar with conditions and emotions

▸ In Spanish, the verb **estar** is used to talk about how people feel and to say where people, places, and things are located. (See page 42.)

Estoy bien, gracias.
I'm fine, thanks.

Juan **está** en la biblioteca.
Juan is at the library.

▸ **Estar** is used with adjectives to describe the physical condition of nouns.

La puerta **está** cerrada.
The door is closed.

Todo **está** muy limpio.
Everything is very clean.

▸ Use **estar** with adjectives to describe how people feel.

Yo estoy cansada.

¿Están listos para su viaje?

Adjectives that describe emotions and conditions

abierto/a	*open*	enojado/a	*mad, angry*
aburrido/a	*bored*	equivocado/a	*wrong*
alegre	*happy*	feliz	*happy*
amable	*friendly*	limpio/a	*clean*
avergonzado/a	*embarrassed*	nervioso/a	*nervous*
cansado/a	*tired*	ocupado/a	*busy*
cerrado/a	*closed*	ordenado/a	*orderly*
cómodo/a	*comfortable*	preocupado/a (por)	*worried (about)*
contento/a	*happy, content*	seguro/a	*sure; safe; confident*
desordenado/a	*disorderly*	sucio/a	*dirty*
enamorado/a (de)	*in love (with)*	triste	*sad*

¡ojo! Note that the plural of **feliz** is **felices**.

¡Manos a la obra!

Provide the correct forms of **estar.**

1. La biblioteca __está__ cerrada los domingos por la noche.
2. Nosotros _____ muy ocupados todos los lunes.
3. Ellas _____ contentas porque tienen tiempo libre.
4. Javier _____ enamorado de Maribel.
5. La habitación del hotel _____ ordenada y limpia.
6. Ustedes _____ equivocados.

Práctica

1 Un viaje Claudia is going to take a trip. Say how she, her family, and her friends are feeling. In the first blank, fill in the correct form of **estar**. In the second blank, fill in the adjective that best fits the context. Make any necessary changes.

contento	nervioso	preocupado
enojado	ocupado	triste

Claudia

1. ¡Qué bueno! Hoy yo _____ muy _____ porque mañana voy a hacer un viaje a Chicago.
2. ¡Qué nervios! También _____ un poco _____ porque voy en avión y no me gusta mucho volar (*to fly*).
3. Mis papás _____ _____ porque voy sola (*alone*).
4. Mi amiga Patricia y yo _____ muy _____ porque ella no puede ir. Ella tiene que estudiar para un examen.
5. Es que Patricia _____ muy _____ porque este semestre toma muchas clases.
6. Mi novio César _____ muy _____ porque él piensa que yo voy a ir a bailar todas las noches.

2 ¿Cómo están? Describe these people and places.

La habitación de Teresa

1. _____

La habitación de César

2. _____

Yo

3. _____

El profesor Olmos

4. _____

Conversación

3 **Situaciones** With a partner, use **estar** to talk about how you feel in these situations.

1. Durante las vacaciones...
2. En un examen...
3. Con mi familia...
4. En la clase de español...
5. En días nublados...
6. En un funeral...
7. En una cita a ciegas (*blind date*)...
8. En el invierno...

4 **Describir** With a partner, say how these people are and explain why. Use your imagination.

1. María Laura

2. Juan y Luisa

3. Sebastián

4. Olivia y Marco

5 **Preguntas** Use these questions to interview your partner.

1. ¿Estás ocupado/a este fin de semana? ¿Qué vas a hacer?
2. ¿Estás enamorado/a? ¿De quién?
3. ¿Qué haces cuando estás preocupado por algo (*something*)?
4. ¿Qué haces cuando estás aburrido/a?
5. ¿Cómo estás ahora? ¿Por qué?

Español en vivo

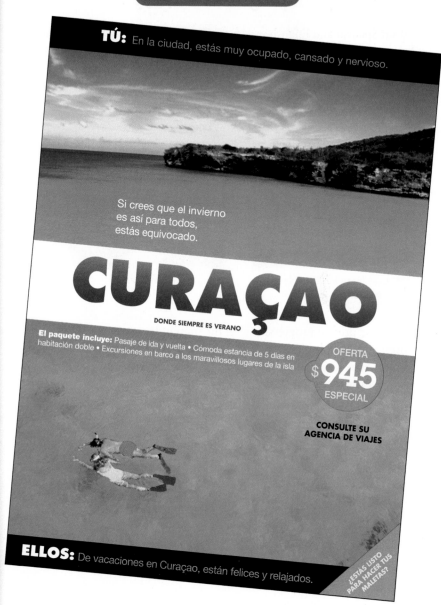

TÚ: En la ciudad, estás muy ocupado, cansado y nervioso.

Si crees que el invierno es así para todos, estás equivocado.

CURAÇAO

DONDE SIEMPRE ES VERANO

El paquete incluye: Pasaje de ida y vuelta • Cómoda estancia de 5 días en habitación doble • Excursiones en barco a los maravillosos lugares de la isla

OFERTA
$**945**
ESPECIAL

CONSULTE SU
AGENCIA DE VIAJES

¿ESTÁS LISTO PARA HACER TUS MALETAS?

ELLOS: De vacaciones en Curaçao, están felices y relajados.

Identificar

Scan the advertisement and identify the adjectives that take the verb **estar**.

Preguntas

1. ¿Dónde están las personas del anuncio (*ad*)?
2. ¿Cómo están ellos?
3. ¿Te identificas (*do you identify*) con la descripción de la vida (*life*) en la ciudad? ¿Por qué?

Practice more!

| WB pp. 47–48 | LM p. 27 | vhlcentral.com |

5.2 The present progressive

 Tutorial

▶ Both Spanish and English use the present progressive, which consists of the present tense of the verb *to be* and the present participle (the *-ing* form in English).

Los chicos están jugando.
The kids are playing.

Estoy haciendo las maletas.
I am packing.

Los turistas están acampando.
The tourists are camping.

¿Estás mirando la televisión?
Are you watching TV?

Las chicas **están hablando** con el empleado del hotel.

¿Estás estudiando en la playa?

▶ Form the present progressive with the present tense of **estar** and a present participle.

ESTAR + PRESENT PARTICIPLE
Están cantando.
They are singing.

Estamos esperando.
We are waiting.

ESTAR + PRESENT PARTICIPLE
Estoy comiendo.
I am eating.

Ella **está trabajando.**
She is working.

▶ The present participle of regular verbs is formed as follows:

INFINITIVE	STEM	ENDING	PRESENT PARTICIPLE
hablar	habl-	-ando	hablando
comer	com-	-iendo	comiendo
escribir	escrib-	-iendo	escribiendo

▶ When the stem of an **–er** or **–ir** verb ends in a vowel, the present participle ends in **–yendo**.

INFINITIVE	STEM	ENDING	PRESENT PARTICIPLE
leer	le-	-yendo	leyendo
oír	o-	-yendo	oyendo
traer	tra-	-yendo	trayendo

Práctica

1 **De vacaciones** Mauricio and his family are vacationing in Mazatlán, Mexico. Complete his description of what everyone is doing right now.

1. Yo _____

2. Mi mamá _____

3. Mi hermana Elena

_____

4. Mis hermanos _____

_____

5. Mi papá _____

6. Mi prima Paula _____

_____

_____

2 **Un amigo preguntón** You are on summer vacation. A nosy friend calls you at all hours to see what you are doing. Look at the clocks and tell him.

modelo

Estoy descansando.

1. _____

2. _____

3. _____

4. _____

Conversación

3 **Describir** With a partner, use the present progressive to describe what is going on in this beach scene.

4 **¿Qué están haciendo?** In pairs, take turns asking questions and giving answers about what these celebrities are doing right now. Be creative!

modelo

Estudiante 1: ¿Qué está haciendo Justin Bieber?
Estudiante 2: Justin Bieber está cantando ahora mismo.

1. LeBron James
2. Hillary Clinton
3. Jay-Z
4. Angelina Jolie
5. Stephen King
6. Venus y Serena Williams

5 **Conversar** You and a classmate are each babysitting a group of children. In pairs, prepare a telephone conversation using these cues. Be creative!

Estudiante 1	Estudiante 2
1. Say hello and ask what the kids are doing.	2. Say hello and tell your partner that two of your kids are doing their homework. Then ask what the kids at his/her house are doing.
3. Tell your partner that two of your kids are running and dancing in the house.	4. Tell your partner that one of the kids is reading.
5. Tell your partner that you are tired and that two of your kids are watching TV and eating pizza.	6. Tell your partner that one of the kids is sleeping.
7. Tell your partner you have to go; the kids are playing soccer in the house.	8. Say goodbye and good luck (**¡Buena suerte!**).

Practice more!

WB p. 49	LM p. 28	vhlcentral.com

Irregular present participles

▶ The verbs **ir, poder,** and **venir** have irregular present participles (**yendo, pudiendo, viniendo**). Several other verbs have irregular present participles.

-ir stem-changing verbs

e:ie in the present tense		PRESENT PARTICIPLE
preferir	→	prefiriendo
sentir		sintiendo
e:i in the present tense		
conseguir		consiguiendo
pedir	→	pidiendo
seguir		siguiendo
o:ue in the present tense		
dormir	→	durmiendo

Using the present progressive

▶ The present progressive is used less in Spanish than in English. In Spanish, the present progressive emphasizes that an action is *in progress*.

Ella todavía **está escuchando** música.
She is still listening to music.

Javier **está estudiando** ahora mismo.
Javier is studying right now.

▶ In English, the present progressive is used with actions that occur over time or in the future. In Spanish, the simple present tense is used.

Tomo inglés este semestre.
I'm taking English this semester.

Salgo hoy a las tres.
I'm leaving today at three.

¡Manos a la obra!

Create complete sentences using the present progressive.

1. Mis amigos / descansar en la playa Mis amigos están descansando en la playa.
2. Nosotros / practicar deportes _____
3. Carmen / comer en casa _____
4. Nuestro equipo / ganar el partido _____
5. Yo / traer el periódico _____
6. Él / pensar en comprar una bicicleta _____
7. Ustedes / explicar la lección _____
8. José y Francisco / pedir café _____
9. Marisa / leer el correo electrónico _____
10. Yo / preparar sándwiches _____
11. Carlos / sacar fotos _____
12. ¿Tú / dormir? _____

5.3 Comparing ser and estar

 Tutorial

▸ **Ser** and **estar** both mean *to be,* but are used for different purposes.

Uses of *ser*

Nationality and place of origin	Los Gómez son peruanos. Luisa es de Cuzco.
Profession or occupation	Liliana es ingeniera. Ana y yo somos agentes de viaje.
Characteristics of people and things	Sus padres son simpáticos. El hotel es muy grande.
Generalizations	Es necesario trabajar. ¡Es difícil estudiar en la playa!
Possession	Las maletas son de Silvia. El pasaporte es de mi amigo.
What something is made of	Las llaves son de metal. Esta botella es de plástico.
Time and date	¿Qué hora es? Son las tres. ¿Qué día es hoy? Hoy es lunes. Hoy es el dos de abril.
Where or when an event occurs	La fiesta es en mi casa. El concierto es a las ocho.

Jimena, Juan Carlos y Marissa son amables conmigo.

Miguel está enojado.

Uses of *estar*

Location or spatial relationships	El hotel no está lejos. Adrián está en el cine.
Health	¿Cómo estás? Estoy enfermo.
Physical states and conditions	El conductor está cansado. Las puertas están cerradas.
Emotional states	Ignacio está aburrido. Estoy contenta con el viaje.
Certain weather expressions	Está despejado. Está nublado.
Ongoing actions (progressive tenses)	Estamos buscando el museo. Catalina está durmiendo.

Práctica

1 Completar Complete this conversation with the correct forms of **ser** and **estar**.

CAMILA ¡Hola, Ricardo! ¿Cómo (1) _____ ?

RICARDO Bien, gracias. Oye... ¡Qué guapa (2) _____ hoy!

CAMILA Gracias. (3) _____ muy amable. Oye, ¿qué (4) _____ haciendo? (5) ¿_____ ocupado?

RICARDO No, sólo (6) _____ escribiendo un mensaje electrónico a mi amigo Daniel.

CAMILA ¿De dónde (7) _____ él?

RICARDO Daniel (8) _____ de Ponce, pero ahora él y su familia (9) _____ de vacaciones en Miami.

CAMILA Y... ¿cómo (10) _____ Daniel?

RICARDO (11) _____ moreno y un poco bajo. También (12) _____ muy listo. ¿Lo quieres conocer?

2 En el aeropuerto Use **ser** and **estar** to describe this scene at an airport in Spain. Say what these people look like, how they are feeling, and what they are doing.

modelo

Anita es una niña pequeña, delgada y morena. Ella está triste y ahora está llorando (crying).

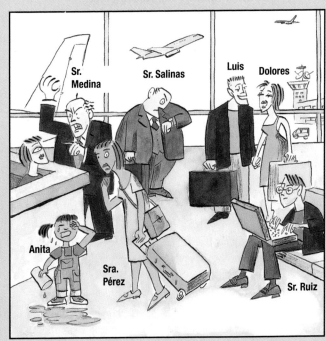

Conversación

3 **Describir** With a partner, take turns describing the people in the drawing without saying their names. Use these questions to guide your descriptions. Your partner has to guess who the person is.

- ¿Dónde está(n)?
- ¿Cómo es?/¿Cómo son?
- ¿Cómo está(n)?
- ¿Qué está(n) haciendo?
- ¿Qué estación es?
- ¿Qué tiempo hace?

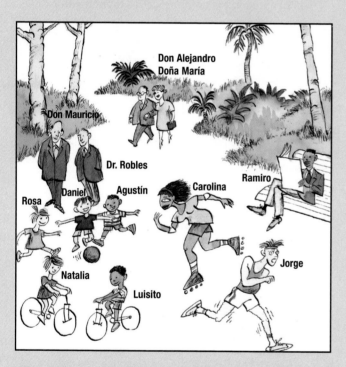

4 **Adivinar** Using these questions as a guide, describe one classmate and one celebrity to your partner. Don't mention their names. Your partner will guess whom you are describing.

- ¿Cómo es?
- ¿Cómo está?
- ¿De dónde es?
- ¿Dónde está?
- ¿Qué está haciendo?

Practice more!

WB
pp. 50–51

LM
p. 29

vhlcentral.com

Ser and estar with adjectives

▸ With many adjectives, both **ser** and **estar** can be used, but the meaning changes. Statements with **ser** describe inherent qualities. **Estar** describes temporary and changeable conditions.

Juan **es** nervioso.
Juan is a nervous person.

Juan **está** nervioso hoy.
Juan is nervous today.

Ana **es** elegante.
Ana is an elegant person.

Ana **está** elegante hoy.
Ana looks elegant today.

▸ The meaning of some adjectives changes completely depending on whether they are used with **ser** or **estar**.

With *ser*	With *estar*
El chico **es listo**. *The boy is smart.*	El chico **está listo**. *The boy is ready.*
La profesora **es mala**. *The professor is bad.*	La profesora **está mala**. *The professor is sick.*
Jaime **es aburrido**. *Jaime is boring.*	Jaime **está aburrido**. *Jaime is bored.*
Las peras **son verdes**. *The pears are green.*	Las peras **están verdes**. *The pears are not ripe.*
El gato **es muy vivo**. *The cat is very clever.*	El gato **está vivo**. *The cat is alive.*
Él **es seguro**. *He's confident.*	Él no **está seguro**. *He's not sure.*

¡ojo! Note that when referring to an object, **ser seguro** means *to be safe*: **El ascensor es seguro.** (*The elevator is safe.*)

¡Manos a la obra!

Form sentences with **ser** or **estar**. Make any necessary changes.

1. Alejandra / cansado
   Alejandra está cansada.

2. ellos / guapo hoy
   _____

3. Carmen / alto
   _____

4. yo / la clase de español
   _____

5. película / a las once
   _____

6. hoy / viernes
   _____

7. nosotras / enojado
   _____

8. Antonio / médico
   _____

9. Romeo y Julieta / enamorado
   _____

10. libros / de María Eugenia
    _____

11. Marisa y Juan / estudiando
    _____

12. fiesta / gimnasio
    _____

Tutorial

5.4 Direct object nouns and pronouns

▶ A direct object noun receives the action of the verb directly and generally follows the verb. In the example below, the direct object noun answers the question *What is Jimena reading?*

SUBJECT	VERB	DIRECT OBJECT NOUN
Jimena *Jimena*	está leyendo *is reading*	un libro. *a book.*

¿Dónde está Miguel?

Yo lo traigo.

No tenemos tablas de windsurf.

El botones las puede conseguir para ustedes.

▶ When a direct object noun is a person or a pet, it is preceded by the word **a**. This is called the "personal **a**" and it has no English equivalent.

Marta busca **a** su perro Lucas.
Marta is looking for her dog, Lucas.

Escucho **al** profesor.
I am listening to the professor.

▶ Direct object pronouns replace direct object nouns. Like English, Spanish sometimes uses a direct object pronoun to avoid repetition.

DIRECT OBJECT	DIRECT OBJECT PRONOUN
Maribel hace las maletas.	Maribel las hace. *Maribel packs them.*
Felipe compra el pasaje.	Felipe lo compra. *Felipe buys it.*
Vicky tiene la llave.	Vicky la tiene. *Vicky has it.*

Direct object pronouns

Singular forms		Plural forms	
me	*me*	nos	*us*
te	*you (fam.)*	os	*you (fam.)*
lo	*you (m., form.); him; it (m.)*	los	*you (m.); them (m.)*
la	*you (f., form.); her; it (f.)*	las	*you (f.); them (f.)*

Práctica

1 **Sustitución** Professor Vega's class is planning a trip to Costa Rica. Describe their preparations by changing the direct object nouns to direct object pronouns.

modelo

La profesora Vega tiene su pasaporte.
La profesora Vega lo tiene.

1. Gustavo y Héctor confirman las reservaciones.
2. Nosotros leemos los folletos (*brochures*).
3. Ana María estudia el mapa.
4. Yo aprendo los nombres de los monumentos de San José.
5. Alicia escucha a la profesora.
6. Miguel escribe las instrucciones para llegar al hotel.

2 **Vacaciones** Ramón is going to San Juan, Puerto Rico, with his friends, Javier and Marcos. Express his thoughts more succinctly using direct object pronouns.

modelo

Quiero hacer una excursión.
Quiero hacerla./La quiero hacer.

1. Voy a hacer mi maleta.
2. No necesitamos llevar los pasaportes.
3. Marcos está pidiendo el folleto turístico.
4. Javier debe llamar (*call*) a sus padres.
5. Ellos esperan visitar las playas.
6. No puedo llamar a Javier ahora mismo.

3 **¿Qué estás haciendo?** A classmate has called to find out what you are doing to prepare for your trip to Cancún. Answer your partner's questions. Follow the model.

modelo

preparar el itinerario de viaje

Estudiante 1: ¿Estás preparando el itinerario de viaje?
Estudiante 2: No, no lo estoy preparando.
Estudiante 1: ¿Cuándo lo vas a preparar?
Estudiante 2: Voy a prepararlo mañana (el lunes, a las dos, etc.).

1. preparar los documentos de viaje
2. buscar información de hoteles en Internet
3. practicar español
4. pensar en actividades para hacer
5. hacer las maletas

Conversación

 4 **En un café** Get together with a partner and take turns asking each other questions about the drawing.

 modelo

Estudiante 1: ¿Quién está leyendo el mapa?
Estudiante 2: El Sr. Torres está leyéndolo.

Ana
Santiago
Sra. Torres
Sr. Torres
Mario

 5 **Entrevista** Use these questions to interview a classmate. Your partner should respond using direct object pronouns.

1. ¿Quién prepara la comida (*food*) en tu casa?

2. ¿Visitas a tus parientes con frecuencia (*frequently*)?

3. ¿Cuándo ves a tus amigos/as?

4. ¿Estudias español todos los días?

5. ¿Traes tu libro a clase? ¿Y tu cuaderno?

6. ¿Cuándo vas a hacer la tarea de la clase de español?

7. ¿Ves mucho la televisión? ¿Cuándo vas a ver tu programa favorito?

8. ¿Piensas hacer un viaje pronto (*soon*)? ¿Necesitas tu pasaporte?

▸ It is common to use the direct object pronoun when the direct object noun has been mentioned before.

—¿Quieres a tu madre?
Do you love your mother?

—Sí, la quiero mucho.
Yes, I love her very much.

▸ In affirmative sentences and affirmative questions, direct object pronouns generally appear before the conjugated verb. In negative sentences and negative questions, the pronoun is placed between the word **no** and the verb.

Armando me escucha.
Katia las tiene.
¿Lo quieres?

Armando no me escucha.
Katia no las tiene.
¿No lo quieres?

▸ In the present progressive and in infinitive constructions, such as **ir a** + [*infinitive*], the direct object pronoun can be placed before the conjugated form, or attached to the present participle or infinitive.

Laura las está escribiendo.
Lo vamos a hacer.
Las va a confirmar.

Laura está escribiéndolas.
Vamos a hacerlo.
Va a confirmarlas.

¡ojo! When a pronoun is attached to the present participle, an accent mark is added to maintain the proper stress: **Laura está escribiéndolas. José está escuchándote.**

¡Manos a la obra!

Choose the correct response.

1. ¿Me puedes llevar al partido de fútbol?
   a. Sí, los puedo llevar.　　b. Sí, te puedo llevar.

2. ¿Quién tiene los pasajes?
   a. Yo lo tengo.　　b. Mónica los tiene.

3. ¿Vas a llevar a tu hermana a la playa?
   a. No, no voy a llevarla.　　b. No, no voy a llevarte.

4. ¿Vas a hacer las maletas?
   a. Sí, voy a hacerla.　　b. Sí, voy a hacerlas.

5. ¿Quién tiene la llave de nuestra habitación?
   a. Yo no la tengo.　　b. Yo lo tengo.

6. ¿Quién revisa los documentos?
   a. El inspector de aduana te revisa.　b. El inspector de aduana los revisa.

7. ¿Vamos a confirmar los pasajes en la agencia de viajes?
   a. Sí, la vamos a confirmar.　　b. No, no los vamos a confirmar.

Practice more!

| WB p. 52 | LM p. 30 | vhlcentral.com |

A repasar

5.1 Estar with conditions and emotions

1 Cuando... Describe how you feel in these situations.

1. Hace sol.
2. Tienes mucho trabajo.
3. Viajas en avión.
4. Vas al partido de tu equipo favorito.
5. Tu habitación está desordenada.
6. Pierdes las llaves de tu auto.

2 Describir In pairs, take turns describing these people. Say where they are from, what they are like, and how they are feeling.

1. tu mejor (*best*) amigo/a
2. tus padres
3. tu profesor(a) favorito/a
4. tu compañero/a de cuarto
5. tu primo/a favorito/a
6. tus abuelos

5.2 The present progressive

3 De vacaciones Gabriela and her family are on a Caribbean cruise and the ship has stopped in San Juan. Complete her e-mail with the correct forms of the present progressive.

Nora:

Por fin (*Finally*), tengo unos minutos libres.
Mateo (1) _____ [comprar] tarjetas
postales y Elenita (2) _____ [dormir]
una siesta. Nuestros amigos César y Ángela
(3) _____ [comer] en el café Aromas.
Los señores Villalobos (4) _____ [pasear]
por el centro. Nosotros (5) _____ [pensar]
hacer una excursión con ellos mañana a El Yunque
o el Viejo San Juan. Y tú, ¿cómo (6) _____
[pasar] las vacaciones?

Gabriela

4 Situaciones With a partner, describe what these people are doing in these situations. Write at least two activities for each item. Then get together with another pair and compare your ideas.

modelo

yo / en las montañas
Yo estoy acampando en las montañas. Yo estoy durmiendo en una tienda de campaña.

1. el agente de viajes / en la agencia de viajes
2. mi familia / en el parque
3. los turistas / en el hotel
4. los pasajeros / en un crucero (*cruise ship*)
5. mis padres / en la agencia de viajes
6. yo / en la playa
7. mis amigos y yo / en el campo
8. mi compañero/a de cuarto / en la habitación

5.3 Comparing ser and estar

5 Completar Complete each sentence with the correct form of **ser** o **estar**.

1. Carolina _____ mala. Ella no me quiere ayudar con la tarea.
2. El ascensor _____ seguro.
3. Nosotros _____ listos para ir de pesca.
4. Las bananas _____ verdes. Necesitan dos días para madurar (*to ripen*).
5. Ellos _____ aburridos porque el programa _____ aburrido.
6. Ernesto _____ muy listo. Él saca buenas notas (*grades*) en los exámenes.

6 Combinar Combine elements from each column to form sentences about a hotel and the people there.

modelo   Mi amiga es simpática.

A	B	C
yo	(no) ser	bonito/a
tú	(no) estar	grande
mi amigo/a		norteamericano/a
el hotel		ocupado/a
el botones		trabajador(a)
nosotros/as		de vacaciones
los huéspedes		en el tercer piso
las habitaciones		en la habitación
el equipaje		cómodo/a
		simpático/a

5.4 Direct object nouns and pronouns

7 **Emparejar** Match the video characters with the direct object pronouns in the sentences. Then form the questions that correspond to these answers.

A	B	C	D

MARISSA Y JIMENA   **EMPLEADO**   **MIGUEL Y MARU**   **ANA MARÍA**

1. Sí, la veo. _____
2. Sí, los vemos. _____
3. Sí, las vemos. _____
4. Sí, lo veo. _____

8 **Entrevista** Use these questions to interview a classmate. Your partner should respond using direct object pronouns.

1. ¿Te vienen a visitar tus padres este fin de semana?
2. ¿Ves a tus abuelos con frecuencia?
3. ¿Ahora mismo te están esperando tus amigos/as? ¿Dónde?
4. ¿Sigues los consejos (*advice*) de tu mejor amigo/a?
5. ¿Por qué estudias español?
6. Cuando vienes a la universidad, ¿dónde llevas los libros?
7. ¿Traes tu computadora a clase?
8. ¿Nos está mirando el/la profesor(a)?
9. ¿Me estás escuchando?
10. ¿Me puedes llevar al aeropuerto el sábado?

Síntesis

9 **Nuestras vacaciones** Imagine that you are spending your vacation at one of these places: **un centro turístico** (*resort*) **en las montañas o cerca del mar, un campamento** (*campground*) or **una ciudad.** Describe your vacation to two classmates.

- Describe the location and who is with you.
- Describe the weather.
- Describe your accommodations.
- Describe what activities you are doing during your vacation, using the present progressive.

Videoclip Video

1 **Preparación** Some areas attract tourists because of their unusual sports and activities. Do you know of any such destinations? Where?

2 **El clip** Watch the news clip *Down Taxco* for **Univisión** from Mexico.

Vocabulario

carrera de bicicleta *bicycle race*	descender (escaleras) *to descend (stairs)*
competidores *competitors*	reto, desafío *challenge*

El reto es descender en el menor° tiempo posible...

El principal desafío es el diseño° de la ciudad...

menor *least*   diseño *layout*

3 **Preguntas** Answer these questions in complete sentences.

1. ¿Por qué viajan ciclistas (*cyclists*) a Taxco?
2. ¿Es Taxco una ciudad turística moderna o colonial?
3. ¿Hay competidores de otros (*other*) países en la carrera de bicicleta?
4. ¿Cómo está el reportero (*reporter*) después (*after*) de descender las escaleras, aburrido o cansado?

4 **Deportes extremos** In pairs, discuss these questions: **¿Cómo son las personas que hacen deportes extremos? ¿Por qué crees que los practican? ¿Viajarías (*Would you travel*) a un destino para practicarlos?**

Ampliación

1 Escuchar

 A Listen to the weather report by Hernán Jiménez and indicate which of these phrases are correct.

> **TIP** **Listen for key words.** Listening for key words and phrases will help you identify the subject and main ideas of what you hear, as well as some of the details.

Santo Domingo

___ 1. hace sol

___ 2. va a hacer frío

___ 3. una mañana de mal tiempo

___ 4. va a estar nublado

___ 5. buena tarde para tomar el sol

___ 6. buena mañana para ir a la playa

San Francisco de Macorís

___ 1. hace frío

___ 2. hace sol

___ 3. va a nevar

___ 4. va a llover

___ 5. hay niebla

___ 6. buen día para excursiones

B ¿Qué tiempo hace en tu ciudad?

2 Conversar

While you're on summer vacation, you run into a classmate from last year. With a partner, role-play a conversation that includes these topics.

• Las clases	• Las vacaciones
• La familia	• Los deportes
• Los amigos	• El tiempo
• Los pasatiempos	• Los compañeros de clase

Ampliación

❸ Escribir

Write a tourist brochure for a hotel or resort.

> **TIP** **Make an outline.** Identify topics and subtopics in order to provide a framework for the information you want to present.

Descripción del sitio (con foto)
A. Playa Grande
1. Playas seguras y limpias
2. Ideal para tomar el sol y descansar
B. El hotel
1. Abierto los 365 días del año
2. Piscina grande

Organízalo — Jot down the most attractive aspects of your hotel or resort. Then, organize your ideas into an outline.

Escríbelo — Using your outline, write the first draft of your brochure.

Corrígelo — Exchange papers with a classmate and comment on the brochure's completeness, organization, grammatical accuracy, and level of interest. Then revise your first draft, keeping your classmate's comments in mind.

Compártelo — Swap brochures with a classmate. After you have read the brochure, name the three aspects of the hotel or resort that appeal to you most or least.

❹ Un paso más

Create a real or simulated website to promote a travel package to a resort in a Spanish-speaking country. Include images whenever possible. Your website should include these pages:

- A home page with a general description of the tour and links to the other pages
- A page describing the means of transportation
- A page describing hotels and accommodations
- A page about the nearby sites to visit
- A page detailing activities available to travelers

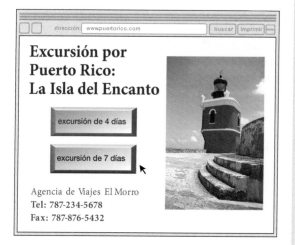

dirección: wwwpuertorico.com   buscar imprimir

Excursión por Puerto Rico: La Isla del Encanto

excursión de 4 días

excursión de 7 días

Agencia de Viajes El Morro
Tel: 787-234-5678
Fax: 787-876-5432

> **CONEXIÓN INTERNET**
>
> Investiga estos temas en el sitio **vhlcentral.com**.
>
> - Balnearios (*resorts*) de España
> - Balnearios de Latinoamérica

Audio: Reading

Antes de leer

By scanning for specific information, you can learn a great deal about a text without reading it word for word. For example, you can scan a document to identify its format, to find cognates, or to find specific facts.

Examinar el texto

Scan the reading selection for cognates and write a few of them down.

1. _____

2. _____

3. _____

4. _____

5. _____

Based on the cognates you found, what do you think this document is about?

_____

_____

Preguntas

Read these questions. Then scan the document again to look for answers to the questions.

1. What is the format of the reading?

_____

2. What place is the document about?

_____

3. What are some of the visual cues this document provides? What do they tell you about the content of the document?

_____

_____

4. Who produced the document, and what do you think it is for?

_____

_____

Turismo ecológico en Puerto Rico

Hotel Vistahermosa ~ Lajas, Puerto Rico

- 40 habitaciones individuales
- 15 habitaciones dobles
- Teléfono/TV por cable/Internet
- Aire acondicionado
- Restaurante (Bar)
- Piscina
- Área de juegos
- Cajero automático°

El hotel está situado en Playa Grande, un pequeño pueblo de pescadores del mar Caribe. Es el lugar perfecto para el viajero que viene de vacaciones. Las playas son seguras y limpias, ideales para tomar el sol, descansar, tomar fotografía y nadar. Está abierto los 365 días del año. Hay una rebaja° especial para estudiantes universitarios.

DIRECCIÓN: Playa Grande 406, Lajas, PR 00667, cerca del Parque Nacional Foresta.

Atracciones cercanas

Playa Grande ¿Busca la playa perfecta? Playa Grande es la playa que está buscando. Usted puede pescar, sacar fotos, nadar y pasear en bicicleta. Playa Grande es un paraíso para el turista que quiere practicar deportes acuáticos. El lugar es bonito e interesante y usted va a tener muchas oportunidades para descansar y disfrutar en familia.

Valle Niebla Ir de excursión, tomar café, montar a caballo, caminar, hacer picnics. Más de cien lugares para acampar.

Bahía Fosforescente Sacar fotos, salidas de noche, excursión en barco. Una maravillosa experiencia llena de luz°.

Arrecifes de Coral Sacar fotos, bucear, explorar. Es un lugar único en el Caribe.

Playa Vieja Tomar el sol, pasear en bicicleta, jugar a las cartas, escuchar música. Ideal para la familia.

Parque Nacional Foresta Sacar fotos, visitar el Museo de Arte Nativo. Reserva Mundial de la Biosfera.

Santuario de las Aves Sacar fotos, observar aves°, seguir rutas de excursión.

Después de leer

¿Comprendiste? 🐾⟲

Indicate whether each statement is **cierto** or **falso**.

Cierto	Falso	
_____	_____	1. El hotel Vistahermosa tiene 55 habitaciones.
_____	_____	2. Playa Grande es un lugar ideal para montar a caballo.
_____	_____	3. Hay muchos lugares para acampar en Valle Niebla.
_____	_____	4. El hotel Vistahermosa está cerrado en invierno.
_____	_____	5. Es posible sacar fotos de las aves en el Santuario de las aves.
_____	_____	6. No hay museos cerca del hotel.

Preguntas 🐾⟲

Answer these questions.

1. ¿Dónde está el hotel Vistahermosa?

_____

2. ¿Cómo son las playas cerca del hotel?

_____

3. ¿Dónde podemos hacer picnics?

_____

4. ¿Qué lugar es único en el Caribe?

_____

5. ¿Dónde podemos ir de pesca?

_____

Coméntalo 🐾⟲

Imagina que vas de vacaciones a Lajas. ¿En qué mes del año deseas ir? ¿Por qué? ¿Cómo prefieres viajar, en avión o en barco? ¿Quieres visitar los lugares mencionados aquí? ¿Por qué?

Cajero automático *ATM* **rebaja** *discount* **llena de luz** *full of light* **aves** *birds*

Tutorials

¡DE COMPRAS!

DE COMPRAS

el almacén *department store*
la caja *cash register*
el centro comercial *shopping mall*
el/la cliente/a *client*
el/la dependiente/a *clerk*
el mercado (al aire libre) *(open-air) market*
la rebaja *sale*
el regalo *gift*
la tienda *store*
el/la vendedor(a) *salesperson*

costar (o:ue) *to cost*
gastar *to spend (money)*
hacer juego (con) *to match*
ir de compras *to go shopping*
llevar *to wear; to take*
pagar (con) *to pay (with)*
prestar *to lend*
regatear *to bargain*
usar *to wear; to use*
vender *to sell*

el precio (fijo)
(fixed) price

el dinero

la tarjeta de crédito
credit card

LA ROPA Y LOS ACCESORIOS

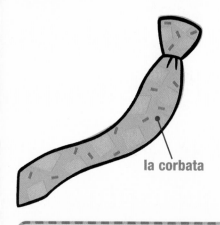

la corbata

el abrigo *coat*

los bluejeans *jeans*

la blusa *blouse*

la bolsa *bag; purse*

las botas *boots*

los calcetines *socks*

la camisa *shirt*

la camiseta *t-shirt*

la cartera *wallet*

la chaqueta *jacket*

el cinturón *belt*

la falda *skirt*

los guantes *gloves*

el impermeable *raincoat*

las medias *pantyhose; stockings*

los pantalones *pants*

los pantalones cortos *shorts*

la ropa *clothing*

la ropa interior *underwear*

las sandalias *sandals*

el sombrero *hat*

el suéter *sweater*

el traje *suit*

el traje de baño *bathing suit*

el vestido *dress*

los zapatos de tenis *sneakers*

Variación léxica

los calcetines ⟷ las medias (*Amér. L.*)

el cinturón ⟷ la correa (*Col., Venez.*)

las gafas de sol ⟷ los lentes oscuros,
los lentes negros (*Amér. L.*)

los zapatos de tenis ⟷ las zapatillas de
deporte (*Esp.*), las zapatillas (*Arg., Perú*)

los bluejeans ⟷ los pantalones de mezclilla
(*Méx.*), los vaqueros, los tejanos (*Esp.*)

las gafas (de sol)

el par de zapatos
pair of shoes

LOS COLORES

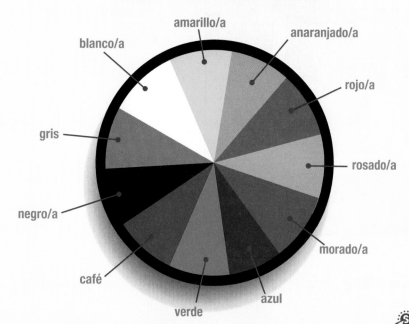

amarillo/a

blanco/a

anaranjado/a

rojo/a

gris

rosado/a

negro/a

morado/a

café

azul

verde

ADJETIVOS

barato/a *cheap*

bueno/a *good*

cada *each*

caro/a *expensive*

corto/a *short (in length)*

elegante *elegant*

hermoso/a *beautiful*

largo/a *long*

loco/a *crazy*

nuevo/a *new*

otro/a *other; another*

pobre *poor*

rico/a *rich*

A escuchar

1 **Escuchar** Listen to Juanita and Vicente talk about what they're packing for their vacations. Indicate who is packing each item. If neither is packing an item, write an **X**.

Juanita

Vicente

	Juanita	Vicente		Juanita	Vicente
1. abrigo	_____	_____	7. gafas de sol	_____	_____
2. zapatos de tenis	_____	_____	8. camisetas	_____	_____
3. impermeable	_____	_____	9. traje de baño	_____	_____
4. chaqueta	_____	_____	10. botas	_____	_____
5. sandalias	_____	_____	11. pantalones cortos	_____	_____
6. bluejeans	_____	_____	12. suéter	_____	_____

2 **¿Cierto o falso?** Look at the drawing and indicate whether each statement you hear is **cierto** or **falso**.

	Cierto	Falso
1.	_____	_____
2.	_____	_____
3.	_____	_____
4.	_____	_____
5.	_____	_____
6.	_____	_____
7.	_____	_____
8.	_____	_____

Practice more!

LM
p. 31

A practicar

3 **Escoger** Indicate the item in each group that does not belong.

1. bolsa • camiseta • blusa • suéter
2. medias • calcetines • sombrero • zapatos de tenis
3. chaqueta • falda • abrigo • impermeable
4. almacén • vendedora • tienda • mercado
5. regatear • gastar • llevar • costar
6. vestido • dinero • caja • tarjeta de crédito

4 **Anita la contraria** Your friend Anita always contradicts you. Indicate how she would respond to each sentence.

> **modelo**
>
> El suéter nuevo de Liliana es muy grande.
>
> **No, su suéter es muy pequeño.**

1. El cinturón de Natalia es caro. _____
2. El impermeable de don José es muy feo. _____
3. La corbata del señor Ramos es larga. _____
4. Los zapatos de tenis de Noelia son viejos. _____
5. Los trajes de Mauricio son baratos. _____
6. Las botas de Marta están sucias. _____

5 **Preguntas** Answer these questions with a classmate.

1. ¿De qué color es el suéter? 2. ¿De qué color es la corbata? 3. ¿De qué color es la planta?

4. ¿De qué color es la rosa de Texas?   5. ¿De qué color es la casa donde vive el presidente de EE.UU.?   6. ¿De qué color es una cebra?

Practice more!

WB pp. 53–54

vhlcentral.com

A conversar

6 **Marta y el señor Vega** With a classmate, answer the questions about the drawing.

Marta **El señor Vega**

1. ¿Qué lleva Marta?

2. ¿De qué color es su vestido?

3. ¿De qué color son sus zapatos?

4. ¿De qué color son su sombrero, su bolsa y sus guantes?

5. ¿Qué lleva el señor Vega?

6. ¿De qué color es su camisa?

7. ¿De qué color son sus pantalones?

8. ¿Hacen juego la chaqueta, la camisa y los pantalones del señor Vega?

7 **Entrevista** Use these questions to interview a classmate. Then report your findings to the class.

1. ¿Cuál es tu artículo de ropa preferido? ¿Cuándo lo usas?

2. ¿Con qué colores de ropa te gusta hacer juego?

3. ¿Qué ropa llevas en los días de sol? ¿Y en los días de frío?

4. ¿Cuál es tu marca (*brand*) de ropa preferida? ¿Es cara o barata?

5. ¿Adónde vas para (*in order to*) comprar ropa? ¿Por qué?

6. ¿Cuánto dinero gastas en ropa cada mes? ¿Cada año?

7. Cuando vas de compras, ¿buscas rebajas? ¿Regateas?

8. ¿Cómo pagas tu ropa nueva, con dinero o con tarjeta de crédito?

Pronunciación Audio

The consonants **d** and **t**

¿Dónde?	**vender**	**nadar**	**verdad**

Like **b** and **v**, the Spanish **d** can also have a hard sound or a soft sound, depending on which letters appear next to it.

Don	**dinero**	**tienda**	**falda**

At the beginning of a phrase and after **n** or **l**, the letter **d** is pronounced with a hard sound. This sound is similar to the English *d* in *dog*, but a little softer and duller. The tongue should touch the back of the upper teeth, not the roof of the mouth.

medias	**verde**	**vestido**	**huésped**

In all other positions, **d** has a soft sound. It is similar to the English *th* in *there*, but a little softer.

Don Diego no tiene el diccionario.

When **d** begins a word, its pronunciation depends on the previous word. At the beginning of a phrase or after a word that ends in **n** or **l**, it is pronounced as a hard **d**.

Doña Dolores es de la capital.

Words that begin with **d** are pronounced with a soft **d** if they appear immediately after a word that ends in a vowel or any consonant other than **n** or **l**.

traje	**pantalones**	**tarjeta**	**tienda**

When pronouncing the Spanish **t**, the tongue should touch the back of the upper teeth, not the roof of the mouth. Unlike the English *t*, no air is expelled from the mouth.

Práctica Read these phrases aloud to practice the **d** and the **t**.

1. Hasta pronto.
2. De nada.
3. Mucho gusto.
4. Lo siento.
5. No hay de qué.
6. ¿De dónde es usted?
7. ¡Todos a bordo!
8. No puedo.
9. Es estupendo.
10. No tengo computadora.
11. ¿Cuándo vienen?
12. Son las tres y media.

Oraciones Read these sentences aloud to practice the **d** and the **t**.

1. Don Teodoro tiene una tienda en un almacén en La Habana.
2. Don Teodoro vende muchos trajes, vestidos y zapatos todos los días.
3. Un día un turista, Federico Machado, entra en la tienda para comprar un par de botas.
4. Federico regatea con don Teodoro y compra las botas y también un par de sandalias.

Refranes Read these sayings aloud to practice the **d** and the **t**.

> **En la variedad está el gusto.** [1]

> **Aunque la mona se vista de seda, mona se queda.** [2]

[1] *Variety is the spice of life.*
[2] *You can't make a silk purse out of a sow's ear.*

Practice more!

LM p. 32

 vhlcentral.com

Video **En el mercado**

Los chicos van de compras al mercado. ¿Quién hizo la mejor compra?

PERSONAJES

FELIPE

JUAN CARLOS

MARISSA

JIMENA

MARU

MIGUEL

DON GUILLERMO

VENDEDORA

VENDEDOR

MARISSA Oigan, vamos al mercado.

JUAN CARLOS ¡Sí! Los chicos en un equipo y las chicas en otro.

FELIPE Tenemos dos horas para ir de compras.

MARU Y don Guillermo decide quién gana.

JIMENA Esta falda azul es muy elegante.

MARISSA ¡Sí! Además, este color está de moda.

MARU Éste rojo es de algodón.

MARISSA ¿Me das aquella blusa rosada? Me parece que hace juego con esta falda, ¿no? ¿No tienen otras tallas?

JIMENA Sí, aquí. ¿Qué talla usas?

MARISSA Uso talla 4.

JIMENA La encontré. ¡Qué ropa más bonita!

VENDEDOR Son 530 por las tres bolsas. Pero como ustedes son tan bonitas, son 500 pesos.

MARU Señor, no somos turistas ricas. Somos estudiantes pobres.

VENDEDOR Bueno, son 480 pesos.

JUAN CARLOS Miren, mi nueva camisa. Elegante, ¿verdad?

FELIPE A ver, Juan Carlos... te queda bien.

MARU ¿Qué compraste?

MIGUEL Sólo esto.

MARU ¡Qué bonitos aretes! Gracias, mi amor.

ACTIVIDADES

1 **¿Cierto o falso?** Indicate whether each sentence is **cierto** or **falso**. Correct the false statements.

1. Jimena dice que la falda azul no es elegante.
2. Juan Carlos compra una camisa.
3. Marissa dice que el azul es un color que está de moda.
4. Miguel compra unas sandalias para Maru.
5. Miguel es el ganador.

2 **Identificar** Provide the name of the person who would make each statement.

1. ¿Te gusta cómo se me ven mis nuevos aretes? _____
2. Juan Carlos compró una camisa de muy buena calidad. _____
3. No podemos pagar 500, señor, eso es muy caro. _____
4. Aquí tienen ropa de muchas tallas. _____
5. Esta falda me gusta mucho, el color azul es muy elegante. _____
6. Hay que darnos prisa, sólo tenemos dos horas para ir de compras. _____

(*En otra parte del mercado*)

FELIPE Juan Carlos compró una camisa de muy buena calidad.

MIGUEL (*a la vendedora*) ¿Puedo ver ésos, por favor?

VENDEDORA Sí, señor. Le doy un muy buen precio.

(*Las chicas encuentran unas bolsas.*)

VENDEDOR Ésta de rayas cuesta 190 pesos, ésta 120 pesos y ésta 220 pesos.

JUAN CARLOS Y ustedes, ¿qué compraron?

JIMENA Bolsas.

MARU Acabamos de comprar tres bolsas por sólo 480 pesos. ¡Una ganga!

FELIPE Don Guillermo, usted tiene que decidir quién gana. ¿Los chicos o las chicas?

DON GUILLERMO El ganador es... Miguel. ¡Porque no compró nada para él, sino para su novia!

3

Conversar With a partner, use the cues to role-play a conversation between a customer and a salesperson in an open-air market. Use the expressions below and also look at **Expresiones útiles** on this page.

¿Qué desea?	Estoy buscando...	Prefiero el/la rojo/a.
What would you like?	*I'm looking for...*	*I prefer the red one.*

Cliente/a

1. Say good afternoon and explain that you are looking for a particular item of clothing.
2. Discuss colors and sizes.
3. Ask for the price and begin bargaining.
4. Settle on a price and purchase the item.

Vendedor(a)

1. Greet the customer and show him/her some items.
2. Discuss colors and sizes.
3. Tell him/her a price. Negotiate a price.
4. Accept a price and say thank you.

Expresiones útiles

Talking about clothing

¡Qué ropa más bonita!
What nice clothing!

Esta falda azul es muy elegante.
This blue skirt is very elegant.

Está de moda.
It's in style.

Éste rojo es de algodón/lana.
This red one is cotton/wool.

Ésta de rayas/lunares/cuadros es de seda.
This striped/polka-dotted/plaid one is silk.

Es de muy buena calidad.
It's very good quality.

¿Qué talla usas/llevas?
What size do you wear?

Uso/Llevo talla 4.
I wear a size 4.

¿Qué número calza?
What size shoe do you wear?

Yo calzo siete.
I wear a size seven.

Negotiating a price

¿Cuánto cuesta?
How much does it cost?

Demasiado caro/a.
Too expensive.

Es una ganga.
It's a bargain.

Saying what you bought

¿Qué compraste?/¿Qué compró usted?
What did you buy?

Sólo compré esto.
I only bought this.

¡Qué bonitos aretes!
What beautiful earrings!

Y ustedes, ¿qué compraron?
And you guys, what did you buy?

Additional vocabulary

híjole *wow*

Practice more!

VM
pp. 179–180

vhlcentral.com

Reading

Los mercados al aire libre

Mercados al aire libre are an integral part of commerce and culture in the Spanish-speaking world. Whether they take place daily or weekly, these markets are an important forum where tourists, locals, and vendors interact. People come to the marketplace to shop, socialize, taste local foods, and watch street performers. Wandering from one **puesto** (*stand*) to the next, one can browse fresh fruits and vegetables, clothing, CDs and DVDs, **artesanías** (*crafts*), and more. Some markets offer a mix of products, while others specialize in food, fashion, or used merchandise, such as antiques and books.

Mercado de Otavalo

Otros mercados famosos

Mercado	Lugar	Productos
Feria Artesanal de Recoleta	Buenos Aires, Argentina	artesanías
Mercado Central	Santiago, Chile	mariscos°, pescado°, frutas, verduras°
Tianguis Cultural del Chopo	Ciudad de México, México	ropa, música, revistas, libros, arte, artesanías
El mercado de Chichicastenango	Chichicastenango, Guatemala	frutas y verduras, flores°, cerámica, textiles

every Saturday since pre-Incan times. This market is well-known for the colorful textiles woven by the **otavaleños**, the indigenous people of the area. One can also find leather goods and wood carvings from nearby towns. Another popular market is **El Rastro,** held every Sunday in Madrid, Spain. Sellers set up **puestos** along the streets to display their wares, which range from local artwork and antiques to inexpensive clothing and electronics.

mariscos *seafood* pescado *fish* verduras *vegetables* flores *flowers*

When shoppers see an item they like, they can bargain with the vendor. Friendly bargaining is an expected ritual and may result in a significantly lower price. When selling food, vendors may give the customer a little extra of what they purchase; this free addition is known as **la ñapa.**

Many open-air markets are also tourist attractions. The market in Otavalo, Ecuador, is world-famous and has taken place

El Rastro

ASÍ SE DICE

La ropa

la chamarra (Méx.)	la chaqueta
de manga corta/larga	*short/long-sleeved*
los mahones (P. Rico); el pantalón de mezclilla (Méx.); los tejanos (Esp.); los vaqueros (Arg., Cuba, Esp., Uru.)	los bluejeans
la marca	*brand*
la playera (Méx.); la remera (Arg.)	la camiseta
la sudadera	*sweatshirt*

ACTIVIDADES

1 **¿Cierto o falso?** Indicate whether each statement is **cierto** or **falso**. Correct the false statements.

1. In the Hispanic world, markets are vital centers of commerce and culture.

2. Generally, open-air markets specialize in one type of goods.

3. Bargaining is commonplace at outdoor markets.

4. Only new goods can be found at open-air markets.

5. A **ñapa** is a tax on open-air market goods.

6. The **otavaleños** weave colorful textiles to sell on Saturdays.

7. The market in Otavalo opened recently.

8. A Spaniard in search of antiques could search at **El Rastro**.

9. Santiago's **Mercado Central** is known for books and music.

10. If you are in Guatemala and want to buy ceramics, you can go to Chichicastenango.

2 **Comparación** Compare a market in the Hispanic world with a market where you live. How popular are markets? What items can you typically find there? How do customers negotiate prices?

CONEXIÓN INTERNET

¿Qué marcas de ropa son populares en el mundo hispano?

For more information about this **Cultura,** go to **vhlcentral.com**.

Comprar en los mercados

1 **Preparación** Have you ever been to an open-air market? What did you buy? Have you ever negotiated a price? What did you say?

2 **El video** Watch this **Flash Cultura** episode.

Vocabulario
colones (pl.) *currency from Costa Rica* — descuento *discount*
¿Cuánto vale? **¿Cuánto cuesta?** — el regateo *bargaining*

... pero me hace un buen descuento.

¿Qué compran en el Mercado Central?

3 **Comprensión** Select the option that best summarizes this episode.

A. Randy Cruz va al mercado al aire libre para comprar papayas. Luego va al Mercado Central. Él les pregunta a clientes qué compran, prueba (*tastes*) platos típicos y busca la heladería.

B. Randy Cruz va al mercado al aire libre para comprar papayas y pedir un descuento. Luego va al Mercado Central para preguntarles a los clientes qué compran en los mercados.

A repasar

6.1 Numbers 101 and higher

1 La tienda In pairs, imagine that you are store employees taking inventory. Take turns asking and telling how many items there are.

modelo

cinturones: 274

Estudiante 1: ¿Cuántos cinturones hay?
Estudiante 2: Hay doscientos setenta y cuatro cinturones.

1. abrigos: 190
2. chaquetas: 351
3. pares de botas: 436
4. camisas: 912
5. faldas: 685
6. vestidos: 562
7. suéteres: 829
8. corbatas: 743

2 Estadísticas With a partner, take turns asking each other what the populations of these countries are.

modelo

Colombia: 45.239.000

Estudiante 1: ¿Cuál es la población (population) de Colombia?
Estudiante 2: Colombia tiene cuarenta y cinco millones doscientos treinta y nueve mil habitantes (inhabitants).

Poblaciones

1. México: 114.975.000
2. España: 47.043.000
3. Venezuela: 28.048.000
4. Cuba: 11.075.000
5. República Dominicana: 10.089.000
6. Puerto Rico: 3.999.000

6.2 The preterite tense of regular verbs

3 Completar Fill in each blank with the appropriate preterite form of the verb provided.

OMAR Pedro, ¿(1) _____ [asistir] al partido de fútbol anoche? Yo te (2) _____ [llamar], pero tú no (3) _____ [contestar].

PEDRO Dora y yo (4) _____ [decidir] no ir. (Nosotros) (5) _____ [mirar] un video.

OMAR Entonces, (6) ¿ _____ [oír] (tú) que (that) los Dorados (7) _____ [ganar]? (Tú) Te (8) _____ [perder] un partido fenomenal. Todos (9) _____ [jugar] muy bien y Álvarez hizo dos goles (goals). Después (After), nosotros (10) _____ [celebrar] en El Reloj hasta la medianoche.

4 Entrevista Interview a partner about the last time he or she went out. Then switch roles.

- Find out when and where your partner went out, with whom, and at what time.
- Ask what he/she wore.
- Find out what your partner did and what time he/she returned home.

6.3 Indirect object pronouns

5 Combinar Create sentences by combining elements from each column. Add indirect object pronouns and make any necessary changes.

modelo

El profesor les explicó la tarea a ellos.

Yo	(no) explicar la tarea	mí
Tú	(no) pedir ayuda (help)	ti
Mi amigo/a	(no) contestar un email	el/la novio/a
Mi hermano/a	(no) enseñar español	mi compañero/a
El/La profesor(a)	(no) buscar un libro	nosotros/as
Él/Ella	(no) explicar el problema	los padres
Nosotros/as	(no) vender la motocicleta	ellos/as
Mis padres	(no) prestar 20 dólares	el/la profesor(a)
Los/Las chicos/as	(no) comprar un abrigo	tu primo/a

6 Encuesta Find out to or for whom your partner usually does these things. Use indirect object pronouns.

modelo

abrir la puerta

Estudiante 1: ¿A quién le abres la puerta?
Estudiante 2: Les abro la puerta a mis abuelos.

Actividades	¿A quiénes?
1. Dar regalos	_____
2. Mostrar las compras	_____
3. Prestar ropa	_____
4. Pedir un descuento	_____
5. Dar un beso	_____
6. Decir mentiras	_____
7. Hablar en español	_____

Practice more at **vhlcentral.com**.

6.4 Demonstrative adjectives and pronouns

7 **¿De quién es?** In pairs, imagine that you are on a tour bus and some passengers left these items behind. Take turns asking each other what belongs to whom, using the cues provided.

 Daniel

Estudiante 1: *¿De quién es esta chaqueta?*
Estudiante 2: *¿Ésa? Es de Daniel.*

1. Raquel

2. Miguel

3. Señor Romero

4. Señora Espinosa

5. yo

6. Señora Domínguez

Síntesis

8 **Las compras en Internet** In groups of three, discuss online shopping.

- Explain why you like or don't like to shop on the Internet.
- Describe the items you bought on the Internet in the past year, for whom you bought each item, how much each item cost, and where you bought it. If you have one or more of the items with you, show it to the group as you talk about it.
- Explain how you paid for your purchases.

Videoclip Video

1 **Preparación** When you go clothes shopping, is quality important to you? Do you prefer trendy clothing or items that will last a long time?

2 **El clip** Watch the ad for **Galerías** from Spain.

Vocabulario	
anchas *loose-fitting*	lavables *washable*
lana *wool*	resiste *withstands*

Presentamos la moda para el próximo° curso.

Formas geométricas y colores vivos°.

próximo *next* vivos *lively*

3 **Identificar** Check off each word that you hear in the ad.

_____ 1. camisetas _____ 4. vaqueros _____ 7. lana
_____ 2. hijos _____ 5. chaquetas _____ 8. precio
_____ 3. zapatos _____ 6. clientas

4 **Conversar** Work with a classmate to ask each other these questions. Use as much Spanish as you can.

1. ¿Qué ropa llevas normalmente cuando vienes a la universidad?
2. ¿Y los fines de semana?
3. ¿Tienes una prenda (*garment*) favorita? ¿Cómo es?
4. ¿Qué tipo de ropa no te gusta usar? ¿Por qué?

Ampliación

1 Escuchar

A Listen to Marisol and Alicia's conversation. Make a list of the clothing items that each person mentions, then note if she actually purchased it.

> **TIP** **Listen for linguistic cues.** By listening for the endings of conjugated verbs, you can identify whether an event already took place, is taking place now, or will take place in the future. Verb endings also give clues about who is participating in the action.

Marisol	Alicia
1. _____	1. _____
2. _____	2. _____
3. _____	3. _____
4. _____	4. _____

B ¿Crees que la moda es importante para Alicia? ¿Y para Marisol? ¿Por qué? En tu opinión, ¿es importante estar a la moda?

2 Conversar

With a classmate, take turns playing the roles of a shopper and a clerk in a clothing store. Use these guidelines.

- The shopper talks about the clothing he/she is looking for as a gift, mentions for whom the clothes are intended, and says what he/she bought for the same person last year
- The clerk recommends items, based on the shopper's descriptions
- The shopper asks how much items cost, and the clerk answers

Ampliación

3 Escribir

Write a report for the school newspaper about an interview you conducted with a student concerning his or her opinion on the latest fashion trends at your school.

> **TIP** **Reporting an interview.** You may transcribe the interview verbatim, or simply summarize it with occasional quotes from the speaker. Your report should begin with an interesting title and a brief introduction, include some examples or a brief quote, and end with a conclusion.

Organízalo	Use an idea map to organize the interview questions and develop an outline for your report. Then brainstorm a title for the report.
Escríbelo	Using your outline as a guide, write the first draft of your report.
Corrígelo	Exchange papers with a classmate and comment on the report's title, introduction, organization, level of interest, grammatical accuracy, and conclusion. Then revise your first draft, with your classmate's comments in mind.
Compártelo	Exchange reports in groups of four. Give a superlative title to each report on the basis of its strongest points, for example, "best use of Spanish" or "most interesting questions."

4 Un paso más

Develop a business plan to open a clothing store in a Spanish-speaking country.

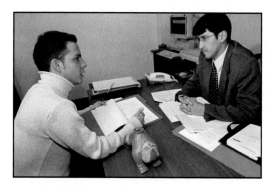

- Choose a location for your store
- Decide which products you are going to sell and select an appealing name for your store
- Include a visual presentation of your products
- Itemize your prices and your expected profits
- Explain why you think your store will be successful **(va a tener éxito)**

> **CONEXIÓN INTERNET**
> Investiga estos temas en el sitio **vhlcentral.com**.
>
> - Tiendas y almacenes famosos
> - Las monedas de los países hispanos

Audio: Reading

Antes de leer

Skimming involves quickly reading through a document to absorb its general meaning. This strategy allows you to understand the main ideas without having to read word for word.

Examinar el texto

Look at the format of the reading selection. How is it organized? What does the organization of the document tell you about its content?

Buscar cognados

Scan the reading selection to locate at least five cognates. Based on the cognates, what do you think the reading selection is about?

1. _____
2. _____
3. _____
4. _____
5. _____
6. The reading selection is about _____.

Impresiones generales

Now skim the reading selection to understand its general meaning. Jot down your impressions. What new information did you learn about the document by skimming it? Based on all the information you now have, answer these question in Spanish.

1. Who created this document?
2. What is its purpose?
3. Who is its intended audience?

Corona

¡Corona tiene las ofertas más locas del verano!

La tienda más elegante de la ciudad con precios increíbles

Carteras
ELEGANCIA
Colores anaranjado, blanco, rosado y amarillo
Ahora: 15.000 pesos
50% de rebaja

Sandalias de playa
GINO
Números del 35 al 38
A sólo 12.000 pesos
50% de descuento

Faldas largas
ROPA BONITA
Algodón. De distintos colores
Talla mediana
Precio especial: 8.000 pesos

Blusas de seda
BAMBÚ
De cuadros y de lunares
Ahora: 21.000 pesos
40% de rebaja

Vestido de algodón
PANAMÁ
Colores blanco, azul y verde
Ahora: 18.000 pesos
30% de rebaja

Accesorios
BELLEZA
Cinturones, gafas de sol, sombreros, medias
Diversos estilos
Todos con un 40% de rebaja

Lunes a sábado de 9 a 21 horas.
Domingo de 10 a 14 horas.

Después de leer

¿Comprendiste? ✎S

Indicate whether each statement is **cierto** or **falso.** Correct the false statements.

Cierto	Falso	
_____	_____	1. Hay sandalias de playa.
_____	_____	2. El almacén Corona tiene un departamento de zapatos.
_____	_____	3. Corona abre a las nueve de la mañana los domingos.
_____	_____	4. Una elegante chaqueta café cuesta 22.500 pesos.
_____	_____	5. Las corbatas para hombre tienen una rebaja del 25%.
_____	_____	6. Normalmente las sandalias cuestan 22.000 pesos.
_____	_____	7. El almacén Corona acepta tarjetas de crédito.
_____	_____	8. Cuando gastas 30.000 pesos en la tienda, llevas un regalo gratis.

Preguntas ✎S

1. ¿Cuánto cuestan los zapatos de hombre?
   _____

2. ¿Hay rebaja de blusas de algodón (*cotton*)?
   _____

3. ¿Hay rebaja de ropa para niños en Corona?
   _____

4. ¿Hay rebaja de minifaldas? _____

Coméntalo ✎S

Imagina que vas a ir a Corona. ¿Qué ropa vas a comprar? ¿Hay tiendas similares a Corona en tu comunidad? ¿Cómo se llaman? ¿Tienen muchas rebajas?

Audio: Vocabulary Flashcards

La ropa y los accesorios

el abrigo	coat
los bluejeans	jeans
la blusa	blouse
la bolsa	bag; purse
las botas	boots
los calcetines	socks
la camisa	shirt
la camiseta	t-shirt
la cartera	wallet
la chaqueta	jacket
el cinturón	belt
la corbata	tie
la falda	skirt
las gafas (de sol)	(sun)glasses
los guantes	gloves
el impermeable	raincoat
las medias	pantyhose; stockings
los pantalones	pants
los pantalones cortos	shorts
el par de zapatos	pair of shoes
la ropa	clothing
la ropa interior	underwear
las sandalias	sandals
el sombrero	hat
el suéter	sweater
el traje	suit
el traje de baño	bathing suit
el vestido	dress
los zapatos de tenis	sneakers

Adjetivos

barato/a	cheap
bueno/a	good
cada	each
caro/a	expensive
corto/a	short (in length)
elegante	elegant
hermoso/a	beautiful
largo/a	long
loco/a	crazy
nuevo/a	new
otro/a	other; another
pobre	poor
rico/a	rich

De compras

el almacén	department store
la caja	cash register
el centro comercial	shopping mall
el/la cliente/a	client
el/la dependiente/a	clerk
el dinero	money
el mercado (al aire libre)	(open-air) market
el precio (fijo)	(fixed) price
la rebaja	sale
el regalo	gift
la tarjeta de crédito	credit card
la tienda	store
el/la vendedor(a)	salesperson

costar (o:ue)	to cost
gastar	to spend (money)
hacer juego (con)	to match
ir de compras	to go shopping
llevar	to wear; to take
pagar (con)	to pay (with)
prestar	to lend
regatear	to bargain
usar	to wear; to use
vender	to sell

Palabras y expresiones

anoche	last night
anteayer	the day before yesterday
el año pasado	last year
ayer	yesterday
de repente	suddenly
desde	from
hasta	until
pasado/a	(adj.) last; past
la semana pasada	last week
una vez	once; one time
dos veces	twice; two times
ya	already

el beso	kiss
la mentira	lie
la verdad	truth

¿Qué hicieron ellos/ellas?	What did they do?
¿Qué hicieron ustedes?	What did you (form., pl.) do?
¿Qué hiciste?	What did you (fam., sing.) do?
¿Qué hizo él/ella?	What did he/she do?
¿Qué hizo usted?	What did you (form., sing.) do?

acabar de (+ inf.)	to have just done something
dar	to give
decir	to say; to tell

Los colores	See page 141.
Numbers 101 and higher	See page 150.
Indirect object pronouns	See page 154.
Demonstrative adjectives and pronouns	See pages 156–157.

Practice more at **vhlcentral.com**.

AVENTURAS EN LOS PAÍSES HISPANOS

Cada año miles de personas de todo el mundo *(world)* llegan al Caribe para disfrutar *(to enjoy)* de sus encantos. De aguas cálidas *(warm)* y transparentes, el mar caribeño rodea *(surrounds)* las costas *(coasts)* de Cuba, Puerto Rico y la República Dominicana. Además de sus increíbles playas, el Caribe goza de *(enjoys)* un clima tropical todo el año y posee una enorme variedad de plantas y animales exóticos. ¿Te gustaría *(Would you like)* ir al Caribe algún *(some)* día?

EL CARIBE

Puerto Rico

Área: 8.870 km^2 (3.425 millas^2)
Población: 3.999.000
Capital: San Juan – 2.730.000
Ciudades principales: Caguas, Mayagüez, Ponce
Moneda: dólar estadounidense

SOURCE: Population Division, UN Secretariat & CIA World Factbook

Cuba

Área: 109.890 km^2 (42.429 millas^2)
Población: 11.075.000
Capital: La Habana – 2.140.000
Ciudades principales: Santiago de Cuba, Camagüey, Holguín, Guantánamo
Moneda: peso cubano

SOURCE: Population Division, UN Secretariat & CIA World Factbook

República Dominicana

Área: 48.670 km^2 (18.790 millas^2)
Población: 10.089.000
Capital: Santo Domingo – 2.138.000
Ciudades principales: Santiago de los Caballeros, La Vega
Moneda: peso dominicano

SOURCE: Population Division, UN Secretariat & CIA World Factbook

ESTADOS UNIDOS

Lugares

La Habana Vieja

La Habana Vieja es uno de los lugares más maravillosos de Cuba. Este distrito fue declarado *(was declared)* Patrimonio *(Heritage)* Cultural de la Humanidad por la UNESCO en 1982. En la Plaza de Armas, se puede visitar el majestuoso Palacio de Capitanes Generales, que ahora es un museo. En la calle *(street)* Obispo, frecuentada por el escritor Ernest Hemingway, hay hermosos cafés, clubes nocturnos y tiendas elegantes.

Plaza de la Catedral en La Habana

Estrecho de la Florida

ISLAS BAHAMAS

★ **La Habana**

Cordillera de los Órganos

Isla de la Juventud

CUBA

Mar de las Antillas

Camagüey ●

Holguín ●

Sierra Maestra

Santiago de Cuba ●

Guantánam

Deportes

El béisbol

Para algunos latinoamericanos, el béisbol es más que un deporte. Los primeros países hispanos en tener una liga fueron Cuba y México, donde se empezó a jugar al béisbol en el siglo *(century)* XIX. Hoy día este deporte es una afición nacional en la República Dominicana. Pedro Martínez y David Ortiz son sólo dos de los muchísimos beisbolistas dominicanos que han alcanzado *(have reached)* gran éxito e inmensa popularidad entre los aficionados.

JAMAICA

Océano Atlántico

La salsa y el merengue

Hoy día Puerto Rico es el centro internacional de la salsa. El Gran Combo de Puerto Rico, por ejemplo, es una de las orquestas de salsa más famosas del mundo. Sin embargo *(Nevertheless)*, este género musical, que comúnmente *(commonly)* se asocia con el Caribe, nació *(was born)* en barrios latinos de Nueva York como resultado de una mezcla *(mix)* de influencias puertorriqueñas, cubanas, africanas, españolas y de Estados Unidos.

El merengue, un ritmo de la República Dominicana, tiene sus raíces *(roots)* en el campo. Tradicionalmente las canciones hablaban de los problemas sociales de los campesinos *(farmers)*. Entre 1930 y 1960, el merengue se popularizó en las ciudades y adoptó un tono más urbano. Uno de los cantantes y compositores de merengue más famosos es Juan Luis Guerra.

Monumentos

El Morro

El Morro, el gran tesoro *(treasure)* de Puerto Rico, es un fuerte *(fort)* que está en la bahía *(bay)* de San Juan. Lo construyeron *(built)* los españoles en el siglo *(century)* XVI para defenderse de los piratas. Desde mil novecientos sesenta y uno, El Morro es un museo que atrae *(attracts)* a miles de turistas. También es el sitio más fotografiado de Puerto Rico. La arquitectura del fuerte es impresionante: Tiene túneles misteriosos, mazmorras *(dungeons)* y vistas *(views)* fabulosas de la bahía.

Puerto Plata

Santiago

Río Yuna

HAITÍ

LA REPÚBLICA DOMINICANA

Sierra de Neiba

Sierra de Baoruco

Santo Domingo

San Pedro de Macorís

Arecibo

San Juan

Fajardo

Isla Culebra

Mayagüez

Ponce

Isla de Vieques

PUERTO RICO

Practice more!

WB pp. 63–64

VM pp. 237–240

vhlcentral.com

¿Qué aprendiste?

1 **¿Cierto o falso?** Indicate whether each statement is **cierto** or **falso**.

	Cierto	Falso
1. El mar Caribe está al oeste de América Central.	_____	_____
2. El área de Cuba es más grande que el área de Puerto Rico.	_____	_____
3. San Juan es la capital de Puerto Rico.	_____	_____
4. La Habana Vieja es Patrimonio Cultural de la Humanidad.	_____	_____
5. La Habana Vieja es la parte nueva de la capital de Cuba.	_____	_____
6. Los primeros países hispanos en tener una liga de béisbol fueron Cuba y Puerto Rico.	_____	_____
7. El béisbol es el deporte de afición nacional de la República Dominicana.	_____	_____
8. La salsa nació en Nueva York.	_____	_____
9. El merengue tiene sus raíces en la ciudad.	_____	_____
10. Juan Luis Guerra es un cantante de merengue.	_____	_____
11. El Morro fue construido (*was built*) por piratas en el siglo XVI.	_____	_____
12. El Morro es actualmente un museo.	_____	_____

2 **Preguntas** Answer the questions in complete sentences.

1. ¿Cuál de los países del Caribe te parece interesante visitar? ¿Por qué?

2. ¿Por qué crees que la Habana Vieja fue declarada Patrimonio Cultural de la Humanidad?

3. ¿Practicas béisbol? ¿Qué equipos de béisbol conoces? ¿Cuál es tu equipo favorito?

4. ¿Te gustan la salsa y el merengue? ¿Conoces (*Do you know*) grupos o artistas famosos de estos géneros musicales?

5. ¿Qué país del Caribe quieres visitar en tus próximas vacaciones? ¿Por qué?

CONEXIÓN INTERNET

Investiga estos temas en el sitio **vhlcentral.com**.

- Cubanos y puertorriqueños célebres
- Ecoturismo y lugares para visitar en el Caribe

7 La vida diaria

Communicative Goals

You will learn how to:

- talk about daily routines and personal hygiene
- reassure someone
- tell where you went

PARA EMPEZAR

- ¿Dónde están ellas: en el patio o en el baño?
- ¿Crees que es de día o de noche? ¿Por qué?
- ¿Van a salir o acaban de llegar?
- ¿Crees que a ellas les gusta estar a la moda? ¿Por qué?

Tutorials

LA VIDA DIARIA

Isabel se lava las manos.

LA HIGIENE PERSONAL

afeitarse *to shave*

bañarse *to bathe; to take a bath*

cepillarse el pelo *to brush one's hair*

cepillarse los dientes *to brush one's teeth*

ducharse *to shower*

lavarse la cara *to wash one's face*

lavarse las manos *to wash one's hands*

maquillarse *to put on makeup*

peinarse *to comb one's hair*

---

el baño *bathroom*

el champú *shampoo*

la crema de afeitar *shaving cream*

el maquillaje *makeup*

la toalla *towel*

Raúl se ducha.

Paula se cepilla los dientes.

Daniel se afeita.

el jabón

Adriana se baña.

POR LA MAÑANA Y POR LA NOCHE

acostarse (o:ue) *to lie down; to go to bed*
despertarse (e:ie) *to wake up*
dormirse *to go to sleep; to fall asleep*
levantarse *to get up*
vestirse (e:i) *to get dressed*

Jorge se levanta.

Sofía se duerme.

OTRAS PALABRAS Y EXPRESIONES

la rutina diaria *daily routine*

antes (de) *before*
después *afterward; then*
después de *after*
durante *during*
entonces *then*
luego *afterward; then*
más tarde *later (on)*
por la mañana *in the morning*
por la noche *at night*
por la tarde *in the afternoon; in the (early) evening*
por último *finally*
siempre *always*
también *also; too*

el espejo

el despertador

Variación léxica

afeitarse ⟷ rasurarse (*Méx., Amér. C.*)
la ducha ⟷ la regadera (*Col., Méx., Venez.*)
ducharse ⟷ bañarse (*Amér. L.*)

A escuchar

 1 **¿Cierto o falso?** Escucha las oraciones, mira las fotos e indica si cada oración es **cierta** o **falsa**.

	Cierto	Falso
1.	_____	_____
2.	_____	_____
3.	_____	_____
4.	_____	_____
5.	_____	_____
6.	_____	_____
7.	_____	_____
8.	_____	_____

 1.   2.

 3.   4.

 5.   6.   7.   8.

 2 **Escuchar** Escucha las oraciones e indica si cada oración es **lógica** o **ilógica**.

	Lógico	Ilógico
1.	_____	_____
2.	_____	_____
3.	_____	_____
4.	_____	_____
5.	_____	_____
6.	_____	_____

Practice more!

LM
p. 37

A practicar

3 Ordenar Ordena la rutina de Francisco de manera lógica.

_____ a. Después de afeitarse, cepillarse los dientes y vestirse, sale para las clases.

_____ b. Por último, se acuesta a las once y media de la noche.

_____ c. Se ducha y luego se afeita.

_____ d. Por la noche come un poco. Luego estudia antes de acostarse.

_____ e. Asiste a todas sus clases y vuelve a casa por la tarde.

_____ f. Por la mañana, Francisco se despierta a las seis y media.

4 Identificar Con un(a) compañero/a, indica qué necesitan estas personas para realizar (_to perform_) estas acciones.

modelo

Manuel / vestirse
Estudiante 1: ¿Qué necesita Manuel para (_in order to_) vestirse?
Estudiante 2: Necesita una camiseta y unos pantalones.

1. **Daniel / acostarse**

2. **Raúl / despertarse**

3. **Mercedes / lavarse la cara**

4. **Leonardo / afeitarse**

5. **Sofía / lavarse el pelo**

6. **Yolanda / maquillarse**

Practice more!

WB
pp. 65–66

vhlcentral.com

A conversar

5 **La rutina diaria** Con un(a) compañero/a, mira las fotos y describe qué hace cada persona.

modelo

Estudiante 1: ¿Qué hace Alejandro?
Estudiante 2: Se afeita.

Alejandro

1.

Rosa

2.

Natalia

3.

Carlos

4.

Julia

5.

María Elena

6.

Nicolás

6 **Describir** Trabajen en parejas (*pairs*) para describir la rutina diaria de dos o tres de estas personas. Usen las palabras de la lista.

1. mi mejor (*best*) amigo/a
2. nuestro/a profesor(a) de español
3. mi padre/madre
4. mi compañero/a de cuarto

primero	durante el día	después
luego	antes	después de
entonces	antes de	por último

🎧 **Pronunciación** Ⓢ Audio

The consonant r

| **ropa** | **rutina** | **rico** | **Ramón** |

In Spanish, **r** has a strong trilled sound at the beginning of a word. No English words have a trill, but English speakers often produce a trill when they imitate the sound of a motor.

| **gustar** | **durante** | **primero** | **crema** |

In any other position, **r** has a weak sound similar to the English *tt* in *better* or the English *dd* in *ladder*. In contrast to English, the tongue touches the roof of the mouth behind the teeth.

| **pizarra** | **corro** | **marrón** | **aburrido** |

The letter combination **rr**, which only appears between vowels, always has a strong trilled sound.

| **caro** | **carro** | **pero** | **perro** |

Between vowels, the difference between the strong trilled **rr** and the weak **r** is very important, as a mispronunciation could lead to confusion between two different words.

Práctica Lee las palabras en voz alta, prestando (*paying*) atención a la pronunciación de la **r** y la **rr**.

1. Perú
2. Rosa
3. borrador
4. madre
5. comprar
6. favor
7. rubio
8. reloj
9. Arequipa
10. tarde
11. cerrar
12. despertador

Oraciones Lee las oraciones en voz alta, prestando atención a la pronunciación de la **r** y la **rr**.

1. Ramón Robles Ruiz es programador. Su esposa Rosaura es artista.
2. A Rosaura Robles le encanta regatear en el mercado.
3. Ramón nunca regatea… le aburre regatear.
4. Rosaura siempre compra cosas baratas.
5. Ramón no es rico, pero prefiere comprar cosas muy caras.
6. ¡El martes Ramón compró un carro nuevo!

No se ganó Zamora en una hora.[2]

Refranes Lee en voz alta los refranes, prestando atención a la **r** y a la **rr**.

Perro que ladra no muerde.[1]

[1] *The dog's bark is worse than its bite.*
[2] *Rome wasn't built in a day.*

Practice more!

LM p. 38

vhlcentral.com

Reading

La **siesta**

¿Sientes cansancio° después de comer?
¿Te cuesta° volver al trabajo° o a clase después del almuerzo? Estas sensaciones son normales. A muchas personas les gusta relajarse° después de almorzar. Este momento de descanso es **la siesta**. La siesta es popular en los países hispanos y viene de una antigua costumbre° del área del Mediterráneo. La palabra *siesta* viene del latín, es una forma corta de decir "sexta hora". La sexta hora del día es después del mediodía, el momento de más calor. Debido al° calor y al cansancio, los habitantes de España, Italia, Grecia e incluso Portugal, tienen la costumbre de dormir la siesta desde hace° más de° dos mil años. Los españoles y los portugueses llevaron la costumbre a los países americanos.

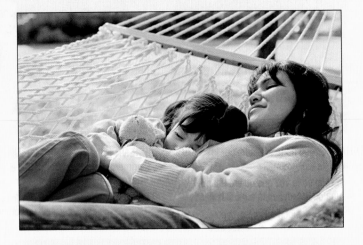

¿Dónde duermen la siesta?

En los lugares donde la siesta es una costumbre antigua, las personas la duermen en su casa. En los países donde la siesta es una costumbre nueva, la gente duerme en sus lugares de trabajo o en centros de siesta.

■ Costumbre antigua
■ Costumbre nueva

debe durar° sólo entre veinte y cuarenta minutos. Si dormimos más, entramos en la fase de sueño profundo y es difícil despertarse.

Hoy, algunas empresas° de los EE.UU., Canadá, Japón, Inglaterra y Alemania tienen salas° especiales donde los empleados pueden dormir la siesta.

Aunque° hoy día esta costumbre está desapareciendo° en las grandes ciudades, la siesta todavía es importante en la cultura hispana. En pueblos pequeños, por ejemplo, muchas oficinas° y tiendas tienen la costumbre de cerrar por dos o tres horas después del mediodía. Los empleados van a su casa, almuerzan con sus familias, duermen la siesta o hacen actividades, como ir al gimnasio, y luego regresan al trabajo entre las 2:30 y las 4:30 de la tarde.

Los estudios científicos explican que una siesta corta después de almorzar ayuda° a trabajar más y mejor° durante la tarde. Pero ¡cuidado! Esta siesta

Sientes cansancio *Do you feel tired* **Te cuesta** *Is it hard for you* **trabajo** *work* **relajarse** *to relax* **antigua costumbre** *old custom* **Debido al** *Because of the* **desde hace** *for* **más de** *more than* **Aunque** *Although* **está desapareciendo** *is disappearing* **oficinas** *offices* **ayuda** *helps* **mejor** *better* **durar** *last* **algunas empresas** *some businesses* **salas** *rooms*

ASÍ SE DICE

El cuidado personal

el acondicionador; la crema de enjuage	*conditioner*
el aseo; el excusado; el servicio; el váter (Esp.)	*el baño*
la crema humectante	*moisturizer*
el cortaúñas	*nail clippers*
el desodorante	*deodorant*
el enjuague bucal	*mouthwash*
el hilo dental; la seda dental	*dental floss*
la máquina de afeitar; la máquina de rasurar (Méx.)	*electric razor*

1 **¿Cierto o falso?** Indica si lo que dicen las oraciones es **cierto** o **falso**. Corrige la información falsa.

1. La costumbre de la siesta empezó en Asia.

2. La palabra *siesta* está relacionada con la sexta hora del día.

3. Los españoles y los portugueses llevaron la costumbre de la siesta a Latinoamérica.

4. La siesta ayuda a trabajar más y mejor durante la tarde.

5. Los horarios de trabajo de las grandes ciudades hispanas son los mismos que los pueblos pequeños.

6. Una siesta larga siempre es mejor que una siesta corta.

7. En los Estados Unidos, los empleados de algunas empresas pueden dormir la siesta en el trabajo.

8. Es fácil despertar de un sueño profundo.

2 **Una nueva costumbre** En parejas, imaginen que las tiendas y comercios en donde viven deciden adoptar la costumbre de la hora de la siesta. ¿Es una buena idea? ¿Cómo va a afectar esta nueva costumbre a su vida diaria? ¿Qué deben hacer ustedes para adaptarse?

CONEXIÓN INTERNET

 ¿Qué costumbres son populares en los países hispanos?

For more information about this **Cultura**, go to **vhlcentral.com**.

  Video

Tapas para todos los días

1 **Preparación** En el área donde vives, ¿qué hacen las personas normalmente después del trabajo (*work*)? ¿Van a sus casas? ¿Salen con amigos? ¿Comen?

2 **El video** Mira el episodio de **Flash Cultura**.

Vocabulario
económicas *inexpensive*
montaditos *bread slices with assorted toppings*
pagar propinas *to tip*
tapar el hambre *to take the edge off (lit. putting the lid on one's hunger)*

— ¿Cuándo sueles° venir a tomar tapas?
— Generalmente después del trabajo.

— Estos son los montaditos, o también llamados pinchos. ¿Te gustan?

°**sueles** *do you tend*

3 **Ordenar** Ordena estos eventos de manera lógica.

_____ 1. El empleado cuenta los palillos (*counts the toothpicks*) de los montaditos que Mari Carmen comió.

_____ 2. Mari Carmen va al barrio de la Ribera.

_____ 3. Un hombre en un bar explica cuándo sale a tomar tapas.

_____ 4. Un hombre explica la tradición de los montaditos o pinchos.

_____ 5. Mari Carmen le pregunta a la chica si los montaditos son buenos para la salud.

Practice more!
VM pp. 213–214 | vhlcentral.com

 Practice more at **vhlcentral.com**.

7.1 Reflexive verbs Tutorial

▸ A reflexive verb is used to indicate that the subject does something to or for himself or herself. Reflexive verbs always use reflexive pronouns.

SUBJECT	REFLEXIVE VERB
Carlos	**se afeita** todos los días.

Reflexive verbs

(lavarse)

yo	me lavo	*I wash (myself)*
tú	te lavas	*you wash (yourself)*
usted	se lava	*you wash (yourself)*
él/ella	se lava	*he/she washes (himself/herself)*
nosotros/as	nos lavamos	*we wash (ourselves)*
vosotros/as	os laváis	*you wash (yourselves)*
ustedes	se lavan	*you wash (yourselves)*
ellos/ellas	se lavan	*they wash (themselves)*

▸ When a reflexive verb is conjugated, the reflexive pronoun agrees with the subject: **Me peino**.

¿Te importa si me maquillo primero?

A las chicas les encanta maquillarse durante horas y horas.

▸ Reflexive pronouns follow the same rules for placement as object pronouns. They are placed before the conjugated verb, or attached to the infinitive or present participle. When a pronoun is attached to the participle, an accent mark is added.

José **se** levanta temprano.
José gets up early.

José **se** va a levantar temprano.
José va a levantar**se** temprano.
José is going to get up early.

Carlos **se** afeita.
Carlos shaves.

Carlos está afeitándo**se**.
Carlos **se** está afeitando.
Carlos is shaving.

¡ojo! Unlike English, Spanish uses the definite article, not a possessive adjective, when referring to clothing or parts of the body.

La niña se quitó **los** zapatos.
*The girl took **her** shoes off.*

Me cepillé **los** dientes.
*I brushed **my** teeth.*

Práctica

1 **Conversaciones** Completa las conversaciones.

MARIO Tú (1) _____ [lavar / lavarse] los platos ayer, ¿no?

TOMÁS Sí, los (2) _____ [lavar / lavarse] después de las clases.

• • •

BEATRIZ ¿Normalmente (tú) (3) _____ [duchar / ducharse] antes de ir a clase?

DAVID Sí, (4) _____ [duchar / ducharse] por la mañana después de despertarme.

• • •

MAMÁ Niños, ¿a qué hora (5) _____ [acostar / acostarse] ustedes anoche?

PABLO Daniela (6) _____ [acostar / acostarse] a las nueve, pero nosotros (7) _____ [acostar / acostarse] a las ocho.

• • •

ANA Yo (8) _____ [sentir / sentirse] nerviosa hoy.

PATRICIA Bueno… tú siempre (9) _____ [sentir / sentirse] nerviosa antes de un examen.

2 **Emparejar** Empareja cada foto con la oración correspondiente. Luego, indica qué oraciones tienen verbos reflexivos.

1.

2.

3.

4.

5.

6.

¿Reflexivo?

_____ a. Julia se enoja. _____

_____ b. Verónica se maquilla. _____

_____ c. Manuela baña a su hija. _____

_____ d. Estela se pone los calcetines. _____

_____ e. El abuelo despierta a sus nietas. _____

_____ f. Ramón se cepilla los dientes. _____

Conversación

3 **Preguntas** En parejas, túrnense para hacerse estas preguntas.

1. ¿Cuándo te enojas?
2. ¿Cuándo te sientes feliz?
3. ¿A qué hora te despertaste ayer?
4. ¿A qué hora te levantaste hoy?
5. ¿Te cepillaste los dientes esta mañana?
6. ¿Te lavas las manos antes de comer?
7. ¿Te duermes antes o después de la medianoche?
8. ¿A qué hora te vas a acostar esta noche?

4 **Charadas** En grupos, jueguen a las charadas. Cada persona debe pensar en dos oraciones con verbos reflexivos. La primera persona que adivina la charada dramatiza la siguiente (*next one*).

5 **Entrevista** Primero, prepara una lista con las actividades que hiciste (*you did*) anoche. Luego, compara con un(a) compañero/a las actividades y toma apuntes (*notes*) de lo que hizo él/ella (*what he/she did*). Sigue el modelo para el primer paso (*step*).

6:00 p.m.	En el Centro Comercial. Me probé un vestido.
7:30 p.m.	Cine con Javier. Muy aburrido. Casi (*Almost*) me dormí.
9:00 p.m.	En el restaurante Cangrejo. Me enojé con Ana.
11:00 p.m.	Fiesta en casa de Antonio. Me acosté tarde.

Common reflexive verbs

Common reflexive verbs			
acordarse (de) (o:ue)	to remember	levantarse	to get up
acostarse (o:ue)	to go to bed	llamarse	to be named
afeitarse	to shave	maquillarse	to put on makeup
bañarse	to bathe;	peinarse	to comb one's hair
	to take a bath	ponerse	to put on
cepillarse	to brush	ponerse (+ adj.)	to become (+ adj.)
despertarse (e:ie)	to wake up	preocuparse (por)	to worry (about)
dormirse (o:ue)	to go to sleep	probarse (o:ue)	to try on
ducharse	to shower	quedarse	to stay; to remain
enojarse	to get angry	quitarse	to take off
irse	to go away;	sentarse (e:ie)	to sit down
	to leave	sentirse (e:ie)	to feel
lavarse	to wash oneself	vestirse (e:i)	to get dressed

▸ Many Spanish verbs can be reflexive. If the verb acts upon the subject, use the reflexive form. If the verb acts upon something else, use the non-reflexive form.

Lola **lava** los platos.

Lola **se lava** la cara.

¡ojo! Reflexive verbs and their non-reflexive counterparts sometimes have different meanings.

acordar *to agree* **acordarse** *to remember*
levantar *to lift* **levantarse** *to get up*

¡Manos a la obra!

Indica el presente de estos verbos reflexivos.

despertarse

1. Ellos _se despiertan_ tarde.
2. Tú _____ tarde.
3. Nosotros _____ tarde.
4. Antonio _____ tarde.
5. Yo _____ tarde.
6. Ustedes _____ tarde.

ponerse

1. Ella _se pone_ los pantalones.
2. Yo _____ los pantalones.
3. Usted _____ los pantalones.
4. Nosotros _____ los pantalones.
5. Las niñas _____ los pantalones.
6. Tú _____ los pantalones.

7.3 Preterite of ser and ir

 Tutorial

▸ The preterite forms of **ser** (*to be*) and **ir** (*to go*) are irregular, so you will need to memorize them. None of these forms has an accent mark.

Preterite of *ser* and *ir*

	ser	ir
	to be	*to go*
yo	fui	fui
tú	fuiste	fuiste
Ud./él/ella	fue	fue
nosotros/as	fuimos	fuimos
vosotros/as	fuisteis	fuisteis
Uds./ellos/ellas	fueron	fueron

▸ Since the preterite forms of **ser** and **ir** are identical, the context clarifies which verb is being used.

Lucía **fue** a ver una película.
Lucía went to see a film.

La película **fue** muy interesante.
The film was very interesting.

Fui a Barcelona el año pasado.
I went to Barcelona last year.

Fue un viaje maravilloso.
It was a wonderful trip.

¿Cuándo fue la última vez que viste a Juan Carlos?

Cuando fuimos a Mérida.

¡Manos a la obra!

Completa las siguientes oraciones usando el pretérito de **ir** y **ser**.

ir

1. Los viajeros _____fueron_____ a Perú.
2. Patricia _____ a Cuzco.
3. Tú _____ a Iquitos.
4. Gregorio y yo _____ a Lima.
5. Yo _____ a Trujillo.
6. Ustedes _____ a Arequipa.
7. Mi padre _____ a Lima.
8. Nosotras _____ a Cuzco.

ser

1. Usted _____fue_____ muy amable.
2. Yo _____ muy cordial.
3. Ellos _____ muy buenos.
4. Nosotros _____ muy impacientes.
5. Ella _____ muy antipática.
6. Tú _____ muy listo.
7. Ustedes _____ muy cordiales.
8. La gente _____ muy paciente.

Práctica

1 **Conversación** Completa esta conversación con la forma correcta del pretérito de **ser** o **ir**.

ANDRÉS Cristina y Vicente (1) _____ novios, ¿no?

LAURA Sí, pero ahora Cristina sale con Luis. Anoche ella (2) _____ a comer con él y la semana pasada ellos (3) _____ al partido de fútbol.

ANDRÉS ¿Ah, sí? Mercedes y yo (4) _____ al partido y no los vimos.

LAURA ¿(5) _____ tú con Mercedes? Y, ¿cómo (6) _____ el partido?

ANDRÉS (7) _____ muy divertido. ¡Lo pasamos genial! Pero... ¡qué extraño! Nosotros (8) _____ al café Paraíso y vimos a Vicente con la hermana de Cristina.

LAURA ¿Él (9) _____ al café Paraíso con su hermana? ¡Qué horror!

2 **Oraciones** Forma oraciones con los siguientes elementos. Usa el pretérito.

Sujetos	Verbos	Actividades
yo	(no) ir	a un restaurante
tú	(no) ser	en autobús a Nueva York
mis amigos/as		estudiante(s)
nosotros/as		a una discoteca en Buenos Aires
ustedes		muy amable
Antonio Banderas		a casa muy tarde
Gloria Estefan		a la playa con su novio/a
		dependiente/a en una tienda

Conversación

3 **Preguntas** En parejas, túrnense para hacerse las siguientes preguntas.

1. ¿Adónde fuiste de vacaciones el año pasado?
2. ¿Con quién fuiste?
3. ¿Cómo fueron tus vacaciones?
4. ¿Fuiste de compras esta semana? ¿Qué compraste?
5. ¿Cómo se llama la última película que viste?
6. ¿Cuándo fuiste a ver la película?
7. ¿Cómo fue la película?
8. ¿Adónde fuiste durante el fin de semana? ¿Por qué?

4 **El fin de semana pasado** En parejas, hablen de lo que hicieron (*what you did*) ustedes el fin de semana pasado por la mañana, por la tarde y por la noche. Luego compartan la información con la clase.

	Yo	Mi compañero/a
Por la mañana	_____	_____
	_____	_____
	_____	_____
Por la tarde	_____	_____
	_____	_____
	_____	_____
Por la noche	_____	_____
	_____	_____
	_____	_____

5 **Veinte preguntas** En grupos pequeños, jueguen a las veinte preguntas. Una persona elige un personaje (*personality*) famoso. El resto del grupo hace preguntas hasta adivinar quién es. Los estudiantes deben hacer preguntas afirmativas o negativas con los verbos en el pretérito que conocen.

- Barack Obama
- Oprah Winfrey
- Donald Trump
- Jennifer Aniston
- Alex Rodriguez

Practice more!		
WB p. 71	LM p. 41	vhlcentral.com

Solario
Siempre te estamos esperando

Fue una experiencia increíble

" Cuando fui a Solario, me olvidé° de todo. Fui para despedirme de° todas mis preocupaciones y descubrir° los efectos calmantes del agua° de las lagunas. Después de bañarme en las aguas termales, se me fueron el cansancio° y el estrés. Fueron unas vacaciones extraordinarias. "

30% de descuento sobre precios de nuestra página web

Hurtado 316 ◆ Teléfono: (506) 2327-3410 ◆ info@solario.com ◆ www.solario.com

olvidé *I forgot* **despedirme de** *to say goodbye to* **descubrir** *to discover* **agua** *water* **cansancio** *fatigue*

Identificar

Lee el anuncio (*advertisement*) y busca ejemplos del pretérito de los verbos **ser** e **ir**.

Preguntas

1. ¿Cómo se siente el hombre del anuncio?
2. ¿Por qué fue a Solario? ¿Cómo fue su visita?
3. En tu opinión, ¿se acuerda este hombre de sus responsabilidades diarias mientras (*while*) está en Solario?
4. En tu opinión, ¿va a volver a Solario este hombre? ¿Por qué?

7.4 Gustar and verbs like gustar Tutorial

▶ **Me gusta(n)** and **te gusta(n)** express the concepts of *I like* and *you* (fam.) *like*. The literal meaning of **gustar** is *to be pleasing to (someone)*.

Me gusta ese champú.
That shampoo is pleasing to me.
I like that shampoo.

¿Te gustan los deportes?
Are sports pleasing to you?
Do you like sports?

▶ **Me gusta(n)** and similar constructions require an indirect object pronoun. In Spanish, the object or thing being liked (**el champú**) is the subject of the sentence. The person who likes the object is an indirect object that answers the question *to whom is the object pleasing?*

I.O. PRONOUN	SUBJECT	SUBJECT	DIRECT OBJECT
Me gusta	ese champú.	I like	that shampoo.

¿Te gusta
Juan Carlos?

Me gustan los
cafés que tienen
música en vivo.

▶ **Gustar** and similar verbs are usually used in the third-person singular and plural. When the object or person liked is singular, the form **gusta** is used. When two or more objects or persons are liked, **gustan** is used.

Me gustan el mar y la montaña.
I like the ocean and the mountains.

¿Les gusta la ciudad?
Do they like the city?

SINGULAR	me, te, le	gusta / gustó	la película / el concierto
PLURAL	nos, os, les	gustan / gustaron	las computadoras / los libros

▶ To express what someone likes or does not like to do, the singular form **gusta** is used, followed by one or more infinitives.

Me gusta levantarme tarde.
I like to get up late.

Me gusta comer y **dormir.**
I like to eat and sleep.

▶ To express the English equivalent of *would like* (*something* or *to do something*), use the construction [*i.o. pronoun*] + **gustaría(n)**.

¿Te gustaría ver esa película?
Would you like to see that movie?

Me gustarían unos días sin clases.
I would like a few days without class.

Práctica

1 Completar Completa estas oraciones con los elementos necesarios

1. _____ Ana _____ [encantar] las canciones (*songs*) de Enrique Iglesias.

2. A _____ me _____ [gustar] más la música de Ricky Martin.

3. A mis amigos _____ [molestar] la música de Gloria Estefan.

4. _____ Juan y _____ Rafael les _____ [fascinar] la música de Shakira.

5. _____ nosotros _____ [importar] los grupos de pop latino.

6. Creo que al señor Gómez _____ [interesar] más la música clásica.

7. A _____ me _____ [aburrir] la música clásica.

8. ¿A _____ te _____ [faltar] dinero para el concierto de Jennifer López?

9. Sí. Sólo _____ [quedar] cinco dólares.

10. ¿Cuánto dinero te _____ [quedar] a _____?

2 Describir Describe los dibujos con uno de los siguientes verbos.

aburrir	interesar
encantar	molestar
faltar	quedar

1. A Mauricio / libros
_____

2. A Lorena / despertado
_____

3. A nosotros / bailar
_____

4. A ti / camisa
_____

Conversación

3 **Preguntas** En parejas, túrnense para hacer y contestar estas preguntas.

1. ¿Te gusta levantarte temprano o tarde? ¿Por qué?

2. ¿Te molesta cuando tu compañero/a de cuarto se levanta muy temprano?

3. ¿Te gustaría poder dormir la siesta todos los días? ¿Por qué?

4. ¿Te gusta ducharte por la mañana o por la noche?

5. ¿Te gustaría ir de tapas todos los días después de las clases?

6. ¿Te aburren los fines de semana que no sales con amigos?

7. ¿Qué te gusta de esta universidad? ¿Qué te molesta? ¿Hay algo que le falta a esta universidad?

8. ¿Te interesan más las ciencias o las humanidades? ¿Por qué?

4 **Conversar** En parejas, representen una conversación entre un(a) cliente/a y un(a) dependiente/a en una tienda de ropa. Sigan las instrucciones.

Dependiente/a	Cliente/a
1. Saluda al/a la cliente/a y pregúntale en qué le puedes servir.	2. Saluda al/a la dependiente/a y dile (*tell him/her*) qué quieres comprar.
3. Pregúntale qué estilos le interesan y empieza a mostrarle la ropa.	4. Explícale que te interesan los estilos modernos. Escoge las cosas que te interesan.
5. Habla de las preferencias de la temporada (*trends*).	6. Habla de la ropa (me queda(n) bien/mal, me encanta(n)…).
7. Da opiniones favorables al/a la cliente/a (las botas te quedan fantásticas…).	8. Decide qué cosas te gustan y qué vas a comprar.

Practice more!

WB pp. 72–74	LM p. 42	vhlcentral.com

Using the verb **gustar**

▸ The construction **a** + [*personal pronoun*] (**a mí, a ti, a usted, a él, a ella, a nosotros/as, a vosotros/as, a ellos, a ellas, a ustedes**) clarifies or emphasizes the people who are pleased. **A** + [*noun*] can also be used.

A mí me gusta levantarme temprano. ¿Y **a ti**?
I like to get up early. How about you?

Al profesor le gustó el libro.
The teacher liked the book.

▸ Here is a list of common verbs used in the same way as **gustar.**

Verbs like *gustar*			
aburrir	to bore	importar	to be important to; to matter
encantar	to like very much; to love (objects)	interesar	to be interesting to; to interest
faltar	to lack; to need		
fascinar	to fascinate; to like very much	molestar	to bother; to annoy
		quedar	to be left over; to fit (clothing)

▸ **Faltar** expresses what is lacking or missing. **Quedar** expresses how much of something is left. Also, **quedar** is used to talk about how clothing fits or looks on someone.

Le falta dinero.
He/she is short of money.

Me faltan dos pesos.
I need two pesos.

Nos quedan cinco libros.
We have five books left.

La falda **te queda** bien.
The skirt looks good on you.

¡Manos a la obra!

Indica el pronombre de objeto indirecto y la forma del tiempo presente adecuados en cada oración.

gustar

1. A él *le gusta* la música pop.
2. A mí _____ bailar.
3. A nosotras _____ cantar.
4. A ustedes _____ el dibujo.
5. A ti _____ correr, ¿no?
6. A Elena _____ bucear.
7. A mis padres _____ los chocolates.
8. A usted _____ jugar al tenis.
9. A mi esposo y a mí _____ las novelas de terror.
10. A Pedro _____ estudiar.
11. A nosotros _____ la clase.
12. A Paula no _____ los exámenes.

aburrir

1. A ellos *les aburren* los deportes.
2. A ti _____ las películas, ¿no?
3. A usted _____ los viajes.
4. A mí _____ las revistas de celebridades de Hollywood.
5. A ellas _____ los deportes.
6. A nosotros _____ las clases.
7. A ustedes _____ las fiestas.
8. A Marcela _____ leer y correr.
9. A ellos _____ los museos.
10. A ella _____ la televisión.
11. A Pedro _____ ir de compras.
12. A ti y a mí _____ bailar.

A repasar

7.1 Reflexive verbs

1 De vacaciones Imagina que estás de vacaciones con tus amigos en la playa. Forma oraciones en tiempo presente con estos elementos.

1. Martín y Mónica / sentarse / en la cafetería del hotel
   _____

2. yo / ponerse / bloqueador *(sun block)* / antes de tomar el sol _____

3. ustedes / quedarse / en el cuarto del hotel / durante la noche _____

4. Josefina y yo / probarse / trajes de baño / en la tienda
   _____

5. tú / ducharse / después / nadar en el mar
   _____

6. Lucía / quitarse / las sandalias / antes / entrar en la piscina _____

2 Una pareja singular Angélica y Mauricio son una pareja muy estructurada *(methodical)* que siempre sigue la misma rutina antes de ir al trabajo. Lee el horario de cada uno y contesta las preguntas.

 modelo   ¿Qué hace Mauricio a las seis de la mañana?
Mauricio se afeita a las seis de la mañana.

Hora	Angélica	Mauricio
5:50 a.m.	levantarse	levantarse
6:00 a.m.	bañarse	afeitarse
6:30 a.m.	peinarse	ducharse
7:00 a.m.	maquillarse	peinarse
7:30 a.m.	vestirse	vestirse
8:00 a.m.	irse al trabajo	irse al trabajo

1. ¿A qué hora se levantan Angélica y Mauricio?

2. ¿Qué hace Mauricio después de levantarse?

3. ¿Qué hace Angélica antes de maquillarse?

4. ¿Qué hacen Angélica y Mauricio a las siete de la mañana?

5. ¿Qué hace Mauricio después de afeitarse?

6. ¿Qué hace Angélica antes de peinarse?

7. ¿Qué hacen Mauricio y Angélica a las siete y media?

8. ¿Qué hacen Angélica y Mauricio a las ocho de la mañana?

7.2 Indefinite and negative words

3 La rutina diaria Cambia las oraciones para que sean negativas.

 modelo   Algunas personas se duchan por la noche.
Ninguna persona se ducha por la noche.

1. Siempre nos acostamos a las diez en punto.
   _____

2. Mis padres se levantan a las seis o a las seis y media.
   _____

3. Alguien se baña antes de ir a la escuela.
   _____

4. Yo también trabajo por la tarde.
   _____

5. Ustedes comen algo. _____

6. Tú te lavas el pelo con algún champú caro.
   _____

4 Tu novio/a ideal En parejas, describan a su novio/a ideal usando expresiones indefinidas o negativas.

 modelo   Es alguien que siempre dice la verdad.

7.3 Preterite of ser and ir

5 Un mensaje Completa el mensaje con el pretérito de **ser** o **ir**.

Hola, Laura:

Perdón porque no te escribí antes pero ayer (1)_____ un día con muchas cosas. Mi hermano y yo nos levantamos muy temprano y (2)_____ a correr al parque. Después me duché y (3)_____ a trabajar. Por la tarde, mis primos (4)_____ a buscarme al trabajo *(work)* para ir a comer unas tapas. Quiero decirte que tú (5)_____ muy amable en contestar mi mensaje rápidamente y que tu familia y tú (6)_____ muy cordiales conmigo cuando los visité en Chile.

A propósito, ¿cuándo vienes a España?
Esteban

6 Ayer En parejas, describan las actividades que hicieron *(you did)* ayer, usando el pretérito de **ir** y **ser**.

 modelo   Por la mañana, yo fui a hacer ejercicio.

1. Por la mañana, . . .   3. Por la noche, . . .

2. Por la tarde, . . .   4. Antes de acostarme, . . .

 Practice more at **vhlcentral.com**.

7.4 **Gustar** and verbs like **gustar**

7 **Combinar** Combina elementos de cada columna para formar oraciones lógicas.

A	B	C
Al empleado del hotel	aburrir	ducharse con agua fría
A mí	encantar	despertarse temprano
A nosotros	faltar	ponerse ropa de invierno
A Elena y a ti	fascinar	escuchar el despertador por la mañana
A ti	importar	la ropa de marca (*brand-name*)
A los estudiantes	molestar	mirarse al espejo con mucha frecuencia

8 **Encuesta** Pregúntales a dos o tres compañeros/as qué cosas o actividades les encantan, les aburren o les molestan.

Nombre	Le encanta(n)	Le aburre(n)	Le molesta(n)
_____	_____	_____	_____
_____	_____	_____	_____
_____	_____	_____	_____
_____	_____	_____	_____
_____	_____	_____	_____
_____	_____	_____	_____
_____	_____	_____	_____
_____	_____	_____	_____

Síntesis

9 **Un día típico** En parejas, describan la rutina diaria de dos o tres de estas personas. Usen como mínimo tres verbos reflexivos, una expresión negativa y dos expresiones con verbos como **gustar**.

- Shakira
- Kobe Bryant
- Ashton Kutcher
- Dos de tus profesores
- Lionel Messi

Videoclip **Video**

1 **Preparación** Piensa en lugares insólitos (*unusual*) donde la gente trabaja o hace tareas. Comparte anécdotas personales o de tus amigos/as con la clase.

2 **El clip** Mira el anuncio de Internet móvil de Argentina.

Vocabulario			
me banco	*I put up with (Arg., Urug.)*	no soporto	*I can't stand*
la comida	*food*	me cambió la vida	*changed my life*
dejar	*to leave*		

Vivimos en una casa rodante°…

Yo… él… ¡Arcoíris°!

casa rodante *recreational vehicle* **Arcoíris** *Rainbow*

3 **Escoger** Escoge la opción correcta para cada oración.

1. Yoel se banca _____ (la comida macrobiótica / la comida vegetariana).
2. Él no soporta _____ (levantarse en Mar del Plata / abandonar todo).
3. Yoel recibió _____ (un libro / un regalo) que le cambió la vida.
4. Él tiene _____ (un blog / una página web) donde se conecta con todos sus amigos.

4 **El viaje** Imaginen que la familia de Yoel viaja por los Estados Unidos en su casa rodante. En parejas, escriban una conversación por blog entre Yoel y un amigo. Su amigo le hace preguntas sobre su rutina diaria y sobre lo que le encanta y le molesta del viaje.

Ampliación

1 Escuchar

 A Escucha la entrevista entre Carolina y Julián, teniendo en cuenta (*taking into account*) tus conocimientos sobre este tipo de situación. Elige la opción que completa correctamente cada oración.

> **TIP** **Use background information.** Use what you already know about a topic to help you guess the meaning of unknown words or linguistic structures.

1. Julián es...
   a. político.   b. deportista profesional.
   c. artista de cine.

2. El público (*audience*) de Julián quiere saber de...
   a. sus películas.   b. su vida (*life*).
   c. su novia.

3. Julián habla de...
   a. sus viajes y sus rutinas.   b. sus parientes y amigos.
   c. sus comidas (*foods*) favoritas.

4. Julián...
   a. se levanta y se acuesta a horas diferentes todos los días.
   b. tiene una rutina diaria.   c. no quiere hablar de su vida.

B ¿Crees que Julián siempre fue rico? ¿Por qué? ¿Qué piensas de Julián como persona?

2 Conversar

 En parejas, conversen sobre lo que hicieron ayer, siguiendo estas preguntas.

- ¿A qué hora te levantaste ayer? ¿Usaste un despertador?
- ¿Te bañaste o te duchaste? ¿Cuánto tiempo te tomó?
- ¿Qué ropa te pusiste?
- ¿Cuántas veces te cepillaste los dientes ayer?
- ¿Adónde fuiste ayer después de las clases?
- ¿A qué hora te acostaste anoche?
- ¿Te gusta mirar la televisión antes de acostarte?

Ampliación

③ Escribir

Escribe una composición en la que describes tu rutina diaria en algún lugar interesante (una isla desierta, el Polo Norte, el desierto, etc.). Considera cómo pueden cambiar los elementos básicos de tu rutina: ¿Dónde te acuestas? ¿Cómo te bañas?

> **TIP** **Use adverbs to sequence events.** You can use adverbs and adverbial phrases as transitions between the introduction, the body, and the conclusion of a narrative.

Organízalo
> Utiliza estos adverbios para organizar la secuencia de tu composición: **primero, después, luego, más tarde** y **al final.** Anota ideas que respondan a estas preguntas: **¿qué?, ¿quién?, ¿cuándo?, ¿dónde?, ¿cómo?** y **¿por qué?**

Escríbelo
> Utiliza tus notas para escribir el primer borrador (*draft*) de la composición.

Corrígelo
> Intercambia tu composición con un(a) compañero/a. Comenta sobre la introducción, la secuencia de eventos, el nivel (*level*) de interés y los errores de gramática o de ortografía. Revisa el primer borrador según las indicaciones de tu compañero/a.

Compártelo
> Intercambia tu composición con otro/a compañero/a. Lee su trabajo y comparte con la clase tres ideas que te gustaron (*you liked*) de su composición.

④ Un paso más

Planea un viaje a un lugar famoso del mundo hispano. Haz un folleto (*brochure*) con elementos visuales y esta información:

- Presenta el itinerario de cada día del viaje e indica la hora para cada actividad.
- Describe el país, una breve (*brief*) historia del lugar y también las actividades programadas para el viaje.
- Comenta sobre los restaurantes, el transporte y los hoteles.
- Describe la rutina diaria de un viajero típico.

> **CONEXIÓN INTERNET**
>
> Investiga estos temas en el sitio **vhlcentral.com.**
>
> - Lugares de interés en España
> - Lugares de interés en Latinoamérica

PERÚ
Tierra de los incas

Agencia IncaTour
Cuzco, Perú

S Audio: Reading

Antes de leer

Predicting content from the title will help you increase your reading comprehension in Spanish. In English, for example, readers can usually predict the content of a newspaper article from its headline.

Examinar el texto

Lee el título de la lectura y haz tres predicciones sobre el contenido. Escribe tus predicciones en una hoja de papel.

Compartir

Comparte tus ideas con un(a) compañero/a.

Cognados

Escribe una lista de cuatro cognados que encuentres en la lectura.

1. _____
2. _____
3. _____
4. _____

¿Qué te dicen los cognados sobre el tema de la lectura?

15 de octubre
¡Una mañana desastrosa!

—Me levanté de la cama a las seis y media.

Esta mañana me levanté de la cama a las seis y media y corrí a despertar a mis dos hijas. —Yola Dolores, van a perder el autobús de la escuela, —les grité°. Pero ellas no se despertaron. Jamás despiertan temprano. Siempre se sientan a ver televisión por la noche y se acuestan muy tard

—Corrimos para llegar a la parada del autobús.

Yolanda y Dolores salieron de la casa sin° cepillarse los dientes, pero eso no importa. Por lo menos se acordaron de ponerse las botas y el abrigo antes de irse. Corrimos para llegar a la parada° del autobús de la escuela, que pasa a las siete de la mañana.

—Nunca llegó el autobú

Esperamos media hora, pero nunca llegó el autobús. Regresamos a casa. Llamamo por teléfono° a la escuela, pero nadie contestó. Tomamos el automóvil y salimos de casa.

—¡Por fin se despertaron mis hijas!

¡Por fin se despertaron! Medio dormidas y medio enojadas°, ellas entraron al baño para lavarse la cara y peinarse. Luego volvieron a su habitación para vestirse. Yo fui a la cocina para prepararles el desayuno°. A mis hijas les encanta comer un buen desayuno, pero hoy les di° cereales y les preparé dos sándwiches para el almuerzo°.

—¡Hoy es sábado!

Llegamos a la escuela antes de las ocho y entonces me di cuenta de que° hoy es sábado. ¡Y los sábados no hay clases!

grité *I shouted* **medio dormidas y medio enojadas** *half asleep and half mad* **desayuno** *breakfast* **di** *I gave* **almuerzo** *lunch* **sin** *without* **parada** *stop* **llamamos por teléfono** *we called on the phone* **me di cuenta de que** *I realized that*

Después de leer

¿Comprendiste? ✎S

Selecciona la respuesta correcta.

1. ¿Quién es el/la narrador(a)?
   a. el padre de las chicas   b. Yolanda
   c. Dolores

2. ¿A qué hora se despertó el papá?
   a. a las seis de la mañana   b. a las seis y media
   c. a las siete y media

3. ¿Qué comieron las chicas antes de salir de la casa?
   a. un sándwich   b. cereales
   c. dos sándwiches

4. ¿Cómo fueron las chicas a la escuela?
   a. Corrieron.   b. Fueron en autobús.
   c. Fueron en automóvil.

Preguntas ✎S

Responde a estas preguntas con oraciones completas.

1. ¿Por qué nunca se despiertan temprano las chicas?
   _____

2. ¿Se bañaron las chicas esta mañana?
   _____

3. ¿A qué hora llega generalmente el autobús?
   _____

4. ¿A qué hora llegó el autobús hoy?
   _____

5. ¿Por qué no contestó nadie cuando llamaron a la escuela?
   _____

Coméntalo ✎S

¿Qué crees que le dicen Yolanda y Dolores a su papá después de volver de la escuela? Imagina que eres el papá, ¿cómo responderías (*would you respond*) a lo que te dicen las chicas?

Audio: Vocabulary Flashcards

La higiene personal

el baño	bathroom
el champú	shampoo
la crema de afeitar	shaving cream
el espejo	mirror
el jabón	soap
el maquillaje	makeup
la toalla	towel

Los verbos reflexivos

acordarse (de) (o:ue)	to remember
acostarse (o:ue)	to lie down; to go to bed
afeitarse	to shave
bañarse	to bathe; to take a bath
cepillarse el pelo	to brush one's hair
cepillarse los dientes	to brush one's teeth
despertarse (e:ie)	to wake up
dormirse (o:ue)	to go to sleep; to fall asleep
ducharse	to shower
enojarse	to get angry
irse	to go away; to leave
lavarse la cara	to wash one's face
lavarse las manos	to wash one's hands
levantarse	to get up
llamarse	to be named
maquillarse	to put on makeup
peinarse	to comb one's hair
ponerse	to put on
ponerse (+ adj.)	to become (+ adj.)
preocuparse (por)	to worry (about)
probarse (o:ue)	to try on
quedarse	to stay, to remain
quitarse	to take off
sentarse (e:ie)	to sit down
sentirse (e:ie)	to feel
vestirse (e:i)	to get dressed

Otras palabras y expresiones

el despertador	alarm clock
la rutina diaria	daily routine
———	———
antes (de)	before
después	afterward; then
después de	after
durante	during
entonces	then
luego	afterward; then
más tarde	later (on)
por la mañana	in the morning
por la noche	at night
por la tarde	in the afternoon; in the (early) evening
por último	finally
siempre	always
también	also; too

Verbos como *gustar*

aburrir	to bore
encantar	to like very much; to love (objects)
faltar	to lack; to need
fascinar	to fascinate; to like very much
gustar	to be pleasing to; to like
importar	to be important to; to matter
interesar	to be interesting to; to interest
me gustaría(n)…	I would like…
molestar	to bother; to annoy
quedar	to be left over; to fit (clothing)

Indefinite and negative words	See page 182.
Pero and sino	See page 183.

8 ¡A comer!

Communicative Goals

You will learn how to:
- talk about food
- order at a restaurant
- discuss familiar people and places

PARA EMPEZAR

- ¿Quiénes son los muchachos?
- ¿Dónde están?
- ¿Qué están haciendo?
- ¿Crees que están contentos?

Tutorials

¡A COMER!

el camarero

el menú

EN UN RESTAURANTE

el/la dueño/a *owner*

el plato (principal) *(main) dish*

la sección de (no) fumadores *(non)smoking section*

---

el almuerzo *lunch*

la cena *dinner*

la comida *food; meal*

el desayuno *breakfast*

---

almorzar (o:ue) *to have lunch*

cenar *to have dinner*

desayunar *to have breakfast*

pedir (e:i) *to order (food)*

probar (o:ue) *to taste; to try*

recomendar (e:ie) *to recommend*

servir (e:i) *to serve*

los entremeses
hors d'oeuvres

LOS SABORES

agrio/a *sour*

delicioso/a *delicious*

dulce *sweet*

picante *hot, spicy*

rico/a *tasty; delicious*

sabroso/a *tasty; delicious*

salado/a *salty*

los mariscos
seafood

LAS CARNES, LOS PESCADOS Y LOS MARISCOS

el atún *tuna*

los camarones *shrimp*

la carne *meat*

la carne de res *beef*

la chuleta de cerdo *pork chop*

la hamburguesa *hamburger*

el jamón *ham*

la langosta *lobster*

el pavo *turkey*

el pescado *fish*

la salchicha *sausage*

el salmón *salmon*

el bistec

el pollo (asado)
(roast) chicken

LAS FRUTAS

la banana *banana*
el limón *lemon*
la manzana *apple*
la naranja *orange*
las uvas *grapes*

Variación léxica
los camarones ⟷ las gambas (*Esp.*)
el refresco ⟷ la gaseosa (*Amér. L.*)
el sándwich ⟷ el bocadillo (*Esp.*), la torta (*Méx.*)
la arveja ⟷ el guisante (*Esp.*), el chícharo (*Méx.*)
la papa ⟷ la patata (*Esp.*)

las frutas

LOS GRANOS Y LAS VERDURAS

el ajo *garlic*
el arroz *rice*
las arvejas *peas*
la cebolla *onion*
los cereales *cereal; grain*
los frijoles *beans*
la lechuga *lettuce*
el maíz *corn*
la papa/patata *potato*
el tomate *tomato*
las verduras *vegetables*
la zanahoria *carrot*

los champiñones

la ensalada

LOS CONDIMENTOS Y OTRAS COMIDAS

el aceite *oil*
el azúcar *sugar*
el huevo *egg*
la mantequilla *butter*
la margarina *margarine*
la mayonesa *mayonnaise*
el pan (tostado) *(toasted) bread*
las papas/patatas fritas *French fries*
el queso *cheese*
la sal *salt*
la sopa *soup*
el vinagre *vinegar*

la pimienta

LAS BEBIDAS

la bebida *drink*
la cerveza *beer*
el jugo (de fruta) *(fruit) juice*
la leche *milk*
el refresco *soft drink*
el té (helado) *(iced) tea*
el vino (blanco/tinto) *(white/red) wine*

el agua (f.) (mineral)

el café

el sándwich
sandwich

A escuchar

1 **¿Lógico o ilógico?** Escucha las oraciones e indica si son **lógicas** o **ilógicas**.

	Lógico	Ilógico
1.	_____	_____
2.	_____	_____
3.	_____	_____
4.	_____	_____
5.	_____	_____
6.	_____	_____
7.	_____	_____
8.	_____	_____

2 **¿Qué pide Nora?** Escucha la conversación entre Nora y el camarero en un restaurante. Luego indica las comidas y las bebidas que Nora pide.

Restaurante Las Fuentes

Avenida Las Lomas 22

ENTREMESES
___ papas fritas
___ cóctel de frutas con queso
___ sopa de verduras
___ sopa de pollo
___ pan con mantequilla

PLATOS PRINCIPALES
___ sándwich de jamón y queso
___ pollo asado
___ hamburguesa
___ hamburguesa con queso
___ enchiladas de res
___ enchiladas de queso

BEBIDAS
___ agua mineral
___ té helado
___ leche
___ café
___ jugo de naranja

Practice more!

LM
p. 43

A practicar

3 **La comida** Indica la palabra que no está relacionada.

  1. sabroso • manzana • banana • naranja

2. salmón • cereales • camarones • mariscos

3. frijoles • champiñón • naranja • cebolla

4. mantequilla • salchicha • carne de res • jamón

5. arvejas • lechuga • zanahoria • dulce

6. refresco • sopa • agua mineral • leche

4 **Completar** Completa las oraciones con las palabras correctas.

1. La persona que sirve la comida en un restaurante es el _____.

2. Camarero, ¿puedo ver el _____, por favor?

3. El bistec y el jamón son dos tipos de_____.

4. El té helado, el café y los refrescos son _____.

5. Algo de color blanco que pongo en el café es el _____.

6. Las tres comidas principales del día son el _____, el almuerzo y la cena.

5 **¿Qué es?** Describe cada uno de estos alimentos con alguna característica. Puedes decir de qué color es, qué sabor tiene o cuándo lo comes o lo tomas.

 modelo

El limón es una fruta de color amarillo./Es una fruta agria./Le pongo limón a la ensalada.

1. _____

2. _____

3. _____

4. _____

5. _____

6. _____

7. _____

8. _____

Practice more!
WB pp. 75–76

S vhlcentral.com

A conversar

6 **¿Te gusta?** Lee la lista e indica si te gusta o no cada comida o bebida.

¿Te gusta(n)?	Me gusta(n)	No me gusta(n)
1. la langosta	_____	_____
2. la chuleta de cerdo	_____	_____
3. el queso	_____	_____
4. los camarones	_____	_____
5. el tomate	_____	_____
6. los champiñones	_____	_____
7. los huevos	_____	_____
8. los limones	_____	_____

  Ahora compara tus opiniones con las de un(a) compañero/a.

modelo

la carne de res
Estudiante 1: A mí me gusta mucho la carne de res.
Estudiante 2: A mí no. Prefiero el pollo./A mí me encanta la carne de res.

7   **Conversación** En parejas, contesten las preguntas.

1. ¿Desayunas? ¿Qué comes y bebes por la mañana?
2. ¿Qué comes generalmente a la hora del almuerzo?
3. ¿Qué comidas prefieres para la cena?
4. ¿Qué tipos de comidas te gustan más: las dulces o las saladas?
5. ¿Te gustan las comidas picantes? ¿Cuáles?
6. ¿Te importa pagar más dinero por comer alimentos orgánicos?
7. ¿Te gusta cocinar (*to cook*)? ¿Qué comidas preparas para tus amigos? ¿Y para tu familia?
8. ¿Qué comida les recomiendas a tus amigos? ¿Por qué?
9. ¿Qué comidas te gustaría probar?
10. ¿Eres vegetariano/a? ¿Crees que ser vegetariano/a es una buena idea? ¿Por qué?

Pronunciación Ⓢ Audio

ll, ñ, c, and z

po**ll**o	**ll**ave	e**ll**a	cebo**ll**a

Most Spanish speakers pronounce the letter **ll** like the *y* in *yes*.

ma**ñ**ana	se**ñ**or	ba**ñ**o	ni**ñ**a

The letter **ñ** is pronounced much like the *ny* in *canyon*.

café	**c**olombiano	**c**uando	ri**c**o

Before **a, o,** or **u,** the Spanish **c** is pronounced like the *c* in *car.*

cereales	deli**c**ioso	condu**c**ir	cono**c**er

Before **e** or **i,** the Spanish **c** is pronounced like the *s* in *sit.* (In parts of Spain, **c** before **e** or **i** is pronounced like the *th* in *think.*)

zeta	**z**anahoria	almuer**z**o	cerve**z**a

The Spanish **z** is pronounced like the *s* in *sit.* (In parts of Spain, **z** is pronounced like the *th* in *think.*)

Práctica Lee las palabras en voz alta.

1. mantequilla	5. español	9. quince
2. cuñado	6. cepillo	10. compañera
3. aceite	7. zapato	11. almorzar
4. manzana	8. azúcar	12. calle

Oraciones Lee las oraciones en voz alta.

1. Mi compañero de cuarto se llama Toño Núñez. Su familia es de la Ciudad de Guatemala y de Quetzaltenango.

2. Dice que la comida de su mamá es deliciosa, especialmente su pollo al champiñón y sus tortillas de maíz.

3. Creo que Toño tiene razón porque hoy cené en su casa y quiero volver mañana para cenar allí otra vez.

Refranes Lee los refranes en voz alta.

Panza llena, corazón contento.[2]

Las apariencias engañan.[1]

[1] *Looks can be deceiving.*
[2] *The way to a man's heart is through his stomach.*

Practice more!

LM p. 44

Ⓢ vhlcentral.com

Video

Una cena... romántica

Maru y Miguel quieren tener una cena romántica, pero les espera una sorpresa.

PERSONAJES

MARU

MIGUEL

CAMARERO

JUAN CARLOS

FELIPE

GERENTE

①

②

③

MARU No sé qué pedir. ¿Qué me recomiendas?

MIGUEL No estoy seguro. Las chuletas de cerdo se ven muy buenas.

MARU ¿Vas a pedirlas?

MIGUEL No sé.

MIGUEL ¡Qué bonitos! ¿Quién te los dio?

MARU Me los compró un chico muy guapo e inteligente.

MIGUEL ¿Es tan guapo como yo?

MARU Sí, como tú, guapísimo.

(El camarero llega a la mesa.)

CAMARERO ¿Les gustaría saber nuestras especialidades del día?

MARU Sí, por favor.

CAMARERO Para el entremés, tenemos ceviche de camarón. De plato principal ofrecemos bistec con verduras a la plancha.

⑥

⑦

⑧

(en otra parte del restaurante)

JUAN CARLOS Disculpe. ¿Qué me puede contar del pollo? ¿Dónde lo consiguió el chef?

CAMARERO ¡Oiga! ¿Qué está haciendo?

FELIPE Los espárragos están sabrosísimos esta noche. Usted pidió el pollo, señor. Estos champiñones saben a mantequilla.

GERENTE ¿Qué pasa aquí, Esteban?

CAMARERO Lo siento señor. Me quitaron la comida.

GERENTE *(a Felipe)* Señor, ¿quién es usted? ¿Qué cree que está haciendo?

 A C T I V I D A D E S

① **Escoger** Escoge la respuesta que completa mejor cada oración.

1. Miguel lleva a Maru a un restaurante para _____.
   a. almorzar   b. desayunar   c. cenar

2. El camarero les ofrece _____ como plato principal.
   a. ceviche de camarón   b. bistec con verduras a la plancha
   c. pescado, arroz y ensalada

3. Miguel va a pedir _____.
   a. pollo asado con champiñones y papas   b. langosta al horno
   c. pescado con verduras a la mantequilla

4. Felipe les lleva la comida a sus amigos y prueba _____.
   a. el jamón y los vinos   b. el atún y la lechuga
   c. los espárragos y los champiñones

② **Identificar** Indica quién puede decir estas oraciones.

1. Qué desastre. Soy un camarero muy malo.

2. Les recomiendo el bistec con verduras a la plancha.

3. Tal vez escoja las chuletas de cerdo, creo que son muy sabrosas.

4. ¿Qué pasa aquí?

5. Dígame las especialidades del día, por favor.

6. No fue mi idea. Felipe es más responsable que yo.

MARU Voy a probar el jamón.

CAMARERO Perfecto. ¿Y para usted, caballero?

MIGUEL Pollo asado con champiñones y papas, por favor.

CAMARERO Excelente.

MIGUEL Por nosotros.

MARU Dos años.

JUAN CARLOS Felipe y yo les servimos la comida a nuestros amigos. Pero desafortunadamente, salió todo mal.

FELIPE Soy el peor camarero del mundo. ¡Lo siento! Nosotros vamos a pagar la comida.

JUAN CARLOS ¿Nosotros?

FELIPE Todo esto fue idea tuya, Juan Carlos.

JUAN CARLOS ¿Mi idea? ¡Felipe! (*al gerente*) Señor, él es más responsable que yo.

GERENTE Tú y tú, vamos.

Expresiones útiles

Ordering food

¿Qué me recomiendas?
What do you recommend?

Las chuletas de cerdo se ven muy buenas.
The pork chops look good.

¿Les gustaría saber nuestras especialidades del día?
Would you like to hear our specials?

Para el entremés, tenemos ceviche de camarón.
For an appetizer, we have shrimp ceviche.

De plato principal ofrecemos bistec con verduras a la plancha.
For a main course, we have beef with grilled vegetables.

Voy a probar el jamón. *I am going to try the ham.*

Describing people and things

¡Qué bonitos! ¿Quién te los dio?
How pretty! Who gave them to you?

Me los compró un chico muy guapo e inteligente.
A really handsome, intelligent guy bought them for me.

¿Es tan guapo como yo?
Is he as handsome as I am?

Sí, como tú, guapísimo. *Yes, like you, gorgeous.*

Soy el peor camarero del mundo.
I am the worst waiter in the world.

Él es más responsable que yo.
He is more responsible than I am.

Additional vocabulary

el/la gerente *manager*

caballero *gentleman, sir*

---

3 **Al restaurante** En parejas, preparen uno de estos diálogos.

Situación A

- Un(a) cliente/a llega a un restaurante.
- El/La camarero/a le pregunta qué le puede servir.
- El/La cliente/a pregunta cuál es la especialidad del restaurante.
- El/La camarero/a dice la especialidad y recomienda algunos platos del menú.
- El/La cliente/a pide entremeses, un plato principal y una bebida.
- El/La camarero/a le sirve la comida.

Situación B

- Tú preguntas a tu compañero/a si conoce un buen restaurante cerca.
- Él/Ella responde que sí conoce un restaurante fantástico y da el nombre.
- Tú lo/la invitas a cenar y él/ella acepta.
- Entre los/las dos, determinan la hora para verse en el restaurante y se despiden.

Practice more!

VM pp. 183–184

vhlcentral.com

Frutas y verduras de América

Imagínate una pizza sin salsa° de tomate o una hamburguesa sin papas fritas. Ahora piensa que quieres ver una película, pero las palomitas de maíz° y el chocolate no existen. ¡Qué mundo° tan insípido°! Muchas de las comidas más populares del mundo tienen ingredientes esenciales que son originarios del continente llamado Nuevo Mundo. Estas frutas y verduras no fueron introducidas en Europa sino hasta° el siglo° XVI.

Mole

¿En qué alimentos encontramos estas frutas y verduras?

Tomate: pizza, ketchup, salsa de tomate, sopa de tomate

Maíz: palomitas de maíz, tamales, tortillas, arepas (Colombia y Venezuela), pan

Papa: papas fritas, frituras de papa°, puré de papas°, sopa de papas, tortilla de patatas (España)

Cacao: mole (México), chocolatinas°, cereales, helados°, tartas°

Aguacate: guacamole (México), coctel de camarones, sopa de aguacate, nachos, enchiladas hondureñas

usaban sus semillas° como moneda° y como ingrediente de diversas salsas. También las molían° para preparar una bebida, mezclándolas° con agua ¡y con chile!

El aguacate°, la guayaba°, la papaya, la piña y el maracuyá (o fruta de la pasión) son otros ejemplos de frutas originarias de América que son hoy día conocidas en todo el mundo.

salsa *sauce* palomitas de maíz *popcorn* mundo *world* insípido *flavorless* hasta *until* siglo *century* era *was* venenoso *poisonous* alimento *food* almacenarla *to store it* semillas *seeds* moneda *currency* las molían *they used to grind them* mezclándolas *mixing them* aguacate *avocado* guayaba *guava* frituras de papa *chips* puré de papas *mashed potatoes* chocolatinas *chocolate bars* helados *ice cream* tartas *cakes*

El tomate, por ejemplo, era° usado como planta ornamental cuando llegó por primera vez a Europa porque pensaron que era venenoso°. El maíz, por su parte, era ya la base de la comida de muchas culturas latinoamericanas muchos siglos antes de la llegada de los españoles.

La papa fue un alimento° básico para los incas. Incluso consiguieron deshidratarla para almacenarla° por largos períodos de tiempo. El cacao (planta con la que se hace el chocolate) fue muy importante para los aztecas y los mayas. Ellos

ASÍ SE DICE

La comida

el banano (Col.), el cambur (Ven.), el guineo (Nic.), el plátano (Amér. L., Esp.)	la banana
el choclo (Amér. S.), el elote (Méx.), el jojoto (Ven.), la mazorca (Esp.)	*corncob*
las caraotas (Ven.), los porotos (Amér. S.), las habichuelas	los frijoles
el jitomate (Méx.)	el tomate

ACTIVIDADES

1 **¿Cierto o falso?** Indica si lo que dicen las oraciones es **cierto** o **falso**. Corrige la información falsa.

1. El tomate se introdujo a Europa como planta ornamental.

2. Los incas sólo consiguieron almacenar las papas por poco tiempo.

3. Los aztecas y los mayas usaron las papas como moneda.

4. El maíz era una comida poco popular en Latinoamérica.

5. El aguacate era el alimento básico de los incas.

6. El mole se hace con chocolate.

7. El aguacate, la guayaba, la papaya, la piña y el maracuyá son originarios de América.

8. Las arepas se hacen con cacao.

9. El aguacate es un ingrediente del cóctel de camarones.

10. En España hacen una tortilla con papas.

2 **¿Qué te gusta?** Describe tres de tus comidas favoritas que tengan como ingredientes alguna fruta o verdura de América. ¿Qué ingredientes tiene? ¿Cuándo la comes? ¿Cómo se sirve?

CONEXIÓN INTERNET

¿Qué otros platos típicos puedes encontrar en los países hispanos?

For more information about this **Cultura,** go to **vhlcentral.com.**

  Video

La comida latina

1 **Preparación** ¿Probaste alguna vez comida latina? ¿Qué plato? ¿La compraste en un supermercado o fuiste a un restaurante? ¿Te gustó?

2 **El video** Mira el episodio de **Flash Cultura.**

Vocabulario

cocinar *to cook*	el plato *dish (in a meal)*
¿Está lista para ordenar?	pruébala *try it, taste it*
Are you ready to order?	

Marta nos mostrará° algunos de los platos de la comida mexicana.

... hay más lugares donde podemos comprar productos hispanos.

°**mostrará** *will show*

3 **¿Cierto o falso?** Indica si las oraciones son **ciertas** o **falsas.**

1. En Los Ángeles hay comida de países latinoamericanos y de España.

2. Leticia explica que la tortilla del taco americano es blanda *(soft)* y la del taco mexicano es dura *(hard).*

3. Las ventas *(sales)* de salsa son bajas en los Estados Unidos.

4. Leticia fue a un restaurante ecuatoriano.

5. Leticia probó Inca Kola en un supermercado.

 Practice more at **vhlcentral.com.**

Practice more!

VM
pp. 215–216

vhlcentral.com

8.1 Preterite of stem-changing verbs Tutorial

▶ As you know, **–ar** and **–er** stem-changing verbs have no stem change in the preterite. **–Ir** stem-changing verbs, however, do have a stem change.

Preterite of *–ir* stem-changing verbs

	servir e→i	morir (*to die*) o→u
yo	serví *I served*	morí *I died*
tú	serviste	moriste
Ud./él/ella	sirvió	murió
nosotros/as	servimos	morimos
vosotros/as	servisteis	moristeis
Uds./ellos/ellas	sirvieron	murieron

▶ In the preterite, stem-changing **–ir** verbs have an **e** to **i** or **o** to **u** stem change in the **Ud./él/ella** and **Uds./ellos/ellas** forms.

INFINITIVE	VERB STEM	STEM CHANGE	PRETERITE
pedir	ped-	pid-	pidió, pidieron
dormir	dor-	dur-	durmió, durmieron

¿Quién pidió el jamón?

Yo lo pedí.

¡Manos a la obra!

Conjuga los infinitivos en pretérito de acuerdo con el pronombre.

1. yo [servir, dormirse, pedir, preferir, repetir, seguir]
   serví, me dormí, pedí, preferí, repetí, seguí

2. usted [morir, conseguir, pedir, sentirse, vestirse]

3. tú [conseguir, servir, morir, pedir, dormir, repetir]

4. ellas [repetir, dormir, seguir, preferir, morir, servir]

5. nosotros [seguir, preferir, servir, vestirse, dormirse]

6. ustedes [sentirse, vestirse, conseguir, pedir, dormirse]

Práctica

1 **¡Pobre señor Suárez!** Completa las oraciones.

1. Los señores Suárez llegaron al restaurante a las ocho y _____ [seguir] al camarero a una mesa.

2. El señor Suárez _____ [pedir] una chuleta de cerdo. La señora Suárez decidió probar los camarones.

3. Para tomar, los dos _____ [pedir] vino.

4. El camarero _____ [repetir] el pedido (*the order*) para confirmarlo.

5. La comida tardó mucho (*took a long time*) en llegar y los señores Suárez casi (*almost*) _____ [dormirse] esperándola.

6. A las nueve, el camarero les _____ [servir] la comida.

7. Después de comer la chuleta de cerdo, el señor Suárez _____ [sentirse] muy mal.

8. ¡Pobre señor Suárez! ¿Por qué no _____ [pedir] los camarones?

2 **El camarero distraído** Indica lo que los clientes pidieron y lo que un camarero distraído (*distracted*) les sirvió.

modelo

Claudia / hamburguesa

Claudia pidió una hamburguesa, pero el camarero le sirvió zanahorias.

1. Juan y Rafael / té helado   2. Laura / arroz

3. Nosotros / papas fritas   4. Tú / salmón

Conversación

3 **Preguntas** Averigua *(find out)* si tu compañero/a hizo estas actividades la semana pasada. Comparte los resultados con la clase.

¿ Pediste una pizza con salami?

No, pedí una pizza con carne.

Actividades	Respuestas
1. pedir una pizza con salami	_____
2. dormir más de diez horas	_____
3. quedarse dormido en clase	_____
4. pedir un plato muy caro en un restaurante elegante	_____
5. preferir quedarse en casa en lugar de *(instead of)* salir con amigos	_____
6. ir a una fiesta y vestirse con ropa muy formal	_____

4 **Una cena romántica** En grupos, describan la cena de Eduardo y Rosa. Usen la foto y las preguntas como guía *(as a guide)*.

- ¿Adónde salieron a cenar?
- ¿Qué pidieron?
- ¿Les sirvieron la comida rápidamente *(quickly)*?
- ¿Les gustó la comida? ¿Qué comida prefirieron?
- ¿Cuánto costó? ¿Quién pagó?
- ¿Van a volver a ese restaurante en el futuro? ¿Van a salir juntos otra vez? ¿Por qué?

Practice more!

WB
pp. 77–78

LM
p. 45

Ⓢ

vhlcentral.com

Español en vivo

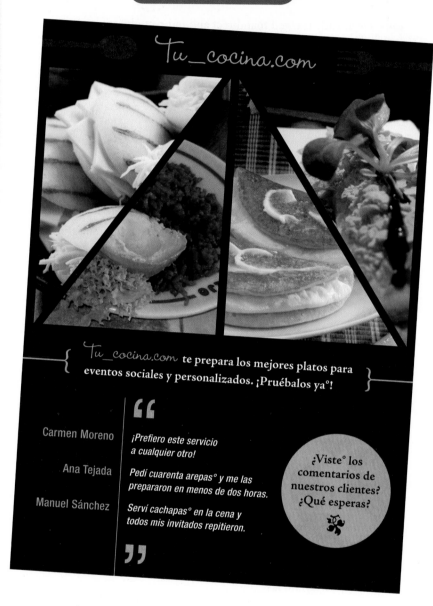

Tu_cocina.com te prepara los mejores platos para eventos sociales y personalizados. ¡Pruébalos ya°!

Carmen Moreno — ¡Prefiero este servicio a cualquier otro!

Ana Tejada — Pedí cuarenta arepas° y me las prepararon en menos de dos horas.

Manuel Sánchez — Serví cachapas° en la cena y todos mis invitados repitieron.

¿Viste° los comentarios de nuestros clientes? ¿Qué esperas?

ya *now* **arepas** *a dish made of ground corn dough* **cachapas** *grilled pancakes made from fresh corn dough* **Viste** *Did you see*

Identificar

Lee el anuncio *(advertisement)* e identifica los verbos que tienen cambios en la raíz *(stem)* en el pretérito.

Preguntas

1. ¿Qué promociona *(promotes)* el anuncio?
2. ¿Cuáles son algunos de los platos que prepara Tu_cocina.com?
3. ¿Cómo son los comentarios de los clientes?

8.2 Double object pronouns Tutorial

▶ You have already learned that direct and indirect object pronouns replace nouns. You'll now learn how to use these pronouns together.

INDIRECT OBJECT PRONOUNS

me   te   le (se)   nos   os   les (se)

+

DIRECT OBJECT PRONOUNS

lo   la   los   las

▶ When object pronouns are used together, the indirect object pronoun precedes the direct object pronoun.

I.O.	D.O.		DOUBLE OBJECT PRONOUNS

El camarero me **muestra** el menú.
The waiter shows me the menu.
▶ El camarero me lo **muestra**.
The waiter shows it to me.

Nos **sirven** los platos.
They serve us the dishes.
▶ Nos los **sirven**.
They serve them to us.

Maribel te **pidió** una hamburguesa.
Maribel ordered a hamburger for you.
▶ Maribel te la **pidió**.
Maribel ordered it for you.

¿Quién te los dio?

Me los compró un chico muy guapo.

▶ The indirect object pronouns **le** and **les** always change to **se** when they precede **lo, los, la,** and **las**.

I.O.	D.O.		DOUBLE OBJECT PRONOUNS

Le **escribí** la carta.
I wrote him/her the letter.
▶ Se la **escribí**.
I wrote it to him/her.

Les **sirvió** los entremeses.
He served them the hors d'oeuvres.
▶ Se los **sirvió**.
He served them to them.

Le **pedimos** un café.
We ordered him/her a coffee.
▶ Se lo **pedimos**.
We ordered it for him/her.

Práctica

1 **¿Quién?** Cambia los sustantivos subrayados (*underlined nouns*) por pronombres de objeto directo.

modelo
¿Quién va a traerme la carne del supermercado? [Mi esposo]
Mi *esposo* va a traérmela./Mi *esposo* me la va a traer.

1. ¿Quién les mandó <u>las invitaciones</u> a los invitados (*guests*)? [Mi hija] _____

2. ¿Quién me puede comprar <u>el pan</u>? [Mi hijo]
_____

3. ¿Quién puede prestarme <u>los platos</u> que necesito? [Mi mamá] _____

4. Nos falta mantequilla. ¿Quién nos trae <u>la mantequilla</u>? [Mi cuñada] _____

5. ¡Los postres (*desserts*)! ¿Quién está preparándonos <u>los postres</u>? [Silvia y Renata] _____

6. ¿Quién puede pedirle <u>el azúcar</u> a Mónica? [Mi hijo] _____

2 **En un restaurante** En parejas, representen las conversaciones entre un(a) camarero/a y unos clientes.

modelo

señora Guzmán

señora Guzmán:
Una hamburguesa, por favor.
camarero/a:
Enseguida (*right away*) se la traigo.

1. tus compañeros/as de cuarto

2. tus padres

3. tu profesor(a) de español

4. señorita Salas

5. tú

6. doctor Cifuentes

Conversación

3 **Contestar** En parejas, háganse preguntas usando las palabras interrogativas **¿Quién?** o **¿Cuándo?**

modelo

nos enseña español
Estudiante 1: ¿Quién nos enseña español?
Estudiante 2: La profesora Castro nos lo enseña.

Preguntas	Respuestas
1. te escribe mensajes electrónicos	_____
2. me vas a prestar tu computadora	_____
3. les vende los libros de texto a los estudiantes	_____
4. le enseñó español al/a la profesor(a)	_____
5. te compró esa camiseta	_____
6. me vas a mostrar tu casa o apartamento	_____

4 **Preguntas** En parejas, háganse estas preguntas. Usen pronombres de objeto directo e indirecto en cada respuesta.

modelo

Estudiante 1: ¿Quién te va a preparar el desayuno esta mañana?
Estudiante 2: Yo me lo voy a preparar.

1. ¿Me prestas tu coche (*car*)? ¿Ya le prestaste tu coche a otro amigo?
2. ¿Me puedes comprar un auto nuevo?
3. ¿Quién te presta dinero cuando lo necesitas?
4. ¿Les prestas dinero a tus amigos? ¿Por qué?
5. ¿Les prestas tu casa o apartamento a tus amigos? ¿Por qué?
6. ¿Nos compras el almuerzo a mí y a los otros compañeros de clase?
7. ¿Me describes tu ropa?
8. ¿Quién te va a preparar la cena esta noche?

Practice more!

WB pp. 79–80	LM p. 46	vhlcentral.com

▸ Because **se** has multiple meanings, you can clarify to whom the pronoun refers by adding **a usted, a él, a ella, a ustedes, a ellos,** or **a ellas**.

¿El sombrero? Carlos **se** lo vendió **a ella.**
The hat? Carlos sold it to her.

¿Las llaves? Ya **se** las di **a ella.**
The keys? I gave them to her.

▸ Double object pronouns are placed before a conjugated verb. With infinitives and present participles, double object pronouns may be placed before the conjugated verb or attached to the end of the infinitive or present participle.

▸ When double object pronouns are attached to an infinitive or a present participle, an accent mark is added to maintain the original stress.

DOUBLE OBJECT PRONOUNS	DOUBLE OBJECT PRONOUNS
Te lo voy a mostrar.	Voy a mostrártelo.
Nos las están sirviendo.	Están sirviéndonoslas.

Me lo estoy poniendo
Estoy poniéndo**melo.**
I am putting it on.

Se las van a traer.
Van a traér**selas.**
They are going to bring them to you.

El camarero está sirviéndoselas.

Lo siento señor, ¡no me dejaron traérsela!

¡Manos a la obra!

Escribe el pronombre que falta en cada oración.

Objeto directo

1. ¿La ensalada? El camarero nos __la__ sirvió.
2. ¿El salmón? La dueña me _____ recomienda.
3. ¿La comida? Voy a preparárte_____.
4. ¿Las bebidas? Estamos pidiéndose_____.
5. ¿Los refrescos? Te _____ puedo traer ahora.
6. ¿Los platos de arroz? Van a servírnos_____ después.

Objeto indirecto

1. ¿Puedes traerme tu plato? No, no _te_ lo puedo traer.
2. ¿Quieres mostrarle la carta? Sí, voy a mostrár_____la ahora.
3. ¿Les serviste la carne? No, no _____ la serví.
4. ¿Vas a leerle el menú? No, no _____ lo voy a leer.
5. ¿Me recomiendas la langosta? Sí, _____ la recomiendo.
6. ¿Cuándo vas a prepararnos la cena? _____ la voy a preparar en una hora.

8.3 Saber and conocer Tutorial

▶ Spanish has two verbs that mean *to know*, **saber** and **conocer**, but they are used differently. Note that only the **yo** forms of **saber** and **conocer** are irregular in the present tense.

Saber and conocer

	saber		conocer
yo	sé		conozco
tú	sabes		conoces
Ud./él/ella	sabe		conoce
nosotros/as	sabemos		conocemos
vosotros/as	sabéis		conocéis
Uds./ellos/ellas	saben		conocen

▶ **Saber** means *to know a fact or piece(s) of information* or *to know how to do something.*

No **sé** tu número de teléfono.	Mi hermana **sabe** hablar francés.
I don't know your telephone number.	*My sister knows how to speak French.*

▶ **Conocer** means *to know or be familiar/acquainted with a person, place, or thing.*

¿**Conoces** la ciudad de Nueva York?	No **conozco** a tu amigo Esteban.
Do you know New York City?	*I don't know your friend Esteban.*

▶ As you learned in 5.4, when the direct object of **conocer** is a person or pet, the personal **a** is used. Compare these sentences.

¿**Conoces a** Rigoberta Menchú?	¿**Conoces** ese restaurante?

¡ojo! These verbs are conjugated like **conocer** in the **yo** form in the present. You will learn how to use **saber**, **conocer**, and related verbs in the preterite in Lesson 9.

ofrecer (*to offer*)	ofrezco, ofreces, ofrece, etc.
parecer (*to seem*)	parezco, pareces, parece, etc.
conducir (*to drive*)	conduzco, conduces, conduce, conducimos, conducís, conducen.
traducir (*to translate*)	traduzco, traduces, traduce, traducimos, traducís, traducen.

¡ojo! **Conducir** and **traducir** are –**ir** verbs, so they differ from **conocer** in their **nosotros/as** and **vosotros/as** forms.

¡Manos a la obra!

Escribe las formas apropiadas de **saber** y **conocer**.

saber

1. José no ___sabe___ la hora.
2. Mis padres _____ hablar japonés.
3. ¿Por qué no _____ tú estos verbos?
4. Yo _____ qué hora es.

conocer

5. Usted y yo _____ bien Miami.
6. Nadie me _____ bien.
7. ¿ _____ tú a la tía de Eduardo?
8. ¿ _____ usted a Sara?

Práctica

1 **Completar** Completa las oraciones con la forma apropiada de **saber** o **conocer**.

1. —Nosotros no _____ Guatemala.
   —Ah, ¿no? Pues yo _____ bien las ciudades de Escuintla, Quetzaltenango y Antigua.

2. —¿_____ ustedes dónde vive Pilar?
   —No, nosotras no _____.

3. Mi amiga Carla _____ conducir, pero yo no _____.

4. —¿_____ tú a Mateo, mi hermano mayor?
   —No, no lo _____.

5. —Yo todavía no _____ a tu novio.
   —Sí, ya lo _____.

6. Tú _____ esquiar, pero Tino y Luis son pequeños y no _____.

7. Roberto _____ bien el *Popol Vuh*, el libro sagrado de los mayas; también _____ leer los jeroglíficos de los templos mayas.

2 **Oraciones** Combina las palabras de las tres columnas para formar oraciones.

modelo

No conozco a Cameron Díaz. Yo conozco a Angelina Jolie.

Sujetos	Verbos	Objetos directos
Jessica Sánchez		Cameron Díaz
Lady Gaga		Angelina Jolie
Ozzy Osbourne		cantar
Brad Pitt		la ciudad de Montreal en Canadá
Enrique Iglesias	(no) conocer	hablar dos lenguas extranjeras
Miguel Cabrera	(no) saber	hacer reír (*laugh*) a la gente
yo		actuar (*perform*) muy bien
tú		escribir novelas de terror
tu compañero/a		programar computadoras
tu profesor(a)		muchas personas importantes

Conversación

 3 **Deportes** Pregúntale a un(a) compañero/a qué deportes practica y por qué. Usen los verbos **saber** y **conocer**.

 modelo

Estudiante 1: ¿Sabes esquiar?
Estudiante 2: Sí, sé esquiar./
No, no sé esquiar.
Estudiante 1: ¿Por qué?
Estudiante 2: Porque me interesa
el esquí./Porque no me gusta
el invierno.

1.　　　　2.　　　　3.

4.　　　　5.　　　　6.

 4 **Preguntas** Con un(a) compañero/a, contesten las siguientes preguntas.

1. ¿Qué restaurantes buenos conoces? ¿Cenas en los restaurantes frecuentemente (*frequently*)?

2. En tu familia, ¿quién sabe cocinar mejor (*best*)? ¿Por qué?

3. ¿Conoces algún mercado cerca que tenga productos orgánicos? ¿Vas allí con frecuencia?

4. ¿Sabes recetas de comidas latinas? ¿Cuáles?

5. ¿Conoces a algún/alguna chef famoso/a? ¿Qué tipo de comida prepara?

6. ¿Sabes preparar algún plato especial? ¿Cuál es?

7. ¿Sabes que el ajo es bueno para la salud (*health*)? ¿Qué otras comidas o condimentos saludables conoces?

8. ¿Conoces a alguna persona que coma solamente hamburguesas y papas fritas?

Practice more!		
WB p. 81	LM p. 47	vhlcentral.com

Español en vivo

Él sabe dónde **comer** lo que más le gusta.

Él sabe cómo **jugar** cuatro horas seguidas.

Él sabe dónde está su **regalo** de cumpleaños°.

Él sabe dónde **divertirse**°...

... y usted sabe dónde puede encontrar un poco de todo°. ¿Conoce algún otro lugar como éste?

CENTRO COMERCIAL **MÁLAGA** SABE LO QUE TE GUSTA.

cumpleaños *birthday* **divertirse** *to have fun* **un poco de todo** *a little bit of everything*

Identificar

Lee el anuncio (*advertisement*) y busca ejemplos de los verbos **saber** y **conocer**.

Preguntas

1. Después de leer el anuncio, ¿qué sabes del Centro Comercial Málaga?

2. ¿Qué puedes hacer en el Centro Comercial Málaga?

3. ¿A quién está dirigido el anuncio?

4. ¿Conoces un centro comercial como éste? ¿Cómo se llama? ¿En qué ciudad está?

8.4 Comparatives and superlatives Tutorial

Comparisons of inequality

▶ Comparisons of inequality are formed by placing **más** (*more*) or **menos** (*less*) before adjectives, adverbs, and nouns and **que** (*than*) after them. When the comparison involves a numerical expression, use **de** before the number.

> La ensalada es menos cara que la sopa.

> ¿El pollo es más rico que el jamón?

El té es **más caro que** el jugo.
Tea is more expensive than juice.

Susana es **menos generosa que** su prima.
Susana is less generous than her cousin.

Luis se despierta **más temprano que** yo.
Luis gets up earlier than I (do).

Tomo **más clases que** Enrique.
I take more classes than Enrique.

▶ With verbs, use this construction to make comparisons of inequality: [*verb*] + **más/menos que**.

Mis hermanos **comen más que** yo.
My brothers eat more than I (do).

Antonio **viaja más que** tú.
Antonio travels more than you (do).

Arturo **duerme menos que** su padre.
Arturo sleeps less than his father (does).

Ana **habla menos que** yo.
Ana talks less than I (do).

Comparisons of equality

▶ The constructions **tan** + [*adverb, adjective*] + **como** and **tanto/a(s)** + [*singular noun, plural noun*] + **como** are used to make comparisons of equality.

Este plato es **tan delicioso como** aquél.
This dish is as delicious as that one.

Yo comí **tanta comida como** tú.
I ate as much food as you (did).

Tu amigo es **tan simpático como** tú.
Your friend is as nice as you (are).

Ustedes probaron **tantos platos como** ellos.
You tried as many dishes as they (did).

▶ Comparisons of equality with verbs are formed by placing **tanto como** after the verb. Note that **tanto** does not change in number or gender.

No **duermo tanto como** mi tía.
I don't sleep as much as my aunt (does).

Estudiamos **tanto como** ustedes.
We study as much as you (do).

Práctica

1 Lucila y Teresa Escoge (*choose*) la palabra correcta para comparar a dos hermanas muy diferentes.

Lucila   Teresa

1. Lucila es más alta y más atractiva _____ [de, más, menos, que] Teresa.

2. Teresa es más delgada porque practica _____ [de, más, menos, que] deportes que su hermana.

3. Lucila es _____ [más, menos de, más que] simpática que Teresa porque es alegre.

4. A Teresa le gusta quedarse en casa. Va a _____ [de, más, menos, que] fiestas que su hermana.

5. Teresa estudia más que Lucila. Ahora está tomando cinco clases más _____ [más, menos, que, más de] su hermana.

6. Lucila se preocupa _____ [de, más, menos, que] que Teresa por estudiar. ¡Son _____ [como, tan, tanto] diferentes!

2 Mario y Luis Completa las oraciones para formar comparaciones de igualdad sobre Mario y Luis, los novios de Lucila y Teresa.

> tan
> tanto(s)
> tanta(s)

Mario   Luis

1. Mario es _____ interesante como Luis.

2. Mario viaja _____ como Luis.

3. Luis habla _____ lenguas extranjeras como Mario.

4. Luis cocina carnes _____ bien como Mario.

5. Mario tiene _____ amigos como Luis.

6. ¡Qué casualidad (*coincidence*)! Mario y Luis también son hermanos, pero no hay _____ diferencia entre ellos como entre Lucila y Teresa.

Conversación

3 **La familia García** En grupos, túrnense (*take turns*) para hacer comparaciones entre Rafael, Eva, Esteban y Lourdes García.

Esteban
Lourdes
Rafael
Eva

modelo

Estudiante 1: Esteban es el más activo de la familia.
Estudiante 2: Pues yo creo que Rafael es tan activo como Esteban.
Estudiante 1: Mmm, pero Esteban es mucho más delgado.

4 **Comparaciones** En parejas, conversen sobre estos temas y luego compartan tres datos interesantes con la clase.

modelo   artistas de moda

Estudiante 1: Creo que Adele es la mejor artista de estos tiempos.
Estudiante 2: ¡Pero qué dices! Esa artista es malísima. Rihanna y Snoop son los mejores. Además, Adele no se viste tan bien como Rihanna.
Estudiante 1: Estás loco. Adele siempre está a la moda. Además, te repito que es la mejor. Por ejemplo, ya tiene más de veinte millones de copias vendidas (*sold copies*).

cafés y restaurantes	personas famosas
comidas favoritas	los profesores
los cursos que toman	música de moda
libros favoritos	ropa favorita
periódicos	tiendas en tu comunidad

Practice more!

WB pp. 82–84	LM p. 48	vhlcentral.com

Superlatives

▶ Use this construction to form the superlative. Note that the noun is preceded by a definite article. **De** is equivalent to the English *in* or *of*.

> el/la/los/las + [*noun*] + más/menos + [*adjective*] + de

Es **el café más rico del** país.
It's the most delicious coffee in the country.

Son **las tiendas menos caras de** la ciudad.
They are the least expensive stores in the city.

▶ The noun in a superlative construction can be omitted if it is clear to whom or what the superlative refers.

¿El restaurante El Cráter?
Es **el más elegante de** la ciudad.
The El Cráter restaurant?
It's the most elegant (one) in the city.

Recomiendo la ensalada de papa.
Es **la más sabrosa del** menú.
I recommend the potato salad.
It's the most delicious item on the menu.

¡ojo! The absolute superlative, which ends in **–ísimo/a(s)**, is equivalent to the English *extremely/very* + [*adjective/adverb*]. For example: **muchísimo/a(s)** (*very much*), **malísimo/a(s)** (*very bad*), **facilísimo/a(s)** (*extremely easy*).

▶ Note these spelling changes.

ri**c**o ⟶ ri**qu**ísimo
joven ⟶ jove**nc**ísimo
lar**g**o ⟶ lar**gu**ísimo
trabajador ⟶ trabajado**rc**ísimo
fá**c**il ⟶ fa**c**ilísimo
feli**z** ⟶ feli**c**ísimo

Irregular comparatives and superlatives

Irregular comparative and superlative forms					
Adjective		**Comparative form**		**Superlative form**	
bueno/a	good	mejor	better	el/la mejor	(the) best
malo/a	bad	peor	worse	el/la peor	(the) worst
grande	big; old	mayor	older	el/la mayor	(the) oldest
pequeño/a	small; young	menor	younger	el/la menor	(the) youngest
joven	young	menor	younger	el/la menor	(the) youngest
viejo/a	old	mayor	older	el/la mayor	(the) oldest

▶ When **grande** and **pequeño/a** refer to age, use the irregular comparative and superlative forms, **mayor/menor**. However, when **grande** and **pequeño/a** refer to size, use the regular forms, **más grande/más pequeño/a**.

Isabel es **la mayor**.
Isabel is the oldest.

Tu ensalada es **más grande que** ésa.
Your salad is bigger than that one.

▶ **Bien** and **mal** have the same comparative forms as **bueno/a** and **malo/a**.

Julio nada **mejor que** los otros chicos.
Julio swims better than the other boys.

Ellas cantan **peor que** las otras chicas.
They sing worse than the other girls.

A repasar

8.1 Preterite of stem-changing verbs

1 **Manuel y sus tíos** Manuel y sus tíos fueron a cenar a un restaurante. Indica las diferencias entre las acciones de Manuel y las de sus tíos. Sigue el modelo.

modelo

vestirse con ropa informal / ropa elegante

Manuel se vistió con ropa informal. Sus tíos se vistieron con ropa elegante.

1. pedir dos refrescos / vino tinto

2. preferir la carne de res con papas / el pescado con ajo

3. servirse entremeses picantes / ensalada de verduras

4. repetir el plato principal / (no) repetir el plato principal.

5. sentirse mal en la noche / bien en la noche

6. dormirse tarde / temprano

2 **¿Qué desayunaron?** En parejas, describan el desayuno de las personas de los dibujos. Usen el pretérito de los verbos **pedir, servir, repetir** y **sentirse**.

1. Elisa y Ana   2. Marcos y Olga

8.2 Double object pronouns

3 **En la cafetería** Cambia los sustantivos (nouns) por pronombres de objeto directo e indirecto. Sigue el modelo.

modelo

Me están sirviendo café.
Me lo están sirviendo. Están sirviéndomelo.

1. Nos van a dar las patatas fritas.
2. Te van a servir los refrescos.
3. Le están preparando la ensalada.
4. Les voy a recomendar unos postres.
5. Te están pidiendo las bebidas.
6. Me voy a comer los champiñones.

4 **Camareros** Gabriel y Valeria son camareros en un restaurante. Completa la conversación que tienen con su jefe usando pronombres.

JEFE Valeria, ¿le ofreciste agua fría al cliente de la mesa 22?

VALERIA Sí, (1) _____ de inmediato.

JEFE Gabriel, ¿los clientes de la mesa 5 te pidieron ensaladas?

GABRIEL Sí, (2) _____.

JEFE Valeria, ¿le llevaste el pan a la señora de la mesa 10?

VALERIA Sí, (3) _____ hace cinco minutos.

VALERIA Gabriel, ¿recuerdas si ya me mostraste los vinos nuevos?

GABRIEL Sí, ya (4) _____.

JEFE Gabriel, ¿van a pagarte la cuenta (bill) los clientes de la mesa 5?

GABRIEL Sí, (5) _____ ahora mismo.

JEFE ¿Les pagaron los clientes buenas propinas (tips)?

VALERIA Sí, (6) _____. ¡Estamos muy contentos!

8.3 Saber and conocer

5 **Completar** Completa las oraciones con la forma correcta de los verbos.

1. Mis amigos y yo vamos a ir a Perú porque no _____ [conocer] ese país.

2. En Lima, tengo un amigo que _____ [conducir] un taxi y él nos _____ [ofrecer] llevarnos a pasear por toda la ciudad.

3. Antonio y yo no _____ [saber] dónde vive nuestro amigo taxista Carlos.

4. Mis amigos _____ [parecer] preocupados porque no hablan bien español.

5. Yo no estoy preocupado porque yo sí _____ [saber] hablar español.

6 **¿Quién soy?** Imagina que eres una persona famosa. Escribe tres oraciones con los verbos **saber** y **conocer** para dar pistas (clues) sobre quién eres. Luego, en grupos de tres, cada persona lee sus oraciones y los demás miembros del grupo adivinan (guess) quién es.

modelo

Estudiante 1: Sé cantar canciones románticas en inglés y en español. Sé bailar muy bien. Conozco a Julio Iglesias porque es mi padre.

Estudiante 2: ¡Enrique Iglesias!

 Practice more at **vhlcentral.com**.

8.4 Comparatives and superlatives

7 En el restaurante del señor Chávez Cambia las oraciones omitiendo *(omitting)* el sujeto y usando los superlativos.

> **modelo**
> Jorge es mal camarero. (el restaurante)
> *Es el peor camarero del restaurante.*

1. La leche es nutritiva. (las bebidas)

2. El restaurante del señor Chávez no es elegante. (la ciudad)

3. Esta taquería es muy cara. (las taquerías)

4. El arroz con pollo es un buen plato. (el menú)

5. Juliana es una camarera muy joven. (las camareras)

6. El arroz con leche es sabroso. (los postres)

8 El almuerzo familiar La familia Solís está almorzando. En parejas, escriban comparaciones usando las formas superlativas y comparativas.

Sandra · Roberto · Abuela Beatriz · Julian

> **modelo**
> *El sándwich de Sandra es grandísimo. La abuela Beatriz es la mayor de la familia.*

Síntesis

9 ¡Su restaurante es malísimo! Fueron a comer a un restaurante y la comida resultó no ser muy rica. En parejas, escriban una carta al dueño del restaurante. Sigan la guía.

- Mencionen lo que ustedes pidieron y lo que les sirvieron.
- Expliquen que ustedes saben cocinar muy bien y que la comida fue muy mala.
- Digan que conocen otros restaurantes mejores.
- Comparen el restaurante con otros restaurantes.
- Despídanse *(say goodbye)*.

Videoclip Video

1 Preparación Si te gustan los dulces, ¿qué postres no puedes resistir? Y si en cambio *(instead)* te gustan muchísimo las comidas saladas, ¿cuáles no puedes resistir? Haz una lista y compárala con la de un compañero/a.

2 El clip Mira el anuncio *(ad)* de **Sopas Roa** de Colombia.

Vocabulario	
resistirse *to resist*	nutritivas *nutricious*
está servida *it is served*	hacer lo que yo quiera *do whatever I want to do*

¡Me voy de esta casa!

¡Ya está servida la sopa de arroz Roa…!

3 ¿Cierto o falso? Indica si las oraciones son **ciertas** o **falsas**.

1. El niño decidió irse de la casa porque estaba alegre.
2. La madre sirvió la sopa a la hora de la cena.
3. El niño no sabía cuál *(didn't know which)* era la comida para el almuerzo.
4. El niño puede resistirse a la comida que prepara su madre.

4 Una cena especial En parejas, dramaticen una conversación en la que uno/a de ustedes está enojado/a con su compañero/a porque éste/a hizo algo malo. Esta persona decide preparar una cena especial para convencer al/a la otro/a de que lo/la perdone *(forgive him/her)*.

Ampliación

1 Escuchar

 A Rosa y Roberto están en un restaurante. Escucha la conversación entre ellos y la camarera y toma nota de cuáles son los especiales del día.

TIP **Jot down notes as you listen.** Jotting down notes while you listen can help you keep track of the important points or details. Focus actively on comprehension rather than on remembering what you have heard.

| Los especiales del día |

_____ _____ _____

B Usa tus notas para completar las oraciones con la opción correcta.

1. La camarera les dio información sobre _____ (dos / tres / cuatro) especiales para plato principal.

2. Rosa pidió _____ (el arroz con pollo / bistec a la criolla / cerdo con salsa de champiñones y papas).

3. Roberto pidió _____ (los entremeses / bistec a la criolla / cerdo con salsa de champiñones y papas).

4. Roberto va a comer _____ (más platos que / menos platos que / tantos platos como) Rosa.

2 Conversar

 En parejas, conversen sobre la última vez (*the last time*) que fueron a un restaurante. Utilicen las preguntas como guía.

- *¿Cuándo fue la última vez que fuiste a un restaurante?*
- *¿Con quién comiste?*
- *¿A qué restaurante fueron?*
- *¿Qué pidieron? ¿Les gustó la comida?*
- *¿Se la sirvieron rápidamente (quickly)?*
- *¿Fue mejor o peor que la comida que comes en casa? ¿Fue muy cara?*
- *¿Van a volver a ese restaurante en el futuro?*

Ampliación

3 Escribir

Escribe una crítica sobre un restaurante local.

> **TIP** **Expressing and supporting opinions** Use details, facts, examples, and other forms of evidence to convince your readers to take your opinions seriously.

Organízalo | Usa un mapa de ideas para organizar comentarios sobre la comida, el servicio, el ambiente (*atmosphere*) y otros datos sobre el restaurante.

Escríbelo | Utiliza tus notas para escribir el primer borrador de la crítica.

Corrígelo | Intercambia (*exchange*) tu composición con la de un(a) compañero/a. Comenta sobre el título, la organización, los detalles específicos y los errores de gramática o de ortografía.

Compártelo | Revisa el primer borrador teniendo en cuenta los comentarios de tu compañero/a. Incorpora nuevas ideas o más información para reforzar (*support*) tu opinión. Luego entrégale (*hand in*) la crítica a tu profesor(a).

4 Un paso más

Diseña el menú de un nuevo restaurante en la capital de un país hispano.

- Decide en qué país y ciudad vas a abrir el restaurante.
- Investiga cuáles son las comidas típicas y los platos más populares del país.
- Elige el nombre del restaurante.
- Diseña el menú, incluyendo entremeses, platos principales, ensaladas, postres y bebidas.
- Indica los precios de los platos en la moneda del país.
- Intercambia tu menú con los de tres o cuatro compañeros/as y comparen los platos que escogieron.

> **CONEXIÓN INTERNET**
>
> Investiga estos temas en el sitio **vhlcentral.com.**
>
> - Capitales de los países hispanos
> - Comidas del mundo hispano

El Tamalito

Especialidades guatemaltecas

5.ª calle (Los Próceres)
Zona 4, Guatemala
Tel: (502) 345 89 76
Fax: (502) 243 56 34

Antes de leer **Audio: Reading**

Reading for the main idea is a useful strategy. Locate the topic sentences of each paragraph to determine the author's purpose for writing. In particular, the first sentence in each paragraph usually provides clues about its content, as well as impressions of how the entire reading selection is organized.

Examinar el texto

Aquí se presentan dos textos distintos. ¿Qué estrategias puedes usar para leer la crítica? ¿Cuáles son las estrategias apropiadas para familiarizarte con el menú? Utiliza las más eficaces para cada texto. Luego, identifica las estrategias similares que se aplican en los dos textos.

Identificar la idea principal

Lee la primera oración de cada párrafo de la crítica del restaurante **El Palmito**. Apunta el tema principal de cada párrafo. Luego lee el primer párrafo. ¿Crees que el restaurante le gustó a la autora? ¿Por qué? Ahora lee la crítica entera. En tu opinión, ¿cuál es la idea principal de la crítica? ¿Por qué la escribió la autora? Compara tus opiniones con las de un(a) compañero/a.

37E

El Tiempo de Guatemala

Restaurantes
Domingo 9 de mayo, Boston, Massachusetts

Cinco estrellas para El Palmito

Margarita Galán, crítica de restaurantes

El viernes pasado me sorprendí° cuando encontré un restaurante fantástico en el barrio donde vivo. Cené en el restaurante **El Palmito,** donde se mezclan° de una manera extraordinaria la comida tradicional de Centroamérica y la belleza arquitectónica de nuestra ciudad. Su propietario, Héctor Suárez, es uno de los chefs más respetados de Guatemala.

El exterior del restaurante refleja el estilo colonial de Nueva Inglaterra. Por dentro°, la decoración rústica crea un ambiente cálido°. Hay que° mencionar también el hermoso patio, lleno° de plantas y flores, donde muchas personas se reúnen para tomar un café en un ambiente° relajado° y cordial.

Uno no se puede quejar° del servicio de **El Palmito.** El personal del restaurante es muy amable y atento, desde los cocineros que preparan la comida hasta los camareros que la sirven.

La comida del restaurante es exquisita. Las tortillas, que se sirven con ajiaceite, son deliciosas. La sopa de pollo y huevo es excelente, y los frijoles enchilados, ricos. También recomiendo el tomaticán, cocinado con una gran variedad de verduras muy ricas. De postre°, don Héctor me preparó su especialidad, un rico pastel de yogur.

Les recomiendo que visiten **El Palmito** cuando tengan ocasión°.

El Palmito, Boston
de lunes a sábado 10:00a.m.-11:00p.m.
domingo 11:00a.m.-10:00p.m.

Comida *****
Servicio *****
Ambiente *****
Precio ****

MENÚ

Entremeses

Pan tostado con
- Queso frito
- Huevos revueltos°

Tortillas con
- Ajicomino (chile, comino°)
- Ajiaceite (chile, aceite)

Sopas
- Cebolla
- Verduras
- Pollo y huevo
- Mariscos

Platos Principales

Chilaquil
(tortilla de maíz, queso y chile)

Tomaticán
(tomate, papas, maíz, chile, arvejas y zanahorias)

Tamales
(maíz, azúcar, ajo, cebolla)

Frijoles enchilados
(frijoles negros, carne de cerdo o de res, arroz, chile)

Postres
- Helado° de limón
- Plátanos° caribeños
- Uvate (uvas, azúcar y ron°)
- Pastel de yogur

Bebidas
- Té helado
- Vino tinto
- Vino blanco
- Agua mineral
- Jugos
- Chilate (maíz, chile y cacao)

Después de leer

¿Comprendiste? ✎

Completa cada oración con la opción correcta.

1. La arquitectura del restaurante es _____ [moderna, colonial, fea].

2. A muchos clientes les gusta tomar el café en _____ [las mesas, el bar, el patio].

3. El dueño del restaurante es uno de los _____ [peores, menores, mejores] chefs de Guatemala.

4. La comida en este restaurante, según la autora, es _____ [muy buena, mala, regular].

5. La crítica _____ [no da información, habla bien, se queja] del restaurante.

Preguntas ✎

Responde a estas preguntas con oraciones completas.

1. ¿Cómo se llama el dueño del restaurante?

2. ¿Qué tipo de comida se sirve en El Palmito?

3. ¿Cómo es el ambiente del restaurante?

4. ¿Quién escribió este artículo?

5. ¿Cuál es la profesión de la autora del artículo?

6. ¿Cuántos platos probó la autora del artículo?

Coméntalo ✎

¿Te interesan las comidas y bebidas que sirven en El Palmito? ¿Cuáles te parecen más interesantes? ¿Por qué? ¿Se sirven platos y bebidas similares a éstos en donde vives?

sorprendí *was surprised* **mezclan** *mix* **por dentro** *inside* **cálido** *warm* **Hay que** *One must* **lleno** *full* **ambiente** *atmosphere* **relajado** *relaxed* **Uno no se puede quejar** *One can't complain* **postre** *dessert* **cuando tengan ocasión** *when you have the opportunity* **huevos revueltos** *scrambled eggs* **comino** *cumin* **helado** *ice cream* **plátanos** *plantains* **ron** *rum*

Audio: Vocabulary Flashcards

En un restaurante

el/la camarero/a	waiter
el/la dueño/a	owner
el menú	menu
la sección de (no) fumadores	(non)smoking section
el almuerzo	lunch
la cena	dinner
la comida	food; meal
el desayuno	breakfast
los entremeses	hors d'oeuvres
el plato (principal)	(main) dish
agrio/a	sour
delicioso/a	delicious
dulce	sweet
picante	hot, spicy
rico/a	tasty; delicious
sabroso/a	tasty; delicious
salado/a	salty
almorzar (o:ue)	to have lunch
cenar	to have dinner
desayunar	to have breakfast
pedir (e:i)	to order (food)
probar (o:ue)	to taste; to try
recomendar (e:ie)	to recommend
servir (e:i)	to serve

Las bebidas

el agua (f.) (mineral)	(mineral) water
la bebida	drink
el café	coffee
la cerveza	beer
el jugo (de fruta)	(fruit) juice
la leche	milk
el refresco	soft drink
el té (helado)	(iced) tea
el vino (blanco/tinto)	(white/red) wine

Los granos y las verduras

el ajo	garlic
el arroz	rice
las arvejas	peas
la cebolla	onion
los cereales	cereals; grains
el champiñón	mushroom
la ensalada	salad
los frijoles	beans
la lechuga	lettuce
el maíz	corn
la papa/patata	potato
el tomate	tomato
las verduras	vegetables
la zanahoria	carrot

Las carnes, los pescados y los mariscos

el atún	tuna
el bistec	steak
los camarones	shrimp
la carne	meat
la carne de res	beef
la chuleta de cerdo	pork chop
la hamburguesa	hamburger
el jamón	ham
la langosta	lobster
los mariscos	seafood
el pavo	turkey
el pescado	fish
el pollo (asado)	(roast) chicken
la salchicha	sausage
el salmón	salmon

Las frutas

la banana	banana
las frutas	fruit
el limón	lemon
la manzana	apple
la naranja	orange
las uvas	grapes

Los condimentos y otras comidas

el aceite	oil
el azúcar	sugar
el huevo	egg
la mantequilla	butter
la margarina	margarine
la mayonesa	mayonnaise
el pan (tostado)	(toasted) bread
las papas/ patatas fritas	French fries
la pimienta	pepper
el queso	cheese
la sal	salt
el sándwich	sandwich
la sopa	soup
el vinagre	vinegar

Verbos

conducir	to drive
conocer	to know; to be acquainted with
morir (o:ue)	to die
ofrecer	to offer
parecer	to seem
saber	to know; to know how
traducir	to translate

Comparatives and superlatives	See pages 212–213.

Practice more at **vhlcentral.com**.

AVENTURAS EN LOS PAÍSES HISPANOS

El Amazonas es el río más caudaloso *(the most vast)* del mundo. Por ser muy profundo *(deep)* y ancho *(wide)*, tiene otro nombre: "río océano". Desde barcos muy grandes hasta barcos pequeños, como la canoa que vemos en la foto, navegan en él. Alrededor *(around)* del río Amazonas hay una gran selva *(jungle)* y muy poca gente vive allí.

SURAMÉRICA I

Venezuela

Área: 912.050 km² (352.144 millas²)
Población: 28.048.000
Capital: Caracas–3.051.000
Ciudades principales: Maracaibo, Valencia, Maracay, Barquisimeto
Moneda: bolívar

SOURCE: Population Division, UN Secretariat & CIA World Factbook

Colombia

Área: 1.138.910 km² (439.734 millas²)
Población: 45.239.000
Capital: Bogotá–8.262.000
Ciudades principales: Cali, Medellín, Barranquilla, Cartagena
Moneda: peso colombiano

SOURCE: Population Division, UN Secretariat & CIA World Factbook

Ecuador

Área: 283.560 km² (109.483 millas²)
Población: 15.224.000
Capital: Quito–1.801.000
Ciudades principales: Guayaquil, Cuenca, Machala, Portoviejo
Moneda: dólar estadounidense

SOURCE: Population Division, UN Secretariat & CIA World Factbook

Perú

Área: 1.285.220 km² (496.224 millas²)
Población: 29.550.000
Capital: Lima–8.769.000
Ciudades principales: Arequipa, Trujillo, Chiclayo, Iquitos
Moneda: nuevo sol

SOURCE: Population Division, UN Secretariat & CIA World Factbook

Gente

Indígenas de Ecuador

Ecuador tiene una gran población indígena *(native)*. La lengua oficial de Ecuador es el español, pero hoy día también se hablan *(are spoken)* otras lenguas. Aproximadamente unos 4.000.000 de ecuatorianos hablan lenguas indígenas; la mayoría de ellos habla quechua. Las comunidades indígenas de Ecuador son excelentes tejedores *(weavers)*; sus tejidos son famosos en todo el mundo por sus colores vivos y sus hermosos diseños *(designs)*. En el mercado de Otavalo se venden mantas *(blankets)*, ropas tradicionales y tapices *(tapestries)* hechos por estas comunidades.

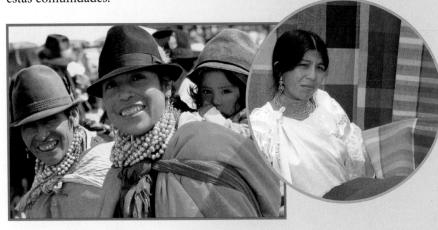

Lugares

El Salto Ángel

El Salto Ángel, en el sureste de Venezuela, es la catarata *(waterfall)* más alta del mundo. Tiene 979 m (3.212 pies) de altura *(height)*. Es diecisiete veces más alta que las cataratas del Niágara. James C. Angel "descubrió" esta catarata en 1937 y por eso lleva su nombre. Está en el Parque Nacional Canaima y los indígenas la llaman *Kerepakupai Merú*, que significa catarata.

Mar Caribe

Barranquilla

Maracaibo

Medellín

Bogotá

Cali

R. Magdalena

COLOMBIA

Pasto

Quito

ECUADOR

Guayaquil

Iquitos

Cordillera de los Andes

PERÚ

Lima

Cuzco

Océano Pacífico

Lago Titica

Arequipa

Puerto España
TRINIDAD

Caracas
VENEZUELA

R. Orinoco

GUAYANA

BRASIL

PARAGUAY

Literatura

Gabriel García Márquez

Gabriel García Márquez es uno de los escritores contemporáneos más importantes del mundo. Publicó su primer cuento *(short story)* en 1947, cuando era estudiante universitario. Su libro más conocido, *Cien años de soledad*, está escrito en el estilo *(style)* literario llamado "realismo mágico", un estilo que mezcla *(mixes)* la realidad con lo irreal y lo mítico *(mythical)*. García Márquez recibió el Premio Nobel de Literatura en 1982.

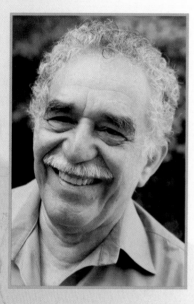

Economía

Las alpacas del Perú

La alpaca es un animal sudamericano de la familia de la llama y la vicuña. Vive en rebaños *(herds)* en los Andes. Es un animal muy importante para la economía del país, ya que da una lana muy buena que los peruanos utilizan para hacer ropa, mantas y bolsas de alta calidad *(quality)*. Pero cuidado: ¡Las alpacas escupen *(spit)* para defenderse!

Familia peruana esquilando *(shearing)* una alpaca

Practice more!

| WB pp. 85–86 | VM pp. 241–244 | vhlcentral.com |

¿Qué aprendiste?

1 ¿Cierto o falso? Indica si las oraciones son **ciertas** o **falsas**.

	Cierto	Falso
1. El río Amazonas es el más caudaloso del mundo.	_____	_____
2. Alrededor del río Amazonas hay una gran playa.	_____	_____
3. La moneda de Ecuador es el dólar estadounidense.	_____	_____
4. Arequipa es una de las ciudades principales de Venezuela.	_____	_____
5. La lengua oficial de Ecuador es el quechua.	_____	_____
6. Los tejidos de Ecuador son famosos en todo el mundo.	_____	_____
7. Las cataratas del Niágara son más altas que el Salto Ángel.	_____	_____
8. Los indígenas llaman *Kerepakupai Merú* al Salto Ángel.	_____	_____
9. García Márquez ganó el Premio Nobel en 1982.	_____	_____
10. García Márquez publicó su primer cuento en 1999.	_____	_____
11. La alpaca es de la familia de la llama y la vicuña.	_____	_____
12. La alpaca escupe para defenderse.	_____	_____

2 Preguntas Contesta las siguientes preguntas.

1. ¿Te gustaría navegar en el río Amazonas? ¿Por qué?

2. ¿Qué te gustaría comprar en el mercado de Otavalo?

3. ¿Conoces alguna catarata similar a la de Salto Ángel? ¿Dónde está? ¿Cómo es comparada con la de Salto Ángel?

4. ¿Leíste alguna obra de García Márquez? ¿Cuál? Si no, ¿crees que te gustaría leer algo de él?

5. ¿Tienes ropa, mantas o bolsos de alpaca? ¿Te gusta la calidad de la alpaca?

CONEXIÓN INTERNET

Investiga estos temas en el sitio **vhlcentral.com**.

- La cultura inca y personajes importantes de Perú, Venezuela y Colombia
- Ecoturismo en el Orinoco y lugares para visitar en Colombia y Ecuador

9 Las celebraciones

PARA EMPEZAR

- ¿Cómo se sienten estas personas, alegres o tristes?
- ¿Qué hay en la mesa?
- ¿Qué crees que está celebrando la familia?

Tutorials

LAS CELEBRACIONES

la boda
wedding

graduarse (de)
to graduate (from)

LAS FIESTAS

el aniversario (de bodas) *(wedding) anniversary*
el día de fiesta *holiday*
la fiesta *party*
el/la invitado/a *guest*
la Navidad *Christmas*
la quinceañera *young woman celebrating her fifteenth birthday*
la sorpresa *surprise*

celebrar *to celebrate*
cumplir años *to have a birthday*
dejar una propina *to leave a tip*
divertirse (e:ie) *to have fun*
invitar *to invite; to treat*
pagar la cuenta *to pay the bill*
pasarlo bien/mal *to have a good/bad time*
regalar *to give (a gift)*
reírse (e:i) *to laugh*
relajarse *to relax*
sonreír (e:i) *to smile*
sorprender *to surprise*

el cumpleaños
birthday

brindar
to toast

LOS POSTRES Y OTRAS COMIDAS

la botella de vino *bottle of wine*
los dulces *sweets; candy*
el helado *ice cream*
el pastel *cake*
el pastel de cumpleaños *birthday cake*
los postres *desserts*

las galletas

el flan

el champán

LAS ETAPAS DE LA VIDA

la etapa *stage*

la juventud *youth*

el nacimiento *birth*

la vida *life*

___

jubilarse *to retire (from work)*

nacer *to be born*

la niñez
childhood

LAS RELACIONES PERSONALES

la alegría *happiness*

la amistad *friendship*

el amor *love*

el divorcio *divorce*

el estado civil *marital status*

el matrimonio *marriage; married couple*

la pareja *couple; partner*

el/la recién casado/a *newlywed*

___

casado/a *married*

divorciado/a *divorced*

juntos/as *together*

separado/a *separated*

soltero/a *single*

viudo/a *widowed*

___

cambiar (de) *to change*

casarse (con) *to get married (to)*

comprometerse (con) *to get engaged (to)*

divorciarse (de) *to get divorced (from)*

enamorarse (de) *to fall in love (with)*

llevarse bien/mal (con) *to get along well/badly (with)*

odiar *to hate*

romper (con) *to break up (with)*

salir (con) *to go out (with); to date*

separarse (de) *to separate (from)*

tener una cita *to have a date; to have an appointment*

la adolescencia
adolescence

la madurez
maturity; middle age

la vejez
old age

la muerte
death

OTRAS PALABRAS

el apellido *last name*

el consejo *advice*

la respuesta *answer*

A escuchar

1 **¿Lógico o ilógico?** Escucha las oraciones e indica si cada oración es **lógica** o **ilógica**.

	Lógico	Ilógico
1.	_____	_____
2.	_____	_____
3.	_____	_____
4.	_____	_____
5.	_____	_____
6.	_____	_____

2 **¡Feliz cumpleaños!** Los amigos de Silvia están preparándole una fiesta de cumpleaños. Escucha la conversación y contesta las preguntas.

1. ¿Sabe Silvia que sus amigos le van a organizar una fiesta? _____

2. ¿Qué van a comer los amigos en la fiesta? _____

3. ¿A Silvia le gusta el chocolate? _____

4. ¿Dónde compraron el helado? _____

5. ¿Por qué no quieren comer el helado de la cafetería? _____

6. ¿Cuántos años cumple Silvia? _____

7. ¿Con qué brindan los amigos? _____

8. ¿Silvia es mayor o menor que sus amigos? _____

Practice more!

LM
p. 49

A practicar

3 **Completar** Completa las oraciones.

dejó una propina	se jubiló
nació	se llevan bien
nos divertimos	sonrió
lo pasaron mal	tenemos una cita
se casaron	pagaron la cuenta

1. Nelson y Mónica _____ en septiembre. La boda fue maravillosa.

2. Mi tía le _____ muy grande al camarero.

3. Mi padrastro _____ hace un año.

4. A Alejandra le gustan las galletas. Ella se puso contenta y _____ después de comérselas todas.

5. Luis y yo _____ en la fiesta. Bailamos y comimos mucho.

6. ¡Tengo una nueva sobrina! Ella _____ ayer por la mañana y se llama Sofía.

7. Irene y su esposo _____. Ellos casi nunca se pelean y disfrutan haciendo actividades juntos.

8. Isabel y yo _____ esta noche. Vamos a ir a un restaurante muy elegante.

4 **La fiesta de Susana** Completa las oraciones de manera lógica.

1. Susana siempre _____ su cumpleaños con su familia y sus amigos.

2. Su mamá invitó a mucha gente; todos los _____ llegaron tarde.

3. Su papá contó chistes (*told jokes*) y todos _____ porque eran (*were*) muy graciosos.

4. A Susana le _____ muchos regalos.

5. Su amiga Anabela trajo una botella de _____ para brindar después de comer el pastel.

6. El hermano de Susana comió muchos trozos (*pieces*) de_____ de chocolate.

7. Susana está un poco triste porque ayer _____ su novio y él no vino a su fiesta de cumpleaños ni la llamó por teléfono.

8. Pero Susana _____ el próximo viernes con Jorge.

5 **Cambiar** En parejas, túrnense para decir que las afirmaciones son falsas y corríjanlas (*correct them*) cambiando las expresiones subrayadas.

modelo
Nuestros amigos <u>lo pasaron mal</u> en la playa.
Estudiante 1: Nuestros amigos lo pasaron mal en la playa.
Estudiante 2: No, te equivocas (*you're wrong*). Ellos lo pasaron bien.

1. <u>El nacimiento</u> es el fin de la vida.

2. A los sesenta y cinco años muchas personas <u>comienzan a trabajar.</u>

3. Francisco y Gloria <u>se divorcian</u> mañana.

4. Pancho <u>se comprometió</u> con Yolanda.

5. Marcela <u>lo pasa bien con</u> Ramón.

6. El abuelo murió, por eso, la abuela es <u>separada</u>.

Practice more!
WB pp. 89–90
vhlcentral.com

El Día de Muertos

La familia Díaz conmemora el Día de Muertos.

PERSONAJES

 MARISSA

 JIMENA

 FELIPE

 JUAN CARLOS

 SRA. DÍAZ

 SR. DÍAZ

 TÍA ANA MARÍA

 TÍO RAMÓN

 TÍA NAYELI

 DON DIEGO

 MARTA

 VALENTINA

 MAITE FUENTES

MAITE FUENTES El Día de Muertos se celebra en México el primero y el segundo de noviembre. Como pueden ver, hay calaveras de azúcar, flores, música y comida por todas partes. Ésta es una fiesta única que todos deben ver por lo menos una vez en la vida.

MARISSA *Holy moley!* ¡Está delicioso!

TÍA ANA MARÍA Mi mamá me enseñó a prepararlo. El mole siempre fue el plato favorito de mi papá. Mi hijo Eduardo nació el día de su cumpleaños. Por eso le pusimos su nombre.

TÍO RAMÓN ¿Dónde están mis hermanos?

JIMENA Mi papá y Felipe están en el otro cuarto. Esos dos antipáticos no quieren decirnos qué están haciendo. Y la tía Ana María...

TÍO RAMÓN ... está en la cocina.

TÍA ANA MARÍA Ramón, ¿cómo estás?

TÍO RAMÓN Bien, gracias. ¿Y Mateo? ¿No vino contigo?

TÍA ANA MARÍA No. Ya sabes que me casé con un doctor y, pues, trabaja muchísimo.

SR. DÍAZ Familia Díaz, deben prepararse...

FELIPE ... ¡para la sorpresa de sus vidas!

JUAN CARLOS Gracias por invitarme.

SR. DÍAZ Juan Carlos, como eres nuestro amigo, ya eres parte de la familia.

1 Identificar Identifica quién puede decir estas oraciones. Vas a usar un nombre dos veces.

1. Mis padres se conocieron en la fiesta de un amigo.
2. El Día de Muertos se celebra con flores, calaveras de azúcar, música y comida.
3. Gracias por invitarme a celebrar este Día de Muertos.
4. Los de la foto son mis padres el día de su boda.
5. A mí me gustan mucho las galletas.
6. ¡Qué bueno que estás aquí, Juan Carlos! Eres uno más de la familia.

2 Completar Completa las oraciones con la información correcta.

1. El Día de Muertos es una _____ única que todos deben ver.
2. La tía Ana María preparó _____ para celebrar.
3. Marissa lleva la _____ al altar.
4. Jimena hizo las _____ y el _____.
5. Marta no sabe qué _____ prefiere.
6. El Sr. Díaz y Felipe prepararon una _____ para la familia.

TÍA ANA MARÍA Marissa, ¿le puedes llevar esa foto que está ahí a Carolina? La necesita para el altar.

MARISSA Sí. ¿Son sus padres?

TÍA ANA MARÍA Sí, el día de su boda.

MARISSA ¿Cómo se conocieron?

TÍA ANA MARÍA En la fiesta de un amigo. Fue amor a primera vista.

MARISSA (*Señala la foto.*) La voy a llevar al altar.

(En el cementerio)

JIMENA Yo hice las galletas y el pastel. ¿Dónde los puse?

MARTA Postres... ¿Cuál prefiero? ¿Galletas? ¿Pastel? ¡Dulces!

VALENTINA Me gustan las galletas.

SR. DÍAZ Brindamos por ustedes, mamá y papá.

TÍO RAMÓN Todas las otras noches estamos separados. Pero esta noche estamos juntos.

TÍA ANA MARÍA Con gratitud y amor.

Expresiones útiles

Discussing family history

El mole siempre fue el plato favorito de mi papá.
Mole was always my dad's favorite dish.

Mi hijo Eduardo nació el día de su cumpleaños.
My son Eduardo was born on his birthday.

Por eso le pusimos su nombre.
That's why we named him after him (after my father).

¿Cómo se conocieron sus padres?
How did your parents meet?

En la fiesta de un amigo. Fue amor a primera vista.
At a friend's party. It was love at first sight.

Talking about a party/celebration

Ésta es una fiesta única que todos deben ver por lo menos una vez.
This is a unique celebration that everyone should see at least once.

Gracias por invitarme.
Thanks for inviting me.

Brindamos por ustedes.
A toast to you.

Additional vocabulary

alma *soul*
altar *altar*
ángel *angel*
calavera de azúcar
skull made out of sugar
cementerio *cemetery*
cocina *kitchen*
disfraz *costume*

---

3 **Una cena** Trabajen en grupos para representar una conversación en una cena de Año Nuevo. Usen la guía para representar la situación.

▶ Una persona brinda por el año que está por comenzar y por estar con su familia y amigos.

▶ Cada persona del grupo habla de cuál es su comida favorita en Año Nuevo.

▶ Después de la cena, una persona del grupo dice que es hora de *(it's time to)* comer las uvas.

▶ Cada persona del grupo dice qué desea para el año que empieza.

▶ Después, cada persona del grupo debe desear Feliz Año Nuevo a los demás.

Practice more!

VM
pp. 185–186

vhlcentral.com

Semana Santa: vacaciones y tradición

¿Te imaginas pasar veinticuatro horas tocando un tambor° entre miles de personas? Así es como mucha gente celebra el Viernes Santo° en el pequeño pueblo de **Calanda**, España. De todas las celebraciones hispanas, la **Semana Santa°** es una de las más espectaculares y únicas.

Otras celebraciones famosas

Ayacucho, Perú: Además de alfombras de flores y procesiones, aquí hay una antigua tradición llamada "quema de la chamiza"°.

Iztapalapa, Ciudad de México: Es famoso el Vía Crucis del cerro° de la Estrella. Es una representación del recorrido° de Jesucristo con la cruz°.

Popayán, Colombia: En las procesiones "chiquitas" los niños llevan imágenes que son copias pequeñas de las que llevan los mayores.

Semana Santa es la semana antes de Pascua°, una celebración religiosa que conmemora la Pasión de Jesucristo. Generalmente, la gente tiene unos días de vacaciones en esta semana. Algunas personas aprovechan° estos días para viajar, pero otras prefieren participar en las tradicionales celebraciones religiosas en las calles°. En **Antigua**, Guatemala, hacen alfombras°

de flores° y altares; también organizan Vía Crucis° y danzas. En las famosas procesiones y desfiles° religiosos de **Sevilla**, España, los fieles° sacan a las calles imágenes religiosas. Las imágenes van encima de plataformas ricamente decoradas con abundantes flores y velas°. En la procesión, los penitentes llevan túnicas y unos sombreros cónicos que les cubren° la cara°. En sus manos llevan faroles° o velas encendidas.

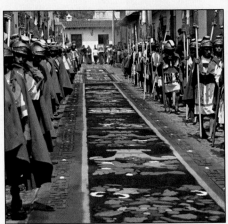

Alfombra de flores en Antigua, Guatemala

Si visitas algún país hispano durante la Semana Santa, debes asistir a un desfile. Las playas y las discotecas pueden esperar hasta la semana siguiente.

tocando un tambor *playing a drum* Viernes Santo *Good Friday* Semana Santa *Holy Week* Pascua *Easter Sunday* aprovechan *take advantage of* calles *streets* alfombras *carpets* flores *flowers* Vía Crucis *Stations of the Cross* desfiles *parades* fieles *faithful* velas *candles* cubren *cover* cara *face* faroles *lamps* quema de la chamiza *burning of brushwood* cerro *hill* recorrido *route* cruz *cross*

Procesión en Sevilla, España

ASÍ SE DICE

Fiestas y celebraciones

la despedida de soltero/a	*bachelor(ette) party*
el día feriado/festivo	el día de fiesta
disfrutar	*to enjoy*
festejar	celebrar
los fuegos artificiales	*fireworks*
pasarlo en grande	divertirse mucho
salir de parranda, rumbear (Ven.), (Col.)	*to go out and have fun*

ACTIVIDADES

1 **¿Cierto o falso?** Indica si lo que dicen las oraciones sobre Semana Santa en países hispanos es **cierto** o **falso**. Corrige las falsas.

1. La Semana Santa se celebra después de Pascua.

2. Las personas tienen días libres durante la Semana Santa.

3. Todas las personas asisten a las celebraciones religiosas.

4. En los países hispanos, las celebraciones se hacen en las calles.

5. En Antigua y en Ayacucho es típico hacer alfombras de flores.

6. En Sevilla, sacan imágenes religiosas a las calles.

7. En Sevilla, las túnicas cubren la cara.

8. En la procesión en Sevilla algunas personas llevan flores en sus manos.

9. El Vía Crucis de Iztapalapa es en el interior de una iglesia.

10. Las procesiones "chiquitas" son famosas en Sevilla, España.

2 **Comparación** Compara una celebración del mundo hispano con una celebración importante de tu país. ¿Cómo celebra la gente? ¿Cuáles son actividades típicas? ¿En qué se parecen? ¿En qué se diferencian? Comparte tus ideas con la clase.

CONEXIÓN INTERNET

¿Qué celebraciones hispanas hay en los Estados Unidos?

For more information about this **Cultura**, go to **vhlcentral.com**.

Las fiestas

1 **Preparación** ¿Se celebra la Navidad en tu país? ¿Qué otras fiestas importantes se celebran? En cada caso, ¿cuánto tiempo dura? ¿Cuáles son las tradiciones y actividades típicas?

2 **El video** Mira el episodio de **Flash Cultura**.

Vocabulario
las artesanías *handicrafts*
los cabezudos *carnival figures with large heads*
los carteles *posters*
fiesta de pueblo *small town celebration*
máscaras *masks*
santos de palo *wooden sculptures of saints*

Los cabezudos son una tradición [...] de España.

Es una fiesta de pueblo... una tradición. Vengo todos los años.

3 **Elegir** Indica cuál de las dos opciones resume mejor este episodio.

• Las Navidades puertorriqueñas son las más largas y terminan después de las fiestas de la calle San Sebastián. Esta fiesta de pueblo se celebra con baile, música y distintas expresiones artísticas típicas.

• En la celebración de las Navidades puertorriqueñas, los cabezudos son una tradición de España y son el elemento más importante de la fiesta. A la gente le gusta bailar y hacer procesiones por la noche.

Practice more!

VM pp. 217–218	vhlcentral.com

9.1 Irregular preterites

 Tutorial

▶ You already know that **ir** and **ser** are irregular in the preterite. Here are some other verbs that are irregular in the preterite.

Preterite of *tener*, *venir*, and *decir*

	tener (u-stem)	venir (i-stem)	decir (j-stem)
yo	tuve	vine	dije
tú	tuviste	viniste	dijiste
Ud./él/ella	tuvo	vino	dijo
nosotros/as	tuvimos	vinimos	dijimos
vosotros/as	tuvisteis	vinisteis	dijisteis
Uds./ellos/ellas	tuvieron	vinieron	dijeron

▶ Observe the stem changes in the chart: the **e** in **tener** changes to **u**, and the **e** in **venir** and **decir** changes to **i**. Note also that the **c** in **decir** changes to **j**. None of these verbs have written accents in the **yo** or **usted/él/ella** forms.

▶ These verbs have similar stem changes to **tener**, **venir**, and **decir**.

INFINITIVE	U-STEM	PRETERITE FORMS
poder	pud-	pude, pudiste, pudo, pudimos, pudisteis, pudieron
poner	pus-	puse, pusiste, puso, pusimos, pusisteis, pusieron
saber	sup-	supe, supiste, supo, supimos, supisteis, supieron
estar	estuv-	estuve, estuviste, estuvo, estuvimos, estuvisteis, estuvieron

INFINITIVE	I-STEM	PRETERITE FORMS
querer	quis-	quise, quisiste, quiso, quisimos, quisisteis, quisieron
hacer	hic-	hice, hiciste, hizo, hicimos, hicisteis, hicieron

INFINITIVE	J-STEM	PRETERITE FORMS
traer	traj-	traje, trajiste, trajo, trajimos, trajisteis, trajeron
conducir	conduj-	conduje, condujiste, condujo, condujimos, condujisteis, condujeron
traducir	traduj-	traduje, tradujiste, tradujo, tradujimos, tradujisteis, tradujeron

¡ojo! Verbs with **j**-stems omit the letter **i** in the **ustedes/ellos/ellas** endings. For example, **tener → tuvieron**, but **decir → dijeron**.

▶ Most verbs that end in **–cir** are **j**-stem verbs in the preterite. For example, **producir → produje, produjiste**, etc.

CONVERCEL
$5.000
$10.000
$20.000

¿Dijiste larga distancia?
Con Convercel, habla más minutos y paga menos.

Práctica

1 **Una fiesta sorpresa** Completa estas oraciones con el pretérito de los verbos indicados.

1. El sábado _____ [haber] una fiesta sorpresa para Elsa en mi casa.

2. Sofía _____ [hacer] un pastel para la fiesta y Miguel _____ [traer] un flan.

3. Los amigos y parientes de Elsa _____ [venir] y _____ [traer] regalos.

4. El hermano de Elsa no _____ [venir] porque _____ [tener] que trabajar.

5. Su tía María tampoco _____ [poder] venir.

6. Cuando Elsa abrió la puerta, todos gritaron (*shouted*): "¡Feliz cumpleaños!" y su esposo le _____ [dar] un beso.

7. Al final de la fiesta, todos _____ [decir] que se divirtieron mucho.

8. La fiesta le _____ [dar] a Elsa tanta alegría que no _____ [poder] dormir esa noche.

2 **¿Qué hicieron?** Usa los verbos de la lista para describir lo que hicieron estas personas.

dar	poner	traer
estar	tener	venir

1. El señor López/dinero

2. Nosotros/fiesta

3. Norma/pavo

4. Roberto y Elena/regalo

Conversación

3 **Preguntas** En parejas, túrnense para contestar estas preguntas.

1. ¿Qué hiciste anoche?
2. ¿Quiénes no estuvieron en clase la semana pasada?
3. ¿Hiciste la tarea esta mañana? ¿Cuándo? ¿Se la diste al/a la profesor(a)?
4. ¿Qué trajiste a clase hoy?
5. ¿Pudiste leer tus mensajes electrónicos esta mañana?
6. ¿Tuviste que asistir a alguna boda el año pasado? ¿De quién?
7. ¿Hubo una fiesta en tu casa o residencia el sábado pasado?
8. ¿Alguien dio una fiesta por tu cumpleaños el año pasado? ¿Quién?
9. ¿Cuándo fue la última (*last*) vez que tus parientes vinieron a visitarte? ¿Te trajeron algo? ¿Qué te trajeron?
10. ¿Les diste a tus padres un regalo para su aniversario de bodas? ¿Qué les regalaste?

4 **Encuesta** Averigua (*Find out*) quién de tus compañeros/as hizo cada una de estas actividades. Luego, comparte los resultados con la clase.

modelo

Fue a una fiesta la semana pasada

Estudiante 1: ¿Fuiste a una fiesta la semana pasada?
Estudiante 2: No, no fui a ninguna fiesta.
Estudiante 1: ¿Fuiste a una fiesta la semana pasada?
Estudiante 3: Sí, fui a una fiesta muy buena.

Descripciones	Nombres
1. Tuvo un examen ayer.	_____
2. Trajo dulces a clase.	_____
3. Condujo su auto a clase.	_____
4. Estuvo en la biblioteca ayer.	_____
5. Le dio consejos a alguien ayer.	_____
6. Tuvo que levantarse temprano ayer.	_____
7. Hizo un viaje por más de dos semanas el verano pasado.	_____
8. Tuvo una cita anoche.	_____
9. Dijo una mentira ayer.	_____
10. Tuvo que trabajar el sábado pasado.	_____

Practice more!

WB pp. 91–92   LM p. 51   vhlcentral.com

The preterite of **dar**

The preterite of *dar*			
yo	di	nosotros/as	dimos
tú	diste	vosotros/as	disteis
Ud./él/ella	dio	Uds./ellos/ellas	dieron

▶ The endings for **dar** are the same as the regular preterite endings for **-er** and **-ir** verbs, but there are no written accent marks.

La camarera me **dio** el menú.
The waitress gave me the menu.

Le **di** a Juan algunos consejos.
I gave Juan some advice.

Los invitados le **dieron** un regalo.
The guests gave him/her a gift.

Nosotros **dimos** una gran fiesta.
We gave a great party.

▶ The preterite of **hay** (*inf.* **haber**) is **hubo** (*there was/were*).

Hubo una fiesta el sábado pasado.
There was a party last Saturday.

Hubo muchos invitados.
There were a lot of guests.

Hubo una sorpresa especial para mi hermana.
There was a special surprise for my sister.

También **hubo** muchos regalos y champán.
There were also a lot of gifts and champagne.

Marissa le dio la foto a la Sra. Díaz.

Hubo una celebración en casa de los Díaz.

¡Manos a la obra!

Escribe la forma correcta del pretérito de cada verbo.

1. Tú ___quisiste___ [querer].
2. Usted _____ [decir].
3. Nosotras _____ [hacer].
4. Yo _____ [traer].
5. Ellas _____ [conducir].
6. Ella _____ [estar].
7. Tú _____ [tener].
8. Ella y yo _____ [dar].
9. Yo _____ [traducir].
10. _____ [haber] muchos invitados.
11. Usted _____ [saber].
12. Ellos _____ [poner].
13. Yo _____ [venir].
14. Tú _____ [poder].
15. Ustedes _____ [querer].
16. Nosotras _____ [estar].
17. Tú _____ [decir].
18. Ellos _____ [saber].
19. Él _____ [hacer].
20. Yo _____ [poner].
21. Nosotras _____ [traer].
22. Yo _____ [tener].
23. Tú _____ [dar].
24. Usted _____ [conducir].

Tutorial

9.2 Verbs that change meaning in the preterite

▶ **Conocer, saber, poder,** and **querer** change meanings in the preterite.

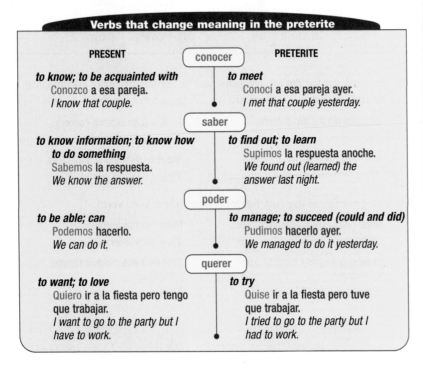

Verbs that change meaning in the preterite

PRESENT	conocer	PRETERITE

to know; to be acquainted with
Conozco a esa pareja.
I know that couple.

to meet
Conocí a esa pareja ayer.
I met that couple yesterday.

saber

to know information; to know how to do something
Sabemos la respuesta.
We know the answer.

to find out; to learn
Supimos la respuesta anoche.
We found out (learned) the answer last night.

poder

to be able; can
Podemos hacerlo.
We can do it.

to manage; to succeed (could and did)
Pudimos hacerlo ayer.
We managed to do it yesterday.

querer

to want; to love
Quiero ir a la fiesta pero tengo que trabajar.
I want to go to the party but I have to work.

to try
Quise ir a la fiesta pero tuve que trabajar.
I tried to go to the party but I had to work.

▶ In the preterite, **poder** and **querer** have different meanings, depending on whether they are used in affirmative or negative sentences.

Affirmative		Negative	
pude	*I was able (to)/succeeded*	no pude	*I failed (to)*
quise	*I tried (to)*	no quise	*I refused (to)*

¡Manos a la obra!

Cambia los verbos del presente al pretérito.

1. No quiero hacerlo. No ____quise____ hacerlo.
2. ¿Sabes la respuesta? ¿ _____ la respuesta?
3. Las chicas pueden divertirse. Las chicas _____ divertirse.
4. ¿Conoces a los recién casados? ¿ _____ a los recién casados?
5. No puedo encontrar a Patricia. No _____ encontrar a Patricia.
6. Josefina quiere descansar. Josefina _____ descansar.
7. Conocemos a Julio. _____ a Julio el año pasado.
8. Ella no puede venir a la fiesta. Ella no _____ venir a la fiesta.
9. Queremos pasarlo bien. _____ pasarlo bien.
10. Ustedes saben del problema, ¿verdad? Ustedes _____ del problema, ¿verdad?
11. No queremos ir a la fiesta. No _____ ir a la fiesta.
12. Puedes venir conmigo. _____ venir conmigo.

Práctica

1 **Oraciones** Forma oraciones con estos elementos. Usa el pretérito.

modelo

Mis padres / no querer / venir / fiesta
Mis padres no quisieron venir a la fiesta.

1. Anoche / nosotros / saber / del divorcio / Carlos y Eva _____
2. Tú / conocer / Nora / clase / historia / ¿no?
_____
3. ¿Poder / ustedes / visitar / la Isla de Pascua?
_____
4. Pedro / querer / romper / Olivia
_____
5. Irma / saber / de la fiesta sorpresa
_____
6. Gustavo y Elena / conocer / mi esposo / fiesta de Ana _____
7. Yolanda / no poder / dormir / anoche
_____
8. El señor Navarro / querer / jubilarse / pero / no poder _____
9. Ayer / yo / no poder / llamar / tú
_____
10. Nosotros / querer / pagar la cuenta
_____

2 **Completar** Completa estas oraciones de manera lógica.

1. La semana pasada yo supe…
2. Ayer mi compañero/a de cuarto supo…
3. Esta mañana no pude…
4. El fin de semana pasado mis amigos/as y yo no pudimos…
5. Conocí a mi mejor amigo/a en…
6. Mis padres no quisieron…
7. Mi mejor amigo/a no pudo…
8. Mi novio/a y yo nos conocimos en…
9. El mes pasado quise…
10. Ayer mis amigos/as quisieron…
11. Mis abuelos pudieron…

Conversación

3 **El fin de semana** Prepara dos listas: una con las actividades que hiciste el fin de semana pasado y la otra lista con las actividades que quisiste hacer, pero no pudiste hacer. Luego, compara tu lista con la de un(a) compañero/a, y expliquen por qué no pudieron hacer esas cosas.

Cosas que hice	Cosas que quise hacer
1. _____	1. _____
2. _____	2. _____
3. _____	3. _____
4. _____	4. _____
5. _____	5. _____
6. _____	6. _____
7. _____	7. _____
8. _____	8. _____
9. _____	9. _____
10. _____	10. _____

4 **Telenovela** En grupos de tres, escriban el guión (*script*) de una escena amorosa entre los tres personajes de la telenovela (*soap opera*) llamada **La mujer doble**. Usen el pretérito de **conocer, poder, querer** y **saber**. ¡Sean creativos!

Daniel

Mirta

Raúl

PASIÓN   AVENTURA
HECHICERÍA   VENGANZA
LA MUJER DOBLE

Practice more!

WB p. 93	LM p. 52	Ⓢ vhlcentral.com

Español en vivo

Hubo un día en el que la humanidad quiso ir más allá de sus límites. Pudo conocer un mundo° increíble. Supo asegurar° su futuro.

BANCO COLÓN
El banco de Puerto Rico

Ahora todos lo pueden hacer.

mundo *world*   **asegurar** *to ensure*

Identificar
Lee el anuncio e identifica los verbos en el pretérito.

Preguntas
1. ¿Qué quiso hacer la humanidad? ¿Qué pudo conocer?
2. ¿Cuándo llegó Cristóbal Colón a América?
3. ¿Qué tipo de compañía es la del anuncio?
4. ¿Es eficaz (*effective*) la conexión entre el viaje de Colón y los servicios bancarios?

9.3 Relative pronouns

 Tutorial

▶ Relative pronouns are used to combine two sentences or clauses that share a common element, such as a noun or pronoun. Study these diagrams.

> Éste es el flan.
> *This is the flan.*

> Manuela preparó el flan.
> *Manuela made the flan.*

> Éste es el flan que Manuela preparó.
> *This is the flan that Manuela made.*

> Lourdes es muy inteligente.
> *Lourdes is very intelligent.*

> Lourdes estudia español.
> *Lourdes studies Spanish.*

> Lourdes, quien estudia español, es muy inteligente.
> *Lourdes, who studies Spanish, is very intelligent.*

La comida que prepararon fue muy rica.

La Sra. Díaz, quien tiene las flores, preparó la comida.

▶ Spanish has three commonly used relative pronouns. Note that relative pronouns never carry an accent, unlike interrogative words (**qué, quién,** etc.).

Common relative pronouns	
que	*that; which; who*
quien(es)	*who; whom; that*
lo que	*that which; what*

▶ **Que,** the most frequently used relative pronoun, can refer to things or to people. Unlike the English *that,* **que** is never omitted.

¿Dónde está el pastel **que** pedí?
Where is the cake (that) I ordered?

El hombre **que** sirve la comida se llama Diego.
The man who serves the food is named Diego.

Práctica

1 **Una fiesta de aniversario** Amparo está hablando de la fiesta de aniversario de sus abuelos. Completa las oraciones con las expresiones de la lista.

a quien conozco muy bien	que se graduó
de quienes te hablé	quien es la novia
que saqué	quien se jubiló

1. El sábado fui a la fiesta de aniversario de mis abuelos, _____ la semana pasada.
2. Éstas son las fotos _____ durante la fiesta.
3. Éste es Ramón, mi primo. Es el chico _____ de la universidad en junio.
4. Éste es mi abuelo, _____ el año pasado.
5. Esta mujer, _____, se llama Ana.
6. Y ésta es Lucía, _____ de Ramón.

2 **Una fiesta de cumpleaños** Describe la fiesta sorpresa que van a dar Jaime y Tina, usando los pronombres relativos **que, quien, quienes** y **lo que**.

1. Manuela, _____ cumple veintiún años mañana, no sabe que sus amigos están planeando una fiesta.
2. Jaime y Laura son los amigos _____ planean la fiesta.
3. Éstas son las personas _____ van a invitar.
4. Juan y Luz, _____ son los hermanos de Manuela, van a venir.
5. Marco, _____ es el novio de Manuela, va a venir también.
6. _____ Jaime y Laura van a servir de postre es un pastel.
7. Todos van a bailar salsa y rock hasta la una de la mañana, _____ va a ser muy divertido.

Conversación

3 **Entrevista** En parejas, túrnense para hacerse las siguientes preguntas.

1. ¿Qué es lo que más te gusta de las fiestas familiares? ¿Por qué?

2. ¿Qué es lo que menos te gusta de las fiestas familiares? ¿Por qué?

3. ¿Quiénes son las personas con quienes celebras tu cumpleaños?

4. ¿Quién es el/la pariente o amigo/a a quien más le gustan los cumpleaños? ¿Por qué le gustan tanto?

5. ¿Dónde compras los regalos que le regalas a tu mejor amigo/a?

6. ¿Tienes hermanos/as o amigos/as que están casados/as? ¿Dónde viven?

7. ¿Quién es la persona que más te importa?

8. ¿Quiénes son las personas con quienes te diviertes más? ¿Por qué lo pasas bien con ellos/ellas?

4 **Definiciones** En parejas, túrnense para definir estas palabras, usando **que, quien(es)** y **lo que.** Luego compartan sus definiciones con la clase.

modelo

un pastel de cumpleaños

Estudiante 1: ¿Qué es un pastel de cumpleaños?
Estudiante 2: Es un postre que comes en tu cumpleaños./Es lo que comes en tu cumpleaños.

1. el helado
2. el champán
3. una propina
4. una boda
5. un invitado
6. la Navidad
7. una recién casada
8. los dulces
9. la camarera
10. la leche
11. una viuda
12. una fiesta de quince años

Practice more!

WB
pp. 94–95

LM
p. 53

vhlcentral.com

Uses of **quien(es)** and **lo que**

▶ **Quien** (singular) and **quienes** (plural) refer only to people and are often used after a preposition or the personal **a.**

Eva, **a quien** vi anoche, cumple veinticinco años hoy.
Eva, whom I saw last night, turns twenty-five today.

¿Son ésas las chicas **de quienes** me hablaste la semana pasada?
Are those the girls you told me about last week?

▶ **Quien(es)** is occasionally used instead of **que** in clauses set off by commas.

Lola, **quien** es cubana, es médica.
Lola, who is Cuban, is a doctor.

Su tía, **que** es alemana, ya llegó.
Her aunt, who is German, already arrived.

Mi hermana, **quien** vive en Madrid, me llamó por teléfono.
My sister, who lives in Madrid, called me on the phone.

Juan, **que** estuvo muy contento, brindó conmigo.
Juan, who was very happy, toasted with me.

▶ **Lo que** refers to an idea, a situation, or a past event and means *what* or *the thing that.*

Juana tiene todo **lo que** necesitamos.
Juana has everything we need.

Lo que me molesta es el calor.
The thing that bothers me is the heat.

Lo que quiero es verte.
What I want is to see you.

Lo que más te gusta es divertirte.
What you like most is to have fun.

Marissa, a quien le dan un poco de mole, dice: Holy moley!

Lo que le gusta a la tía Ana María es cocinar.

¡Manos a la obra!

Completa las siguientes oraciones con pronombres relativos.

1. La chica _____que_____ me invitó a la fiesta se llama Anabel.
2. Ese mercado tiene todo _____ necesitamos.
3. Úrsula, _____ es la dueña del restaurante, es de Uruguay.
4. Donaldo, a _____ viste en la fiesta, es chileno.
5. A Cecilia no le gusta el regalo _____ le compré.
6. No me gusta hablar con personas a _____ no conozco.
7. Rosana es la chica de _____ te hablé.
8. El chico _____ está a la izquierda es mi primo.
9. Ana, con _____ voy a la fiesta, es muy simpática.
10. _____ me sorprendió fue ver a tantos invitados.

9.4 ¿Qué? and ¿cuál? Tutorial

▶ As you know, **¿qué?** and **¿cuál?** or **¿cuáles?** mean *what?* or *which?* However, they are not interchangeable.

▶ **¿Qué?** is used to ask for a definition or explanation.

¿Qué es el flan?
What is flan?

¿Qué estudias?
What do you study?

▶ **¿Cuál(es)?** is used when there is a choice between two or more possibilities.

¿Cuáles quieres, éstos o ésos?

Which (ones) do you want, these ones or those ones?

¿Cuál es tu apellido, Martínez o Vásquez?

What is your last name, Martínez or Vásquez?

▶ **¿Cuál(es)?** cannot be used before a noun; **¿qué?** is used instead.

¿Cuál es tu color favorito?
What is your favorite color?

¿Qué colores te gustan?
What colors do you like?

▶ **¿Qué?** used before a noun has the same meaning as **¿cuál?**

Qué + noun
¿**Qué regalo** te gusta?
¿**Qué dulces** quieren ustedes?

Cuál + verb
¿**Cuál** te gusta?
¿**Cuáles** quieren ustedes?

Review of interrogative words and phrases

¿a qué hora?	at what time?	¿cuántos/as?	how many?
¿adónde?	(to) where?	¿de dónde?	from where?
¿cómo?	how?	¿dónde?	where?
¿cuál(es)?	what?; which?	¿por qué?	why?
¿cuándo?	when?	¿qué?	what?; which?
¿cuánto/a?	how much?	¿quién(es)?	who?

¡Manos a la obra!

Completa las preguntas con **¿qué?** o **¿cuál(es)?**, según el contexto.

1. ¿ _Cuál_ te gusta más?
2. ¿_____ es tu teléfono?
3. ¿_____ tipo de pastel pediste?
4. ¿_____ es una boda?
5. ¿_____ haces ahora?
6. ¿_____ son tus platos favoritos?
7. ¿_____ bebidas te gustan más?
8. ¿_____ es esto?
9. ¿_____ es el mejor?
10. ¿_____ es tu opinión?
11. ¿_____ fiestas celebras tú?
12. ¿_____ vino prefieres?
13. ¿_____ es tu clase favorita?
14. ¿_____ pones en la mesa?
15. ¿_____ restaurante prefieres?
16. ¿_____ es tu dirección?
17. ¿_____ quieres comer ahora?
18. ¿_____ es la tarea para mañana?
19. ¿_____ color prefieres?
20. ¿_____ opinas?

Práctica

1 Minidiálogos Completa los minidiálogos con las palabras interrogativas correctas.

SILVIA ¿ (1) _____ es la fiesta de aniversario de tus padres?
ERNESTO El sábado por la noche.

• • •

MARCELA ¿ (2) _____ va a ser la fiesta de cumpleaños?
DIEGO En casa de mi primo.

• • •

CAMILA ¿ (3) _____ es tu clase favorita?
CARLOS La clase de arte es mi favorita.

• • •

TOMÁS ¿ (4) _____ dinero te van a dar tus abuelos para tu graduación de la universidad?
MERCEDES Dicen que van a darme dos mil dólares.

• • •

LIDIA ¿ (5) _____ compraste para tu sobrino?
MARTA Una raqueta de tenis.

• • •

IGNACIO ¿ (6) _____ vas después de la boda?
GABRIEL Mi novia y yo vamos al cine. ¿Quieres venir?

2 Completar Completa estas preguntas con una palabra interrogativa. En algunos casos se puede usar más de una palabra interrogativa.

1. ¿En _____ país nacieron tus padres?
2. ¿_____ es la fecha de tu cumpleaños?
3. ¿_____ naciste?
4. ¿_____ es tu estado civil?
5. ¿_____ te relajas?
6. ¿_____ son tus programas de televisión favoritos?
7. ¿_____ es tu mejor amigo?
8. ¿_____ van tus amigos para divertirse?
9. ¿_____ postres te gustan? ¿_____ te gusta más?
10. ¿_____ problemas tuviste el primer día de clase?
11. ¿_____ primos tienes?

Conversación

3 **Una invitación** En parejas, lean esta invitación. Luego, cada estudiante debe pensar en tres preguntas que su compañero/a debe responder sobre el texto.

modelo

Estudiante 1: ¿Quiénes se casan?
Estudiante 2: María Luisa y José Antonio

FERNANDO SANDOVAL VALERA   LORENZO VÁSQUEZ AMARAL

ISABEL ARZIPE DE SANDOVAL   ELENA SOTO DE VÁSQUEZ

TIENEN EL AGRADO DE INVITARLOS

A LA BODA DE SUS HIJOS

MARÍA LUISA Y JOSÉ ANTONIO

LA CEREMONIA RELIGIOSA TENDRÁ LUGAR

EL SÁBADO 10 DE JUNIO A LAS DOS DE LA TARDE

EN EL TEMPLO DE SANTO DOMINGO

(CALLE SANTO DOMINGO, 961).

DESPUÉS DE LA CEREMONIA, SÍRVANSE PASAR A LA RECEPCIÓN EN EL SALÓN

DE BAILE DEL HOTEL METRÓPOLI (SOTERO DEL RÍO, 465).

4 **Fotos** En parejas, túrnense para hacerse preguntas sobre estas personas.

modelo

Estudiante 1: ¿Quién es esta mujer?
Estudiante 2: Es una estudiante.
Estudiante 1: ¿Dónde está?
Estudiante 2: Está en la biblioteca.
Estudiante 1: ¿Qué está haciendo?
Estudiante 2: Está estudiando para un examen.

1.

2.

3.

4.

Practice more!		
WB pp. 96–97	LM p. 54	vhlcentral.com

¿Con quién quieres compartir momentos mágicos?
¿Qué prioridades° tienes en la vida?
¿Qué es para ti la libertad?
Tú eliges° cómo vivir.

VIAJES LIBERTAD
¿Te gusta viajar en crucero?

prioridades *priorities*   **eliges** *choose*

Identificar

Lee el anuncio e identifica las palabras interrogativas. ¿Cuál de las tres preguntas puede escribirse con otra palabra interrogativa sin cambiar el significado de la pregunta? ¿Con qué palabra interrogativa se puede escribir?

Preguntas

1. ¿Te gustaría viajar en un crucero? ¿Adónde?
2. ¿Por qué te gustaría viajar a ese lugar?
3. ¿Con quién te gustaría viajar?
4. ¿Te gusta este anuncio? ¿Por qué?

A repasar

9.1 Irregular preterites

1 **La graduación** El fin de semana pasado fue tu fiesta de graduación y tus parientes de Colombia vinieron a la celebración. Usa las oraciones de la lista para describir qué pasó en la fiesta.

conducir el automóvil	traducir del inglés
decir el discurso (*speech*)	traer un regalo
producir un video	venir desde Colombia

2 **Una fiesta importante** En parejas, túrnense para describir una fiesta importante que celebraron el año pasado. Comenten qué regalos dieron y qué regalos les dieron a ustedes. También comenten qué hubo de cenar, de beber y de postre.

modelo

Estudiante 1: ¿Cuál fue la fiesta más importante para ti el año pasado?

Estudiante 2: Para mí, fue la Navidad. Celebré esta fiesta con toda mi familia. Mis padres me dieron una computadora. De beber, hubo vino tinto, champán y refrescos...

9.2 Verbs that change meaning in the preterite

3 **¡Qué mala suerte!** Completa el párrafo del diario (*journal*) de Romeo con el pretérito de los verbos **conocer**, **saber**, **poder** y **querer.**

Querido diario:

Julieta y yo nos (1) _____ en una fiesta el año pasado. Al día siguiente, yo (2) _____ invitarla a salir. La llamé por teléfono, pero no (3) _____ encontrarla. Julieta (4) _____ que yo la llamé. Ella (5) _____ escribirme un mensaje electrónico, ¡pero yo no tengo correo electrónico! Julieta y yo nunca (6) _____ tener una cita. ¡Qué mala suerte (*luck*)!

Romeo

4 **De joven...** En grupos de tres, imaginen que tienen ochenta años de edad. Escriban un párrafo diciendo las cosas que quisieron hacer de jóvenes, las cosas que no quisieron hacer, las actividades que pudieron hacer y las que no pudieron hacer.

modelo

De joven, siempre quise tener una cita con una actriz de cine, pero no pude conocer a ninguna.

9.3 Relative pronouns

5 **Combinar** Combina las oraciones para formar una sola oración con los pronombres relativos **que**, **quien(es)** y **lo que.**

modelo

Mi hermano y mi novia se llevan bien. Ellos planearon una fiesta sorpresa para mí.

Mi hermano y mi novia, quienes se llevan bien, planearon una fiesta sorpresa para mí.

1. La fiesta fue en un restaurante peruano. Mi novia lo eligió (*chose*).

2. Mi amigo Hernán es colombiano. Él vino desde Bogotá.

3. Los camareros trajeron un pastel de cumpleaños. El pastel fue de chocolate.

4. Mis tíos fueron a la fiesta. La situación fue incómoda (*uncomfortable*) porque están separados.

5. Mis hermanos son mayores que yo. Ellos le dejaron una propina al camarero.

6. Los invitados bailaron mucho. Fue bueno porque se divirtieron.

6 **Anuncio** En parejas, escriban un anuncio de un salón para celebrar bodas. Usen pronombres relativos y los verbos **creer**, **pensar**, **decir** y **suponer.**

modelo

¡Creemos que este salón es perfecto para su boda! Suponemos que usted quiere una boda divertidísima.

Practice more at **vhlcentral.com.**

9.4 ¿Qué? and ¿cuál?

7 Las etapas de la vida Completa las preguntas con **qué** o **cuál(es)**. Después responde a las preguntas.

1. ¿_____ etapa de la vida ocurre después de la niñez?

2. ¿_____ es la etapa en la que nos jubilamos?

3. ¿_____ son las mejores etapas de la vida?

4. ¿_____ son las etapas que ocurren antes de la vejez?

5. ¿_____ es la etapa de la vida después de la madurez?

6. ¿_____ celebraciones son las favoritas de los niños?

8 La quinceañera En parejas, escriban preguntas para entrevistar a Ana, quien celebró su fiesta de quince años. Usen todas las palabras interrogativas. Después, túrnense para hacer y responder a las preguntas.

Síntesis

9 Conversar Tu amigo y tú están conversando sobre la vida de artistas famosos. En parejas, escriban una conversación donde comenten los últimos chismes (*pieces of gossip*) de estas celebridades.

modelo

Estudiante 1: ¿Supiste que Mark Anthony rompió con Jennifer López?

Estudiante 2: Sí, lo supe. Creo que él se enamoró de una modelo.

Estudiante 1: ¿Quién te dijo eso?

Estudiante 2: Lo dijeron en el programa de entrevistas de las seis de la tarde. ¿No lo viste?

Estudiante 1: No. Quise mirar la televisión, pero no pude porque tuve que ir a la biblioteca.

Videoclip Video

1 Preparación ¿Cuál es tu celebración familiar favorita? ¿Qué es lo que más te gusta de esta celebración?

2 El clip Mira el anuncio de un servicio de telefonía celular de Argentina. Fíjate que en Argentina se dice **mirá** en lugar de **mira**, y **pedí** en lugar de **pide**.

Vocabulario			
ahí	*there*	¡Paren!	*Stop!*
el deseo	*wish*	el peinado	*hairstyle*

¡Mirá el peinado que tenía mamá!

Pedí tres deseos, amor.

3 Seleccionar Selecciona la opción correcta para cada oración.

1. Los tres niños miran (un programa de televisión / un video de sus padres).

2. La madre celebraba su (matrimonio / cumpleaños).

3. La madre pide (tres deseos / tres regalos).

4. Se supone que los tres deseos fueron (amistad, dinero y amor / sus tres hijos).

4 Tu cumpleaños Escribe un párrafo sobre el último cumpleaños que celebraste: ¿Dónde lo celebraste? ¿Con quién? ¿Qué hicieron? ¿Qué comieron? ¿La pasaron bien? Luego, léele el párrafo a un(a) compañero/a.

Ampliación

1 Escuchar

A Escucha la conversación entre Josefina y Rosa. Cuando oigas una de las palabras de la **columna A**, usa el contexto para identificar un sinónimo en la **columna B**.

TIP Guess the meaning of the words through context. Listen to the words and phrases around an unfamiliar word to guess its meaning.

A	B
_____ 1. festejar	a. conmemoración religiosa de una muerte
_____ 2. te divertiste	b. tolera
_____ 3. dicha	c. suerte
_____ 4. bien parecido	d. celebrar
_____ 5. finge (fingir)	e. lo pasaste bien
_____ 6. soporta (soportar)	f. horror
	g. pretende ser algo que no es
	h. guapo

Margarita Robles de García
y Roberto García Olmos

Piden su presencia en la celebración
del segundo aniversario de bodas
el día 13 de marzo de 2014
con una misa en la Iglesia Virgen del Coromoto
a las 6:30 p.m.

❖

Seguida por cena y baile
en el restaurante El Campanero,
Calle Principal, Las Mercedes
a las 8:30 p.m.

B ¿Son solteras Rosa y Josefina? ¿Cómo lo sabes?

2 Conversar

En parejas, conversen sobre cómo celebraron ustedes el Día de Acción de Gracias (*Thanksgiving*) el año pasado. Incluyan esta información.

• ¿Dónde celebraron el día de fiesta? ¿A qué hora fue?

• ¿Cuántos invitados hubo? ¿Quiénes fueron los invitados? ¿Conocieron a alguien?

• ¿Cuál fue el menú? ¿Quiénes hicieron la comida?

• ¿Llevaron algo para comer? ¿Qué llevaron?

• ¿Qué bebida tomaron? ¿Brindaron?

• ¿Lo pasaron bien? ¿Qué fue lo que más (*more*) les gustó de la celebración?

Ampliación

3 Escribir

En una composición, compara dos celebraciones a las que tú asististe recientemente.

> **TIP** **Use Venn diagrams.** Use Venn diagrams to organize your ideas visually before comparing and contrasting people, places, objects, events, or issues. Differences are listed in the outer rings of the two circles; similarities appear where the circles overlap.

Boda de Silvia Reyes y Carlos Espinoza

Diferencias:
1. Primero hay una celebración religiosa.
2. Se celebra el matrimonio de dos personas.

Similitudes:
1. Las dos fiestas se celebran por la noche.
2. Hay música y baile.

Fiesta de quince años de Ana Ester Larenas Vera

Diferencias:
1. Se celebra en un club.
2. Vienen invitados especiales.

Organízalo   Utiliza un diagrama de Venn para anotar las similitudes y las diferencias entre las dos celebraciones.

Escríbelo   Utiliza tus notas para escribir el primer borrador de la composición.

Corrígelo   Intercambia tu composición con la de un(a) compañero/a. Dale sugerencias para mejorar su borrador y si ves errores gramaticales u ortográficos, coméntaselos.

Compártelo   Revisa el primer borrador según las indicaciones de tu compañero/a. Incorpora nuevas ideas o más información para ampliar la comparación. Luego comparte tu composición con otro/a compañero/a.

4 Un paso más

Imagina que eres periodista en un país hispano. Escribe un artículo sobre un día de fiesta o una celebración que viste.

- Investiga las fiestas, las celebraciones y los festivales de ese país. Elige (*Choose*) la celebración que más te interese.
- Explica el nombre de la celebración, cuándo fue y cómo la celebraron.
- Incluye información sobre la ropa especial que llevaron, la comida, la música y el baile.
- Indica qué hiciste tú durante la celebración.
- Presenta el artículo a la clase. Es importante explicar los detalles y mostrar fotos.

> **CONEXIÓN INTERNET**
> Investiga estos temas en el sitio **vhlcentral.com.**
> - Festivales nacionales del mundo hispano
> - Fiestas religiosas del mundo hispano

Audio: Reading

Antes de leer

Recognizing root words and word families can help you guess the meaning of words in context, ensuring better comprehension of a reading selection. Using this strategy will enrich your Spanish vocabulary as well.

Examinar el texto

Familiarízate con el texto usando las estrategias de lectura más efectivas para ti. ¿Qué tipo de documento es? ¿De qué tratan las cuatro secciones del documento? Explica tus respuestas.

Raíces

Completa el siguiente cuadro para ampliar tu vocabulario. Usa palabras de la lectura de esta lección y vocabulario de las lecciones anteriores. ¿Qué significan las palabras que escribiste en el cuadro?

Verbs	Nouns	Other forms
1. agradecer *to thank, to be grateful for*	agradecimiento/ gracias *gratitude/thanks*	agradecido *grateful, thankful*
2. estudiar	_____	_____
3. _____	_____	celebrado
4. _____	baile	_____
5. bautizar	_____	_____

Vida social

Matrimonio
Espinoza Álvarez- Reyes Salazar

El día sábado 17 de junio a las 19 horas, se celebró el matrimonio de Silvia Reyes y Carlos Espinoza en la catedral de Santiago. La ceremonia fue oficiada por el pastor Federico Salas y participaron los padres de los novios, el señor Jorge

Espinoza y señora y el señor José Alfredo Reyes y señora. Después de la ceremonia, los padres de los recién casados ofrecieron una fiesta bailable en el restaurante La Misión.

Bautismo
José María recibió el bautismo el 26 de junio.

Sus padres, don Roberto Lagos Moreno y doña María Angélica Sánchez, compartieron la alegría de la fiesta con todos sus parientes y amigos. La ceremonia religiosa tuvo lugar° en la catedral de Aguas Blancas. Después de la ceremonia, padres, parientes y amigos celebraron una fiesta en la residencia de la familia Lagos.

32B

Fiesta de quince años

El doctor don Amador Larenas Fernández y la señora Felisa Vera de Larenas celebraron los quince años de su hija Ana Ester junto a sus parientes y amigos. La quinceañera reside en la ciudad de Valparaíso y es estudiante del Colegio Francés. La fiesta de presentación en sociedad de la señorita Ana

Ester fue el día viernes 2 de mayo a las 19 horas en el Club Español. Entre los invitados especiales asistieron el alcaldeº de la ciudad, don Pedro Castedo, y su esposa. La música estuvo a cargo de la Orquesta Americana. ¡Feliz cumpleaños, le deseamos a la señorita Ana Ester en su fiesta bailable!

Expresión de gracias
Carmen Godoy Tapia

Agradecemosº sinceramente a todas las personas que nos acompañaron en el último adiós a nuestra apreciada esposa, madre, abuela y tía, la señora Carmen Godoy Tapia. El funeral tuvo lugar el día 28 de junio en la ciudad de Viña

del Mar. La vida de Carmen Godoy fue un ejemplo de trabajo, amistad, alegría y amor para todos nosotros. Su esposo, hijos y familia agradecen de todo corazónº su asistenciaº al funeral a todos los parientes y amigos.

Después de leer

¿Comprendiste?
Indica si lo que se dice en cada oración es **cierto** o **falso**. Corrige las oraciones falsas.

Cierto **Falso**

1. El alcalde y su esposa asistieron a la boda de Silvia y Carlos.
2. Todos los anuncios (*announcements*) describen eventos felices.
3. Ana Ester Larenas cumple quince años.
4. Roberto Lagos y María Angélica Sánchez son hermanos.
5. La familia de Carmen Godoy Tapia les dio las gracias a las personas que asistieron al funeral.

Preguntas
Responde a estas preguntas con oraciones completas.
1. ¿Quién murió el 28 de junio?
2. ¿Dónde tuvo lugar el funeral?
3. ¿Dónde fue la fiesta de bautismo de José María?
4. ¿Qué hicieron los recién casados y sus invitados después de la ceremonia?
5. ¿Quién estuvo a cargo de la música en la fiesta de quince años de Ana Ester?

Coméntalo
¿Hay una sección de notas sociales en el periódico de tu universidad, comunidad o región? ¿Qué tipo de información encuentras en la sección de notas sociales? ¿La lees normalmente? ¿Por qué?

tuvo lugar *took place* **alcalde** *mayor* **Agradecemos** *We thank* **de todo corazón** *sincerely* **asistencia** *attendance*

Audio: Vocabulary Flashcards

Las celebraciones

el aniversario (de bodas)	(wedding) anniversary
la boda	wedding
el cumpleaños	birthday
el día de fiesta	holiday
la fiesta	party
el/la invitado/a	guest
la Navidad	Christmas
la quinceañera	young woman celebrating her fifteenth birthday
la sorpresa	surprise

brindar	to toast (drink)
celebrar	to celebrate
cumplir años	to have a birthday
dejar una propina	to leave a tip
divertirse (e:ie)	to have fun
graduarse (de)	to graduate (from)
invitar	to invite; to treat
pagar la cuenta	to pay the bill
pasarlo bien/mal	to have a good/bad time
regalar	to give (a gift)
reírse (e:i)	to laugh
relajarse	to relax
sonreír (e:i)	to smile
sorprender	to surprise

Los postres y otras comidas

la botella de vino	bottle of wine
el champán	champagne
los dulces	sweets; candy
el flan	baked custard
las galletas	cookies
el helado	ice cream
el pastel	cake
el pastel de cumpleaños	birthday cake
los postres	desserts

Las relaciones personales

la alegría	happiness
la amistad	friendship
el amor	love
el divorcio	divorce
el estado civil	marital status
el matrimonio	marriage; married couple
la pareja	couple; partner
el/la recién casado/a	newlywed

casado/a	married
divorciado/a	divorced
juntos/as	together
separado/a	separated
soltero/a	single
viudo/a	widowed

cambiar (de)	to change
casarse (con)	to get married (to)
comprometerse (con)	to get engaged (to)
divorciarse (de)	to get divorced (from)
enamorarse (de)	to fall in love (with)
llevarse bien/mal (con)	to get along well/badly (with)
odiar	to hate
romper (con)	to break up (with)
salir (con)	to go out (with); to date
separarse (de)	to separate (from)
tener una cita	to have a date; to have an appointment

Otras palabras

el apellido	last name
el consejo	advice
la respuesta	answer

Las etapas de la vida

la adolescencia	adolescence
la etapa	stage
la juventud	youth
la madurez	maturity; middle age
la muerte	death
el nacimiento	birth
la niñez	childhood
la vejez	old age
la vida	life

jubilarse	to retire (from work)
nacer	to be born

Relative pronouns	See page 240.
Interrogative words and phrases	See page 242.

Practice more at **vhlcentral.com**.

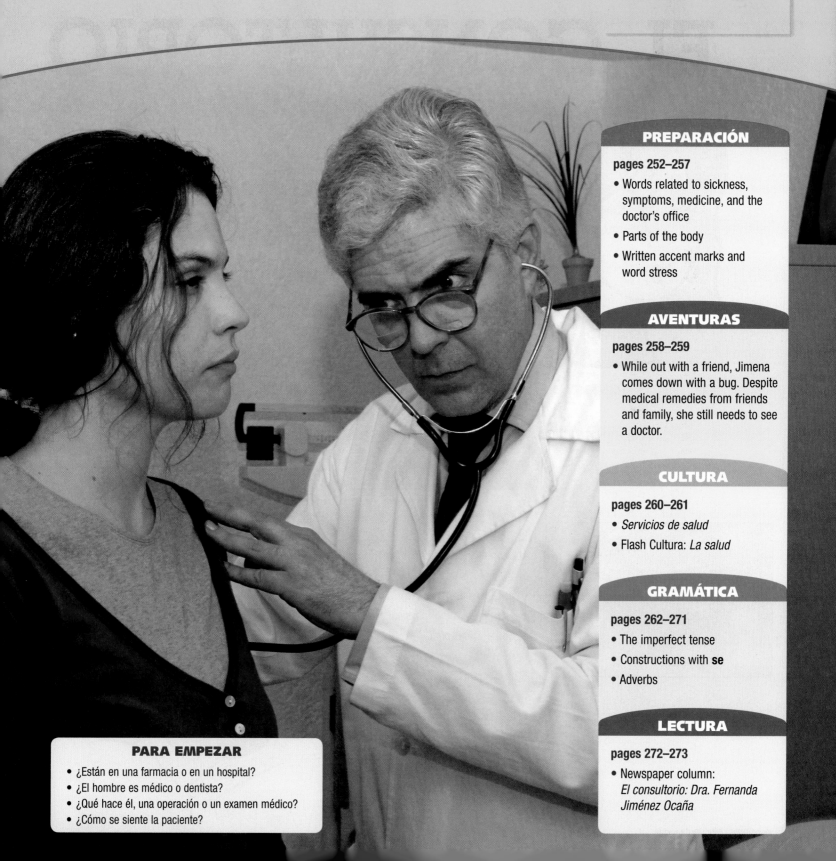

10 En el consultorio

PARA EMPEZAR

- ¿Están en una farmacia o en un hospital?
- ¿El hombre es médico o dentista?
- ¿Qué hace él, una operación o un examen médico?
- ¿Cómo se siente la paciente?

EN EL CONSULTORIO

EL CUERPO

el corazón *heart*
el cuerpo *body*
el estómago *stomach*
el hueso *bone*
la rodilla *knee*
el tobillo *ankle*

la cabeza
head

el cuello
neck

la garganta
throat

el brazo
arm

el dedo
finger

el ojo

la oreja

la nariz

la boca

el pie
foot

la pierna
leg

LA SALUD

el accidente *accident*
la clínica *clinic*
el consultorio *doctor's office*
el/la doctor(a) *doctor*
el/la enfermero/a *nurse*
el examen médico *physical exam*
el hospital *hospital*
la operación *operation*
el/la paciente *patient*
la radiografía *X-ray*
la sala de emergencia(s) *emergency room*
la salud *health*

la farmacia

el dentista

tomar(le) la temperatura (a alguien)
to take (someone's) temperature

VERBOS

caerse *to fall*
doler (o:ue) *to hurt*
enfermarse *to get sick*
estar enfermo/a *to be sick*
lastimarse (el pie) *to injure (one's foot)*
poner una inyección *to give an injection*
recetar *to prescribe*
romperse (la pierna) *to break (one's leg)*
sacar(se) una muela *to have a tooth pulled*
ser alérgico/a (a) *to be allergic (to)*
tener fiebre (f.) *to have a fever*
torcerse (el tobillo) *to sprain (one's ankle)*
toser *to cough*

Variación léxica
el resfriado ⟷ el resfrío (*Cono Sur*), el catarro (*Méx.*)
la sala de emergencia(s) ⟷ la sala de urgencias (*Amér. L.*)
romperse ⟷ quebrarse (*Amér. L.*)

LAS ENFERMEDADES Y LOS SÍNTOMAS

el dolor (de cabeza) *(head)ache; pain*
la enfermedad *illness*
la gripe *flu*
la infección *infection*
el resfriado *cold*
el síntoma *symptom*
la tos *cough*

congestionado/a *congested; stuffed-up*
mareado/a *dizzy; nauseated*

estornudar
to sneeze

LOS MEDICAMENTOS

el antibiótico *antibiotic*
el medicamento *medication*
la medicina *medicine*
las pastillas *pills*
la receta *prescription*

ASPIRINA®
ÁCIDO ACETILSALICÍLICO
100 cápsulas
para adultos
¡Adiós a los dolores!

la aspirina

ADJETIVOS

embarazada *pregnant*
grave *grave; serious*
médico/a *medical*
saludable *healthy*
sano/a *healthy*

A escuchar

1 **Escuchar** Escucha las preguntas y selecciona la respuesta más adecuada.

1. _____
2. _____
3. _____
4. _____
5. _____
6. _____
7. _____
8. _____

a. Tengo dolor de cabeza y fiebre.

b. No fui a la clase porque estaba (*I was*) enfermo.

c. Me caí ayer jugando al tenis.

d. Debes ir a la farmacia.

e. Porque tengo gripe.

f. Sí, tengo mucha tos por las noches.

g. Lo llevaron directamente a la sala de emergencia.

h. No sé. Todavía tienen que tomarme la temperatura.

2 **Me duele** Escucha la conversación entre Virginia Castillo y el doctor Dávila. Luego indica si (*if*) las oraciones que resumen (*sum up*) la conversación son correctas.

_____ 1. Virginia le dice a la enfermera que le duelen las rodillas.

_____ 2. Virginia dice que tomó una aspirina anoche.

_____ 3. El médico le pregunta a Virginia si se cayó o tuvo un accidente.

_____ 4. Virginia dice que ayer corrió cinco kilómetros con un amigo.

_____ 5. El doctor Dávila le receta un antibiótico a Virginia.

_____ 6. El médico le dice a Virginia que puede correr mañana si se toma las pastillas.

_____ 7. El médico le recomienda tomar dos pastillas al día.

_____ 8. El doctor Dávila le dice a Virginia que no debe correr por siete días.

Practice more!

LM
p. 55

A practicar

3 **Actividades** En parejas, identifiquen las partes del cuerpo que asocian con estas actividades.

 modelo

nadar
Estudiante 1: *Usamos los brazos para nadar.*
Estudiante 2: *También usamos las piernas.*

1. conducir
2. caminar
3. toser
4. comer arroz con pollo

5. comprar un perfume
6. ver una película
7. hablar por teléfono
8. correr en el parque

9. tocar el piano
10. escuchar música
11. levantar pesas (*weights*)
12. tomar unas pastillas

4 **Cuestionario** Selecciona las respuestas que mejor reflejen tu estado de salud. Suma (*add*) los puntos de cada respuesta y anota el resultado. Después, compara los resultados con el resto de la clase.

¿Tienes buena salud?

27-30 puntos   Salud y hábitos excelentes
23-26 puntos   Salud y hábitos buenos
22 puntos o menos   Salud y hábitos problemáticos

1. ¿Con qué frecuencia te enfermas (resfriados, gripe, etc.)?
   • Cuatro veces por año o más. (1 punto)
   • Dos o tres veces por año. (2 puntos)
   • Casi nunca. (3 puntos)

2. ¿Con qué frecuencia tienes dolor de estómago o problemas digestivos?
   • Con mucha frecuencia. (1 punto)
   • A veces. (2 puntos)
   • Casi nunca. (3 puntos)

3. ¿Con qué frecuencia tienes dolor de cabeza?
   • Frecuentemente. (1 punto)
   • A veces. (2 puntos)
   • Casi nunca. (3 puntos)

4. ¿Comes verduras y frutas?
   • No, casi nunca. (1 punto)
   • Sí, a veces. (2 puntos)
   • Sí, todos los días. (3 puntos)

5. ¿Eres alérgico/a a algo?
   • Sí, a muchas cosas. (1 punto)
   • Sí, a algunas cosas. (2 puntos)
   • No. (3 puntos)

6. ¿Haces ejercicios aeróbicos?
   • No, casi nunca hago ejercicios aeróbicos. (1 punto)
   • Sí, a veces. (2 puntos)
   • Sí, con frecuencia. (3 puntos)

7. ¿Con qué frecuencia te haces un examen médico?
   • Nunca o casi nunca. (1 punto)
   • Cada dos años. (2 puntos)
   • Cada año o antes de practicar un deporte. (3 puntos)

8. ¿Con qué frecuencia vas al dentista?
   • Nunca voy al dentista. (1 punto)
   • Sólo cuando me duele una muela. (2 puntos)
   • Por lo menos una vez por año. (3 puntos)

9. ¿Qué desayunas normalmente por la mañana?
   • No como nada. (1 punto)
   • Tomo una bebida dietética. (2 puntos)
   • Como cereales y fruta. (3 puntos)

10. ¿Con qué frecuencia te sientes mareado/a?
    • Frecuentemente. (1 punto)
    • A veces. (2 puntos)
    • Casi nunca. (3 puntos)

Practice more!

WB
pp. 99–100

vhlcentral.com

A conversar

 5 **¿Qué le pasó?** En un grupo de dos o tres, hablen de lo que les pasó y de cómo se sienten estas personas.

1. Víctor

2. La señora Núñez

3. Gabriela

4. El señor Álvarez

 6 **¿Cuáles son sus síntomas?** En parejas, túrnense para representar los papeles (*roles*) de un(a) médico/a y su paciente.

modelo

Estudiante 1: ¿Cuáles son sus síntomas?
Estudiante 2: Me duele la garganta y toso.
Estudiante 1: Creo que usted tiene una infección en la garganta. Voy a recetarle un antibiótico.

7 **Un accidente** En parejas, conversen sobre un accidente que ustedes, un(a) amigo/a o un miembro de la familia tuvo. Usen estas preguntas de guía.

- ¿Qué ocurrió?
- ¿Cómo ocurrió?
- ¿Dónde y cuándo ocurrió?
- ¿Quién te ayudó y cómo?
- ¿Te lastimaste?
- ¿Tomaste medicamentos para sentirte mejor?
- ¿Fuiste al médico?
- ¿Fuiste a trabajar?

Ortografía Audio

El acento y las sílabas fuertes

In Spanish, written accent marks are used on many words. Here is a review of some of the principles governing word stress and the use of written accents.

as-pi-ri-na **gri-pe** **to-man** **an-tes**

In Spanish, when a word ends in a vowel, **-n**, or **-s**, the spoken stress usually falls on the next-to-last syllable. Words of this type are very common and do not need a written accent.

a-sí **in-glés** **in-fec-ción** **hé-ro-e**

When a word ends in a vowel, **-n**, or **-s**, and the spoken stress does *not* fall on the next-to-last syllable, then a written accent is needed.

hos-pi-tal **na-riz** **re-ce-tar** **to-ser**

When a word ends in any consonant *other* than **-n** or **-s**, the spoken stress usually falls on the last syllable. Words of this type are very common and do not need a written accent.

lá-piz **fút-bol** **hués-ped** **sué-ter**

When a word ends in any consonant *other* than **-n** or **-s**, and the spoken stress does *not* fall on the last syllable, then a written accent is needed.

far-ma-cia **bio-lo-gí-a** **su-cio** **frí-o**

Diphthongs (two weak vowels or a strong and weak vowel together) are normally pronounced as a single syllable. A written accent is needed when a diphthong is broken into two syllables.

sol **pan** **mar** **tos**

Spanish words of only one syllable do not usually carry a written accent.

Práctica Busca las palabras que necesitan acento y escribe su forma correcta.

1. sal-mon
2. ins-pec-tor
3. nu-me-ro
4. fa-cil
5. ju-go
6. a-bri-go
7. ra-pi-do
8. sa-ba-do
9. vez
10. me-nu
11. o-pe-ra-cion
12. im-per-me-a-ble
13. a-de-mas
14. re-ga-te-ar
15. an-ti-pa-ti-co
16. far-ma-cia
17. es-qui
18. pen-sion
19. pa-is
20. per-don

El ahorcado Juega al ahorcado (*hangman*) para adivinar las palabras.

1. __ l __ __ __ __ __ a   Vas allí cuando estás enfermo.

2. __ __ __ __ e __ c __ __ __ n   Se usa para poner una vacuna (*vaccination*).

3. __ __ d __ o __ __ __ __ __ __ a   Se usa para ver los huesos.

4. __ __ __ i __ o   Trabaja en un hospital.

5. a __ __ __ b __ __ __ __ __ __ __   Es una medicina.

Practice more!

LM
p. 56

vhlcentral.com

Video ¡Qué dolor!

Jimena no se siente bien y tiene que ir al doctor.

PERSONAJES

ELENA

JIMENA

DON DIEGO

SRA. DÍAZ

DR. MELÉNDEZ

1

ELENA ¿Cómo te sientes?

JIMENA Me duele un poco la garganta. Pero no tengo fiebre.

ELENA Creo que tienes un resfriado. Te voy a llevar a casa.

2

ELENA ¿Don Diego ya fue a la farmacia? ¿Cuánto tiempo hace que lo llamaste?

JIMENA Hace media hora. Ay, qué cosas, de niña apenas me enfermaba. No perdí ni un solo día de clases.

ELENA Yo tampoco.

3

ELENA Nunca tenía resfriados, pero me rompí el brazo dos veces. Mi hermana y yo estábamos paseando en bicicleta y casi me di con un señor que caminaba por la calle. Me caí y me rompí el brazo.

6

(La Sra. Díaz llama a Jimena.)

JIMENA Hola, mamá. Don Diego me trajo los medicamentos... ¿Al doctor? ¿Estás segura? Allá nos vemos. (A Elena) Mi mamá ya hizo una cita para mí con el Dr. Meléndez.

7

SRA. DÍAZ ¿Te pusiste un suéter anoche?

JIMENA No, mamá. Se me olvidó.

SRA. DÍAZ Doctor, esta jovencita salió anoche, se le olvidó ponerse un suéter y parece que le dio un resfriado.

8

DR. MELÉNDEZ Jimena, ¿cuáles son tus síntomas?

JIMENA Toso con frecuencia y me duele la garganta.

DR. MELÉNDEZ ¿Cuánto tiempo hace que tienes estos síntomas?

JIMENA Hace dos días que me duele la garganta.

ACTIVIDADES

1 ¿Cierto o falso? Decide si lo que dicen estas oraciones sobre Jimena es **cierto** o **falso**. Corrige las oraciones falsas.

1. Dice que de niña apenas se enfermaba.
2. Tiene dolor de garganta y fiebre.
3. Olvidó ponerse un suéter anoche.
4. Hace tres días que le duele la garganta.
5. El doctor le dice que tiene una infección.

2 Ordenar Pon estos sucesos en el orden correcto.

a. Jimena va a ver al doctor. _____
b. El doctor le dice a la Sra. Díaz que no es nada serio. _____
c. Elena le habla a Jimena de cuando se rompió el brazo. _____
d. El doctor le receta medicamentos. _____
e. Jimena le dice a Elena que le duele la garganta. _____
f. Don Diego le trae a Jimena las pastillas para el resfriado. _____

JIMENA ¿Qué es esto?

ELENA Es té de jengibre. Cuando me dolía el estómago, mi mamá siempre me hacía tomarlo. Se dice que es bueno para el dolor de estómago.

JIMENA Pero no me duele el estómago.

JIMENA Hola, don Diego. Gracias por venir.

DON DIEGO Fui a la farmacia. Aquí están las pastillas para el resfriado. Se debe tomar una cada seis horas con las comidas. Y no se deben tomar más de seis pastillas al día.

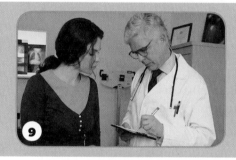

DR. MELÉNDEZ Muy bien. Aquí no tienes infección. No tienes fiebre. Te voy a mandar algo para la garganta. Puedes ir por los medicamentos inmediatamente a la farmacia.

SRA. DÍAZ Doctor, ¿cómo está? ¿Es grave?

DR. MELÉNDEZ No, no es nada grave. Jimena, la próxima vez, escucha a tu mamá. ¡Tienes que usar suéter!

---

3 **En el consultorio** En parejas, preparen una conversación entre un(a) médico/a y su paciente. Sigan la guía.

▶ El médico le pregunta al/a la paciente qué le pasó.

▶ El/La paciente se cayó en su casa y piensa que se rompió un dedo.

▶ El/La médico/a le pregunta al/a la paciente si le duele y cuánto tiempo hace que se cayó.

▶ El/La paciente describe el dolor.

▶ El/la médico/a le recomienda un tratamiento (*treatment*).

Practice more!

VM
pp. 187–188

vhlcentral.com

Expresiones útiles

Discussing medical conditions

¿Cómo te sientes?
How do you feel?

Me duele un poco la garganta.
My throat hurts a little.

No me duele el estómago.
My stomach doesn't hurt.

De niño/a apenas me enfermaba.
As a child, I rarely got sick.

¡Soy alérgico/a al chile!
I'm allergic to chili powder!

Discussing remedies

Se dice que el té de jengibre es bueno para el dolor de estómago.
They say ginger tea is good for stomach aches.

Aquí están las pastillas para el resfriado.
Here are the pills for your cold.

Se debe tomar una cada seis horas.
You should take one every six hours.

Expressions with hacer

Hace + [*period of time*] **que** + [*present/preterite*]

¿Cuánto tiempo hace que tienes estos síntomas?
How long have you had these symptoms?

Hace dos días que me duele la garganta.
My throat has been hurting for two days.

¿Cuánto tiempo hace que lo llamaste?
How long has it been since you called him?

Hace media hora.
It's been a half hour (since I called).

Additional vocabulary

canela *cinnamon*
miel *honey*
terco *stubborn*

Servicios de **salud**

¿Sabías que en algunos países hispanos no necesitas pagar por los servicios de salud?

Ésta es una de las diferencias que hay entre países como los Estados Unidos y los países hispanos.

En la mayor parte de estos países, el gobierno ofrece servicios médicos muy baratos o gratuitos° a sus ciudadanos°. Los turistas y extranjeros también pueden tener acceso a los servicios médicos a bajo° costo. La Seguridad Social y organizaciones similares son las responsables de gestionar° estos servicios.

Cruz verde de farmacia en Madrid, España

Las farmacias

Farmacia de guardia: Las farmacias generalmente tienen un horario comercial. Sin embargo°, en cada barrio° hay una farmacia de guardia que abre las veinticuatro horas del día.

Productos farmacéuticos: Todavía hay muchas farmacias tradicionales que están más especializadas en medicinas y productos farmacéuticos. No venden productos de otro tipo.

Recetas: Muchos medicamentos se venden sin receta. Los farmacéuticos aconsejan° a las personas sobre problemas de salud y les dan las medicinas.

Cruz° verde: En muchos países, las farmacias tienen el signo de una cruz verde. Cuando la cruz verde está encendida°, la farmacia está abierta.

acceso a ellos y en muchos casos son completamente gratuitos. Según un informe de la Organización Mundial de la Salud, el sistema de salud español ocupa el séptimo° lugar del mundo. Esto se debe no sólo al buen funcionamiento° del sistema, sino también al nivel de salud general de la población. Impresionante, ¿no?

gratuitos *free (of charge)* ciudadanos *citizens* bajo *low* gestionar *to manage* igual *in the same way* cuentan con *have* desarrollados *developed* séptimo *seventh* funcionamiento *operation* Sin embargo *However* barrio *neighborhood* aconsejan *advise* Cruz *Cross* encendida *lit (up)*

Consulta médica en la República Dominicana

Naturalmente, esto no funciona igual° en todos los países. En Ecuador, México y Perú, la situación varía según las regiones. Los habitantes de las ciudades y pueblos grandes tienen acceso a más servicios médicos, mientras que quienes viven en pueblos remotos sólo cuentan con° pequeñas clínicas.

Por su parte, Costa Rica, Colombia, Cuba y España tienen sistemas de salud muy desarrollados°. En España, por ejemplo, todas las personas tienen

ASÍ SE DICE

La salud

la ambulancia	*ambulance*
el chequeo (Esp., Méx.)	el examen médico
la cirugía	*surgery*
la droguería (Col.)	la farmacia
la herida	*injury; wound*
el jarabe para la tos	*cough syrup*
los primeros auxilios	*first aid*
la sala de espera	*waiting room*
la sangre	*blood*

Video

ACTIVIDADES

1 **¿Cierto o falso?** Indica si lo que dicen las oraciones es **cierto** o **falso**. Corrige la información falsa.

1. En los países hispanos los gobiernos ofrecen servicios de salud accesibles a sus ciudadanos.

2. En los países hispanos los extranjeros tienen que pagar mucho dinero por los servicios médicos.

3. El sistema de salud español es uno de los mejores del mundo.

4. Las farmacias de guardia abren sólo los sábados y domingos.

5. En los países hispanos las farmacias venden una gran variedad de productos.

6. Los farmacéuticos de los países hispanos aconsejan a los enfermos y venden algunas medicinas sin necesidad de receta.

7. En México y otros países, los pueblos remotos cuentan con grandes centros médicos.

8. Muchas farmacias usan una cruz verde como símbolo.

2 **Comparación** En parejas, comparen el sistema de salud de los países hispanos con el de su país. ¿En qué se parecen? ¿En qué se diferencian? ¿Cuál prefieren ustedes? ¿Por qué?

CONEXIÓN INTERNET

¿Qué otra forma de servicio de atención médica se ofrece en los países hispanos?

For more information about this **Cultura**, go to **vhlcentral.com**.

La salud

1 **Preparación** ¿Qué haces si tienes un pequeño accidente o quieres hacer una consulta? ¿Visitas a tu médico general o vas al hospital? ¿Debes pedir un turno (*appointment*)?

2 **El video** Mira el episodio de **Flash Cultura**.

Vocabulario	
la cita previa *previous appointment*	Me di un golpe. *I got bumped.*
la guardia *emergency room*	la práctica *rotation (hands-on medical experience)*

¿Le podría° pedir que me explique qué es la guardia?

Nuestro hospital público es gratuito para todas las personas.

podría *could*

3 **¿Cierto o falso?** Indica si las oraciones son **ciertas** o **falsas**.

1. Silvina tuvo un accidente en su automóvil.

2. Silvina fue a la guardia del hospital.

3. La guardia del hospital está abierta sólo durante el día y es necesario tener cita previa.

4. Los entrevistados (*interviewees*) tienen enfermedades graves.

5. En Argentina, los médicos reciben la certificación cuando terminan la práctica.

Practice more!

VM pp. 219–220

vhlcentral.com

10.1 The imperfect tense Tutorial

▶ In Lessons 6–9, you learned the preterite tense. Now you will learn the imperfect tense, which describes past activities in a different way.

The imperfect of regular verbs		
	cantar	beber	escribir
yo	cantaba	bebía	escribía
tú	cantabas	bebías	escribías
Ud./él/ella	cantaba	bebía	escribía
nosotros/as	cantábamos	bebíamos	escribíamos
vosotros/as	cantabais	bebíais	escribíais
Uds./ellos/ellas	cantaban	bebían	escribían

¡ojo! The imperfect endings of **–er** and **–ir** verbs are the same. The **nosotros** form of **–ar** verbs has an accent on the first **a** of the ending. **–Er** and **–ir** verb forms carry an accent on the first **i** of the ending.

De niña apenas me enfermaba.

Cuando me dolía el estómago, mi mamá me daba té de jengibre.

▶ There are no stem changes in the imperfect tense.

Me **duelen** los pies.
My feet hurt.

Me **dolían** los pies.
My feet were hurting.

▶ The imperfect form of **hay** is **había** (*there was/were/used to be*).

Había sólo un médico.
There was only one doctor.

Había dos pacientes allí.
There were two patients there.

¡ojo! **Ir, ser,** and **ver** are the only irregular verbs in the imperfect.

Irregular verbs in the imperfect		
	ir	ser	ver
yo	iba	era	veía
tú	ibas	eras	veías
Ud./él/ella	iba	era	veía
nosotros/as	íbamos	éramos	veíamos
vosotros/as	ibais	erais	veíais
Uds./ellos/ellas	iban	eran	veían

Práctica

1 **La salud** Completa las oraciones con el imperfecto. Algunos verbos se repiten.

caerse	esperar	mirar	sentirse
doler	estar	poder	tener
enfermarse	estornudar	querer	toser

1. Después de correr, a Dora le _____ los pies.
2. Ana _____ el termómetro; con tanta fiebre no _____ leerlo.
3. El paciente _____, mientras la enfermera _____ muy ocupada atendiendo a otros pacientes.
4. Lorenzo _____ dolor de muelas, pero no _____ ir al dentista porque tenía miedo.
5. Paco y Luis _____ dolor de estómago y _____ unas pastillas para el dolor.
6. Le _____ la cabeza y _____ mareado.
7. Luisa _____ siempre porque era alérgica al polen.
8. Antes de la operación, le _____ todo el cuerpo y se sentía muy débil (*weak*).
9. Juan Carlos siempre _____ de la bicicleta cuando era pequeño.
10. De niño, Julio _____ todos los inviernos. Siempre _____ resfriados y fiebre. _____ muchas veces por la noche. ¡Pobre su garganta!

2 **¡Pobre Miguelito!** Completa las oraciones con el imperfecto. Luego, ponlas en orden lógico.

_____ a. Finalmente, Miguelito no tenía ganas de jugar más. Ahora _____ [querer] ir a casa a descansar.

_____ b. El doctor dijo que la inflamación no _____ [ser] nada grave.

_____ c. El niño le dijo a la enfermera que _____ [dolerle] la nariz.

_____ d. _____ [ser] las dos de la tarde y los niños _____ [jugar] en el patio.

_____ e. Su mamá _____ [estar] dibujando cuando Miguelito entró llorando.

_____ f. Miguelito _____ [tener] mucho dolor. Fueron a la sala de emergencias.

_____ g. El doctor examinó la nariz del niño y le dijo que _____ [ver] una pequeña inflamación (*swelling*).

Conversación

3 **Entrevista** En parejas, un(a) estudiante debe entrevistar a su compañero/a. Luego compartan los resultados con la clase.

1. ¿Cuántos años tenías en 1998? ¿Y en 2007?
2. ¿Veías mucha televisión cuando eras niño/a?
3. Cuando eras niño/a, ¿qué hacías durante las vacaciones?
4. Cuando eras estudiante de primaria, ¿te gustaban tus maestros/as?
5. Cuando tenías diez años, ¿cuál era tu programa de televisión favorito?
6. Cuando tenías quince años, ¿cuál era tu grupo musical favorito?
7. Cuando eras estudiante de secundaria, ¿qué hacías con tus amigos/as después de la escuela?
8. Antes de tomar esta clase, ¿sabías hablar español?

4 **Describir** En parejas, túrnense para describir lo que hacían de niños. Elijan una de estas preguntas guía y compartan la anécdota con su compañero/a.

modelo

De niña, mi familia y yo siempre íbamos a Tortuguero. Tomábamos un barco desde Limón, y por las noches mirábamos las tortugas (*turtles*) en la playa. Algunas veces teníamos suerte, porque las tortugas venían a poner (*lay*) huevos. Otras veces, volvíamos al hotel sin ver ninguna tortuga.

- ¿Qué hacías durante las vacaciones cuando eras niño/a?
- ¿Qué hacían en ocasiones especiales?
- ¿Cómo eran las celebraciones con tus amigos/as o familia?
- ¿Cómo era tu escuela? ¿Te gustaban tus maestros/as y compañeros/as?
- ¿Cómo eran tus amigos/as? ¿A qué jugabas con ellos/as?
- ¿Cuáles eran sus comidas favoritas?
- ¿Qué deportes practicaban? ¿Con qué frecuencia?

Practice more!		
WB pp. 101–102	LM p. 57	vhlcentral.com

Uses of the imperfect

▶ The imperfect is used to describe past events in a different way than the preterite. Generally, the imperfect describes actions which are seen by the speaker as incomplete or continuing, while the preterite describes actions which have been completed. The imperfect expresses what was happening at a certain time or how things used to be.

—¿Qué te **pasó**?
What happened to you?

—Me **torcí** el tobillo.
I sprained my ankle.

—¿Dónde **vivías** de niño?
Where did you live as a child?

—**Vivía** en San José.
I lived in San José.

▶ Use these expressions with the imperfect to express habitual or repeated actions: **de niño/a** (*as a child*), **todos los días** (*every day*), **mientras** (*while*).

Uses of the imperfect

Habitual or repeated actions	Íbamos al parque los domingos. *We used to go to the park on Sundays.*
Events or actions that were in progress	Yo leía mientras él estudiaba. *I was reading while he was studying.*
Telling time	Eran las tres y media. *It was 3:30.*
Age	Los niños tenían seis años. *The children were six years old.*
Physical characteristics	Era alto y guapo. *He was tall and handsome.*
Mental or emotional states	Quería mucho a su familia. *He loved his family very much.*

¡Manos a la obra!

Indica la forma correcta de cada verbo en el imperfecto.

1. Yo [hablar, bailar, descansar, correr, comer, decidir, vivir]
   hablaba, bailaba, descansaba, corría, comía, decidía, vivía

2. Tú [nadar, encontrar, comprender, venir, ir, ser, ver]
   _____

3. Usted [hacer, regatear, asistir, ser, pasear, poder, ir]
   _____

4. Nosotras [ser, tomar, ir, poner, seguir, ver, pensar]
   _____

5. Ellos [salir, viajar, ir, querer, ser, pedir, empezar]
   _____

6. Yo [ver, estornudar, sufrir, ir, dar, ser, toser]
   _____

10.2 Constructions with se

 Tutorial

Impersonal constructions with se

▶ As you know, **se** can be used as a reflexive pronoun (**Él se despierta.**). **Se** is also used in other ways.

▶ Non-reflexive verbs can be used with **se** to form impersonal constructions. In impersonal constructions, the person performing the action is not defined. In English, the passive voice or indefinite subjects (*you, they, one*) are used.

Se habla español en Costa Rica.
Spanish is spoken in Costa Rica.

Se puede leer en la sala de espera.
You can read in the waiting room.

¡ojo! The third person singular verb form is used with singular nouns and the third person plural form is used with plural nouns.

Se vende ropa.   **Se venden camisas.**

▶ You often see the impersonal **se** in signs and advertisements.

SE PROHÍBE NADAR

Se necesitan programadores
GRUPO TECNO
Tel. 778-34-34

ENTRADA

Se entra por la izquierda

Se for unplanned events

▶ **Se** can also be used to de-emphasize the person who performs an action, implying that the accident or event is not his or her direct responsibility. Use this construction:

se	+	INDIRECT OBJECT PRONOUN	+	VERB	+	SUBJECT
Se		me		cayó		la pluma.

I dropped the pen.

▶ In this construction, what would normally be the direct object of the sentence becomes the subject and agrees with the verb.

	I.O. PRONOUN	VERB	SUBJECT
Se	me te le nos os les	perdieron cayó dañó rompieron olvidaron	las llaves. la taza. el radio. las botellas. las pastillas.

Práctica

1 **¿Cierto o falso?** Lee estas oraciones sobre la vida en 1901. Indica si lo que dice cada oración es **cierto** o **falso**. Luego corrige las oraciones falsas.

Cierto   Falso

_____ _____ 1. Se veía mucha televisión.
_____ _____ 2. Se escribían muchos libros.
_____ _____ 3. Se viajaba mucho en tren.
_____ _____ 4. Se montaba a caballo.
_____ _____ 5. Se mandaban mensajes electrónicos.
_____ _____ 6. Se preparaban comidas en casa.
_____ _____ 7. Se llevaban minifaldas.
_____ _____ 8. Se pasaba mucho tiempo con la familia.

2 **Letreros** Traduce estos letreros (*signs*) al español con el **se** impersonal.

ENGINEERS NEEDED

1._____

NO TALKING

2._____

EATING AND DRINKING PROHIBITED

3._____

TEACHER NEEDED

4._____

PROGRAMMERS SOUGHT

5._____

WE SELL BOOKS

6._____

WE SPEAK ENGLISH

7._____

DO NOT ENTER

8._____

WE SELL COMPUTERS

9._____

SPANISH SPOKEN

10._____

Conversación

3 Preguntas Trabajen en parejas y usen estas preguntas para entrevistarse.

1. ¿Qué comidas se sirven en tu restaurante favorito?
2. ¿Se te olvidó invitar a alguien a tu última fiesta o cena? ¿A quién?
3. ¿A qué hora se abre la cafetería de tu universidad?
4. ¿Alguna vez se te quedó algo importante en casa?
5. ¿Alguna vez se te perdió algo importante durante un viaje? ¿Qué?
6. ¿Qué se vende en la librería de la universidad?
7. ¿Sabes si en la librería se aceptan cheques?
8. ¿Alguna vez se te rompió un plato o un vaso (*glass*)? ¿Dónde?

4 Minidiálogos En parejas, preparen estos minidiálogos. Luego preséntenlos a la clase.

1. Un(a) profesor(a) de español le pide a un(a) estudiante su cuaderno de práctica (*workbook*). El/La estudiante le explica por qué él/ella no lo tiene.
2. Un(a) turista le pregunta al/a la botones dónde se sirve la mejor comida en la ciudad. El/La botones hace varias sugerencias.
3. Un(a) paciente le dice al/a la doctor(a) que él/ella no puede caminar. El/La doctor(a) examina al/a la paciente y le explica el problema.
4. Un padre/una madre le pregunta a su hijo/a qué le pasó al plato que está roto (*broken*) en el piso. El/La hijo/a se disculpa y le explica lo que sucedió.

5 Anuncios En grupos, preparen dos anuncios (*ads*) de televisión para presentar a la clase. Deben usar el imperfecto y dos construcciones con **se.**

modelo

Se me cayeron unos libros sobre el pie. Me dolía mucho. Pero ahora no, gracias a Superaspirina 500. ¡Tomé dos pastillas y se me fue el dolor! Se puede comprar Superaspirina 500 en todas las farmacias Recetamax.

Practice more!

WB
pp. 103–104

LM
p. 58

vhlcentral.com

▶ These verbs are often used with **se** to describe unplanned events.

caer	to fall; to drop	perder (e:ie)	to lose
dañar	to damage; to break down	quedar	to be left behind
		romper	to break
olvidar	to forget		

¡ojo! **Dejar caer** (*to let fall*) is often used to mean *to drop*.

Elena **dejó caer** el libro.
Elena dropped the book.

El médico **dejó caer** la aspirina.
The doctor dropped the aspirin.

¿Se te perdió el suéter anoche?

No, mamá. Se me olvidó.

▶ **A** + [*noun*] or **a** + [*prepositional pronoun*] is frequently used to clarify or emphasize who is involved in the action.

Al estudiante se le perdió la tarea.
The student lost his homework.

A mí se me olvidó ir a clase ayer.
I forgot to go to class yesterday.

¡Manos a la obra!

Completa las oraciones de la primera columna con **se** impersonal y verbos en presente. Completa las oraciones de la segunda columna con **se** para sucesos imprevistos (*unplanned events*) y verbos en pretérito.

Presente

1. __Se enseñan__ [enseñar] cinco lenguas en esta universidad.
2. _____ [comer] muy bien en El Cráter.
3. _____ [vender] muchas camisetas allí.
4. _____ [servir] platos exquisitos cada noche.
5. _____ [necesitar] mucho dinero.
6. _____ [buscar] secretaria.

Pretérito

1. __Se me rompieron__ [*I broke*] las gafas.
2. _____ [*you* (fam.) *dropped*] las pastillas.
3. _____ [*they lost*] la receta.
4. _____ [*you* (form.) *left*] aquí la radiografía.
5. _____ [*we forgot*] pagar la medicina.
6. _____ [*they left*] los cuadernos en casa.

10.3 Adverbs Tutorial

▸ Adverbs describe how, when, and where actions take place. They modify verbs, adjectives, and even other adverbs. The list below contains some adverbs you have already learned.

bien	nunca	temprano
mal	hoy	ayer
muy	siempre	aquí

▸ Most adverbs end in **–mente**. These are equivalent to the English adverbs which end in *-ly*.

lentamente	*slowly*
verdaderamente	*truly, really*

generalmente	*generally*
simplemente	*simply*

▸ To form adverbs which end in **–mente**, add **–mente** to the feminine form of the adjective. If the adjective does not have a feminine form, just add **–mente** to the standard form.

ADJECTIVE	FEMININE FORM	SUFFIX	ADVERB
lento	lenta	-mente	lentamente
fabuloso	fabulosa	-mente	fabulosamente
enorme		-mente	enormemente
feliz		-mente	felizmente

▸ Adverbs that end in **–mente** generally follow the verb, while adverbs that modify an adjective or another adverb precede the word they modify.

Javier dibuja **maravillosamente**.
Javier draws wonderfully.

Inés está **casi siempre** ocupada.
Inés is almost always busy.

Common adverbs and adverbial expressions

a menudo	*often*	así	*like this; so*	menos	*less*
a tiempo	*on time*	bastante	*enough; quite*	muchas veces	*a lot; many times*
a veces	*sometimes*	casi	*almost*		
además (de)	*furthermore; besides*	con frecuencia	*frequently*	poco	*little*
				por lo menos	*at least*
apenas	*hardly; scarcely*	de vez en cuando	*from time to time*	pronto	*soon*

¡Manos a la obra!

Transforma los adjetivos en adverbios.

1. alegre _alegremente_
2. constante _____
3. gradual _____
4. perfecto _____
5. real _____
6. frecuente _____
7. tranquilo _____
8. regular _____
9. maravilloso _____
10. normal _____
11. básico _____
12. afortunado _____

Práctica

1 En la clínica Completa las oraciones con los adverbios adecuados.

1. La cita era a las nueve, pero llegamos _____ [aquí, nunca, tarde].

2. El problema fue que _____ [aquí, ayer, así] se nos rompió el despertador.

3. La recepcionista no se enojó porque sabía que normalmente llegamos _____ [a veces, a tiempo, poco].

4. _____ [Por lo menos, Muchas veces, Poco] el doctor estaba listo.

5. _____ [Lentamente, Además, Apenas] tuvimos que esperar cinco minutos.

6. El doctor dijo que nuestra hija Irene necesitaba una operación _____ [casi, a veces, inmediatamente].

7. Cuando Irene salió de la operación, le preguntamos _____ [con frecuencia, nerviosamente, muchas veces] al doctor cómo estaba nuestra hija.

8. _____ [Bastante, Afortunadamente, A menudo], el médico nos contestó que Irene estaba bien.

2 Oraciones Combina palabras de las tres columnas para formar oraciones completas.

modelo

Mi mejor amigo se enferma frecuentemente.

Sujetos	Verbos	Adverbios
mi mejor amigo/a	caerse	bien
mi(s) padre(s)	casarse	fabulosamente
el/la profesor(a) de español	conducir	felizmente
	divertirse	mal
yo	enfermarse	frecuentemente
los jóvenes	estornudar	muchas veces
Charlie Sheen	ir	poco
Jennifer López	levantarse	rápidamente
las celebridades	llevarse	pronto
todos nosotros	vestirse	tarde
		temprano
		tranquilamente

Conversación

3 **Preguntas** Usa estas preguntas para entrevistar a un(a) compañero/a.

1. ¿Qué sabes hacer muy bien?
2. ¿Qué estudias además de español?
3. ¿Hay compañeros/as de clase a quienes apenas conoces?
4. ¿Qué gustos (treats) te das de vez en cuando?
5. ¿Cenas bastante en restaurantes?
6. ¿Te enfermas a menudo?
7. ¿Con qué frecuencia vas al doctor?
8. ¿Qué haces si te sientes congestionado/a y estornudas muchas veces?

4 **¿Con qué frecuencia?** Averigua (Find out) con qué frecuencia tus compañeros/as hacen estas actividades. Comparte los resultados con la clase.

modelo   pasear en bicicleta

Estudiante 1:   ¿Paseas en bicicleta con mucha frecuencia?
Estudiante 2:   Sí, paseo en bicicleta con mucha frecuencia./No, casi nunca paseo en bicicleta.

Actividades	con mucha frecuencia	de vez en cuando	casi nunca	nunca
1. Nadar				
2. Jugar al tenis				
3. Hacer la tarea				
4. Salir a bailar				
5. Mirar la televisión				
6. Dormir en clase				
7. Perder las gafas				
8. Tomar medicina				
9. Ir al dentista				

Practice more!
WB pp. 105–106   LM p. 59   vhlcentral.com

No hay tiempo para el dolor de cabeza.

Si tienes prisa, o simplemente quieres que tu dolor de cabeza se vaya muy pronto, piensa en Capalivia. Se asimila mejor y actúa rápidamente. Ya no se puede perder tiempo por un dolor de cabeza.

ASPIRINA masticable
ASPIRINA masticable

Identificar

Lee el anuncio e identifica los adverbios.

Preguntas

1. ¿Cuáles son las ventajas (advantages) de este tipo de aspirina?
2. ¿Qué tan a menudo te duele la cabeza? ¿Tomas aspirina cuando te duele la cabeza?
3. ¿Necesitas una receta del médico para comprar aspirina?
4. ¿Qué otros medicamentos ves con frecuencia en los anuncios de televisión?

A repasar

10.1 The imperfect tense

1 **Cuando éramos niños...** Usa estas oraciones para contar los sucesos que le ocurrían a ti y a tus amigos cuando eran niños. Sigue el modelo.

modelo
Rosalinda (estar enferma) / su mamá (llevarla al doctor)
Cuando Rosalinda estaba enferma, su mamá la llevaba al doctor.

1. Rosalinda (ir a la clínica) / ella (llorar (*cry*) mucho)
2. Gustavito (tener dolor de cabeza) / su abuela (no darle una aspirina)
3. Gustavito (tener temperatura alta) / él (sentirse mareado)
4. la enfermera (ponerle una inyección a Rosalinda) / ella (sentir mucho dolor)
5. Rosalinda y Gustavito (no tomarse las medicinas) / sus padres (enojarse)
6. nosotros (no hacer la tarea) / nuestros padres (no dejarnos ver la televisión)

2 **El doctor Rodríguez** Completa el párrafo con el imperfecto de los verbos **ir**, **ver** y **ser**.

Cuando nosotros (1) _____ niños, mi hermano y yo (2) _____ al doctor Rodríguez. Nosotros (3) _____ a su consultorio después de las clases. Mi madre (4) _____ con nosotros. El doctor Rodríguez (5) _____ muy simpático. El doctor y la enfermera (6) _____ muy amables con nosotros. ¿Ustedes (7) _____ al consultorio del doctor Rodríguez?

3 **El dentista** En parejas, describan sus visitas al dentista cuando eran niños, usando el imperfecto.

 modelo
Iba al dentista cuando me dolía alguna muela. Siempre había muchos pacientes en el consultorio del dentista.

10.2 Constructions with se

4 **Oraciones** Forma oraciones con estos elementos. Usa **se** para sucesos imprevistos (*unplanned events*) y los verbos en pretérito.

 modelo
A Cecilia / olvidar / la medicina en la farmacia.
A Cecilia se le olvidó la medicina en la farmacia.

1. A ti / romper / el brazo y la pierna
2. A los enfermeros / dañar / las radiografías
3. Al paciente / perder / los antibióticos
4. A mí / quedar / la receta en el consultorio
5. A Hugo y a ti / caer / la bicicleta en los pies
6. A nosotros / olvidar / el teléfono del doctor Gómez

5 **El enfermero** La doctora Suárez tiene un enfermero nuevo. Escribe las preguntas que el enfermero le hace. Usa **se** y **cómo**, **dónde**, **cuándo**.

 modelo
Vamos a tomar la temperatura del paciente.
¿Cómo se toma la temperatura del paciente?

1. Vamos a poner una inyección.
   _____
2. Vamos a llevar a un enfermo a la sala de emergencia.
   _____
3. Vamos a sacar las radiografías.
   _____
4. Vamos a recetar dos medicamentos.
   _____
5. Vamos a hacer un examen médico.
   _____
6. Vamos a buscar un antibiótico nuevo.
   _____

6 **¿Qué se debe hacer?** En parejas, escriban qué se debe hacer en estas situaciones. Después compartan sus respuestas con la clase.

 modelo
Para estar sanos
Se debe hacer ejercicio. No se debe fumar.

1. Para curarse de un resfriado
2. Para estar delgado/a
3. Para curarse de la gripe
4. Para tener dientes sanos
5. Para ser saludable
6. Para ser médico/a

10.3 Adverbs

7 **¡Tristemente!** Usando los adverbios necesarios, escribe seis oraciones describiendo lo que le pasó a Héctor.

modelo
Héctor paseaba felizmente en su bicicleta.

1.

2.

3.

8 **Consejos** Tu amiga Elsa está embarazada y no sabe cómo cuidarse (*to take care of herself*). En grupos de tres, escriban consejos para Elsa usando los adverbios adecuados.

además (de)	a veces	poco
a menudo	con frecuencia	por lo menos
así	muchas veces	pronto

modelo
Debes caminar por lo menos durante media hora cada día.
Si te sientes mal, debes ir pronto al doctor.

Síntesis

9 **La primera vez** En parejas, cuéntense cómo fue la primera vez que les pusieron una inyección, se rompieron un hueso, pasaron la noche en un hospital, estuvieron mareados/as, etc. Incluyan estos puntos en su conversación.

- una descripción del tiempo que hacía
- sus edades
- qué pasó
- cómo se sentían

Videoclip   Video

1 **Preparación** ¿Cuándo fue la última vez que te dolió la garganta? ¿Qué hiciste para aliviar el dolor?

2 **El clip** Mira el anuncio de **Strepsils** de España.

Vocabulario	
el alivio *relief*	irritadas *irritated*
calma *relieves*	suaviza *soothes*

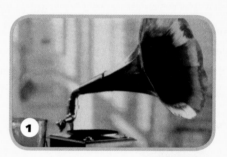

Los problemas de garganta comienzan con un pinchazo°.

Es una nota de alivio en su garganta.

el pinchazo *sharp pain (lit. puncture)*

3 **Ordenar** Ordena las palabras o expresiones según aparecen en el anuncio. Tres de estas palabras no están en el videoclip.

_____ a. gargantas irritadas   _____ e. pastillas

_____ b. receta   _____ f. alivio

_____ c. comienzan   _____ g. a menudo

_____ d. calma   _____ h. dolor

4 **Tu música** En el anuncio se escucha un tango muy emotivo como música de fondo (*background*). Escribe el título de una canción que refleje cómo te sientes en cada una de estas situaciones. Después comparte tus ideas con tres compañeros/as.

- tienes un dolor de cabeza muy fuerte
- estás enamorado/a
- terminaron las clases
- te sientes mareado/a

Ampliación

1 Escuchar

A Escucha la conversación de la señorita Méndez y Carlos Peña. Marca las oraciones donde se mencionan los síntomas de Carlos.

> **TIP** **Listen for specific information.** Identify the subject of a conversation and use your background knowledge to predict what kinds of information you might hear. For example, what would you expect to hear in a conversation between a sick person and a doctor's receptionist?

_____ 1. Tiene infección en los ojos.

_____ 2. Se lastimó el dedo.

_____ 3. Tiene tos.

_____ 4. Está congestionado.

_____ 5. Está mareado.

_____ 6. Le duele la cabeza.

_____ 7. Le duele el estómago.

_____ 8. No puede dormir.

_____ 9. Es alérgico a la aspirina.

_____ 10. Le duele la garganta.

_____ 11. Tiene frío.

_____ 12. Se rompió la pierna.

_____ 13. Le duele la rodilla.

_____ 14. Siente dolor en los huesos.

B En tu opinión, ¿qué tiene Carlos? ¿Gripe? ¿Un resfriado? ¿Alergia? Explica tu opinión.

2 Conversar

En parejas, preparen una conversación entre un(a) estudiante hipocondríaco/a y un(a) enfermero/a. Presenten la conversación a la clase.

- Decidan qué síntomas tiene el/la estudiante y con qué frecuencia los tiene.
- Decidan qué preguntas le va a hacer el/la enfermero/a. Por ejemplo: ¿Cuánto tiempo hace que comenzaron los síntomas? ¿Tenía el mismo problema cuando era niño/a? ¿Lo tenía la semana pasada?
- Decidan qué consejos le va a dar el/la enfermero/a.

Ampliación

3 Escribir

Imagina que eres enfermero/a en la sala de emergencias de un hospital. Tienes que escribir cada día un parte (*report*) médico para tu supervisor(a).

TIP **Avoid redundancies.** To avoid repetition of verbs and nouns, consult a Spanish-language thesaurus. You can also use direct object pronouns, possessive adjectives, demonstrative adjectives and pronouns, and prepositional pronouns to streamline your writing.

Organízalo	Utiliza un mapa de ideas para organizar tu parte médico. Incluye información sobre los pacientes, sus síntomas y el resultado de los tratamientos.
Escríbelo	Utiliza tus apuntes para escribir el primer borrador del parte médico.
Corrígelo	Intercambia tu composición con un(a) compañero/a. Lee su borrador y anota los aspectos mejor escritos (*written*). Ofrécele sugerencias para evitar (*avoid*) redundancias, y si ves algunos errores gramaticales u ortográficos, coméntaselos.
Compártelo	Revisa el primer borrador según las indicaciones de tu compañero/a. Incorpora nuevas ideas o más información si es necesario antes de escribir la versión final del parte médico.

Susana se lastimó la rodilla ayer. ~~Susana~~ Ella estaba corriendo por el parque cuando se cayó y se lastimó la rodilla.

4 Un paso más

Prepara una presentación sobre el sistema de servicios médicos de un país hispano. Tu presentación debe contestar estas preguntas.

- ¿Qué servicios médicos públicos hay en el país?
- ¿Cuál es el papel (*role*) de las clínicas y los hospitales privados?
- ¿Cómo son los servicios médicos en las ciudades y en las áreas rurales?
- ¿Son populares los tratamientos alternativos?
- ¿Hay personas reconocidas por sus contribuciones a la medicina?

CONEXIÓN INTERNET

Investiga estos temas en el sitio **vhlcentral.com**.

- Hospitales y clínicas en el mundo hispano
- Facultades de medicina en el mundo hispano
- Médicos famosos del mundo hispano

Audio: Reading

Antes de leer

Using what you already know about a particular subject will often help you better understand a reading selection. For example, if you read an article about a recent medical discovery, you might think about what you already know about health in order to understand unfamiliar words or concepts.

A primera vista, ¿cuál es el tema de esta lectura?

_____

_____

¿Qué tipo de documento es? ¿Cómo lo sabes?

_____

_____

Basándote en documentos similares que conoces, ¿qué tipo de información esperas encontrar en esta lectura?

_____

_____

El consultorio

Dra. Fernanda Jiménez Ocaña

P: Soy una madre española y le escribo para hacerle una consulta sobre mi hijo. Tiene ocho años y hace una semana que ni come ni duerme bien. Además, desde hace cuatro días° tose constantemente. Al no consumir la cantidad de alimentos° necesarios ni dormir lo suficiente, mi hijo no tiene energía para realizar sus actividades diarias. Estoy un poco preocupada porque es la primera vez que el niño presenta este tipo de síntomas. Todavía no hemos ido° al médico porque me interesa conocer primero su punto de vista°. Muchísimas gracias por su ayuda.

R: Querida° madre española: Gracias por escribir en mi columna. Cuando un niño de la edad de su hijo presenta este tipo de síntomas, puede ser señal° de que tiene una pequeña infección en las vías° respiratorias, producida por una bacteria o por un virus. Creo que debe llevar pronto a su hijo al consultorio de su médico, para evitar° la aparición de una enfermedad crónica como la bronquitis. Si tiene alguna pregunta más o si desea contarme cómo evoluciona su hijo, ya sabe que puede escribirme otra vez.

P: Hola, doctora. Soy un ciclista profesional de Colombia. Hace dos semanas tuve un accidente con mi bicicleta y me lastimé la rodilla. Fui a la sala de emergencias y el médico me hizo una radiografía para ver si tenía un hueso roto. Afortunadamente, los resultados de la radiografía fueron muy buenos y sólo me recetaron unas pastillas y mucho reposo. Le escribo porque, después de este tiempo, sigo sintiendo dolor en la zona de la rodilla. ¿Qué puedo hacer?

R: Querido amigo ciclista: Creo que, en su caso, necesita tener más paciencia. Hay que° comprender que algunas veces el cuerpo requiere más tiempo para recuperarse. Creo que tiene que esperar dos semanas más para ver si el dolor va desapareciendo o no. Si sigue las indicaciones de su médico y no nota ningún cambio, debe volver al hospital. En mi opinión, no debe hacer ningún movimiento con la pierna y debe seguir tomándose las pastillas que le recetaron.

P: Le escribo desde Puerto Rico para pedirle su opinión. Durante este mes y el anterior°, tengo los síntomas de un resfriado que no desaparece nunca. Toso, estoy congestionado y tengo la garganta y los ojos irritados. Mi novia opina que puedo ser alérgico a algo. ¿Cree usted que eso es posible?

R: Estimado° amigo puertorriqueño: Debe empezar por observar dónde y cuándo aparecen sus síntomas. El otoño y la primavera son las épocas del año en que suele haber° más reacciones alérgicas del tipo que usted presenta. Creo que debe ir al médico y esperar los resultados de las pruebas. Si le diagnostican un tipo de alergia, no debe preocuparse. En la actualidad, existen tratamientos excelentes, incluyendo antihistamínicos e inyecciones, que calman los efectos de las reacciones alérgicas y lo ayudan a llevar una vida normal.

¡Salud! *Dra. Fernanda Jiménez Ocaña*

Después de leer

¿Comprendiste? ✎📄

Indica si cada oración es **cierta** o **falsa**. Corrige las oraciones falsas.

Cierto	Falso	
_____	_____	1. La madre española no come bien.
_____	_____	2. La doctora piensa que el hijo de la española puede tener una infección.
_____	_____	3. La doctora piensa que el ciclista debe practicar más el ciclismo.
_____	_____	4. La radiografía indica que el ciclista colombiano tiene algunos huesos rotos.
_____	_____	5. La doctora cree que el chico puertorriqueño puede tener alergias.
_____	_____	6. Hace dos meses que el puertorriqueño tiene los síntomas de un resfriado.

Preguntas ✎📄

Responde a estas preguntas con oraciones completas.

1. ¿Con qué frecuencia tose el hijo de la madre española?
2. ¿Cuánto tiempo hace que el colombiano se lastimó la rodilla?
3. ¿Qué debe hacer la madre española?
4. ¿Qué hizo el médico cuando el ciclista fue a la sala de emergencias?
5. ¿Por qué debe ser paciente el ciclista?
6. Según (*According to*) la doctora, ¿cuándo ocurren más frecuentemente las reacciones alérgicas?

Coméntalo ✎📄

¿Hay una columna de consejos médicos en el periódico de tu ciudad? ¿La lees frecuentemente? ¿Por qué sí o por qué no? Imagina que tú escribes las respuestas de esta columna, ¿qué deben hacer las tres personas que pidieron consejos?

---

desde hace cuatro días *for four days*   **alimentos** *foods*   **hemos ido** *have been*   **punto de vista** *point of view*
Querido/a *Dear*   **señal** *sign*   **vías** *passages*   **evitar** *avoid*   **Hay que** *It is necessary to*   **el anterior** *the previous one*
Estimado/a *Dear*   **suele haber** *there are customarily*

Audio: Vocabulary Flashcards

El cuerpo

la boca	mouth
el brazo	arm
la cabeza	head
el corazón	heart
el cuello	neck
el cuerpo	body
el dedo	finger
el estómago	stomach
la garganta	throat
el hueso	bone
la nariz	nose
el ojo	eye
la oreja	(outer) ear
el pie	foot
la pierna	leg
la rodilla	knee
el tobillo	ankle

Verbos

caer	to fall, to drop
caerse	to fall
dañar	to damage; to break down
doler (o:ue)	to hurt
enfermarse	to get sick
estar enfermo/a	to be sick
estornudar	to sneeze
lastimarse (el pie)	to injure (one's foot)
olvidar	to forget
perder (e:ie)	to lose
poner una inyección	to give an injection
prohibir	to prohibit
quedar	to be left behind
recetar	to prescribe
romper	to break
romperse (la pierna)	to break (one's leg)
sacar(se) una muela	to have a tooth pulled
ser alérgico/a (a)	to be allergic (to)
tener fiebre (f.)	to have a fever
tomar(le) la temperatura (a alguien)	to take (someone's) temperature
torcerse (el tobillo)	to sprain (one's ankle)
toser	to cough

La salud

el accidente	accident
el antibiótico	antibiotic
la aspirina	aspirin
la clínica	clinic
el consultorio	doctor's office
el/la dentista	dentist
el/la doctor(a)	doctor
el dolor (de cabeza)	(head)ache; pain
la enfermedad	illness
el/la enfermero/a	nurse
el examen médico	physical exam
la farmacia	pharmacy
la gripe	flu
el hospital	hospital
la infección	infection
el medicamento	medication
la medicina	medicine
la operación	operation
el/la paciente	patient
las pastillas	pills
la radiografía	X-ray
la receta	prescription
el resfriado	cold
la sala de emergencia(s)	emergency room
la salud	health
el síntoma	symptom
la tos	cough

Adjetivos

congestionado/a	congested; stuffed-up
embarazada	pregnant
grave	grave; serious
mareado/a	dizzy; nauseated
médico/a	medical
saludable	healthy
sano/a	healthy

Otras palabras y expresiones

de niño/a	as a child
mientras	while
todos los días	every day

Adverbs	See page 266.

AVENTURAS EN LOS PAÍSES HISPANOS

Un *snowboarder* salta *(jumps)* en el centro de esquí Portillo, uno de los más famosos y antiguos *(old)* de Chile. El esquí y el *snowboard* se pueden practicar en las montañas nevadas *(snow-capped)* de la cordillera de los Andes, que se extiende por todo el país. Gente de todo el mundo va a Chile a practicar los deportes de invierno. ¿Te gustaría esquiar en Chile?

SURAMÉRICA II

Argentina

Área: 2.780.400 km^2
(1.074.000 millas^2)

Población: 42.193.000

Capital: Buenos Aires –
12.990.000

Ciudades principales: Córdoba, Rosario, Mendoza

Moneda: peso argentino

SOURCE: Population Division, UN Secretariat & CIA World Factbook

Chile

Área: 756.100 km^2
(292.000 millas^2)

Población: 17.067.000

Capital: Santiago de Chile –
5.883.000

Ciudades principales: Concepción, Viña del Mar, Valparaíso, Temuco

Moneda: peso chileno

SOURCE: Population Division, UN Secretariat & CIA World Factbook

Uruguay

Área: 176.220 km^2
(68.039 millas^2)

Población: 3.316.000

Capital: Montevideo – 1.633.000

Ciudades principales: Salto, Paysandú, Las Piedras, Rivera

Moneda: peso uruguayo

SOURCE: Population Division, UN Secretariat & CIA World Factbook

Paraguay

Área: 406.750 km^2
(157.046 millas^2)

Población: 6.542.000

Capital: Asunción – 1.977.000

Ciudades principales: Ciudad del Este, San Lorenzo, Lambaré, Fernando de la Mora

Moneda: guaraní

SOURCE: Population Division, UN Secretariat & CIA World Factbook

Bolivia

Área: 1.098.580 km^2
(424.171 millas^2)

Población: 10.290.000

Capital: La Paz, sede del gobierno (*seat of government*), capital administrativa – 1.642.000;
Sucre, capital constitucional y judicial

Ciudades principales: Santa Cruz de la Sierra, Cochabamba, Oruro, Potosí

Moneda: peso boliviano

SOURCE: Population Division, UN Secretariat & CIA World Factbook

Artes

El tango argentino

El tango es un símbolo cultural muy importante de Argentina. Este género *(genre)* musical es una mezcla de ritmos de origen africano, italiano y español, y surgió a finales del siglo XIX entre los porteños *(people of Buenos Aires)*. Poco después se hizo popular entre el resto de los argentinos y su fama llegó hasta París. Como baile, el tango en un principio *(at first)* era provocativo y violento, pero se hizo más romántico durante los años 30. Hoy día, este estilo musical es popular en muchas partes del mundo *(world)*.

Lugares

El lago Titicaca

Situado en los Andes de Bolivia y Perú, éste es el lago navegable más alto del mundo, a una altitud de 3.815 metros (12.500 pies). Con un área de más de 8.000 kilómetros² (3.000 millas²), también es el segundo lago más grande de Suramérica, después del lago de Maracaibo en Venezuela. La mitología inca cuenta que los hijos del dios *(god)* Sol emergieron de las profundas aguas del lago Titicaca para fundar su imperio *(empire)*.

PERÚ

BOLIVIA

Océano Pacífico

⭐ La Paz

Arica

Sucre ⭐

Iquique

Antofagasta

Salta

CHILE

ARGENTINA

Córdoba

Valparaíso

Mendoza

Santiago

Concepción

Bahía Blanc

Cordillera de los Andes

Puerto Montt

Estrecho de Magallanes

Punta Arenas

Tierra del Fuego

BRASIL

PARAGUAY

★ Asunción

URUGUAY
★ Montevideo

sario
★
Buenos Aires

s
vinas

Practice more!

WB
pp. 107–108

VM
pp. 245–250

vhlcentral.com

La carne y el mate

En Chile, Uruguay y Argentina, la carne de res es un elemento esencial de la dieta diaria. Los platos más representativos de estas naciones son el asado *(barbecue)*, la parrillada *(grilled meat)* y el chivito *(goat)*.

El mate, una infusión similar al té, también es típico de la región. Esta bebida de origen indígena se bebe a diario y reemplaza al café. Tradicionalmente se toma en una calabaza *(gourd)* con una bombilla *(straw)* de metal.

Los ríos Paraguay y Paraná

Los ríos Paraguay y Paraná sirven de frontera *(border)* natural entre Argentina y Paraguay, y son las principales rutas de transporte de este último *(last)* país. El río Paraguay divide el Gran Chaco de la meseta *(plateau)* Paraná, donde vive la mayoría de los paraguayos. El Paraná tiene unos 3.200 kilómetros navegables, y por esta ruta pasan barcos de más de 5.000 toneladas, los cuales viajan desde el estuario *(estuary)* del Río de la Plata hasta la ciudad de Asunción. El río Paraná confluye *(meets)* con el río Iguazú en la frontera entre Brasil, Argentina y Paraguay. Allí forman las cataratas *(waterfalls)* del Iguazú, uno de los sitios turísticos más visitados en Suramérica. Estas extensas cataratas miden unos 70 metros (230 pies) de altura *(height)*.

¿Qué aprendiste?

1 ¿Cierto o falso? Decide si lo que dicen las siguientes oraciones es **cierto** o **falso**.

	Cierto	Falso
1. Portillo es un centro de esquí en Argentina.	_____	_____
2. Viña del Mar y Concepción son dos de las ciudades principales de Chile.	_____	_____
3. Asunción es la capital de Uruguay.	_____	_____
4. En un principio, el tango era un baile tranquilo.	_____	_____
5. El tango es uno de los símbolos culturales más importantes de Argentina.	_____	_____
6. El lago Titicaca es el más bajo del mundo.	_____	_____
7. El lago Titicaca es el lago más grande de Suramérica después del lago de Maracaibo.	_____	_____
8. La carne de res forma parte de la dieta diaria de Argentina y Uruguay.	_____	_____
9. El mate es una bebida similar al té.	_____	_____
10. El río Paraguay pasa entre Argentina y Chile.	_____	_____
11. En la meseta Paraná vive muy poca gente.	_____	_____
12. Las cataratas del Iguazú están en la frontera entre Brasil, Paraguay y Argentina.	_____	_____

2 Preguntas Contesta las siguientes preguntas.

1. ¿En qué lugares de los Estados Unidos se puede practicar esquí y *snowboard*? ¿Te gustaría practicarlos en las montañas nevadas de la cordillera de Los Andes?

2. ¿Sabes bailar tango? ¿Te gusta ese tipo de baile? ¿Por qué?

3. ¿Qué otros lagos navegables conoces? ¿Cuál te gustaría visitar?

4. ¿Probaste alguna vez el mate? ¿Te gustaría probarlo? ¿Qué otras comidas típicas de estos países conoces?

5. ¿Qué otras cataratas conoces? ¿Qué río(s) afecta(n)?

CONEXIÓN INTERNET

Investiga estos temas en el sitio **vhlcentral.com**.

- El tango en Argentina
- Deportes de invierno en Chile
- Preferencias gastronómicas en Uruguay
- La historia de Paraguay
- El sitio arqueológico Tiahuanaco en Bolivia

El carro y la tecnología

PARA EMPEZAR

- ¿Quiénes son las personas de la foto?
- ¿Dónde están: en un consultorio o en un taller mecánico?
- ¿Qué están haciendo?
- ¿Cómo crees que se sienten estas personas? ¿Por qué?

Tutorials

EL CARRO Y LA TECNOLOGÍA

EN LA CALLE

la calle *street*

el camino *route*

el garaje *garage; (mechanic's) repair shop*

la gasolina *gasoline*

la gasolinera *gas station*

el kilómetro *kilometer*

el/la mecánico/a *mechanic*

la milla *mile*

la multa *fine; ticket*

el policía/la mujer policía *police officer*

la policía *police (force)*

el taller (mecánico) *(mechanic's) repair shop*

el tráfico *traffic*

la velocidad máxima *speed limit*

arrancar *to start*

arreglar *to fix; to arrange*

bajar *to go down*

bajar(se) de *to get out of (a vehicle)*

chocar (con) *to run into; to crash into*

conducir *to drive*

estacionar *to park*

manejar *to drive*

parar *to stop*

revisar (el aceite) *to check (the oil)*

subir *to go up*

subir(se) a *to get into (a vehicle)*

el semáforo

LAS PARTES DEL CARRO

el carro *car*

el coche *car*

los frenos *brakes*

el capó

el parabrisas

el volante

el baúl

el motor

la llanta

la licencia de conducir

llenar (el tanque)
to fill (the tank)

el televisor

la calculadora

LA TECNOLOGÍA

el buzón de voz *voicemail*
la cámara digital *digital camera*
el control remoto *remote control*
el disco compacto *compact disc*
el estéreo *stereo*
el fax *fax (machine)*
el mensaje de texto *text message*
el navegador GPS *GPS*
el radio *radio (set)*
el reproductor de CD *CD player*
el reproductor de DVD *DVD player*
el reproductor de MP3 *MP3 player*
el teléfono celular *cell phone*
la televisión por cable *cable TV*

apagar *to turn off*
funcionar *to work*
llamar *to call*
poner *to turn on*
prender *to turn on*
sonar (o:ue) *to ring*

la cámara (de video)

Variación léxica
el baúl ⟷ la cajuela (*Méx.*), la maletera (*Perú*)
la computadora ⟷ el ordenador (*Esp.*)
la gasolinera ⟷ la bencinera (*Chile*)
el radio ⟷ la radio (*Esp., Cono Sur.*)

ADJETIVOS

descompuesto/a *not working; out of order*
lento/a *slow*
lleno/a *full*

INTERNET Y LA COMPUTADORA

el archivo *file*
la computadora portátil *laptop*
la conexión inalámbrica *wireless (connection)*
el disco *disk*
Internet *Internet*
la página principal *home page*
la pantalla *screen*
el programa de computación *software*
la red *network; Web*
el sitio web *website*

guardar *to save*
imprimir *to print*
navegar en Internet *to surf the Internet*

la computadora

el monitor

el ratón

la impresora

el teclado

A escuchar

1 **¿Qué necesitas?** Identifica oralmente los dibujos. Luego escucha las oraciones e indica el objeto que necesitas para cada actividad.

1. _____   _____

2. _____   _____

3. _____   _____

4. _____   _____

5. _____   _____

2 **En una gasolinera** Escucha la conversación entre un joven y el empleado de una gasolinera. Después completa las oraciones.

1. El empleado de la gasolinera llena el tanque, revisa el aceite y
   a. estaciona el carro.   b. limpia el parabrisas.   c. usa el navegador.

2. La próxima semana el joven tiene que
   a. manejar hasta Córdoba.   b. llenar el tanque.   c. revisar las llantas.

3. El joven va a volver mañana porque el empleado
   a. va a llenar el tanque.   b. va a revisar los frenos.   c. va a darle una multa.

4. Para revisar los frenos, el empleado necesita
   a. un par de minutos.   b. un par de días.   c. un par de horas.

5. Hoy el joven va
   a. a Córdoba.   b. a las montañas.   c. a la playa.

6. La gasolina cuesta
   a. 22 pesos.   b. 32 pesos.   c. 24 pesos.

Practice more!

LM
p. 61

A practicar

3 **Problemas con la computadora** Completa la conversación con las palabras de la lista.

arreglar	la impresora	la pantalla
descompuesto	imprimir	prendiste
el disco	llamar	el ratón
funciona	navegar	el teléfono celular

JUAN CARLOS Mariana, la computadora no (1) _____. No veo nada en (2) _____.

MARIANA Pues, ¿la (3) _____?

JUAN CARLOS Ah sí, tienes razón; no estaba prendida. Mariana, ahora no puedo conectarme a Internet. Parece que el sistema de conexión inalámbrica está (4) _____. ¿Sabes cómo lo puedo (5) _____?

MARIANA ¡Ay, mi amor! Si (*If*) quieres, puedo (6) _____ a la compañía de Internet para ver qué pasa. Mientras tanto, creo que es mejor que uses (7) _____ para conectarte.

JUAN CARLOS Sí, gracias… Bueno, ahora sí estoy conectado. Voy a (8) _____ en Internet un rato y después voy a (9) _____ el trabajo para mi clase de historia… Pero... ¡Mariana! ¿dónde está (10) _____?

MARIANA Lo siento, ésa sí que está descompuesta. Pablo la está arreglando. No sé cómo vas a imprimir tu trabajo ahora.

JUAN CARLOS No te preocupes. Puedo llevar (11) _____ a la universidad e imprimirlo allá.

MARIANA ¡Qué buena idea!

4 **Oraciones** Escribe oraciones usando los siguientes elementos. Usa el pretérito y añade (*add*) las palabras necesarias.

1. Jaime / comprar / reproductor de DVD / nuevo

   _____

2. Yo / apagar / radio / diez / noche

   _____

3. teléfono / sonar / pero / yo / no contestar

   _____

4. Sara y yo / ir / gasolinera / para / llenar / tanque

   _____

5. Sandra / perder / disco compacto

   _____

6. Marisa / poner / su / maletas / baúl

   _____

Practice more!

WB
pp. 109–110

vhlcentral.com

(S) Tutorials

HOGAR, DULCE HOGAR

LA CASA Y SUS CUARTOS

la alcoba *bedroom*
el altillo *attic*
el balcón *balcony*
la cocina *kitchen*
el comedor *dining room*
la entrada *entrance*
el garaje *garage*
la oficina *office*
el pasillo *hallway*
el patio *patio; yard*
la sala *living room*
el sótano *basement*

el jardín
garden; yard

la escalera
stairs; stairway

LOS ELECTRODOMÉSTICOS

la estufa *stove*
el horno (de microondas) *(microwave) oven*
la lavadora *washing machine*
el lavaplatos *dishwasher*
el refrigerador *refrigerator*
la secadora *clothes dryer*

los electrodomésticos
electrical appliances

LA MESA

la copa *wineglass*
la taza *cup; mug*
el vaso *glass*

la cuchara

el cuchillo

la servilleta

el tenedor

el plato

planchar la ropa
to iron clothes

LOS QUEHACERES DOMÉSTICOS

arreglar *to clean up*

cocinar *to cook*

hacer los quehaceres domésticos *to do household chores*

lavar (el suelo, los platos) *to wash (the floor, the dishes)*

limpiar la casa *to clean the house*

pasar la aspiradora *to vacuum*

poner la mesa *to set the table*

quitar la mesa *to clear the table*

sacar la basura *to take out the trash*

sacudir los muebles *to dust the furniture*

barrer el suelo
to sweep the floor

hacer la cama
to make the bed

LOS MUEBLES Y OTRAS COSAS

la alfombra *carpet; rug*

la almohada *pillow*

el armario *closet*

la cómoda *chest of drawers*

las cortinas *curtains*

el cuadro *picture*

el estante *bookcase; bookshelf*

la lámpara *lamp*

la luz *light; electricity*

la manta *blanket*

la mesita *end table*

la mesita de noche *nightstand*

la pared *wall*

la pintura *painting*

el sillón *armchair*

el sofá *sofa*

los muebles
furniture

Variación léxica
la alcoba ⟷ el aposento (*Rep. Dom.*), la recámara (*Méx.*),
la habitación, el dormitorio (*Esp.*), el cuarto (*Amér. L.*), la pieza (*Col., Arg.*)
el apartamento ⟷ el departamento (*Amér. L.*), el piso (*Esp.*)
lavar los platos ⟷ fregar los trastes (*Amér. C.*)

OTRAS PALABRAS

las afueras *suburbs; outskirts*

la agencia de bienes raíces *real estate agency*

el alquiler *rent (payment)*

el ama (f.) de casa *homemaker; housekeeper*

el barrio *neighborhood*

el edificio de apartamentos *apartment building*

el hogar *home*

el/la vecino/a *neighbor*

la vivienda *housing*

alquilar *to rent*

ensuciar *to get (something) dirty*

mudarse *to move (residences)*

Video

Los quehaceres

Jimena y Felipe deben limpiar el apartamento para poder ir de viaje con Marissa.

PERSONAJES

JIMENA

FELIPE

SRA. DÍAZ

SR. DÍAZ

MARISSA

JUAN CARLOS

DON DIEGO

SR. DÍAZ Quieren ir a Yucatán con Marissa, ¿verdad?

SRA. DÍAZ Entonces, les sugiero que arreglen este apartamento. Regresamos más tarde.

SR. DÍAZ Les aconsejo que preparen la cena para las 8:30.

MARISSA ¿Qué pasa?

JIMENA Nuestros papás quieren que Felipe y yo arreglemos toda la casa.

FELIPE Y que, además, preparemos la cena.

MARISSA ¡Pues, yo les ayudo!

MARISSA Mis padres siempre quieren que mis hermanos y yo ayudemos con los quehaceres. No me molesta ayudar. Pero odio limpiar el baño.

JIMENA Lo que más odio yo es sacar la basura.

MARISSA Yo lleno el lavaplatos... después de vaciarlo.

DON DIEGO Juan Carlos, ¿por qué no terminas de pasar la aspiradora? Y Felipe, tú limpia el polvo. ¡Ya casi acaban!

(Los chicos preparan la cena y ponen la mesa.)

JUAN CARLOS ¿Dónde están los tenedores?

JIMENA Allá.

JUAN CARLOS ¿Y las servilletas?

MARISSA Aquí están.

FELIPE La sala está tan limpia. Le pasamos la aspiradora al sillón y a las cortinas. ¡Y también a las almohadas!

JIMENA Yucatán, ¡ya casi llegamos!

ACTIVIDADES

1 ¿Cierto o falso? Indica si lo que dicen estas oraciones es **cierto** o **falso.** Corrige las oraciones falsas.

1. Felipe y Jimena tienen que preparar el desayuno.
2. Don Diego ayuda a los chicos organizando los quehaceres domésticos.
3. Jimena le dice a Juan Carlos dónde están los tenedores.
4. A Marissa no le molesta limpiar el baño.
5. Juan Carlos termina de lavar los platos.

2 Completar Los chicos y don Diego están haciendo los quehaceres. Adivina en qué cuarto está cada uno de ellos.

1. Jimena limpia el congelador. Jimena está en _____.
2. Don Diego limpia el escritorio. Don Diego está en _____.
3. Felipe pasa la aspiradora debajo de la mesa y las sillas. Felipe está en _____.
4. Juan Carlos sacude el sillón. Juan Carlos está en _____.
5. Marissa hace la cama. Marissa está en _____.

4

JUAN CARLOS Hola, Jimena. ¿Está Felipe?
(*a Felipe*) Te olvidaste del partido de fútbol.

FELIPE Juan Carlos, ¿verdad que mi papá te
considera como de la familia?

JUAN CARLOS Sí.

5

(*Don Diego llega a ayudar a los chicos.*)

FELIPE Tenemos que limpiar la casa hoy.

JIMENA ¿Nos ayuda, don Diego?

DON DIEGO Claro. Recomiendo que se organicen
en equipos para limpiar.

9

(*Papá y mamá regresan a casa.*)

SRA. DÍAZ ¡Qué bonita está la casa!

SR. DÍAZ Buen trabajo, muchachos. ¿Qué hay
para cenar?

JIMENA Quesadillas. Vengan.

10

SRA. DÍAZ Don Diego, quédese a cenar con
nosotros. Venga.

SR. DÍAZ Sí, don Diego. Pase.

DON DIEGO Gracias.

Expresiones útiles

Making recommendations

**Le(s) sugiero que arregle(n)
este apartamento.**
I suggest you tidy up this apartment.
**Le(s) aconsejo que prepare(n) la cena para las
ocho y media.**
*I recommend that you have dinner ready for
eight thirty.*

Organizing work

**Recomiendo que se organicen en equipos
para limpiar.**
*I recommend that you divide yourselves into
teams to clean.*
Yo lleno el lavaplatos... después de vaciarlo.
I'll fill the dishwasher… after I empty it.
¿Por qué no terminas de pasar la aspiradora?
Why don't you finish vacuuming?
¡Ya casi acaban!
You're almost finished!
Felipe, tú quita el polvo.
Felipe, you dust.

Making polite requests

Don Diego, quédese a cenar con nosotros.
Don Diego, stay and have dinner with us.
Venga.
Come on.
Don Diego, pase.
Don Diego, come in.

Additional vocabulary

el plumero *duster*

---

3 **La casa** En parejas, describan la casa de una celebridad o de alguien a quien
conocen bien. Luego, compartan la descripción con la clase. Recuerden incluir:

▶ ¿Es una casa o apartamento? ¿De quién es?

▶ ¿Está ubicada/o (*located*) en la ciudad o en las afueras?

▶ ¿Cómo es la casa/el apartamento?

▶ ¿Cuántos cuartos tiene? ¿Son grandes o pequeños?

▶ ¿Qué hay en cada cuarto?

▶ ¿Qué parte de la casa es su preferida? ¿Por qué?

Practice more!

VM
pp. 191–192

vhlcentral.com

El patio central

En las tardes cálidas° de Oaxaca, México; Córdoba, España, o Popayán, Colombia, es un placer sentarse en **el patio central** de una casa y tomar un refresco disfrutando de° una buena conversación. De influencia árabe, esta característica arquitectónica° fue traída° a las Américas por los españoles. En la época° colonial, se construyeron casas, palacios, monasterios, hospitales y escuelas con patio central. Éste es un espacio privado e íntimo en donde se puede disfrutar del sol y de la brisa° y se puede estar, al mismo tiempo, aislado° de la calle.

La distribución de los cuartos

Las casas con patio central eran usualmente las viviendas de familias adineradas°. Son casas de dos o tres pisos. Los cuartos de la planta baja son las áreas comunes: cocina, comedor, sala, etc., y tienen puertas al patio. En los pisos superiores están las habitaciones privadas de la familia.

El centro del patio es un espacio abierto. Alrededor de° él, separado por columnas, hay un pasillo cubierto°. Así, hay zonas de sol y de sombra°. El patio es una parte importante de la vivienda familiar y su decoración se cuida° mucho. En el centro del patio muchas veces hay una fuente°, plantas e incluso árboles°. El agua es un elemento muy importante en la ideología islámica porque simboliza la purificación del cuerpo y del alma°. Por esta razón y para disminuir° la temperatura, el agua en estas construcciones es muy importante. El agua y la vegetación ayudan a mantener la temperatura fresca y el patio proporciona° luz y ventilación a todas las habitaciones.

cálidas *hot* **disfrutando de** *enjoying* **arquitectónica** *architectural* **traída** *brought* **época** *era* **brisa** *breeze* **aislado** *isolated* **Alrededor de** *Surrounding* **cubierto** *covered* **sombra** *shade* **se cuida** *is looked after* **fuente** *fountain* **árboles** *trees* **alma** *soul* **disminuir** *lower* **proporciona** *provides* **adineradas** *wealthy*

Video

La casa de Frida

ACTIVIDADES

1 **¿Cierto o falso?** Indica si lo que dicen las oraciones es **cierto** o **falso**. Corrige las falsas.

1. Los patios centrales de Latinoamérica tienen su origen en la tradición indígena.
2. Los españoles llevaron a América el concepto del patio.
3. En la época colonial las casas eran las únicas construcciones con patio central.
4. El patio es una parte importante en estas construcciones, y es por ello que se le presta atención a su decoración.
5. El patio central es un lugar de descanso que da luz y ventilación a las habitaciones.
6. Las fuentes en los patios tienen importancia por razones ideológicas y porque bajan la temperatura.
7. En la ideología española el agua simboliza salud y bienestar del cuerpo y del alma.
8. Las casas con patio central eran de personas con dinero.
9. Los cuartos de la planta baja son privados.
10. Las alcobas están en los pisos superiores.

2 **Viviendas tradicionales** Escribe cuatro oraciones sobre una vivienda tradicional que conoces. Explica su origen, en qué lugar se encuentra, qué materiales tiene y cómo es.

CONEXIÓN INTERNET

¿Cuáles son las características de la arquitectura moderna de los países hispanos?

For more information about this **Cultura**, go to vhlcentral.com.

1 **Preparación** Imagina que eres un(a) artista, ¿cómo sería (*would be*) tu casa? ¿Sería muy diferente de la casa en donde vives ahora?

2 **El video** Mira el episodio de **Flash Cultura.**

Vocabulario

jardinero *gardener*	la silla de ruedas *wheelchair*
muros *walls*	las valiosas obras *valuable works*

El hogar en que nació la pintora Frida Kahlo en 1907 se caracteriza por su arquitectura típicamente mexicana…

Uno de los espacios más atractivos de esta casa es este estudio que Diego instaló…

3 **¿Cierto o falso?** Indica si lo que dicen estas oraciones es **cierto** o **falso**.

1. La casa de Frida Kahlo está en el centro de México, D.F.
2. La casa de Frida se transformó en un museo en los años 50.
3. Frida Kahlo vivió sola en su casa.
4. Entre las obras que se exhiben está el cuadro (*painting*) de *Las dos Fridas*.
5. El jardinero actual (*current*) jamás conoció ni a Frida ni a Diego.
6. En el museo se exhiben la silla de ruedas y los aparatos ortopédicos de Frida.

Practice more!

VM pp. 223–224 | vhlcentral.com

12.1 Usted and ustedes commands Tutorial

▶ Command forms are used to give orders or advice. **Usted** and **ustedes** can be used to refer to a group of people or in formal situations.

Hable con ellos, don Francisco.
Talk to them, Don Francisco.

Laven los platos ahora mismo.
Wash the dishes right now.

Coma frutas y verduras.
Eat fruits and vegetables.

Beban menos té y café.
Drink less tea and coffee.

▶ The **usted** and **ustedes** commands (**mandatos**) are formed by dropping the final **–o** of the **yo** form of the present tense. For **–ar** verbs, add **–e** or **–en**. For **–er** and **–ir** verbs, add **–a** or **–an**.

Formal commands (Ud. and Uds.)

Infinitive	Present tense *yo* form	*Ud.* command	*Uds.* command
limpiar	limpio	limpie	limpien
barrer	barro	barra	barran
sacudir	sacudo	sacuda	sacudan
decir (e:i)	digo	diga	digan
pensar (e:ie)	pienso	piense	piensen
volver (o:ue)	vuelvo	vuelva	vuelvan
servir (e:i)	sirvo	sirva	sirvan

Don Diego, quédese a cenar con nosotros.

No se preocupen, yo los ayudo.

▶ Verbs with irregular **yo** forms have the same irregularity in their formal commands. These verbs include **conducir, conocer, decir, hacer, ofrecer, oír, poner, salir, tener, traducir, traer, venir,** and **ver**.

Oiga, don Francisco…
Listen, Don Francisco…

Pongan la mesa, por favor.
Set the table, please.

¡Salga inmediatamente!
Leave immediately!

Hagan la cama antes de salir.
Make the bed before leaving.

▶ Stem-changing verbs maintain their stem changes in **usted** and **ustedes** commands.

e:ie	o:ue	e:i
No **pierda** la llave.	**Vuelva** temprano, joven.	**Sirva** la sopa, por favor.
Cierren la puerta.	**Duerman** bien, chicos.	**Repitan** las oraciones.

Práctica

1 **¡A mudarse!** La señora González quiere mudarse. Ayúdala a organizarse, indicando el mandato (*command*) formal de cada verbo.

1. _____ [leer] los anuncios (*ads*) del periódico y _____ [guardarlos].

2. _____ [ir] personalmente y _____ [ver] las casas usted misma.

3. Decida qué casa quiere y _____ [llamar] al agente. _____ [pedirle] un contrato de alquiler.

4. _____ [alquilar] un camión (*truck*) para el día de la mudanza (*moving day*) y _____ [preguntarles] a los empleados la hora exacta de llegada.

5. _____ [decirles] a todos en casa que tienen que ayudar. No _____ [decirles] que usted va a hacerlo todo.

6. _____ [tomarse] su tiempo para hacer las maletas tranquilamente. _____ [sacar] toda la ropa que no use y _____ [dar] a alguien que la necesite.

7. El día de la mudanza no _____ [estar] nerviosa.

8. No _____ [preocuparse]. _____ [saber] que todo va a salir bien.

2 **¿Qué dicen?** Mira los dibujos y escribe un mandato lógico para cada uno.

modelo

Arreglen estas cosas, por favor.

1. _____

2. _____

3. _____

4. _____

Conversación

 3 **Consejos** En parejas, túrnense para representar a un(a) estudiante y a un(a) profesor(a). El/La estudiante cuenta sus problemas y el/la profesor(a) le da órdenes. Sigan el modelo.

> **modelo**
>
> Me torcí el tobillo jugando al tenis.
> Es la tercera vez.
> **Estudiante 1:** Me torcí el tobillo jugando al tenis. Es la tercera vez.
> **Estudiante 2:** No juegue más al tenis. / Vaya a ver a un médico.

1. Me enfermé después de volver de las vacaciones.
2. Mi compañero/a de cuarto y yo siempre llegamos tarde a la clase.
3. Nuestro cuarto es demasiado ruidoso para estudiar.
4. Me duele la cabeza y no puedo hacer la presentación para la clase hoy.
5. ¡Se me olvidó estudiar para el examen!

 4 **Un programa de consejos** En parejas, túrnense para representar los papeles de una persona que da consejos en la radio y los radioyentes (*radio listeners*) que la llaman con estos problemas.

- problemas sentimentales o familiares
- problemas académicos
- problemas con los amigos
- problemas financieros
- problemas médicos
- problemas con la casa o el apartamento
- problemas con el coche
- problemas con los vecinos
- problemas legales
- problemas para dormir

5 **Un anuncio de televisión** En grupos, presenten un anuncio de televisión a la clase. Debe tratar de (*be about*) un detergente, un electrodoméstico o una agencia de bienes raíces. Usen mandatos, los pronombres relativos (**que, quien(es)** o **lo que**) y el **se** impersonal.

> **modelo**
>
> Compre el lavaplatos Cristal. Tiene todo lo que usted desea. Es el lavaplatos que mejor funciona. Venga a verlo ahora mismo… No pierda ni un minuto más. Se aceptan tarjetas de crédito.

Practice more!

WB
pp. 121–122

LM
p. 69

vhlcentral.com

Irregular commands

▶ Verbs ending in **-car**, **-gar**, and **-zar** have a spelling change in the command forms.

sacar	c	⟩	qu	saque, saquen
jugar	g	⟩	gu	juegue, jueguen
almorzar	z	⟩	c	almuerce, almuercen

▶ These verbs have irregular formal commands.

INFINITIVE	*Ud.* COMMAND	*Uds.* COMMAND
dar	dé	den
estar	esté	estén
ir	vaya	vayan
saber	sepa	sepan
ser	sea	sean

▶ To make a command negative, place **no** before the verb.

No ponga las maletas en la cama.
Don't put the suitcases on the bed.

No ensucien los sillones.
Don't get the armchairs dirty.

▶ In affirmative commands, reflexive and object pronouns are always attached to the end of the verb. Note that when a pronoun is attached to a verb that has two or more syllables, an accent mark is added.

Siénten**se**, por favor.
Díga**melo**.

Acuésten**se** ahora.
Póngan**las** en el suelo, por favor.

▶ In negative commands, the pronouns precede the verb.

No **se** preocupe.
No **me lo** dé.

No **los** ensucien.
No **nos las** traigan.

▶ **Usted** and **ustedes** can be used after command forms for a more formal, polite tone.

Muéstrele usted la casa a su amigo.
Show the house to your friend.

Tomen ustedes esta alcoba.
Take this bedroom.

¡Manos a la obra!

Indica los mandatos (*commands*) afirmativos y negativos.

	Afirmativo	Negativo
1. escucharlo (Ud.)	Escúchelo	No lo escuche
2. decírmelo (Uds.)	_____.	_____.
3. salir (Ud.)	_____.	_____.
4. servírnoslo (Uds.)	_____.	_____.
5. barrerla (Ud.)	_____.	_____.
6. hacerlo (Ud.)	_____.	_____.
7. ir (Uds.)	_____.	_____.
8. sentarse (Uds.)	_____.	_____.

12.2 The present subjunctive Tutorial

▶ The subjunctive mood expresses the speaker's attitude toward events, actions, or states that the speaker views as uncertain or hypothetical.

Es bueno **que estudies** más.	Es necesario **que** no **lleguemos** tarde.
It is good that you study more.	*It is necessary that we don't arrive late.*

▶ The subjunctive is mainly used to express: 1) will and influence; 2) emotion; 3) doubt, disbelief, and denial; and 4) indefiniteness and nonexistence.

▶ The subjunctive is most often used in sentences that consist of a main clause and a subordinate clause. The main clause contains a verb or expression that triggers the use of the subjunctive in the subordinate clause. The word **que** connects the subordinate clause to the main clause.

▶ Some expressions are always followed by clauses in the subjunctive. These include:

Es bueno (malo, mejor) que…	**Es importante (necesario, urgente) que…**
It's good (bad, better) that…	*It's important (necessary, urgent) that…*
Es mejor que vayas con él.	**Es urgente que sepa** la verdad.
It's better that you go with him.	*It's urgent that she know the truth.*

▶ Note the following endings for the subjunctive.

Present subjunctive of regular verbs

	hablar	comer	escribir
yo	hable	coma	escriba
tú	hables	comas	escribas
Ud./él/ella	hable	coma	escriba
nosotros/as	hablemos	comamos	escribamos
vosotros/as	habléis	comáis	escribáis
Uds./ellos/ellas	hablen	coman	escriban

▶ To form the present subjunctive of regular verbs, drop the **–o** ending from the **yo** form of the indicative, and replace it with the subjunctive endings.

INFINITIVE	PRESENT INDICATIVE	PRESENT SUBJUNCTIVE
hablar	hablo	hable
comer	como	coma
escribir	escribo	escriba

▶ Verbs ending in **-car, -gar,** and **-zar** have a spelling change in all forms.

sacar	saque, saques, saque, saquemos, saquéis, saquen
jugar	juegue, juegues, juegue, juguemos, juguéis, jueguen
almorzar	almuerce, almuerces, almuerce, almorcemos, almorcéis, almuercen

Práctica

1 Emparejar Completa las oraciones con el subjuntivo de los verbos. Luego empareja las oraciones del grupo **A** con las del grupo **B**.

A

1. Es mejor que _____ [nosotros, cenar] en casa.
2. Es importante que _____ [yo, tomar] algo para el dolor de cabeza.
3. Señora, es urgente que le _____ [yo, sacar] la muela. Parece que tiene una infección.
4. Es malo que Ana les _____ [dar] tantos dulces a los niños.
5. Es necesario que _____ [Uds., llegar] a la una de la tarde.
6. Es importante que _____ [nosotros, acostarse] temprano.

B

a. Es importante que _____ [ellos, comer] más verduras.
b. No, es mejor que _____ [nosotros, salir] a comer a un restaurante.
c. Y yo creo que es urgente que _____ [tú, llamar] al médico.
d. En mi opinión, no es necesario que _____ [nosotros, dormir] tanto.
e. ¿Ah, sí? ¿Es necesario que me _____ [yo, tomar] un antibiótico también?
f. Para llegar a tiempo, es necesario que _____ [nosotros, almorzar] temprano.

2 Oraciones Combina los elementos de las tres columnas para formar oraciones. Usa el subjuntivo.

Expresiones	Sujetos	Actividades
Es bueno que	yo	hacer la cama
Es mejor que	mi hermano	levantarse
Es malo que	los padres	sacar la basura
Es importante que	Sofía Vergara	mudarse
Es necesario que	mis amigos/as	lavar los platos
Es urgente que	Kevin Durant	cocinar
	el/la profesor(a)	barrer el suelo
		despertarse
		ensuciar la casa
		comer

Conversación

3 Minidiálogos En parejas, completen los minidiálogos de una manera lógica usando el subjuntivo.

modelo

Miguelito: Mamá, no quiero arreglar mi cuarto.
Sra. Torres: *Es necesario que lo arregles.*
Y es importante que sacudas los
muebles también.

MIGUELITO Mamá, no quiero estudiar. Quiero salir a jugar con mis amigos.
SRA. TORRES (1) _____.

• • •

MIGUELITO Mamá, es que no me gustan las verduras. Prefiero comer pasteles.
SRA. TORRES (2) _____.

• • •

MIGUELITO ¿Tengo que poner la mesa, mamá?
SRA. TORRES (3) _____.

• • •

MIGUELITO No me siento bien, mamá. Me duele todo el cuerpo y tengo fiebre.
SRA. TORRES (4) _____.

4 Entrevista En parejas, usen estas preguntas para entrevistarse. Expliquen sus respuestas.

1. ¿Es importante que los niños ayuden con los quehaceres domésticos?
2. ¿Es urgente que los norteamericanos aprendan otras lenguas?
3. Si un(a) norteamericano/a quiere aprender francés, ¿es mejor que lo aprenda en Francia?
4. En tu universidad, ¿es necesario que los estudiantes vivan en residencias estudiantiles?
5. ¿Es bueno que todos los estudiantes practiquen algún deporte?
6. ¿Es importante que los estudiantes asistan a las clases?

Practice more!

| WB pp. 123–124 | LM p. 70 | vhlcentral.com |

▶ **-Ar** and **-er** stem-changing verbs have the same stem changes in the subjunctive as they do in the present indicative.

pensar (e:ie)	piense, pienses, piense, pensemos, penséis, piensen
mostrar (o:ue)	muestre, muestres, muestre, mostremos, mostréis, muestren
entender (e:ie)	entienda, entiendas, entienda, entendamos, entendáis, entiendan
volver (o:ue)	vuelva, vuelvas, vuelva, volvamos, volváis, vuelvan

▶ **–Ir** stem-changing verbs have the same stem changes in the subjunctive as in the present indicative. In addition, the **nosotros/as** and **vosotros/as** forms also undergo a stem change. The unstressed **e** changes to **i** and the unstressed **o** changes to **u**.

pedir (e:i)	pida, pidas, pida, pidamos, pidáis, pidan
sentir (e:ie)	sienta, sientas, sienta, sintamos, sintáis, sientan
dormir (o:ue)	duerma, duermas, duerma, durmamos, durmáis, duerman

▶ Verbs with irregular **yo** forms in the present indicative tense have the same irregularity in the present subjunctive.

INFINITIVE	PRESENT INDICATIVE	PRESENT SUBJUNCTIVE
conducir	conduzco	conduzca
conocer	conozco	conozca
decir	digo	diga
hacer	hago	haga
ofrecer	ofrezco	ofrezca
oír	oigo	oiga
parecer	parezco	parezca
poner	pongo	ponga
tener	tengo	tenga
traducir	traduzco	traduzca
traer	traigo	traiga
venir	vengo	venga
ver	veo	vea

▶ These five verbs are irregular in the present subjunctive.

Irregular verbs in the present subjunctive

	dar	estar	ir	saber	ser
yo	dé	esté	vaya	sepa	sea
tú	des	estés	vayas	sepas	seas
Ud./él/ella	dé	esté	vaya	sepa	sea
nosotros/as	demos	estemos	vayamos	sepamos	seamos
vosotros/as	deis	estéis	vayáis	sepáis	seáis
Uds./ellos/ellas	den	estén	vayan	sepan	sean

¡ojo! The subjunctive form of **hay** (*there is, there are*) is **haya**.

12.3 Subjunctive with verbs of will and influence

  Tutorial

▸ The subjunctive is used with verbs and expressions of will and influence.

Quiero que tengas **dientes más blancos.**

▸ Verbs of will and influence are often used when someone wants to affect the actions or behavior of other people.

Enrique **quiere** que **salgamos** a cenar.
Enrique wants us to go out for dinner.

Paola **prefiere** que **cenemos** en casa.
Paola prefers that we have dinner at home.

Ana **insiste** en que la **llamemos**.
Ana insists that we call her.

Mi madre nos **ruega** que **vayamos** a verla.
My mother begs us to come see her.

▸ Here are some verbs of will and influence.

Verbs of will and influence

aconsejar	to advise	pedir (e:i)	to ask (for)
desear	to wish; to desire	preferir (e:ie)	to prefer
importar	to be important; to matter	prohibir	to prohibit
		querer (e:ie)	to want
insistir (en)	to insist (on)	recomendar (e:ie)	to recommend
mandar	to order	rogar (o:ue)	to beg; to plead
necesitar	to need	sugerir (e:ie)	to suggest

▸ Some impersonal expressions convey will or influence, such as **es necesario que, es importante que, es mejor que,** and **es urgente que.**

Es importante que duermas bien.
It's important that you sleep well.

Es urgente que él lo **haga** hoy.
It's urgent that he do it today.

▸ When the main clause contains an expression of will or influence and the subordinate clause has a different subject, the subjunctive is required.

Main clause	Connector	Subordinate clause
VERB OF WILL		SUBJUNCTIVE
Mi mamá prefiere	**que**	**yo** saque la basura.

Práctica

1 **Entre amigas** Completa el diálogo con las palabras de la lista.

cocina	mires	quiere	sea
diga	ponga	saber	ser
haga	prohíbe	sé	vaya

IRENE Tengo problemas con Vilma. ¿Qué me recomiendas que le (1) _____?

JULIA Necesito (2) _____ más para aconsejarte.

IRENE Me (3) _____ que mire televisión cuando llego de la escuela.

JULIA Tiene razón. Es mejor que tú no (4) _____ tanta televisión.

IRENE Quiero que (5) _____ más flexible, pero insiste en que yo (6) _____ todo en la casa.

JULIA No es verdad. Yo (7) _____ que Vilma (8) _____ y hace los quehaceres todos los días.

IRENE Sí, pero siempre me pide que (9) _____ los cubiertos en la mesa y que (10) _____ al sótano por las servilletas.

JULIA ¡Vilma sólo (11) _____ que ayudes en la casa!

2 **Unos consejos** Lee lo que dice cada persona. Luego da consejos lógicos usando verbos como **aconsejar, recomendar** y **prohibir**. Sigue el modelo.

> **modelo**
> **El presidente:** Quiero comprar la Casa Blanca.
> *Le aconsejo que compre otra casa.*

1. **Tu mamá:** Pienso poner la secadora en la entrada de la casa.
2. **Martha Stewart:** Voy a ir a la gasolinera para comprar unas elegantes copas de cristal.
3. **Tu profesor(a):** No voy a corregir los exámenes.
4. **Enrique Iglesias:** Pienso llevar todos mis muebles nuevos al altillo.
5. **Katy Perry:** Hay una fiesta en mi casa esta noche, pero no quiero arreglar la casa.
6. **Tu papá:** Hoy no tengo ganas de hacer las camas.

Conversación

3 **Preguntas** En parejas, túrnense para contestar las preguntas. Usen el subjuntivo.

1. ¿Te dan consejos tus amigos/as? ¿Qué te aconsejan? ¿Aceptas sus consejos? ¿Por qué?
2. ¿Qué te sugieren tus profesores que hagas antes de terminar los cursos que tomas?
3. ¿Insisten tus amigos/as en que salgas mucho con ellos/as?
4. ¿Qué quieres que te regalen tu familia y tus amigos/as para tu cumpleaños?
5. ¿Qué le recomiendas tú a un(a) amigo/a que no quiere salir los sábados con su novio/a?
6. ¿Qué les aconsejas a los nuevos estudiantes de tu universidad?

4 **Recomendaciones** En parejas, preparen una lista de seis personas famosas. Un(a) estudiante da el nombre de una persona famosa y el/la otro/a le da un consejo.

modelo

Estudiante 1: Judge Judy.
Estudiante 2: Le recomiendo que sea más simpática con la gente.
Estudiante 1: Will Ferrell.
Estudiante 2: Le aconsejo que haga más películas.

5 **El apartamento de Luisa** En parejas, miren la ilustración. Denle consejos a Luisa sobre cómo arreglar su apartamento. Usen expresiones impersonales y verbos como **aconsejar, sugerir** y **recomendar**.

modelo

Es mejor que arregles el apartamento más a menudo. Te aconsejo que guardes (*put away*) la tabla de planchar (*ironing board*).

Practice more!

WB pp. 125–126

LM p. 71

S vhlcentral.com

 Les sugiero que arreglen este apartamento.

 Recomiendo que se organicen en equipos.

▸ Indirect object pronouns are often used with the verbs **aconsejar, mandar, pedir, recomendar, rogar,** and **sugerir**.

Te aconsejo que estudies.
I advise you to study.

Le sugiero que vaya a casa.
I suggest that he go home.

Les recomiendo que barran el suelo.
I recommend that you sweep the floor.

Les ruego que no vengan.
I beg you not to come.

▸ Note that all the forms of **prohibir** in the present tense carry a written accent, except for the **nosotros/as** form: **prohíbo, prohíbes, prohíbe, prohibimos, prohibís, prohíben.**

Ella les **prohíbe** que miren la televisión.
She prohibits them from watching television.

Nos **prohíben** que nademos en la piscina.
They prohibit us from swimming in the pool.

▸ The infinitive is used with expressions of will and influence if there is no change of subject.

No quiero **sacudir** los muebles.
I don't want to dust the furniture.

Paco prefiere **descansar**.
Paco prefers to rest.

Es importante **sacar** la basura.
It's important to take out the trash.

No es necesario **quitar** la mesa.
It's not necessary to clear the table.

¡Manos a la obra!

Completa cada oración con la forma correcta del verbo indicado.

1. Te sugiero que __vayas__ [ir] con ella al supermercado.
2. Él necesita que yo le _____ [prestar] dinero.
3. No queremos que tú _____ [hacer] nada especial para nosotros.
4. Mis papás quieren que yo _____ [limpiar] mi cuarto.
5. Nos piden que la _____ [ayudar] a preparar la comida.
6. Quieren que tú _____ [sacar] la basura todos los días.
7. Quiero _____ [descansar] esta noche.
8. Es importante que ustedes _____ [limpiar] la casa.
9. Su tía les manda que _____ [poner] la mesa.
10. Te aconsejo que no _____ [salir] con él.
11. Mi tío insiste en que mi prima _____ [hacer] la cama.
12. Prefiero _____ [ir] al cine.
13. Es necesario _____ [estudiar].
14. Recomiendo que ustedes _____ [pasar] la aspiradora.

A repasar

12.1 Usted and ustedes commands

1 Los consejos de la abuela La abuela les da muchos consejos a sus nietos. Completa los consejos con los mandatos de los verbos entre paréntesis.

> **modelo**
> <u>Planchen</u> su ropa. (planchar)

1. No _____ el volumen del estéreo muy alto. (poner)
2. _____ sus camas después de levantarse. (hacer)
3. _____ los dientes después de comer. (cepillarse)
4. _____ sus platos después de cenar. (lavar)
5. _____ la tarea antes de salir a la calle. (terminar)
6. No _____ la televisión hasta la medianoche. (ver)

2 Órdenes Don José se va de viaje y deja su casa al cuidado de su vecina, doña Lucía. Lee lo que dice doña Lucía y contesta dándole órdenes como si fueras (*as if you were*) don José. Usa la información entre paréntesis.

> **modelo**
> DOÑA LUCÍA Voy a descansar.
> DON JOSÉ (comenzar a preparar la cena)
> **No descanse. Comience a preparar la cena.**

DOÑA LUCÍA Voy a apagar la luz del garaje.
DON JOSÉ (Dejarla así) (1) _____

DOÑA LUCÍA Voy a barrer el suelo de toda la casa.
DON JOSÉ (Barrer sólo el suelo de la cocina)
(2) _____

DOÑA LUCÍA Voy a lavar y secar los platos.
DON JOSÉ (Ponerlos en el lavaplatos) (3) _____

DOÑA LUCÍA Voy a pasear el perro por la calle.
DON JOSÉ (Dejarlo adentro de la casa) (4) _____

DOÑA LUCÍA Voy a sacar la basura por la noche.
DON JOSÉ (Sacarla por la mañana) (5) _____

DOÑA LUCÍA Voy a quitar los libros del estante.
DON JOSÉ (No ser desordenada) (6) _____

3 Josefina Josefina se va de viaje y les deja una lista a sus hijos de lo que (no) tienen que hacer. En parejas, escriban cinco mandatos formales con los verbos **dar, estar, ir, saber** y **ser**.

> **modelo**
> Miren solamente una hora de televisión por día.

12.2 The present subjunctive

4 Es importante que... Forma oraciones con **es importante que...** y estos elementos.

> **modelo**
> tú / ir / pagar / el alquiler
> Es importante que tú vayas a pagar el alquiler.

1. nosotros / dormir / siesta / por la tarde
2. los adolescentes / saber / hacer / los quehaceres domésticos
3. ustedes / conocer / sus vecinos
4. yo / ser / ordenado / la cocina
5. siempre / haber / comida / refrigerador
6. el vecino / estar / su apartamento / por la noche

5 El apartamento ideal En parejas, describan el apartamento ideal. Expliquen el número de habitaciones y los muebles que desean tener en cada habitación. Usen el subjuntivo con expresiones impersonales.

> **modelo**
> Es necesario que mi apartamento tenga tres alcobas y una oficina. Es importante que... También es necesario que...

12.3 Subjunctive with verbs of will and influence

6 Los quehaceres domésticos Di lo que estas personas quieren que se haga.

> **modelo**
> Los vecinos (pedir) / tú (barrer el patio)
> Los vecinos piden que tú barras el patio. /
> Los vecinos te piden que barras el patio.

1. El ama de casa (mandar) / los chicos (sacudir los estantes)
2. Yo (recomendar) / nosotros (usar el lavaplatos)
3. Raúl (insistir) / yo (apagar la luz del pasillo)
4. Tú (sugerir) / Sandra (cocinar la cena)
5. Nosotros (necesitar) / José y tú (poner las copas en la mesa)
6. Ustedes (rogar) / Esteban (planchar la ropa)

Practice more at **vhlcentral.com**.

7 **¿Dónde quieres que lo ponga?** Te estás mudando de casa y tus amigos deciden ayudarte. En parejas, túrnense para preguntarse dónde deben poner las cosas en la nueva casa. Usen el subjuntivo y los verbos **desear, preferir** y **querer** con los verbos **poner, colocar** (*to put*), **dejar** y **llevar**.

modelo

Estudiante 1: ¿Dónde deseas que pongamos estas pinturas?
Estudiante 2: Deseo que pongan las pinturas en el sótano. / Deseo que las pongan en el sótano.

- alfombras
- cortinas
- mantas
- platos
- mesa
- sillón
- vasos
- cuadro
- cómoda
- almohadas
- lámparas
- mesita

8 **¡Por favor!** Tus padres van a visitar tu apartamento, por lo que necesitas ayuda para limpiarlo. En parejas, escriban qué les vas a pedir a tus compañeros/as de apartamento. Usen el subjuntivo y los verbos **necesitar, pedir** y **rogar**.

modelo
Por favor, necesito que hagan sus camas y arreglen sus cuartos.

Síntesis

9 **Una fiesta en la cuadra** En parejas, imaginen que son vecinos/as y están organizando una fiesta en su cuadra (*street block*). Preparen una conversación sobre los preparativos (*arrangements*) que tienen que hacer. Usen los mandatos formales y el subjuntivo.

modelo

Estudiante 1: Para la fiesta del domingo, necesito que usted arregle las mesas en la calle.
Estudiante 2: Así lo voy a hacer. Compre usted la comida y vaya por el pastel.

Videoclip **Video**

1 **Preparación** ¿Te gustan los quehaceres domésticos? ¿Cuál te parece el más fácil de hacer? ¿Por qué? ¿Qué electrodomésticos usas para hacerlo?

2 **El clip** Mira el anuncio de **Balay** de España.

Vocabulario			
aislante	*insulation*	fabricar	*to manufacture*
campana	*hood*	lavavajillas	**lavaplatos**

Sabemos lo mucho que se agradece° en algunos momentos…

… un poco de silencio°.

se agradece *it's appreciated*   silencio *silence*

3 **Identificar** Indica lo que se muestra en el anuncio.

1. _____ llaves
2. _____ sofá
3. _____ puerta
4. _____ cocina
5. _____ bebé (*baby*)
6. _____ calle
7. _____ despertador
8. _____ altillo

4 **El apartamento** Trabajen en grupos pequeños. Imaginen que cada uno de ustedes consiguió el trabajo de sus sueños (*dream job*) y que comparten un apartamento en el centro de una ciudad. Describan el apartamento, los muebles y los electrodomésticos y digan qué quehaceres hace cada uno.

Audio: Reading

Antes de leer

Did you know that a text written in Spanish is often longer than the same text written in English? Because the Spanish language often uses more words to express ideas, you will often encounter long sentences when reading in Spanish. Of course, sentence length varies with genre and with authors' individual styles. To help you understand long sentences, identify the main parts of the sentence before trying to read it in its entirety. First, locate the main verb of the sentence, along with its subject, ignoring any words or phrases set off by commas. Then re-read the sentence, adding details like direct and indirect objects, transitional words, and prepositional phrases. Practice this strategy on a few sentences from this reading selection.

For example, locate the main subject and verb in the first sentence of this reading: _____

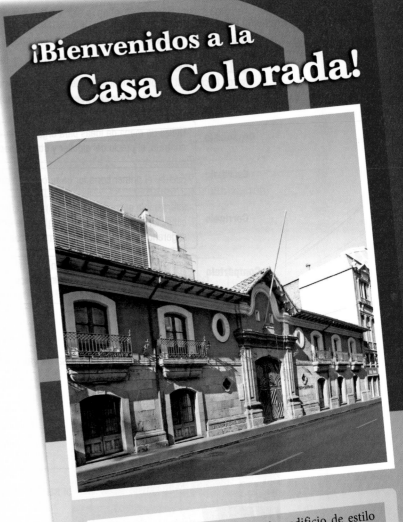

¡Bienvenidos a la Casa Colorada!

La Casa Colorada es un atractivo edificio de estilo colonial, construido° en 1769. Está situado en el centro de Santiago de Chile, en la calle Merced. En sus orígenes fue la vivienda de Mateo de Toro y Zambrano, un aristócrata chileno conocido por sus actividades en el ejército°, los negocios° y la administración de la ciudad. En la actualidad°, la Casa Colorada no está habitada por nadie.

El edificio se convirtió en un espacio público en el siglo° XX y en su interior están el Museo de Santiago, la Oficina de Turismo y la Fundación de Vicente Huidobro, donde se encuentra abundante información sobre la vida y la obra° de este escritor chileno. El Museo de Santiago ofrece una exhibición permanente sobre la historia de la ciudad, desde la época precolombina hasta nuestros días.

La Casa Colorada es una obra del arquitecto portugués Joseph de la Vega. Los materiales fundamentales que se utilizaron en su construcción fueron el adobe, la madera° y la cal°. Desde el primer momento, esta casa se convirtió en el centro de atención de la sociedad santiaguina° por la elegancia de su diseño°. Además, una característica que la diferenciaba de otras viviendas del mismo estilo arquitectónico es que su fachada estaba recubierta de piedra° hasta el primer piso. El edificio empezó a llamarse Casa Colorada en 1888, año en que pintaron su fachada° de color rojo.

La composición exterior del edificio es simétrica. En el centro de la fachada hay una gran puerta que sirve de acceso principal a la vivienda; a los lados se ven unos arcos que forman puertas adicionales en el primer piso y ventanas con balcones de hierro forjado° en el segundo. Otra característica interesante del exterior de la casa es la elevación triangular del tejado° sobre la puerta principal.

Después de leer

¿Comprendiste? 🌐S

Completa las oraciones con las palabras adecuadas.

1. En el siglo XVIII, Mateo de Toro y Zambrano, un aristócrata de _____, vivió en la Casa Colorada.
2. Ahora _____ vive en la Casa Colorada.
3. El exterior de la casa es de color _____.
4. La _____ principal está en el centro de la fachada.
5. Los materiales que se utilizaron en su construcción fueron _____, la madera y la cal.
6. En el Museo de Santiago hay una exhibición sobre la _____ de la ciudad.

Preguntas 🌐S

Responde a estas preguntas con oraciones completas.

1. ¿Cuándo se construyó la Casa Colorada?
   _____
2. ¿Cuándo se convirtió en lugar público?
   _____
3. ¿Dónde están el Museo de Santiago, la Oficina de Turismo y la Fundación de Vicente Huidobro?
   _____
4. ¿Cómo se llamaba el arquitecto de la Casa Colorada?
   _____
5. ¿Por qué la Casa Colorada se diferenciaba de otras viviendas del mismo estilo arquitectónico?
   _____
6. ¿Por qué este edificio se llama la Casa Colorada?
   _____

Coméntalo 🌐S

¿Te gustaría visitar la Casa Colorada? ¿Por qué? ¿Te gustaría vivir en una casa similar a ésta? Explica tu respuesta. ¿Hay edificios históricos en tu ciudad o comunidad? Descríbelos.

construido *built* **ejército** *army* **negocios** *business* **En la actualidad** *At the present time* **siglo** *century* **obra** *work* **madera** *wood* **cal** *lime* **santiaguina** *of Santiago* **diseño** *design* **recubierta de piedra** *covered with stone* **fachada** *façade* **hierro forjado** *wrought iron* **tejado** *roof*

Audio: Vocabulary Flashcards

La casa y sus cuartos

la alcoba	bedroom
el altillo	attic
el balcón	balcony
la cocina	kitchen
el comedor	dining room
la entrada	entrance
la escalera	stairs; stairway
el garaje	garage
el jardín	garden; yard
la oficina	office
el pasillo	hallway
el patio	patio; yard
la sala	living room
el sótano	basement

Los quehaceres domésticos

arreglar	to clean up
barrer el suelo	to sweep the floor
cocinar	to cook
hacer la cama	to make the bed
hacer los quehaceres domésticos	to do household chores
lavar (el suelo, los platos)	to wash (the floor, the dishes)
limpiar la casa	to clean the house
pasar la aspiradora	to vacuum
planchar la ropa	to iron clothes
poner la mesa	to set the table
quitar la mesa	to clear the table
sacar la basura	to take out the trash
sacudir los muebles	to dust the furniture

Otras palabras

las afueras	suburbs; outskirts
la agencia de bienes raíces	real estate agency
el alquiler	rent (payment)
el ama (f.) de casa	homemaker; housekeeper
el barrio	neighborhood
el edificio de apartamentos	apartment building
el hogar	home
el/la vecino/a	neighbor
la vivienda	housing
————	
alquilar	to rent
ensuciar	to get (something) dirty
mudarse	to move (residences)

Verbs of will and influence	See page 318.

Los electrodomésticos

el electrodoméstico	electrical appliance
la estufa	stove
el horno (de microondas)	(microwave) oven
la lavadora	washing machine
el lavaplatos	dishwasher
el refrigerador	refrigerator
la secadora	clothes dryer

Los muebles y otras cosas

la alfombra	carpet; rug
la almohada	pillow
el armario	closet
la cómoda	chest of drawers
las cortinas	curtains
el cuadro	picture
el estante	bookcase; bookshelf
la lámpara	lamp
la luz	light; electricity
la manta	blanket
la mesita	end table
la mesita de noche	nightstand
los muebles	furniture
la pared	wall
la pintura	painting
el sillón	armchair
el sofá	sofa

La mesa

la copa	wineglass
la cuchara	spoon
el cuchillo	knife
el plato	plate
la servilleta	napkin
la taza	cup; mug
el tenedor	fork
el vaso	glass

Practice more at **vhlcentral.com**.

AVENTURAS EN LOS PAÍSES HISPANOS

La ropa tradicional de los guatemaltecos se llama *huipil* y en ella se puede observar el amor de la cultura maya por la naturaleza *(nature)*. El diseño *(design)* y los colores de cada *huipil* indican el pueblo de origen y a veces también el sexo y la edad *(age)* de la persona que lo lleva.

AMÉRICA CENTRAL I

Guatemala

Área: 108.890 km² (42.042 millas²)
Población: 14.099.032
Capital: Ciudad de Guatemala – 1.075.000
Ciudades principales: Quetzaltenango, Escuintla, Mazatenango, Puerto Barrios
Moneda: quetzal

Honduras

Área: 112.492 km² (43.870 millas²)
Población: 8.296.693
Capital: Tegucigalpa – 1.000.000
Ciudades principales: San Pedro Sula, El Progreso
Moneda: lempira

El Salvador

Área: 21.040 km² (8.124 millas²)
Población: 6.090.646
Capital: San Salvador – 1.534.000
Ciudades principales: Soyapango, Santa Ana, San Miguel
Moneda: dólar estadounidense

Deportes

El surfing

El Salvador es uno de los destinos favoritos en Latinoamérica para la práctica del surfing. Cuenta con 300 kilómetros de costa a lo largo del océano Pacífico y sus olas *(waves)* altas son ideales para quienes practican este deporte. De sus playas, La Libertad es la más visitada por surfistas de todo el mundo, gracias a que está muy cerca de la capital salvadoreña.

Ciudades

Antigua Guatemala

Antigua Guatemala fue fundada en 1543. Fue una capital de gran importancia hasta 1773, cuando un terremoto *(earthquake)* la destruyó. Hoy día, conserva el carácter original de su arquitectura y es un gran centro turístico. Su celebración de la Semana Santa es, para muchas personas, la más importante del hemisferio.

MÉXICO

Lago Petén Itza

BELICE

Río de la Pasión

Golfo de Honduras

Lago de Izabal · Puerto Barrios · La Ceiba

GUATEMALA

Río Motagua · San Pedro Sula

Sierra Espíritu Santo

Lago de Atitlán · **Ciudad de Guatemala** · El Progreso

Quetzaltenango · Sierra Grita · Sierra Rijol

Sierra Grita

Lago de Yojoa

Mazatenango · Antigua Guatemala · Lago de Guija · **Tegucigalpa**

Río Lempa

Escuintla · Río de la Paz

Santa Ana · **San Salvador**

La Libertad · Río Lempa · San Miguel

EL SALVADOR · La Unión · Río Choluteca

Océano Pacífico

Mar Caribe

Islas de la Bahía

HONDURAS

Sierra de Payas

Río Patuca

Montañas de Colón

Río Coco

Laguna de Caratasca

NICARAGUA

COSTA RICA

Lugares

Copán

Copán es una zona arqueológica muy importante de Honduras. Fue construida por los mayas y se calcula que en el año 400 d. C. era una ciudad con más de 150 edificios y una gran cantidad de plazas, patios, templos y canchas *(courts)* para el juego de pelota *(ceremonial ball game)*. Las ruinas más famosas del lugar son los edificios adornados con esculturas pintadas a mano, los cetros *(scepters)* ceremoniales de piedra y el templo Rosalila. Una de las actividades más importantes de Copán era la astronomía. ¡Hasta se hacían congresos *(conventions)* de astrónomos!

Naturaleza

El Parque Nacional Montecristo

El Parque Nacional Montecristo se encuentra en la región norte de El Salvador. Se le conoce también como El Trifinio porque se ubica *(it is located)* en el punto donde se unen las fronteras de Guatemala, Honduras y El Salvador. Este bosque reúne muchas especies vegetales y animales, como orquídeas, monos araña *(spider monkeys)*, pumas, quetzales y tucanes. En este hermoso bosque, las copas de sus enormes árboles forman una bóveda que impide *(blocks)* el paso de la luz solar.

Practice more!

WB pp. 127–128   VM pp. 251–254   vhlcentral.com

¿Qué aprendiste?

1 ¿Cierto o falso? Indica si lo que dicen estas oraciones es **cierto** o **falso**.

	Cierto	Falso
1. La ropa tradicional de los guatemaltecos se llama Quetzaltenango.	_____	_____
2. Los diseños del *huipil* indican el origen de la persona que lo lleva.	_____	_____
3. Tegucigalpa es la capital de Honduras.	_____	_____
4. La lempira es la moneda de Guatemala.	_____	_____
5. En Copán se hacían congresos de geografía.	_____	_____
6. Los mayas eran muy buenos astrónomos.	_____	_____
7. Antigua Guatemala es la capital de Guatemala.	_____	_____
8. Antigua Guatemala es muy famosa por su celebración de la Semana Santa.	_____	_____
9. El Parque Nacional Montecristo está en El Salvador, en el límite con Honduras y Guatemala.	_____	_____
10. La vegetación baja del bosque del Parque Nacional Montecristo recibe mucho sol.	_____	_____

2 Preguntas Contesta estas preguntas.

1. ¿Conoces la ropa tradicional de algún lugar en el mundo? ¿De dónde? ¿Tiene muchos colores como la ropa tradicional de Guatemala?

2. ¿En qué lugares de los Estados Unidos se puede practicar el surfing? ¿Te gustaría practicarlo en las playas de América Central?

3. ¿Conoces algún país donde se celebra la Semana Santa? ¿Cómo se celebra?

4. Además de Honduras, ¿qué otros países en el mundo son famosos por sus ruinas arqueológicas? ¿Sabes de qué época datan esas ruinas?

5. ¿Cuáles son algunos de los parques naturales más famosos en los Estados Unidos? ¿Has visitado alguno de ellos?

CONEXIÓN INTERNET

Investiga estos temas en el sitio **vhlcentral.com**.

- Rigoberta Menchú
- Lugares para visitar en América Central
- Base de la economía hondureña

13 La naturaleza

Communicative Goals

You will learn how to:
- talk about nature
- discuss environmental conditions
- express wishes, desires, and doubts

PARA EMPEZAR

- ¿Dónde están estas personas?
- ¿Qué hacen?
- ¿Qué ropa y objetos llevan? ¿Por qué?
- ¿Crees que a ellos les importa la naturaleza?

Tutorials

LA NATURALEZA

el volcán

LA NATURALEZA

el árbol *tree*
el bosque (tropical) *(tropical; rain) forest*
el césped *grass*
el cielo *sky*
el cráter *crater*
el desierto *desert*
la estrella *star*
la hierba *grass*
el lago *lake*
la luna *moon*
el mundo *world*
la naturaleza *nature*
la nube *cloud*
el océano *ocean*
el paisaje *landscape*
la piedra *stone*
la planta *plant*
la región *region; area*
el río *river*
la selva *jungle*
el sendero *trail*
el sol *sun*
la tierra *land; soil*
el valle *valley*

la flor
flower

> **Variación léxica**
> césped/hierba ⟷ la grama (*Ec., Hond., Pan., Perú, P. Rico*), el pasto (*Arg., Col., Méx., Urug.*), el zacate (*Amér. C., Méx.*)

EL MEDIO AMBIENTE

el calentamiento global *global warming*
la caza *hunting*
la conservación *conservation*
la contaminación (del aire; del agua) *(air; water) pollution*
la ecología *ecology*
el ecoturismo *ecotourism*
la energía (nuclear; solar) *(nuclear; solar) energy*
la extinción *extinction*
la fábrica *factory*
el gobierno *government*
la ley *law*
el medio ambiente *environment*
el peligro *danger*
la población *population*
el reciclaje *recycling*
el recurso natural *natural resource*
la solución *solution*

ecologista *ecological; ecologist*
renovable *renewable*

la energía nuclear
nuclear energy

la deforestación
deforestation

la tortuga marina
sea turtle

LOS ANIMALES

el animal *animal*
la ballena *whale*
el pez *fish*

el mono

VERBOS

conservar *to conserve*
contaminar *to pollute*
controlar *to control*
cuidar *to take care of*
dejar de (+ *inf.*) *to stop (doing something)*
desarrollar *to develop*
descubrir *to discover*
destruir *to destroy*
estar afectado/a (por) *to be affected (by)*
evitar *to avoid*
mejorar *to improve*
proteger *to protect*
reciclar *to recycle*
recoger *to pick up*
reducir *to reduce*
resolver (o:ue) *to resolve; to solve*
respirar *to breathe*

el pájaro
bird

OTRAS PALABRAS Y EXPRESIONES

el envase de plástico *plastic container*
puro/a *pure*

la botella de vidrio
glass bottle

la lata de aluminio
aluminum can

estar contaminado/a
to be polluted

A escuchar

1 **Escuchar** Escucha estas oraciones y anota los sustantivos (*nouns*) que se refieren a **las plantas**, **los animales**, **la tierra** y **el cielo**.

Plantas	Animales	Tierra	Cielo
_____	_____	_____	_____
_____	_____	_____	_____
_____	_____	_____	_____

2 **Seleccionar** Escucha las descripciones y escribe el número de la descripción que corresponda a cada foto.

a. _____

b. _____

c. _____

d. _____

Practice more!

LM
p. 73

A practicar

3 **La naturaleza** Selecciona la palabra que no pertenece al grupo.

1. sol • desierto • luna • estrella
2. océano • lluvia • sendero • río
3. naturaleza • paisaje • ecoturismo • mono
4. piedra • pájaro • pez • perro
5. volcán • ballena • cráter • piedra
6. recurso natural • caza • contaminación • deforestación
7. nube • aire • cielo • lago
8. solución • selva • bosque • desierto
9. lluvia • nube • peligro • cielo
10. tortuga • árbol • hierba • flor

4 **Completar** Completa las oraciones.

1. Si vemos basura en las calles, la debemos _____.
2. Los científicos trabajan para _____ nuevas soluciones.
3. Es necesario que todos trabajemos juntos para _____ los problemas del medio ambiente.
4. Debemos _____ el medio ambiente porque está en peligro.
5. Muchas leyes nuevas _____ el número de árboles que se pueden cortar (*cut down*).
6. Las primeras civilizaciones _____ cerca de los ríos, los lagos y los océanos.
7. Todas las personas del mundo _____ por la contaminación.
8. Los turistas deben tener cuidado y no _____ las regiones que visitan.
9. Podemos conservar los recursos si _____ el aluminio, el vidrio y el plástico.
10. La contaminación y la deforestación _____ el medio ambiente.

contaminar	destruyen	reciclamos
controlan	están afectadas	recoger
cuidan	mejoramos	resolver
descubrir	proteger	se desarrollaron

5 **Definir** En parejas, definan cada palabra.

¿Qué es el calentamiento global?

El calentamiento global significa que la temperatura de la Tierra sube.

1. la población
2. una ballena
3. la lluvia
4. la naturaleza
5. un desierto
6. la caza
7. la ecología
8. un mono

Practice more!

WB
pp. 131–132

vhlcentral.com

A conversar

6 **¿Es importante?** Lee el siguiente párrafo y, en parejas, contesten las preguntas.

Los problemas del medio ambiente

importantísimo
muy importante
importante
poco importante
no es importante

la deforestación · los animales en peligro de extinción · la contaminación del aire · la contaminación del agua · la basura en las ciudades

Para celebrar El día de la Tierra, una estación de radio colombiana hizo una encuesta entre estudiantes universitarios sobre el medio ambiente. Se les preguntó cuáles creían que eran los cinco problemas más importantes del medio ambiente. Se les pidió decidir el orden de importancia de estos problemas, del uno al cinco. Los resultados probaron (*proved*) que la mayoría de los estudiantes están preocupados por la contaminación del aire. Muchos mencionaron que no hay aire puro en las ciudades. El segundo problema más importante para los estudiantes es la contaminación de los ríos y los lagos. El problema de la deforestación quedó en tercera posición; la basura en las ciudades, en cuarto lugar de importancia y el problema de los animales en peligro de extinción está en último lugar.

1. Según la encuesta, ¿qué problema consideran más grave? ¿Y menos grave?

2. ¿Cómo creen que se puede evitar o resolver el problema más importante?

3. ¿Consideran ustedes que existen los mismos problemas en su comunidad? Den algunos ejemplos.

7 **Un póster** En parejas, conversen sobre cuál es el problema ambiental de la actividad anterior que a ustedes les parece más importante y realicen un póster para presentar a la clase. Describan el problema, expliquen por qué es grave e indiquen qué es necesario hacer. Usen al menos ocho palabras de **Preparación**.

8 **Situaciones** En grupos pequeños, representen estas situaciones.

- Un(a) ecologista habla con un grupo de familias sobre qué se puede hacer en la casa para proteger el medio ambiente.
- Un(a) representante de una universidad habla con un grupo de estudiantes nuevos sobre la campaña (*campaign*) ambiental de la universidad.
- Un(a) candidato/a presidencial da un discurso (*speech*) sobre el problema de la deforestación.

Ortografía Audio

Los signos de puntuación

In Spanish, as in English, punctuation marks are important because they help you express your ideas in a clear, organized way.

· ·

No podía ver las llaves. Las buscó por los estantes, las mesas, las sillas, el suelo; minutos después, decidió mirar por la ventana. Allí estaban…

The **punto y coma (;)**, the **puntos suspensivos (…)**, and the **punto (.)** are used in very similar ways in Spanish and English.

· ·

Argentina, Brasil, Paraguay y Uruguay son miembros del Mercosur.

In Spanish, the **coma (,)** is not used in a series before **y** or **o**.

· ·

13,5%   **29,2°**   **3.000.000**   **$2.999,99**

In numbers, Spanish uses a **coma** where English uses a decimal point and a **punto** where English uses a comma.

· ·

¿Cómo te llamas?   **¿Dónde está?**   **¡Ven aquí!**   **¡Hola!**

Questions in Spanish are preceded and followed by **signos de interrogación (¿ ?)**, and exclamations are preceded and followed by **signos de exclamación (¡ !)**.

· ·

Práctica Lee el párrafo e indica los signos de puntuación necesarios. Recuerda que la primera letra de una oración siempre debe estar en mayúscula.

Ayer recibí la invitación de boda de Marta mi amiga colombiana inmediatamente empecé a pensar en un posible regalo fui al almacén donde Marta y su novio tenían una lista de regalos había un montón de cosas para regalar finalmente decidí regalarles un perro ya sé que es un regalo extraño pero espero que les guste a los dos

¿Palabras de amor? El siguiente diálogo tiene diferentes significados (*meanings*), dependiendo de los signos de puntuación que utilizas y el lugar donde los pones. Intenta encontrar los diferentes significados.

JULIÁN   me quieres

MARISOL   no puedo vivir sin ti

JULIÁN   me quieres dejar

MARISOL   no me parece mala idea

JULIÁN   no eres feliz conmigo

MARISOL   no soy feliz

Practice more!

LM p. 74

Ⓢ

vhlcentral.com

Video

Aventuras en la naturaleza

Las chicas visitan un santuario de tortugas, mientras los chicos pasean por la selva.

PERSONAJES

MARISSA

JIMENA

JUAN CARLOS

FELIPE

GUÍA

MARISSA Querida tía Ana María, lo estoy pasando muy bien. Es maravilloso que México tenga tantos programas estupendos para proteger a las tortugas. Hoy estamos en Tulum, y ¡el paisaje es espectacular! Con cariño, Marissa.

MARISSA Estoy tan feliz de que estés aquí conmigo.

JIMENA Es mucho más divertido cuando se viaja con amigos.

(Llegan Felipe y Juan Carlos)

JIMENA ¿Qué pasó?

JUAN CARLOS No lo van a creer.

GUÍA A menos que protejamos a los animales de la contaminación y la deforestación, muchos van a estar en peligro de extinción. Por favor, síganme y eviten pisar las plantas.

FELIPE Decidí seguir un río y...

MARISSA No es posible que un guía continúe el recorrido cuando hay dos personas perdidas.

JIMENA Vamos a ver, chicos, ¿qué pasó? Dígannos la verdad.

JUAN CARLOS Felipe se cayó. Él no quería contarles.

JIMENA ¡Lo sabía!

FELIPE Y ustedes, ¿qué hicieron hoy?

JIMENA Marissa y yo fuimos al santuario de las tortugas.

ACTIVIDADES

1 **Identificar** Identifica quién puede decir estas oraciones. Puedes usar algunos nombres más de una vez.

1. Fue divertido ver a las tortugas y aprender las normas para protegerlas. _____

2. Tenemos que evitar la contaminación y la deforestación. _____

3. Estoy feliz de estar aquí, Tulum es maravilloso. _____

4. Es una lástima que me pierda el recorrido. _____

5. No es posible que esa historia que nos dices sea verdad. _____

2 **Preguntas** Responde a estas preguntas usando la información de Aventuras.

1. ¿Qué lugar visitan Marissa y Jimena?

2. ¿Adónde fueron Juan Carlos y Felipe?

3. Según la guía, ¿por qué muchos animales están en peligro de extinción?

4. ¿Por qué Jimena y Marissa no creen la historia de Felipe?

5. ¿Qué esperaba Felipe cuando se perdió?

FELIPE Nos retrasamos sólo cinco minutos... Qué extraño. Estaban aquí hace unos minutos.

JUAN CARLOS ¿Adónde se fueron?

FELIPE No creo que puedan ir muy lejos. *(Se separan para buscar al grupo.)*

FELIPE Juan Carlos encontró al grupo. ¡Yo esperaba encontrarlos también! ¡Pero nunca vinieron por mí! Yo estaba asustado. Regresé al lugar de donde salimos y esperé. Me perdí todo el recorrido.

MARISSA Aprendimos sobre las normas que existen para proteger a las tortugas marinas.

JIMENA Pero no cabe duda de que necesitamos aprobar más leyes para protegerlas.

MARISSA Fue muy divertido verlas tan cerca.

JUAN CARLOS Entonces se divirtieron. ¡Qué bien!

JIMENA Gracias, y tú, pobrecito, pasaste todo el día con mi hermano. Siempre te mete en problemas.

3 Situación En grupos de tres o cuatro, imaginen que un(a) estudiante es un(a) guía y el resto son turistas que van a hacer una excursión a las montañas. Los/Las turistas preguntan al/a la guía lo que van a ver y lo que deben o no hacer durante la excursión. Usen las **Expresiones útiles**.

Expresiones útiles

Talking about the environment

Aprendimos sobre las normas que existen para proteger a las tortugas marinas.
We learned about the regulations that exist to protect sea turtles.

Afortunadamente, ahora la población está aumentando.
Fortunately, the population is now growing.

No cabe duda de que necesitamos aprobar más leyes para protegerlas.
There is no doubt that we need to pass more laws to protect them.

Es maravilloso que México tenga tantos programas estupendos para proteger a las tortugas.
It's marvelous that Mexico has so many wonderful programs to protect the turtles.

A menos que protejamos a los animales de la contaminación y la deforestación, muchos van a estar en peligro de extinción.
Unless we protect animals from pollution and deforestation, many of them will become endangered.

Additional vocabulary

aumentar *to grow; to get bigger*
meterse en problemas *to get into trouble*
perdido/a *lost*
el recorrido *tour*
sobre todo *above all*

Practice more!

VM
pp. 193–194

vhlcentral.com

Reading

¡Los Andes se mueven!

Los Andes, la cadena° de montañas más extensa de América, son conocidos como "la espina dorsal° de Suramérica". Sus 7.240 kilómetros (4.500 millas) van desde el norte° de la región entre Venezuela y Colombia, hasta el extremo sur°, entre Argentina y Chile, y pasan por casi todos los países suramericanos. La cordillera° de los Andes, formada hace 27 millones de años, es la segunda más alta del mundo, después de la del Himalaya (aunque° esta

Arequipa, Perú

Los Andes en números

3 Cordilleras que forman los Andes: Las cordilleras Central, Occidental y Oriental

900 (a. C.°) Año aproximado en que empezó el desarrollo° de la cultura chavín, en los Andes peruanos

600 Número aproximado de volcanes que hay en los Andes

6.960 Metros (22.835 pies) de altura del Aconcagua (Argentina), el pico° más alto de los Andes

cadena *range* espina dorsal *spine* norte *north* sur *south* cordillera *mountain range* aunque *although* atravesar *to cross* puertos *passes* alturas *heights* estrechos *narrow* vías ferroviarias *railroad tracks* De acuerdo con *According to* se eleva *rises* angosta *narrow* se acerca *gets closer* ritmo *rate* se mantiene *keeps going* podrían unirse *could join together* ha transcurrido *has gone by* a. C. *Before Christ* desarrollo *development* pico *peak*

última es mucho más "joven", ya que se formó hace apenas cinco millones de años).

Para poder atravesar° de un lado a otro de los Andes, existen varios pasos o puertos° de montaña. Situados a grandes alturas°, son generalmente estrechos° y peligrosos. En algunos de ellos hay, también, vías ferroviarias°.

De acuerdo con° varias instituciones científicas, la cordillera de los Andes se eleva° y se hace más angosta° cada año. La capital de Chile se acerca° a la capital de Argentina a un ritmo° de 19,4 milímetros por año. Si ese ritmo se mantiene°, Santiago y Buenos Aires podrían unirse° en unos... 63 millones de años, ¡casi el mismo tiempo que ha transcurrido° desde la extinción de los dinosaurios!

ASÍ SE DICE

La naturaleza

el arco iris	*rainbow*
la cascada; la catarata	*waterfall*
el cerro; la colina; la loma	*hill, hillock*
la cima; la cumbre; el tope (Col.)	*summit; mountain top*
la maleza; los rastrojos (Col.); la yerba mala (Cuba); los hierbajos (Méx.); los yuyos (Arg.)	*weeds*
la niebla	*fog*

ACTIVIDADES

1 **Escoger** Escoge la opción que completa mejor cada oración.

1. Los Andes es la cadena montañosa más extensa del…
   a. mundo.   b. continente americano.
   c. hemisferio norte.

2. "La espina dorsal de Suramérica" es…
   a. los Andes.   b. el Himalaya.
   c. el Aconcagua.

3. La cordillera de los Andes se extiende…
   a. de este a oeste.   b. de sur a oeste.
   c. de norte a sur.

4. El Himalaya y los Andes tienen…
   a. diferente altura.   b. la misma altura.
   c. el mismo color.

5. Es posible atravesar los Andes por medio de…
   a. montañas   b. puertos
   c. aviones

6. En algunos de los puertos de montaña de los Andes hay…
   a. puertas.   b. vías ferroviarias.
   c. cordilleras.

7. En 63 millones de años, Buenos Aires y Santiago podrían…
   a. separarse.   b. desarrollarse.
   c. unirse.

8. El Aconcagua es…
   a. una montaña.   b. un grupo indígena.
   c. un volcán.

2 **Maravillas de la naturaleza** Escribe un párrafo breve donde describas alguna maravilla de la naturaleza que has (*you have*) visitado y que te impresionó. Puede ser cualquier (*any*) sitio natural: un río, una montaña, una selva, etc.

CONEXIÓN INTERNET

¿En qué otros lugares de Latinoamérica se puede hacer ecoturismo?

For more information about this **Cultura**, go to **vhlcentral.com**.

   Video

Naturaleza en Costa Rica

1 **Preparación** ¿Qué sabes de los volcanes de Costa Rica? ¿Y de sus aguas termales? Si no sabes nada, escribe tres predicciones sobre cada tema.

2 **El video** Mira el episodio de **Flash Cultura**.

Vocabulario

aguas termales *hot springs*	los poderes curativos *healing powers*
hace erupción *erupts*	rocas incandescentes *incandescent rocks*

Aquí existen más de cien volcanes. Hoy visitaremos el Parque Nacional Volcán Arenal.

En los alrededores del volcán […] nacen aguas termales de origen volcánico…

3 **¿Cierto o falso?** Indica si estas oraciones son **ciertas** o **falsas**.

1. Centroamérica es una zona de pocos volcanes.

2. El volcán Arenal está en un parque nacional.

3. El volcán Arenal hace erupción pocas veces.

4. Las aguas termales cerca del volcán vienen del mar.

5. Cuando Alberto sale del agua, tiene calor.

6. Se pueden ver las rocas incandescentes desde algunos hoteles.

Practice more!

VM pp. 225–226	vhlcentral.com

13.1 The subjunctive with verbs of emotion

Main clause	Connector	Subordinate clause
Marta espera	**que**	**yo vaya** al lago este fin de semana.

▸ When the main clause of a sentence expresses an emotion or feeling, use the subjunctive in the subordinate clause.

Nos alegramos de que te **gusten** las flores.
We are happy that you like the flowers.

Siento que tú no **vengas** mañana.
I'm sorry that you're not coming tomorrow.

Temo que Ana no **pueda** ir mañana con nosotros.
I'm concerned that Ana won't be able to go with us tomorrow.

Le **sorprende** que Juan **sea** tan joven.
It surprises him that Juan is so young.

Es una lástima que ellos no estén aquí con nosotros.

Me alegra que te diviertas.

Common verbs and expressions of emotion

alegrarse (de)	to be happy	tener miedo (de)	to be afraid (of)
esperar	to hope; to wish	es extraño	it's strange
gustar	to be pleasing;	es una lástima	it's a shame
	to like	es ridículo	it's ridiculous
molestar	to bother	es terrible	it's terrible
sentir (e:ie)	to be sorry; to regret	es triste	it's sad
sorprender	to surprise	ojalá (que)	I hope (that);
temer	to be worried, concerned		I wish (that)

Me molesta que la gente no **recicle** el plástico.
It bothers me that people don't recycle plastic.

Es terrible que no **respiremos** aire puro.
It's terrible that we don't breathe clean air.

Es una lástima que no **controlemos** la deforestación.
It's a shame that we don't control deforestation.

Espera que el gobierno **proteja** el medio ambiente.
He hopes that the government protects the environment.

Práctica

1 **Julia y Sara** Completa la conversación. Hay dos palabras que no vas a usar.

alegro	molesta	temer
conozcan	ojalá	tengo miedo de
estén	puedan	vayan
lleguen	sorprender	visitar

JULIA Me alegro de que Adriana y Raquel (1) _____ a Colombia.

SARA Sí... Es una lástima que (2) _____ cuando ya comenzaron las clases. Ojalá que la universidad las ayude a buscar casa. (3) _____ que no consigan dónde vivir.

JULIA Me (4) _____ que seas tan pesimista. Yo espero que (5) _____ gente simpática.

SARA ¿Sabías que ellas van a estudiar la deforestación en las costas? Es triste que en tantos países los recursos naturales (6) _____ en peligro.

JULIA Me (7) _____ de que no se queden en la capital por la contaminación, pero (8) _____ tengan tiempo de viajar por el país.

SARA Sí, espero que (9) _____ ir al Museo del Oro. Sé que también esperan (10) _____ la Catedral de Sal de Zipaquirá.

2 **Oraciones** Combina elementos de las tres columnas para formar oraciones.

modelo
Es triste que algunas personas no cuiden la naturaleza.

Expresiones	Sujetos	Actividades
Me alegro de que	yo	desarrollar programas de reciclaje
Espero que	tú	proteger las ballenas
Es extraño que	el gobierno	destruir los bosques
Me gusta que	el/la profesor(a)	contaminar el aire
Tengo miedo de que	la universidad	poner en peligro las tortugas marinas
Es triste que	las fábricas	cuidar la naturaleza
Ojalá que	algunas personas	utilizar el transporte público para usar menos gasolina
	los centros comerciales	
	mis amigos y yo	

Conversación

3 **Diálogo** Usa los siguientes elementos para crear una conversación entre Juan y la madre de su novia. Añade palabras si es necesario. Luego, con un(a) compañero/a, preséntala a la clase.

1. Juan, / esperar / (tú) llamar / Raquel. / Ser / tu / novia. / Ojalá / no / sentirse / sola
2. molestarme / (usted) decirme / lo que / tener / hacer. / Ahora / mismo / estarla / llamando
3. alegrarme / oírte / decir / eso. / Ser / terrible / estar / lejos / cuando / nadie / recordarte
4. señora, / ¡yo / tener / miedo / (ella) no recordarme / mí! / Ser / triste / estar / sin / novia
5. ser / ridículo / (tú) sentirte / así. / Mi hija / esperar / (tú) casarte / con ella
6. ridículo / o / no, / sorprenderme / todos preocuparse / ella / y / nadie acordarse / mí

4 **Comentar** En parejas, compartan sus opiniones sobre las clases que más les gustan y las que menos les gustan. Usen expresiones como **me alegro de que, temo que** y **es extraño que.**

modelo

Estudiante 1: Mi clase favorita es español. Me alegra que mi profesor nos ayude con la tarea.
Estudiante 2: Yo, en cambio, odio las matemáticas. Temo que mi profesor piense darnos más tarea.

5 **Problemas** Prepara una lista de tres o cuatro problemas ambientales en tu universidad. Luego, escribe una oración expresando tu reacción con el subjuntivo. Comparte la información con la clase.

modelo

la basura de la cafetería
Temo que la basura de la cafetería no se pueda reducir.

6 **Ecologistas** En grupos, praparen un pequeño anuncio de una campaña ecológica. Usen el subjuntivo o el indicativo con algunas de las siguientes expresiones: **alegrarse (de), tener miedo (de), esperar, sentir, sorprender, ojalá (que), temer.** Recuerden incluir:

• el nombre de la campaña ecológica
• un eslogan
• un mensaje para la comunidad
• una imagen que los identifique

Practice more!

WB
pp. 133–134

LM
p. 75

vhlcentral.com

Using the subjunctive

▸ Use the infinitive after an expression of emotion when there is no change of subject.

Temo **llegar** tarde.
I'm concerned I'll arrive late.

Temo que mi novio **llegue** tarde.
I'm afraid my boyfriend will arrive late.

Me molesta **ver** el bosque tropical en peligro.
It bothers me to see the rainforest in danger.

Me alegro de que algunas fábricas **se preocupen** por el medio ambiente.
I'm happy that some factories worry about the environment.

▸ The expression **ojalá (que)** is always followed by the subjunctive. The use of **que** is optional.

Ojalá (que) se conserven nuestros recursos naturales.
I hope (that) our natural resources will be conserved.

Ojalá (que) recojan la basura muy pronto.
I hope (that) they collect the garbage soon.

Esperamos
que nuestros hijos vean
el cielo azul y que naden
en aguas limpias…
Tenemos que enseñarles
a conservar y a reciclar.

¡Manos a la obra!

Completa las oraciones con el subjuntivo o el infinitivo.

1. Ojalá que ellos ___descubran___ [descubrir] nuevas formas de energía.
2. Temo que la energía nuclear _____ [ser] uno de los grandes peligros del futuro.
3. Es una lástima que la gente no _____ [reciclar] la basura orgánica.
4. Esperamos _____ [proteger] el aire de nuestra comunidad.
5. Me alegro de que mis amigos _____ [querer] hacer ecoturismo en el Amazonas.
6. A mis padres les gusta que nosotros _____ [participar] en programas de conservación.
7. Es terrible que _____ [haber] tantos animales en peligro de extinción.
8. El gobierno siente no _____ [poder] hacer nada para encontrar una solución.
9. Es triste que nuestras ciudades _____ [estar] afectadas por la contaminación.
10. Ojalá yo _____ [poder] hacer algo para reducir la contaminación.

13.2 The subjunctive with doubt, disbelief, and denial

▶ The subjunctive is used with expressions of doubt, disbelief, and denial.

Main clause	Connector	Subordinate clause
Dudan	que	su hijo les diga la verdad.

▶ The subjunctive is used in a subordinate clause when there is a change of subject and the main clause implies negation or uncertainty.

No creo que puedan ir muy lejos.

No es posible que el guía continúe el recorrido sin ustedes.

Expressions of doubt, disbelief, or denial

dudar	to doubt	no es seguro	it's not certain
negar (e:ie)	to deny	no es verdad	it's not true
no creer	not to believe	es imposible	it's impossible
no estar seguro/a (de)	not to be sure (of)	es improbable	it's improbable
no es cierto	it's not true; it's not certain	(no) es posible	it's (not) possible
		(no) es probable	it's (not) probable

El gobierno **niega** que el agua **esté** contaminada.
The government denies that the water is polluted.

Dudo que el gobierno **resuelva** el problema.
I doubt that the government will solve the problem.

▶ In English, the expression *it is probable/possible* indicates a fairly high degree of certainty. In Spanish, however, **es probable/posible** implies inherent uncertainty and therefore triggers the subjunctive in the subordinate clause.

Es posible que **haya** menos bosques y selvas en el futuro.
It's possible that there will be fewer forests and jungles in the future.

Es muy **probable** que **contaminemos** el medio ambiente.
It's very probable that we're polluting the environment.

▶ Use the infinitive after an expression of uncertainty, doubt, disbelief, or denial when there is no change of subject.

Dudo **llegar** temprano.
I doubt I will arrive early.

Él duda **llegar** temprano.
He doubts he will arrive early.

Práctica

1 Conversación Completa el diálogo. Luego dramatízalo con un(a) compañero/a.

RAÚL Ustedes dudan que yo (1) _____ [estudio/estudie]. No niego que a veces me (2) _____ [divierto/divierta], pero no cabe duda de que (3) _____ [tomo/tome] mis estudios en serio. Creo que no (4) _____ [tienen/tengan] razón.

PAPÁ Es posible que tu mamá y yo no (5) _____ [tenemos/tengamos] razón. Es cierto que a veces (6) _____ [dudamos/dudemos] de ti. Pero no hay duda de que te (7) _____ [pasas/pases] toda la noche en Internet y escuchando música. No es seguro que (8) _____ [estás/estés] estudiando.

RAÚL Es verdad que (9) _____ [uso/use] Internet por las noches, pero ¿no es posible que (10) _____ [es/sea] para buscar información para mis clases? ¡No hay duda de que Internet (11) _____ [es/sea] el mejor recurso del mundo! Es obvio que ustedes (12) _____ [piensan/piensen] que no hago nada.

PAPÁ Dudo que esta conversación nos (13) _____ [va/vaya] a ayudar. Pero tal vez (14) _____ [puedes/puedas] estudiar sin música.

2 Dudas Carolina siempre miente. Exprésale a Carolina tus dudas sobre sus afirmaciones. Sigue el modelo.

> **modelo**
> El próximo año mi familia y yo vamos a ir de vacaciones por diez meses. [dudar]
> *Dudo que vayan a ir de vacaciones por diez meses.*

1. Estoy escribiendo una novela en español. [no creer]

2. Mi tía es la directora del Sierra Club. [no ser verdad]

3. Dos profesores míos juegan para los Osos (*Bears*) de Chicago. [ser imposible]

4. Mi mejor amiga conoce al chef Emeril. [no ser cierto]

5. Mi padre es dueño del Rockefeller Center. [no ser posible]

6. Yo ya tengo un doctorado en lenguas. [ser improbable]

Conversación

3 **Hablando con un(a) burócrata** En parejas, preparen una conversación entre un(a) activista ambiental y un(a) funcionario/a público/a (*government official*). Usen el subjuntivo. Luego presenten la conversación a la clase.

modelo

Activista: Queremos reducir la contaminación del aire, pero dudo que el gobierno nos ayude.

Funcionario: No es cierto. ¡Lea las noticias del periódico! Es obvio que el gobierno está haciendo muchas cosas para reducir la contaminación del aire.

4 **Adivinar** Escribe cinco oraciones sobre tu vida presente y futura. Cuatro deben ser falsas y sólo una debe ser cierta. Preséntalas al grupo. El grupo adivina (*guesses*) cuál es la oración cierta y expresa sus dudas sobre las falsas.

modelo

Estudiante 1: Quiero irme un año a trabajar en la selva.
Estudiante 2: Dudo que te guste vivir en la selva.
Estudiante 3: En cinco años voy a ser presidente de los Estados Unidos.
Estudiante 2: No creo que vayas a ser presidente de los Estados Unidos en cinco años. ¡Tal vez en treinta! Algún día pienso enseñar arte a los niños.
Estudiante 1: No dudo que vas a ser profesor. Te gustan mucho los niños.

5 **Debate** En parejas, conversen sobre sus dudas y miedos para cuando se gradúen de la universidad.

modelo

Estudiante 1: Es improbable que me case inmediatamente.
Estudiante 2: Dudo que nosotros podamos comprarnos una casa después de terminar la universidad.

Practice more!

WB pp. 135–136	LM p. 76	vhlcentral.com

▸ **Quizás** and **tal vez** imply an uncertain possibility and are usually followed by the subjunctive.

Quizás haga sol mañana.
Perhaps it will be sunny tomorrow.

Tal vez veamos la luna esta noche.
Perhaps we will see the moon tonight.

▸ Use the indicative in a subordinate clause when the main clause expresses certainty.

Expressions of certainty

no dudar	*not to doubt*	estar seguro/a (de)	*to be sure (of)*
no cabe duda de	*there is no doubt*	es cierto	*it's true; it's certain*
no hay duda de	*there is no doubt*	es seguro	*it's certain*
no negar (e:ie)	*not to deny*	es verdad	*it's true*
		es obvio	*it's obvious*

No negamos que **hay** demasiados carros en las carreteras.
We don't deny that there are too many cars on the highways.

No hay duda de que el Amazonas **es** uno de los ríos más largos del mundo.
There is no doubt that the Amazon is one of the longest rivers in the world.

Es verdad que Colombia **es** un país bonito.
It's true that Colombia is a beautiful country.

Es cierto que los tigres **están** en peligro de extinción.
It's certain that tigers are in danger of extinction.

▸ The verb **creer** expresses belief or certainty, so it is followed by the indicative. **No creer** implies doubt and is followed by the subjunctive.

No creo que **haya** vida en el planeta Marte.
I don't believe that there is life on the planet Mars.

Creo que **debemos** usar exclusivamente la energía solar.
I believe we should exclusively use solar energy.

¡Manos a la obra!

Completa estas oraciones con la forma correcta de los verbos.

1. Dudo que ellos _trabajen_ [trabajar].
2. Es cierto que él _____ [comer] mucho.
3. Es imposible que ellos _____ [salir].
4. Es probable que ustedes _____ [ganar].
5. No creo que ella _____ [volver].
6. Es posible que nosotros _____ [ir].
7. Dudamos que tú _____ [reciclar].
8. Creo que ellos _____ [jugar] al fútbol.
9. No niego que ustedes _____ [estudiar].
10. Es probable que ellos _____ [dormir].
11. Es posible que Marta te _____ [llamar].
12. Tal vez Juan no nos _____ [oír].

Tutorial

13.3 The subjunctive with conjunctions

Muchos animales van a estar en peligro de extinción, a menos que los protejamos.

Marissa habla con Jimena antes de que lleguen los chicos.

▶ Conjunctions are words or phrases that connect clauses in sentences. Certain conjunctions introduce adverbial clauses, which describe *how, why, when,* and *where* an action takes place. These conjunctions always require the subjunctive.

Conjunctions that require the subjunctive			
a menos que	*unless*	en caso (de) que	*in case (that)*
antes (de) que	*before*	para que	*so that*
con tal (de) que	*provided that*	sin que	*without*

Voy a dejar un recado **en caso de que** Gustavo me **llame**.

I'm going to leave a message in case Gustavo calls me.

Algunos animales van a morir **a menos que haya** leyes para protegerlos.

Some animals are going to die unless there are laws to protect them.

Voy al supermercado **para que tengas** algo de comer.

I'm going to the supermarket so that you'll have something to eat.

Voy a tomar esa clase **con tal de que** tú la **tomes** también.

I'm going to take that class provided that you take it too.

¡ojo! Use the infinitive after the prepositions **antes de, para,** and **sin** when there is no change of subject. Compare these sentences.

Te llamamos el viernes **antes de salir** de la casa.

We will call you on Friday before leaving the house.

Tus padres trabajan muchísimo **para vivir** bien.

Your parents work very hard in order to live well.

Te llamamos mañana **antes de que salgas**.

We will call you tomorrow before you leave.

Tus padres trabajan mucho **para que tú puedas** vivir bien.

Your parents work a lot so that you are able to live well.

Práctica

1 Una excursión Completa las oraciones.

1. Voy a llevar a mis hijos al parque para que _____ [hacer] actividades al aire libre.

2. Vamos a pasar todo el día allí con tal de que ellos no _____ [aburrirse] en casa.

3. Vamos a alquilar bicicletas en cuanto _____ [llegar] al parque.

4. En bicicleta, podemos explorar el parque sin _____ [caminar] demasiado.

5. Siempre llevamos al perro cuando _____ [ir] al parque.

6. En caso de que _____ [llover], vamos a regresar temprano a la casa.

7. Queremos almorzar a la orilla (*shore*) del río cuando _____ [tener] hambre.

8. Mis hijos van a ver muchas cosas interesantes antes de _____ [salir] del parque.

2 Oraciones Completa las siguientes oraciones.

1. No podemos controlar la contaminación del aire a menos que…

2. Voy a reciclar los productos de papel en cuanto…

3. Protegemos los animales en peligro de extinción para que…

4. Mis amigos y yo vamos a recoger la basura de la universidad después de que…

5. Todos podemos conservar energía cuando…

6. No podemos desarrollar nuevas fuentes (*sources*) de energía sin…

7. Debemos comprar coches eléctricos tan pronto como…

8. Hay que eliminar la contaminación del agua para…

9. No podemos proteger los monos de Sudamérica sin que…

10. Los gobiernos deben alertar a la población de que las tortugas marinas están en peligro de extinción, antes de que…

Conversación

3 **¿Yo, ambientalista?** En parejas, túrnense para hacerse preguntas sobre sus conductas (*behavior*) ambientales. Usen el subjuntivo para las acciones que todavía no han hecho y el indicativo para las acciones que hacen habitualmente.

modelo reciclar la basura

Estudiante 1: ¿Reciclas la basura?
Estudiante 2: Sí, siempre reciclo la basura después de comer. / No, no voy a reciclar la basura a menos que tenga recipientes para reciclar.

1. Venir en bicicleta a la universidad
2. Comer alimentos orgánicos
3. Usar excesiva calefacción en invierno
4. Comprar productos ecológicos
5. Interesarse por los animales en peligro de extinción
6. Pensar en las consecuencias del calentamiento global

4 **Instrucciones** Antes de salir de viaje, Javier le deja una lista de instrucciones a su compañero de cuarto. En parejas, túrnense para escribir las instrucciones con el subjuntivo y las conjunciones de la lista.

modelo No dejes las luces prendidas cuando salgas de la casa.

| a menos que |
| cuando |
| en caso de que |
| en cuanto |
| tan pronto como |

Instrucciones
- Darles de comer a los peces
- Comprar productos ecológicos
- Reciclar la basura orgánica
- Usar sólo papel reciclado
- Llamarme por cualquier problema

5 **Tres en línea** Formen dos equipos. En la pizarra, una persona comienza a escribir una oración y otra persona de su equipo la termina, usando palabras de la gráfica. El primer equipo que forme tres oraciones seguidas (*in a row*) gana.

modelo
Estudiante 1: Dudo que podamos eliminar la deforestación...
Estudiante 2: ... sin que nos ayude el gobierno.

cuando	con tal de que	para que
antes de que	para	sin que
hasta que	en caso de que	antes de

Practice more!

WB pp. 137–138

LM p. 77

(S) vhlcentral.com

Conjunctions with subjunctive or indicative

Voy a formar un club de ecología tan pronto como vuelva al DF.

Cuando veo basura, la recojo.

Conjunctions used with subjunctive or indicative

cuando	*when*	hasta que	*until*
después (de) que	*after*	tan pronto como	*as soon as*
en cuanto	*as soon as*		

▶ With the conjunctions above, use the subjunctive in the subordinate clause if the main clause expresses a future action or command.

Vamos a resolver el problema **cuando desarrollemos** nuevas tecnologías.
We are going to solve the problem when we develop new technology.

Después de que ustedes **tomen** sus refrescos, reciclen las botellas.
After you drink your soft drinks, recycle the bottles.

▶ Use the indicative if the verb in the main clause expresses an action that habitually happens or that happened in the past.

Contaminan los ríos **cuando construyen** nuevos edificios.
They pollute the rivers when they build new buildings.

Contaminaron el río **cuando construyeron** ese edificio.
They polluted the river when they built that building.

Siempre vamos de excursión **tan pronto como llega** Rafael.
We always go hiking as soon as Rafael arrives.

Salimos **tan pronto como llegó** Rafael.
We left as soon as Rafael arrived.

¡Manos a la obra!

Completa las oraciones con las formas correctas de los verbos.

1. Voy a estudiar ecología cuando ___vuelva___ [volver] a la universidad.
2. No podemos evitar el calentamiento global a menos que todos _____ [trabajar] juntos.
3. No podemos conducir sin _____ [contaminar] el aire.
4. Siempre recogemos mucha basura cuando _____ [ir] al parque.
5. Elisa habló con el presidente del club de ecología después de que _____ [terminar] la reunión.
6. Vamos de excursión para _____ [observar] los animales y las plantas.
7. La contaminación va a ser un problema muy grave hasta que _____ [cambiar] nuestros sistemas de producción y transporte.
8. El gobierno debe crear más parques nacionales antes de que los bosques y ríos _____ [estar] completamente contaminados.
9. Los ecologistas luchan (*struggle*) para que se _____ [proteger] la naturaleza.

A repasar

13.1 The subjunctive with verbs of emotion

1 **Agua contaminada** Completa estos comentarios sobre la contaminación del agua con el infinitivo o el subjuntivo.

1. Siento mucho que mi ciudad _____ [tener] un problema de contaminación del agua.

2. Me molesta _____ [ver] fábricas contaminando ríos.

3. Es triste que muchísimos peces _____ [morir] cada día.

4. Temo _____ [enfermarse] por beber agua contaminada.

5. Ojalá que el gobierno _____ [resolver] esto pronto.

2 **¿Qué piensas?** En parejas, túrnense para expresar sus reacciones a estos problemas. Escriban tres oraciones y compártanlas con la clase.

> **modelo**
> En mi ciudad nadie recicla envases.
> Es terrible que nadie recicle envases.
> Es necesario que aprendamos a reciclar.
> Es importante que yo dé el ejemplo.

1. Nadie protege a los animales en los bosques tropicales.
2. Millones de personas respiran aire contaminado.
3. Pocas leyes controlan la deforestación en las selvas.
4. Hay un aumento de la caza ilegal de ballenas.

3 **¡Es terrible!** En parejas, miren el dibujo y digan qué piensan sobre el comportamiento (*behavior*) de esta familia. Usen el subjuntivo y expresiones como **es una lástima que, es ridículo que** y **es terrible que**.

13.2 The subjunctive with doubt, disbelief, and denial

4 **Opuestos** Escribe lo opuesto (*the opposite*) de cada oración. Sigue el modelo.

> **modelo**
> No es seguro que esta familia recicle las latas de aluminio.
> Es seguro que esta familia recicla las latas de aluminio.

1. Luisa y tú dudan que la deforestación dañe a los animales.
_____

2. Algunos científicos están seguros de que el calentamiento global existe.
_____

3. Es verdad que esas plantas están en peligro de extinción.
_____

4. Negamos que nuestros océanos estén contaminados.
_____

5. Es cierto que las leyes protegen a los animales.
_____

6. Creo que la población cuida de los recursos naturales.
_____

5 **Carta** En parejas, escriban una carta al/a la presidente/a de una compañía de su comunidad, pidiéndole su apoyo (*support*) para resolver un problema ambiental. Usen el subjuntivo o el indicativo y las expresiones de la lista. Después compartan su carta con la clase.

Creemos	Es probable
Es obvio	No creemos
Estar seguros/as (de)	Quizás
No hay duda de	Tal vez

6 **Entrevista** En parejas, túrnense para hacerse estas preguntas. Usen las pistas para responder.

1. ¿Es mejor la energía nuclear que la energía solar? (dudar)
2. ¿Es posible reducir la contaminación de los ríos? (ser improbable)
3. ¿Se deben reciclar todos los envases de plástico? (ser obvio)
4. ¿Están los monos en peligro de extinción? (no ser cierto)
5. ¿Están los pájaros afectados por la contaminación del agua? (creer)
6. ¿Son las piedras un recurso natural? (ser verdad)

Practice more at **vhlcentral.com**.

13.3 The subjunctive with conjunctions

7 Planes para el futuro ¿Cuáles son tus planes para el futuro? Escríbelos usando las conjunciones **a menos que, antes (de) que, con tal (de) que, en caso (de) que, para que** y **sin que**. Incluye a tu familia y amigos en tus planes.

modelo

Voy a aprender a nadar en caso de que vaya de vacaciones a la playa.

8 Oraciones En parejas, escriban una oración con el subjuntivo y una oración con el indicativo, con cada una de las siguientes conjunciones: **cuando, después (de) que, en cuanto, hasta que** y **tan pronto como**. Después, intercambien sus oraciones con otra pareja para que identifiquen el tiempo verbal usado en cada caso.

modelo

Vamos a respirar aire contaminado hasta que el gobierno controle el número de automóviles en la ciudad. (subjuntivo)
Los camiones pasaban por la ciudad hasta que construyeron la nueva carretera. (indicativo)

Síntesis

9 ¡Participa! En parejas, imaginen que son dos celebridades que deciden organizar una campaña (campaign) para proteger una especie animal en peligro de extinción. Preparen un anuncio publicitario de 30 segundos y preséntenlo a la clase.

modelo

Soy Bono y para mí es muy importante cuidar el medio ambiente. Hoy te quiero invitar a que participes en esta campaña para salvar el puma en Chile. Tan pronto como tú dones (donate) dinero, se podrá salvar de la extinción. ¡Ayúdalo antes de que sea demasiado tarde!

Videoclip

 Video

1 Preparación ¿Conoces alguien a quien le ocurrió algo que parecía sobrenatural (supernatural)? Explica qué ocurrió (happened) y cuándo fue.

2 El clip Mira el anuncio de **Edenor** de Argentina.

Vocabulario	
derrochando *wasting*	el más allá *the afterlife*
energía eléctrica *electric energy*	una luz blanca *a white light*

Tenemos información de que usted fue al más allá y volvió. ¿Es correcto?

¿Qué me está pidiendo?

3 Preguntas Contesta estas preguntas con oraciones completas.
1. ¿Qué vio Víctor Sueiro cuando fue al más allá?
2. ¿Qué le piden que haga? ¿Por qué?
3. ¿Por qué es importante que apague la luz?
4. ¿Qué hace Víctor Sueiro cuando despierta?

4 Creencias Víctor Sueiro estuvo clínicamente muerto por 40 segundos. Luego escribió un libro que decía que no debíamos tener miedo del más allá porque hay una luz hermosa al final. ¿Qué opinas de su historia? Usa el subjuntivo en tus repuestas.

modelo

Dudo que estuviera muerto. No creo que recuerde lo que vio.

Audio: Vocabulary Flashcards

La naturaleza

el árbol	tree
el bosque (tropical)	(tropical; rain) forest
el césped	grass
el cielo	sky
el cráter	crater
el desierto	desert
la estrella	star
la flor	flower
la hierba	grass
el lago	lake
la luna	moon
el mundo	world
la naturaleza	nature
la nube	cloud
el océano	ocean
el paisaje	landscape
la piedra	stone
la planta	plant
la región	region; area
el río	river
la selva	jungle
el sendero	trail
el sol	sun
la tierra	land; soil
el valle	valley
el volcán	volcano

Conjunciones

a menos que	unless
antes (de) que	before
con tal (de) que	provided that
después (de) que	after
en caso (de) que	in case (that)
en cuanto	as soon as
hasta que	until
para que	so that
sin que	without
tan pronto como	as soon as

El medio ambiente

el calentamiento global	global warming
la caza	hunting
la conservación	conservation
la contaminación (del aire; del agua)	(air; water) pollution
la deforestación	deforestation
la ecología	ecology
el ecoturismo	ecotourism
la energía (nuclear; solar)	(nuclear; solar) energy
la extinción	extinction
la fábrica	factory
el gobierno	government
la ley	law
el medio ambiente	environment
el peligro	danger
la población	population
el reciclaje	recycling
el recurso natural	natural resource
la solución	solution

conservar	to conserve
contaminar	to pollute
controlar	to control
cuidar	to take care of
dejar de (+ *inf.*)	to stop (doing something)
desarrollar	to develop
descubrir	to discover
destruir	to destroy
estar afectado/a (por)	to be affected (by)
estar contaminado/a	to be polluted
evitar	to avoid
mejorar	to improve
proteger	to protect
reciclar	to recycle
recoger	to pick up
reducir	to reduce
resolver (o:ue)	to resolve; to solve
respirar	to breathe

la botella de vidrio	glass bottle
el envase de plástico	plastic container
la lata de aluminio	aluminum can

ecologista	ecological; ecologist
puro/a	pure
renovable	renewable

Las emociones

alegrarse (de)	to be happy
esperar	to hope; to wish
sentir (e:ie)	to be sorry; to regret
temer	to be afraid/ concerned; to fear

es extraño	it's strange
es una lástima	it's a shame
es ridículo	it's ridiculous
es terrible	it's terrible
es triste	it's sad
ojalá (que)	I hope (that); I wish (that)

Las dudas y las certezas

(no) creer	(not) to believe
(no) dudar	(not) to doubt
(no) estar seguro/a (de)	(not) to be sure (of)
(no) negar (e:ie)	(not) to deny

es imposible	it's impossible
es improbable	it's improbable
es obvio	it's obvious
no cabe duda de	there is no doubt
no hay duda de	there is no doubt
(no) es posible	it's (not) possible
(no) es probable	it's (not) probable
(no) es cierto	it's (not) true; it's (not) certain
(no) es verdad	it's (not) true
(no) es seguro	it's (not) certain

Los animales

el animal	animal
la ballena	whale
el mono	monkey
el pájaro	bird
el pez	fish
la tortuga marina	sea turtle

Practice more at **vhlcentral.com**.

14 En la ciudad

Communicative Goals

You will learn how to:
- talk about errands
- ask for and give directions
- give advice

PARA EMPEZAR

- ¿Dónde están ellos, en una ciudad on en un pueblo?
- ¿Qué están haciendo?
- ¿Cómo crees que es la vida en esta ciudad?

Tutorials

EN LA CIUDAD

EN LA CIUDAD

la pescadería
fish market

el banco *bank*

la carnicería *butcher shop*

el correo *post office*

la heladería *ice cream shop*

la joyería *jewelry store*

la lavandería *laundromat*

la panadería *bakery*

la pastelería *pastry shop*

la peluquería *hairdressing salon*

el salón de belleza *beauty salon*

el supermercado *supermarket*

la zapatería *shoe store*

hacer cola *to stand in line*

hacer diligencias *to run errands*

la frutería
fruit shop

EN EL CORREO

el cartero
mail carrier

el correo *mail*

el paquete *package*

los sellos *stamps*

el sobre *envelope*

echar (una carta) al buzón *to put (a letter) in the mailbox; to mail (a letter)*

enviar *to send*

mandar *to send*

las estampillas

EN EL BANCO

el cheque de viajero *traveler's check*

la cuenta corriente *checking account*

la cuenta de ahorros *savings account*

ahorrar *to save (money)*

cobrar *to cash (a check); to charge (for a product or service)*

depositar *to deposit*

llenar (un formulario) *to fill out (a form)*

pagar al contado *to pay in cash*

pagar a plazos *to pay in installments*

pedir prestado *to borrow*

pedir un préstamo *to apply for a loan*

ser gratis *to be free of charge*

el cheque

firmar
to sign

el cajero automático
automatic teller machine, ATM

el letrero
sign

CÓMO LLEGAR

la cuadra *(city) block*

la dirección *address*

la esquina *corner*

cruzar *to cross*

doblar *to turn*

estar perdido/a *to be lost*

quedar *to be located*

(al) este *(to the) east*

(al) norte *(to the) north*

(al) oeste *(to the) west*

(al) sur *(to the) south*

derecho *straight (ahead)*

enfrente de *opposite; facing*

hacia *toward*

indicar cómo llegar
to give directions

Variación léxica

el cheque de viajero ⟷ el cheque de viaje (*Esp.*)
la cuadra ⟷ la manzana (*Esp.*)
doblar ⟷ girar (*Esp.*), virar, voltear (*Amér. L.*)
hacer diligencias ⟷ hacer mandados (*Amér. L.*)

Reading

Paseando en metro

Hoy es el primer día de Teresa en la Ciudad de México. Debe tomar el metro para ir del centro de la ciudad a Coyoacán, en el sur. Llega a la estación Zócalo y compra un pasaje por el equivalente a veintitrés centavos° de dólar, ¡qué ganga! Con este pasaje puede ir a cualquier° parte de la ciudad o del área metropolitana.

El metro

El primer metro de Suramérica que se abrió al público fue el de Buenos Aires, Argentina (1° de diciembre de 1913); el último, el de Santo Domingo, República Dominicana (15 de noviembre del 2008).

Ciudad	Pasajeros/Día (aprox.)
México D.F., México	4.406.300
Madrid, España	2.400.000
Buenos Aires, Argentina	1.500.000
Santiago, Chile	1.500.000
Caracas, Venezuela	1.400.000
Medellín, Colombia	350.000
Guadalajara, México	161.910

No sólo en México, sino también en ciudades de Venezuela, Chile, Argentina y España, hay sistemas de transporte público eficientes y muy económicos. También suele haber° varios tipos de transporte: autobús, metro, tranvía°, microbús y tren. Generalmente se pueden comprar abonos° de uno o varios días para un determinado tipo de transporte. En algunas ciudades también existen abonos de transporte combinados que permiten usar, por ejemplo, el metro y el autobús o el autobús y el tren. En estas ciudades, los metros, autobuses y trenes pasan con mucha frecuencia. Las paradas° y estaciones están bien señalizadas°.

Vaya°, Teresa ya está llegando a Coyoacán. Con lo que ahorró en el pasaje del metro, puede comprarse un helado de mango y unos esquites° en el jardín Centenario.

centavos *cents* cualquier *any* suele haber *there usually are* tranvía *streetcar* abonos *passes* paradas *stops* señalizadas *labeled* Vaya *Well* esquites *toasted corn kernels*

ASÍ SE DICE

En la ciudad

el aparcamiento (Esp.); el parqueadero (Bol., Col.); el parqueo (Bol., Col., Cuba, El Salv., Nic.)	el estacionamiento
dar un aventón (Amér. C.); dar botella (Cuba)	*to give (someone) a ride*
el subterráneo, el subte (Arg.)	el metro

Video

ACTIVIDADES

 1 **¿Cierto o falso?** Indica si lo que dice cada oración es **cierto** o **falso**. Corrige la información falsa.

1. En la Ciudad de México, el pasaje de metro cuesta dieciocho dólares.

2. En México, un pasaje se puede usar sólo para ir al centro de la ciudad.

3. En Chile hay varios tipos de transporte público.

4. Los abonos de transporte no sirven para más de un tipo de transporte.

5. Los trenes, autobuses y metros pasan con mucha frecuencia.

6. Hay pocos letreros en las paradas y estaciones.

7. Los servicios de metro de México y España son los que transportan mayor cantidad de viajeros por día.

8. La ciudad de Buenos Aires tiene el sistema de metro más viejo de Suramérica.

9. El metro que lleva menos tiempo en servicio es el de la ciudad de Medellín, Colombia.

 2 **Comparación** Compara el servicio de metro en México con el servicio de un transporte público en el área donde vives. Da información de la frecuencia, el precio del pasaje, cuántas personas lo usan y cuál prefieres tú.

CONEXIÓN INTERNET

¿Qué edificios están ubicados alrededor de las plazas (*squares*) en los países hispanos?

For more information about this **Cultura**, go to **vhlcentral.com**.

El Metro del D.F.

1 **Preparación** Imagina que estás en México, D.F., una de las ciudades más grandes del mundo. ¿Qué transporte usas para ir de un lugar a otro? ¿Por qué?

2 **El video** Mira el episodio de **Flash Cultura**.

Vocabulario	
concurrido *busy, crowded*	transbordo *transfer, change*
se esconde *is hidden*	el rincón *corner*

Viajando en el Metro... puedes conocer más acerca de la cultura de este país.

Para la gente... mayor de 60 años, es el transporte totalmente gratuito.

3 **Seleccionar** Selecciona la respuesta correcta.

1. El Parque de _____ (Chapultepec/Los Leones) es uno de los lugares más concurridos de la ciudad.

2. En las estaciones _____ (de transbordo/de una sola línea) los pasajeros pueden cambiar de trenes para llegar fácilmente a su destino.

3. Algunas líneas de metro son _____ (subterráneas/superficiales), es decir, circulan al nivel de la calle.

4. Dentro de algunas estaciones hay _____ (danzas indígenas/ exposiciones de arte).

Practice more!

| VM pp. 227–228 | vhlcentral.com |

14.2 Familiar (tú) commands Tutorial

▶ Use familiar (tú) commands when you want to give an order or advice to someone you normally address with tú.

Llámame cuando termine tu clase.

Dobla en la avenida Hidalgo y luego cruza la calle Independencia.

▶ Affirmative tú commands usually have the same form as the usted/él/ella of the present indicative. The pronoun tú is used only for emphasis.

Paga al contado.
Pay in cash.

Pide un préstamo.
Ask for a loan.

Affirmative tú commands

Infinitive	Present indicative	Affirmative *tú* command
cuidar	Ud./él/ella cuida	cuida (tú)
tocar	Ud./él/ella toca	toca (tú)
temer	Ud./él/ella teme	teme (tú)
volver	Ud./él/ella vuelve	vuelve (tú)
insistir	Ud./él/ella insiste	insiste (tú)
pedir	Ud./él/ella pide	pide (tú)

▶ Negative tú commands have the same form as the tú form of the present subjunctive.

Carlos, **no eches** eso al buzón.
Carlos, don't put that in the mailbox.

Julia, **no cruces** la calle.
Julia, don't cross the street.

Negative tú commands

Infinitive	Present subjunctive	Negative *tú* command
cuidar	que tú cuides	no cuides (tú)
tocar	que tú toques	no toques (tú)
temer	que tú temas	no temas (tú)
volver	que tú vuelvas	no vuelvas (tú)
insistir	que tú insistas	no insistas (tú)
pedir	que tú pidas	no pidas (tú)

▶ The negative familiar commands keep the same stem changes as the indicative.

No pierdas el mapa.
Don't lose the map.

No vuelvas a esa gasolinera.
Don't go back to that gas station.

Práctica

1 Unas diligencias Completa los pedidos que la señora Ramos le hace a su esposo. Usa las formas correctas de los mandatos informales.

1. Enrique, _____ [ir] al banco, por favor.

2. Cuando llegues al banco, _____ [depositar] este cheque en nuestra cuenta corriente.

3. No _____ [depositarlo] en la cuenta de ahorros y, por favor, no _____ [pedir] un préstamo.

4. Luego _____ [pasar] por la zapatería y _____ [recoger] mis zapatos.

5. No _____ [pagar] al contado, sino con un cheque.

6. Luego _____ [comprar] un pastel en la pastelería. Por favor, no _____ [comprar] un pastel de chocolate. Mi tío Felipe viene a cenar y es alérgico al chocolate.

2 Quehaceres Pedro y Marina no se ponen de acuerdo (*agree*) cuando le dan órdenes a su hijo Miguel. Lee los quehaceres que Pedro le da a Miguel. Después, usa la información entre paréntesis para formar las contraórdenes que, a su vez, le da Marina. Sigue el modelo.

modelo
Recoge los libros. (poner la mesa)
No los recojas, Miguel. Pon la mesa.

1. Barre el suelo. (pasar la aspiradora)

2. Plancha la ropa. (hacer las camas)

3. Saca la basura. (quitar la mesa)

4. Ve a la joyería. (ir a la frutería)

5. Dale los libros a Isabel. (dárselos a Juan)

6. Prepara la cena. (limpiar el carro)

7. Echa las cartas al buzón. (dárselas al cartero)

8. Corta el césped. (bañar al gato)

3 Oraciones Forma los mandatos que la señora Morales les da a su esposo y a sus hijos.

modelo
Pilar / sacar / basura
Pilar, saca la basura.

1. Gloria / poner / sello / este / sobre

2. Manolo / ir / banco / cobrar / este / cheques

3. Lidia / no poner / televisión

4. Esteban / hacer / camas

5. Gloria / no lavar / platos

6. Manolo / firmar / este / formularios

Conversación

4 **Estoy perdido/a** Con un(a) compañero/a, prepara una conversación breve entre un(a) estudiante nuevo/a en la universidad y otro/a estudiante que le indica cómo llegar a varios lugares.

modelo

Estudiante 1: *Quiero ir al laboratorio de Ciencias, pero estoy perdido. ¿Me puedes ayudar?*

Estudiante 2: *Sí. Sigue derecho hasta llegar a la Facultad de Negocios. Dobla a la izquierda...*

5 **¡Te lo ordeno!** En parejas, preparen una conversación entre dos compañeros/as de cuarto quienes tenían que estar en una fiesta y todavía se están arreglando. Usen mandatos afirmativos y negativos. Luego presenten el diálogo a la clase.

modelo

Luisa: ¡Te lo ordeno! ¡Sal del baño ya!
Ramón: ¡No me des órdenes!
Luisa: Pero tengo que maquillarme.
Ramón: Y yo tengo que ducharme. Oye, ¿qué hora es?
Luisa: Son las siete menos veinte.
Ramón: ¡Ay! ¡Tráeme una toalla!

6 **Órdenes** En grupos, intercambien tres órdenes con cada uno. Luego, cada uno debe seguir las órdenes que el resto del grupo le da o reaccionar apropiadamente.

modelo

Estudiante 1: *Dame todo tu dinero.*
Estudiante 2: *No, no quiero dártelo. Muéstrame tu cuaderno.*
Estudiante 1: *Aquí está.*
Estudiante 3: *Ve a la pizarra y escribe tu nombre.*
Estudiante 4: *No quiero. Hazlo tú.*

Practice more!

WB pp. 143–144	LM p. 82	vhlcentral.com

Irregular tú commands

▶ There are eight irregular affirmative **tú** commands.

decir		di
hacer		haz
ir		ve
poner		pon

salir		sal
ser		sé
tener		ten
venir		ven

¡Ten cuidado con el perro!
Be careful with the dog!

Pon la estampilla en el sobre.
Put the stamp on the envelope.

¡Sal de aquí ahora mismo!
Leave here at once!

Haz los ejercicios.
Do the exercises.

▶ **Ir** and **ver** have the same **tú** command. Context will determine the meaning.

Ve al supermercado con José.
Go to the supermarket with José.

Ve al banco esta tarde.
Go to the bank this afternoon.

Ve ese programa… es muy interesante.
Watch that program… it's very interesting.

Ve esa película con tu hermano.
See that movie with your brother.

▶ The placement of reflexive and object pronouns in **tú** commands follows the same rules as in formal commands. When a pronoun is attached to a command of more than two syllables, a written accent is used.

Informal	Formal
¡Alégrate**!**	**¡Alégren**se**!**
Be happy!	*Be happy!*
No **te** sientas triste.	No **se** sientan tristes.
Don't feel sad.	*Don't feel sad.*
Dime**.**	**Díga**me**.**
Tell me.	*Tell me.*
No **me lo** digas.	No **me lo** diga.
Don't tell me (it).	*Don't tell me (it).*

¡Manos a la obra!

Indica los mandatos familiares de estos verbos.

		Mandato afirmativo	Mandato negativo
1.	cambiar	_Cambia_ el aceite.	No _cambies_ el aceite.
2.	correr	_____ más rápido.	No _____ más rápido.
3.	salir	_____ ahora.	No _____ ahora.
4.	tocar	_____ las flores.	No _____ las flores.
5.	venir	_____ aquí.	No _____ aquí.
6.	levantarse	_____ temprano.	No _____ temprano.
7.	volver	_____ pronto.	No _____ pronto.
8.	hacerlo	_____ ya.	No _____ ahora.

14.3 Nosotros/as commands Tutorial

▸ **Nosotros/as** commands, which correspond to the English *let's* + [*verb*], are used to give orders or suggestions that include yourself and other people.

Crucemos la calle.
Let's cross the street.

No crucemos la calle.
Let's not cross the street.

▸ Both affirmative and negative **nosotros/as** commands are generally formed by using the first-person plural form of the present subjunctive.

▸ The affirmative *let's* + [*verb*] may also be expressed with **vamos a** + [*infinitive*]. Remember, however, that **vamos a** + [*infinitive*] can also mean *we are going to (do something)*. Context and tone will determine which meaning is being expressed.

Vamos a caminar por la ciudad.
Let's walk around the city.

Vamos a ir a Chile este verano.
We're going to Chile this summer.

Pensemos, ¿adónde fuiste hoy?

¡Eso es! ¡El carro de Miguel! ¡Vamos!

▸ To express *let's go*, the present indicative form of **ir** (**vamos**) is used, not the subjunctive. For the negative command, however, the subjunctive is used.

Affirmative

Vamos a la pescadería.
Let's go to the fish market.

Vamos a tomar un café.
Let's go have a coffee.

Negative

No vayamos a la pescadería.
Let's not go to the fish market.

No vayamos a tomar un café.
Let's not go have a coffee.

¡Pidamos un préstamo!

¡Hagamos un viaje!

¡Compremos un caballo!

BANCOSUR. LLÁMANOS.

Práctica

1 **Conversación** Completa esta conversación con mandatos de **nosotros/as.**

MARÍA Sergio, ¿quieres hacer diligencias ahora o por la tarde?

SERGIO No (1) _____ [dejarlas] para más tarde. (2) _____ [Hacerlas] ahora.

MARÍA Necesito comprar sellos.

SERGIO Yo también. (3) _____ [Ir] al correo.

MARÍA Pues, antes de ir al correo, necesito sacar dinero de mi cuenta corriente.

SERGIO Bueno, (4) _____ [buscar] un cajero automático.

MARÍA ¿Tienes hambre?

SERGIO Sí. (5) _____ [Cruzar] la calle y (6) _____ [comer] algo en ese café.

MARÍA Buena idea.

SERGIO ¿Nos sentamos aquí?

MARÍA No, no (7) _____ [sentarse] aquí; (8) _____ [sentarse] enfrente de la ventana.

SERGIO ¿Qué pedimos?

MARÍA (9) _____ [Pedir] café y pan dulce.

2 **Hagámoslo** Responde a cada oración; sigue el modelo.

modelo
Vamos a vender el carro. (Sí)
Sí, vendámoslo.

1. Vamos a levantarnos a las seis. (Sí)

2. Vamos a enviar los paquetes. (No)

3. Vamos al supermercado. (No)

4. Vamos a mandar esta tarjeta postal a nuestros amigos. (No)

5. Vamos a limpiar la habitación. (Sí)

6. Vamos a mirar la televisión. (No)

7. Vamos a bailar. (Sí)

8. Vamos a arreglar la sala. (No)

9. Vamos a comprar estampillas. (Sí)

Conversación

3 Decisiones Imagina que estás con un(a) amigo/a. Túrnense para hacerse estas preguntas. Usen mandatos de **nosotros/as** en sus respuestas.

1. ¿Cruzamos la calle aquí o caminamos una cuadra más?
2. ¿Vamos a casa o comemos en un restaurante?
3. ¿Salimos para el cine a las seis o a las seis y media?
4. ¿Pagamos la cuenta al contado o con tarjeta de crédito?

4 Preguntar Tú y tu compañero/a están de vacaciones y se hacen sugerencias para resolver las situaciones. Usen mandatos de **nosotros/as**.

modelo
> Se nos olvidaron las tarjetas de crédito.
> Paguemos en efectivo. /No compremos más regalos.

A

1. El museo está a sólo una cuadra de aquí.
2. Tenemos hambre.
3. Hay una cola larga en el cine.

B

1. Tenemos muchos cheques de viajero.
2. Tenemos prisa para llegar al cine.
3. Estamos cansados y queremos dormir.

5 Turistas Imaginen que están en Caracas. En grupos pequeños, lean esta guía turística y decidan qué van a hacer hoy por la mañana, por la tarde y por la noche. Usen mandatos de **nosotros/as**.

modelo
> Visitemos el Museo de Arte Contemporáneo Sofía Imber esta mañana. Quiero ver las esculturas de Jesús Rafael Soto.

Guía de Caracas

MUSEOS	SITIOS DE INTERÉS	RESTAURANTES
• **Museo de Arte Colonial** Avenida Panteón	• **Plaza Bolívar**	• **El Barquero** Avenida Luis Roche
• **Museo de Arte Contemporáneo Sofía Imber** Parque Central. Esculturas de Jesús Rafael Soto y pinturas de Miró, Chagall y Picasso.	• **Jardín Botánico** Avenida Interna UCV. De 8:00 a 5:00.	• **Restaurante El Coyuco** Avenida Urdaneta
	• **Parque del Este** Avenida Francisco de Miranda. Parque más grande de la ciudad con serpentario.	• **Restaurante Sorrento** Avenida Francisco Solano
• **Galería de Arte Nacional** Parque Central. Colección de más de 4.000 obras de arte venezolano.	• **Casa Natal de Simón Bolívar** Esquinas San Jacinto y Traposos. Casa colonial donde nació Simón Bolívar.	• **Café Tonino** Avenida Andrés Bello

Practice more!

WB pp. 145–146

LM p. 83

vhlcentral.com

Nosotros commands and object pronouns

▶ Object pronouns are attached to affirmative **nosotros/as** commands. A written accent is added to maintain the original stress.

Firmemos el cheque.	**Firmémoslo.**
Let's sign the check.	*Let's sign it.*
Escribamos a Ana y a Raúl.	**Escribámosles.**
Let's write to Ana and Raúl.	*Let's write to them.*

▶ When **nos** or **se** is attached to an affirmative **nosotros/as** command, the final **–s** of the command verb is dropped.

Démoselo a ella.	**Mandémoselo** a ellos.
Let's give it to her.	*Let's send it to them.*
Sentémonos allí.	**Levantémonos** temprano.
Let's sit down there.	*Let's get up early.*

▶ Object pronouns are placed in front of negative **nosotros/as** commands.

No **les paguemos** el préstamo.	No **se lo digamos** a ellos.
Let's not pay them the loan.	*Let's not tell them.*
No **lo compremos.**	No **se la presentemos.**
Let's not buy it.	*Let's not introduce her.*

▶ The **nosotros/as** command form of **irse** (*to go away*) is **vámonos.** Its negative form is **no nos vayamos.**

¡**Vámonos** de vacaciones!	**No nos vayamos** de aquí.
Let's go away on vacation!	*Let's not go away from here.*

¡Manos a la obra!

Indica los mandatos afirmativos y negativos de la primera persona del plural (**nosotros/as**) de estos verbos.

		Afirmativo	Negativo
1.	estudiar	estudiemos	no estudiemos
2.	cenar		
3.	leer		
4.	decidir		
5.	perder		
6.	seguir		
7.	practicar		
8.	conocer		
9.	decir		
10.	cerrar		
11.	levantarse		
12.	irse		
13.	dormir		
14.	escribirle		
15.	comprarlo		
16.	pedírselo		

A repasar

14.1 The subjunctive in adjective clauses

 1 **Un nuevo barrio** Acabas de mudarte y quieres saber qué puedes encontrar en tu nuevo barrio. En parejas, túrnense para formular las siguientes preguntas y contestarlas.

modelo algún / banco / estar / abierto / domingos / (no)

Estudiante 1: ¿Hay algún banco que esté abierto los domingos?
Estudiante 2: No, no hay ningún banco que esté abierto los domingos.

1. alguna / frutería / vender / frutas frescas / (sí)

2. alguna / peluquería / no / ser / cara / (sí)

3. alguna / joyería / vender / a plazos / (no)

4. alguna / zapatería / aceptar / cheques / (no)

5. alguna / lavandería / cerrar / diez de la noche / (sí)

6. alguien / poder / llevar / este paquete / correo / (no)

2 **¡Queremos vivir ahí!** En grupos de tres, describan qué características buscan en una ciudad para vivir. Después compartan sus respuestas con la clase.

modelo Queremos vivir en un lugar que tenga restaurantes de todo tipo.

14.2 Familiar (tú) commands

 3 **En la ciudad** Tu amigo/a y tú tienen que hacer muchas diligencias, pero ninguno de los dos quiere hacer nada. Túrnense para dar mandatos familiares. Sigan el modelo.

modelo enviar los paquetes
Estudiante 1: Envía los paquetes.
Estudiante 2: ¡Envíalos tú!

1. pagar la renta
2. comprar los sellos
3. hacer la comida

4. firmar el cheque
5. pedir un préstamo
6. llenar estos formularios

4 **Consejos** Tienes un sobrino que es un desastre. Dale por lo menos ocho consejos usando mandatos familiares de los verbos **decir**, **hacer**, **ir**, **poner**, **salir**, **ser**, **tener** y **venir**.

modelo No digas mentiras. Di la verdad.

_____
_____
_____
_____
_____
_____
_____
_____

5 **¡Un día muy ocupado!** Teresa hizo una lista de sus diligencias y de cuánto tiempo tarda en (*it takes her*) hacerlas. En parejas, escriban el horario ideal para Teresa. Usen mandatos familiares.

modelo Teresa, ve al banco a las nueve de la mañana y deposita tus cheques. A las nueve y media...

Diligencias	Tiempo	Lugares	Horarios
Cortarme el pelo	1 hr.	salón de belleza	12:00 p.m.–1:00 p.m.
Comprar un pastel para Eva	30 min.	pastelería	10:00 a.m.–2:00 p.m.
Visitar a Eva en el hospital	1 hr.	hospital	4:00 p.m.–5:00 p.m.
Depositar cheques	30 min.	banco	9:00 a.m.–12:00 p.m.
Lavar ropa	2 hrs.	lavandería	12:00 p.m.–2:00 p.m.
Enviar cartas	30 min.	correo	9:00 a.m.–1:00 p.m.

14.3 Nosotros/as commands

 6 **Planes** En parejas, escriban las cosas que pueden hacer para realizar estos planes. Usen mandatos de **nosotros/as**.

modelo Divertirnos este fin de semana
Vamos al cine con nuestros amigos.
No nos quedemos en casa.

1. Graduarse con honores
2. Vivir hasta los cien años
3. Comprar una casa
4. Estar en forma (*in shape*)
5. Conseguir una licencia de conducir
6. Pedir un préstamo en el banco

Practice more at **vhlcentral.com**.

7 **Aniversario** Es el aniversario de bodas de tus abuelos. Escribe lo que les dices a tus familiares, usando mandatos de **nosotros/as**.

> **modelo**
>
> hacerles una fiesta sorpresa /
> no decirles nuestros planes
> **Hagámosles una fiesta sorpresa.**
> **No les digamos nuestros planes.**

1. sorprenderlos / preparar sus platos favoritos
2. no alquilar un salón de fiestas / celebrar en casa
3. invitar a sus amigos / llamarles por teléfono
4. comprarles flores / no darles chocolates
5. bailar toda la noche / no quedarse sentados
6. llevar la cámara / tomarles muchas fotografías

8 **¿Cómo llegamos?** En parejas, dibujen un mapa de una ciudad imaginaria. Escriban los nombres de las calles y marquen los lugares de la lista. No olviden marcar el norte, el sur, el este y el oeste. Después, túrnense para preguntarse cómo llegar de un lugar a otro.

banco	correo	lavandería	salón de belleza
carnicería	heladería	pescadería	supermercado

> **modelo**
>
> **Estudiante 1:** *¿Cómo llegamos del banco a la heladería?*
> **Estudiante 2:** *Caminemos hacia el este y lleguemos a la esquina de Colón y Morelos. Sigamos derecho por Morelos. Crucemos la calle...*

Síntesis

9 **Una tienda** Conversa con un(a) compañero/a sobre abrir una tienda (una lavandería, una zapatería, etc.) en tu ciudad. Decidan dónde va a estar ubicada (*located*), qué cosas harán juntos/as y qué cosas hará cada uno/a por separado. Usen mandatos de **tú** y de **nosotros/as**.

> **modelo**
>
> **Estudiante 1:** *En nuestra ciudad no hay un supermercado que venda productos latinos. ¡Vamos a abrir uno!*
> **Estudiante 2:** *¡Excelente! Busquemos un lugar que esté cerca del centro de la ciudad. Hagamos una lista de los productos que vamos a vender. ¿Qué más necesitamos?*
> **Estudiante 1:** *Tú piensa en un nombre para el supermercado. Yo voy a averiguar cuánto dinero necesitamos. Y vamos a pedir un préstamo en el banco.*

Videoclip Video

1 **Preparación** Imagina que vas a cruzar la avenida más ancha del mundo. ¿Qué instrucciones se necesitan?

2 **El clip** Mira el cortometraje **Cruzar 9 de Julio** de Argentina.

> **Vocabulario**
>
> | | |
> |---|---|
> | detenerse *to stop* | peatón *pedestrian* |
> | hombrecito blanco/rojo *little white/red man* | semáforos *traffic lights* |

El hombrecito blanco significa: Ve tranquilo, caminante°.

¡Debemos detenernos!

caminante *walker*

3 **Ordenar** Ordena los pasos (*steps*) para cruzar la avenida.

a. Avancemos cuando el hombrecito blanco nos protege.
b. Primero, detengámonos. Miremos las señales y los semáforos.
c. Dejemos pasar a los autos.
d. Detengámonos en el medio cuando el hombrecito blanco nos abandona.
e. Ya llegamos, ¡corramos felices!

4 **Instrucciones** En parejas, describan los pasos para hacer una de estas cuatro tareas. Utilicen mandatos con **tú**.

a. Preparar una ensalada
b. Ver una película en el cine
c. Dormirse
d. Llegar a la escuela

Audio: Reading

Antes de leer

You can understand a narrative more completely if you identify the point of view of the narrator. You can do this by simply asking yourself from whose perspective the story is being told. Some stories are narrated in the first person. That is, the narrator is a character in the story, and everything you read is filtered through that person's thoughts, emotions, and opinions. Other stories have an omniscient narrator who is not one of the story's characters, but reports the thoughts and actions of all the characters. This reading selection is a short story by Marco Denevi. Is this short story narrated in the first person or by an omniscient narrator? How can you tell?

_____

_____

Sobre el autor

Marco Denevi (1922–1998) fue un escritor y dramaturgo argentino. Estudió derecho y más tarde se convirtió en escritor. Algunas de sus obras, como _Rosaura a las diez_, han sido (_have been_) llevadas al cine. Denevi se caracteriza por su gran creatividad e ingenio que jamás dejan de sorprender al lector (_reader_).

Esquina peligrosa

Marco Denevi

El señor Epidídimus, el magnate de las finanzas°, uno de los hombres más ricos del mundo, sintió un día el vehemente deseo de visitar el barrio donde había vivido cuando era niño y trabajaba como dependiente de almacén.

Le ordenó a su chofer que lo condujese hasta aquel barrio humilde° y remoto. Pero el barrio estaba tan cambiado que el señor Epidídimus no lo reconoció. En lugar de calles de tierra había bulevares asfaltados°, y las míseras casitas de antaño° habían sido reemplazadas por torres de departamentos°.

Al doblar una esquina vio el almacén, el mismo viejo y sombrío° almacén donde él había trabajado como dependiente cuando tenía doce años.

—Deténgase aquí— le dijo al chofer. Descendió del automóvil y entró en el almacén. Todo se conservaba igual que en la época de su infancia: las estanterías, la anticuada caja registradora°, la balanza de pesas° y, alrededor, el mudo asedio° de la mercadería.

El señor Epidídimus percibió el mismo olor de sesenta años atrás: un olor picante y agridulce a jabón amarillo, a aserrín° húmedo, a vinagre, a aceitunas, a acaroína°. El recuerdo de su niñez lo puso nostálgico. Se le humedecieron los ojos. Le pareció que retrocedía en el tiempo.

Desde la penumbra del fondo° le llegó la voz ruda del patrón:

—¿Estas son horas de venir? Te quedaste dormido, como siempre.

El señor Epidídimus tomó la canasta de mimbre, fue llenándola con paquetes de azúcar, de yerba y de fideos, y salió a hacer el reparto°.

La noche anterior había llovido y las calles de tierra estaban convertidas en un lodazal°.

(1974)

━━━━━━━━━━━ ❦ ━━━━━━━━━━━

© Denevi, Marco, Cartas peligrosas y otros cuentos. *Obras Completas*, Tomo 5, Buenos Aires, Corregidor, 1999, págs. 192–193.

Después de leer

¿Comprendiste? ✎⬭

Indica si las oraciones son **ciertas** o **falsas**. Corrige las falsas.

Cierto	Falso	
_____	_____	1. El señor Epidídimus tiene una tienda con la que gana poco dinero.
_____	_____	2. Epidídimus vivía en un barrio humilde cuando era pequeño.
_____	_____	3. Epidídimus le ordenó al chofer que lo llevara a un barrio de gente con poco dinero.
_____	_____	4. Cuando Epidídimus entró al almacén se acordó de experiencias pasadas.
_____	_____	5. Epidídimus les dio órdenes a los empleados del almacén.

Preguntas ✎⬭

Responde a estas preguntas con oraciones completas.

1. ¿Qué deseo tuvo Epidídimus?

_____

2. ¿Por qué Epidídimus va al almacén?

_____

3. ¿De quién es la voz "ruda" que Epidídimus escucha? ¿Qué orden crees que le dio a Epidídimus?

_____

4. ¿Qué hace Epidídimus al final?

_____

Coméntalo ✎⬭

¿Te sorprendió el final de este cuento? ¿Por qué? ¿Qué va a hacer Epidídimus el resto del día? ¿Crees que Epidídimus estaba soñando o recordando? ¿Por qué crees que el cuento se llama *Esquina peligrosa*?

finanzas *finance*   **humilde** *humble, modest*   **asfaltados** *paved with asphalt*   **antaño** *yesteryear*   **torres de departamentos** *apartment buildings*   **sombrío** *somber*   **anticuada caja registradora** *old-fashioned cash register*   **balanza de pesas** *scale*   **mudo asedio** *silent siege*   **aserrín** *sawdust*   **acaroína** *pesticide*   **penumbra del fondo** *half-light from the back*   **reparto** *delivery*   **lodazal** *bog*

Audio: Vocabulary Flashcards

En la ciudad

el banco	bank
la carnicería	butcher shop
el correo	post office
la frutería	fruit shop
la heladería	ice cream shop
la joyería	jewelry store
la lavandería	laundromat
la panadería	bakery
la pastelería	pastry shop
la peluquería	hairdressing salon
la pescadería	fish market
el salón de belleza	beauty salon
el supermercado	supermarket
la zapatería	shoe store
hacer cola	to stand in line
hacer diligencias	to run errands

En el banco

el cajero automático	automatic teller machine, ATM
el cheque	check
el cheque de viajero	traveler's check
la cuenta corriente	checking account
la cuenta de ahorros	savings account
ahorrar	to save (money)
cobrar	to cash (a check); to charge (for a product or service)
depositar	to deposit
firmar	to sign
llenar (un formulario)	to fill out (a form)
pagar al contado	to pay in cash
pagar a plazos	to pay in installments
pedir prestado	to borrow
pedir un préstamo	to apply for a loan
ser gratis	to be free of charge

Cómo llegar

la cuadra	(city) block
la dirección	address
la esquina	corner
el letrero	sign
cruzar	to cross
doblar	to turn
estar perdido/a	to be lost
indicar cómo llegar	to give directions
quedar	to be located
(al) este	(to the) east
(al) norte	(to the) north
(al) oeste	(to the) west
(al) sur	(to the) south
derecho	straight (ahead)
enfrente de	opposite; facing
hacia	toward

En el correo

el cartero	mail carrier
el correo	mail
las estampillas	stamps
el paquete	package
los sellos	stamps
el sobre	envelope
echar (una carta) al buzón	to put (a letter) in the mailbox; to mail (a letter)
enviar	to send
mandar	to send

Practice more at **vhlcentral.com**.

AVENTURAS EN LOS PAÍSES HISPANOS

El Canal de Panamá conecta el océano Pacífico con el océano Atlántico. La construcción de este cauce *(channel)* artificial empezó en 1903 y concluyó diez años después. Es la fuente *(source)* principal de ingresos *(income)* del país, gracias al dinero que aportan los más de 12.000 buques *(ships)* que transitan anualmente por esta ruta.

AMÉRICA CENTRAL II

Nicaragua

Área: 130.370 km^2 (50.336 millas^2)

Población: 5.728.000

Capital: Managua – 934.000

Ciudades principales: León, Masaya, Granada

Moneda: córdoba

SOURCE: Population Division, UN Secretariat & CIA World Factbook

Costa Rica

Área: 51.100 km^2 (19.730 millas^2)

Población: 4.636.000

Capital: San José – 1.416.000

Ciudades principales: Alajuela, Cartago, Puntarenas, Heredia

Moneda: colón costarricense

SOURCE: Population Division, UN Secretariat & CIA World Factbook

Panamá

Área: 75.420 km^2 (29.119 millas^2)

Población: 3.510.000

Capital: Ciudad de Panamá – 1.346.000

Ciudades principales: Colón, David

Moneda: balboa (es equivalente al dólar estadounidense)

SOURCE: Population Division, UN Secretariat & CIA World Factbook

HONDURAS

Sociedad

Costa Rica: una nación progresista

Costa Rica es un país progresista. Tiene un nivel de alfabetización del 95%, uno de los más altos de Latinoamérica. Además, en 1870, Costa Rica abolió la pena de muerte *(death penalty)* y, en 1948, disolvió el ejército *(army)* e hizo obligatoria y gratis la educación para todos los costarricenses.

Río Coco

Cordillera Isabella

NICARAGUA

Río Tuma

Sierra Madre

Cordillera de Yolaina

León

Lago de Managua

 Managua

Masaya

Granada

Lago de Nicaragua

Isla Zapatera

Isla Ometepe

Río San Juan

Museo Nacional de Costa Rica, antiguo cuartel *(barracks)* del ejército *(army)*.

Océano Pacífico

Cordillera de Guanacaste

Indígenas

La mola

La mola es una forma de arte textil de los kunas, una tribu indígena que vive en las islas San Blas de Panamá. Las molas se hacen con fragmentos de tela *(material)* de colores vivos. Las molas tradicionales tienen diseños *(patterns)* geométricos. Antes se usaban como ropa, pero hoy día también sirven para decorar casas.

Puntarenas

San José

Río Reventazón

Lim

COSTA RICA

Cartago

Cordiller Talamarca

Ernesto Cardenal

El nicaragüense Ernesto Cardenal es poeta, escultor y sacerdote *(priest)* católico. Es uno de los escritores más famosos de América Latina. Ha escrito *(He has written)* más de treinta y cinco libros. Desde joven creyó en el poder *(power)* de la poesía para mejorar la sociedad, y trabajó por establecer la igualdad y la justicia en su país.

Óscar Arias

Óscar Arias es el ex presidente de Costa Rica.[1] Fue elegido presidente dos veces. Su primer período presidencial fue de 1986 a 1990 y su segundo período fue de 2006 a 2010. Arias tiene una amplia formación académica: estudió en Costa Rica, Estados Unidos e Inglaterra y fue profesor de Ciencias Políticas en la Universidad de Costa Rica. Durante su primer período como presidente, trabajó incansablemente *(tirelessly)* para establecer la paz *(peace)* en Centroamérica. Finalmente, logró *(he achieved)* un acuerdo *(agreement)* de paz con los presidentes de El Salvador, Nicaragua, Honduras y Guatemala. Por sus esfuerzos *(efforts)*, ganó el Premio Nobel de la Paz en 1987.

[1] A la fecha de publicación, la actual presidenta de Costa Rica es Laura Chinchilla Miranda, quien es la primera mujer costarricense que ocupa este puesto y la quinta presidenta de América Latina.

Mar Caribe

Bocas del Toro

Canal de Panamá

Islas San Blas

Colón

Cordillera de San Blas

Río Chepo

Serranía de Tabasará

⭐ Ciudad de Panamá

PANAMÁ

David

Isla del Rey

Isla de Coiba

Golfo de Panamá

Colombia

Practice more!

WB pp. 147–148

VM pp. 255–258

vhlcentral.com

¿Qué aprendiste?

1 **¿Cierto o falso?** Indica si estas oraciones son **ciertas** o **falsas**.

	Cierto	Falso
1. El Canal de Panamá conecta los océanos Pacífico y Atlántico.	_____	_____
2. Por el Canal de Panamá pasan más de 12.000 barcos por día.	_____	_____
3. La población de Nicaragua es mayor que la de Panamá.	_____	_____
4. San José es la capital de Panamá.	_____	_____
5. En Costa Rica, la educación es gratis y obligatoria para todos los turistas.	_____	_____
6. Costa Rica disolvió el ejército en 1948.	_____	_____
7. La mola es una tribu indígena que vive en Panamá.	_____	_____
8. Las molas se usan hoy para decorar casas.	_____	_____
9. Ernesto Cardenal es uno de los escritores más famosos de América Latina.	_____	_____
10. Ernesto Cardenal escribió menos de veinte libros.	_____	_____
11. Óscar Arias fue presidente de Panamá.	_____	_____

2 **Preguntas** Contesta estas preguntas.

1. ¿Te gustaría visitar el Canal de Panamá? ¿Por qué crees que es importante para el comercio de los países del continente americano?

2. ¿Fuiste a Costa Rica o conoces a alguien que visitó alguna vez a Costa Rica? ¿Qué sabes sobre ese país?

3. ¿Te gusta la artesanía de Latinoamérica? ¿Te gusta su variedad de colores?

4. ¿Conoces a artistas o escritores de Latinoamérica? ¿A quién conoces?

5. ¿Conoces a alguna persona importante en el área de la política en Latinoamérica? ¿Y en los Estados Unidos?

CONEXIÓN INTERNET

Investiga estos temas en el sitio **vhlcentral.com**.

- Personajes importantes de Nicaragua, Costa Rica y Panamá
- Economía y derechos humanos en Nicaragua
- El Canal de Panamá

15 El bienestar

PARA EMPEZAR
- ¿Qué están haciendo ellas?
- ¿Dónde están?
- ¿Tienen estrés?
- ¿Crees que tienen buena salud? ¿Por qué?

Tutorials

EL BIENESTAR

EL BIENESTAR

el bienestar *well-being*

aliviar el estrés/la tensión *to relieve stress/tension*

disfrutar (de) *to enjoy; to reap the benefits (of)*

llevar una vida sana *to lead a healthy lifestyle*

(no) fumar *(not) to smoke*

EN EL GIMNASIO

el músculo *muscle*

calentarse (e:ie) *to warm up*

entrenarse *to practice; to train*

estar en buena forma *to be in good shape*

hacer ejercicio *to exercise*

hacer ejercicios aeróbicos *to do aerobics*

hacer gimnasia *to work out*

mantenerse en forma *to stay in shape*

sudar *to sweat*

el masaje
massage

hacer ejercicios de estiramiento
to do stretching exercises

levantar pesas
to lift weights

la clase de ejercicios aeróbicos
aerobics class

Variación léxica

hacer ejercicios aeróbicos ⟷ hacer aeróbic (*Esp., Arg.*)

LA NUTRICIÓN

la caloría *calorie*

el colesterol *cholesterol*

la grasa *fat*

la merienda *(afternoon) snack*

los minerales *minerals*

la nutrición *nutrition*

la proteína *protein*

---

adelgazar *to lose weight; to slim down*

aumentar de peso *to gain weight*

consumir alcohol *to consume alcohol*

engordar *to gain weight*

estar a dieta *to be on a diet*

seguir una dieta equilibrada *to eat a balanced diet*

---

descafeinado/a *decaffeinated*

merendar (e:ie)
to have a(n) (afternoon) snack

las vitaminas

la bebida alcohólica
alcoholic beverage

ADJETIVOS

activo/a *active*

débil *weak*

flexible *flexible*

sedentario/a *sedentary*

tranquilo/a *calm; quiet*

OTRAS PALABRAS Y EXPRESIONES

la droga *drug*

el/la drogadicto/a *drug addict*

el/la teleadicto/a *couch potato*

---

apurarse *to hurry; to rush*

darse prisa *to hurry; to rush*

sufrir muchas presiones *to be under a lot of pressure*

tratar de (+ *inf.*) *to try (to do something)*

---

en exceso *in excess; too much*

sin *without*

fuerte
strong

A escuchar

1 **¿Lógico o ilógico?** Escucha las oraciones e indica si son **lógicas** o **ilógicas**.

	Lógico	Ilógico
1.	_____	_____
2.	_____	_____
3.	_____	_____
4.	_____	_____
5.	_____	_____
6.	_____	_____
7.	_____	_____
8.	_____	_____

2 **Seleccionar** Escucha el anuncio del gimnasio Sucre. Marca los servicios que se ofrecen.

_____ 1. dietas para adelgazar

_____ 2. programa para aumentar de peso

_____ 3. clases de gimnasia

_____ 4. entrenador personal

_____ 5. programas privados de pesas

_____ 6. clases de estiramiento

_____ 7. masajes

_____ 8. programa para dejar de fumar

_____ 9. programas para teleadictos

_____ 10. clases de ejercicios aeróbicos

Practice more!

LM
p. 85

A practicar

3 **Identificar** Identifica la palabra o expresión opuesta de la lista.

1. activo
2. adelgazar
3. débil
4. rígido

5. no tener prisa
6. estar sano
7. engordar
8. nervioso

apurarse	mantenerse en forma
aumentar de peso	sedentario
en exceso	sin
estar enfermo	sudar
flexible	sufrir muchas presiones
fuerte	tranquilo

4 **Combinar** Combina las frases de las dos columnas para formar ocho oraciones lógicas.

—— 1. David levanta pesas…

—— 2. Estás en buena forma…

—— 3. Felipe se lastimó…

—— 4. Mi hermano…

—— 5. Sara hace ejercicios de…

—— 6. Mis primos están a dieta…

—— 7. Para llevar una vida sana,

—— 8. Los médicos sufren muchas…

a. aumentó de peso por sufrir estrés.

b. estiramiento.

c. presiones de sus pacientes.

d. porque quieren adelgazar.

e. porque haces ejercicio.

f. un músculo de la pierna.

g. no se debe fumar.

h. y corre mucho.

5 **Describir** Describe lo que ocurre en los dibujos.

1.

2.

3.

4.

Practice more!

WB
pp. 149–150

vhlcentral.com

A conversar

6 La nutrición En parejas, conversen sobre sus hábitos alimenticios (*eating habits*).

1. ¿Cuántas comidas con mucha grasa consumes regularmente? ¿Piensas que debes comer menos comidas de este tipo? ¿Por qué?

2. ¿Compras comidas con muchos minerales y vitaminas? ¿Necesitas consumir más comidas que los contienen? ¿Por qué?

3. ¿Tiene algún miembro de tu familia problemas con el colesterol? ¿Hace algo para cuidarse?

4. ¿Qué piensas de la idea de no comer carne u otros productos animales? ¿Es posible tener una dieta equilibrada sin comer carne?

5. ¿Consumes cafeína en exceso? ¿Cuáles son los productos que contienen cafeína? ¿Qué ventajas (*advantages*) y desventajas tiene la cafeína?

6. ¿Crees que llevas una vida sana? ¿Y tus amigos/as? ¿Crees que, en general, los estudiantes llevan una vida sana? ¿Por qué?

7 Comparaciones En parejas, conversen sobre estos temas y luego compartan tres datos interesantes con la clase.

modelo   el yoga
Estudiante 1: *Creo que el yoga es muy bueno para la salud.*
Estudiante 2: *Sí, pero las clases de yoga son muy caras. Además son muy aburridas.*
Estudiante 1: *A mi las clases me relajan y me parecen saludables. Yo prefiero pagar y estar en buena forma física y mental.*

la meditación	los ejercicios aeróbicos	correr al aire libre
las pesas	pilates	el baile
la comida orgánica	la natación	

8 Un anuncio En grupos de cuatro, imaginen que son dueños/as de un gimnasio con un equipo (*equipment*) moderno, entrenadores cualificados y un(a) nutricionista. Preparen un anuncio para la televisión que atraiga (*attracts*) a nuevos clientes. Incluyan esta información.

- Las ventajas de estar en buena forma
- El equipo que tienen y las características únicas del gimnasio
- Los servicios y las clases que ofrecen
- La dirección y el teléfono del gimnasio
- El precio para los socios (*members*) del gimnasio

9 Recomendaciones En parejas, imaginen que están preocupados por los malos hábitos de un(a) amigo/a suyo/a que no está bien últimamente (*lately*). Escriban y representen un diálogo en el cual hablan de lo que está pasando en la vida de su amigo/a y los cambios que necesita hacer para llevar una vida sana.

10 El teleadicto Con un(a) compañero/a, representen una conversación entre un(a) nutricionista y un(a) teleadicto/a. La persona sedentaria habla de sus malos hábitos de salud. El/La nutricionista debe sugerir una dieta equilibrada y una rutina para mantenerse en forma.

Ortografía Audio

Las letras **b** y **v**

Since there is no difference in pronunciation between the Spanish letters **b** and **v**, spelling words that contain these letters can be tricky. Here are some tips.

· ·

nomb**re**   **b**lusa**   **ab**s**oluto**   **descu**b**rir**

The letter **b** is always used before consonants.

· ·

bonita**   **bot**ella**   **bus**car**   **bien**estar**

At the beginning of words, the letter **b** is usually used when it is followed by the letter combinations **-on, -or, -ot, -u, -ur, -us, -ien,** and **-ene.**

· ·

adelgazab**a**   **disfruta**b**an**   **i**b**as**   **í**b**amos**

The letter **b** is used in the verb endings of the imperfect tense for **–ar** verbs and **ir**.

· ·

voy**   **v**amos**   **estu**v**o**   **tu**v**ieron**

The letter **v** is used in the present tense forms of **ir** and in the preterite forms of **estar** and **tener**.

· ·

octa**v**o**   **hue**v**o**   **act**i**v**a**   **gra**v**e**

The letter **v** is used in these noun and adjective endings: **-avo/a, -evo/a, -ivo/a, -ave, -eve.**

· ·

Práctica Completa las palabras con las letras **b** o **v**.

1. Una ___ez me lastimé el ___razo cuando esta___a ___uceando.
2. Manuela ol___idó sus li___ros en el auto___ús.
3. Ernesto tomó el ___orrador y se puso todo ___lanco de tiza.
4. Para tener una ___ida sana y saluda___le, necesitas tomar ___itaminas.
5. En mi pue___lo hay un ___ule___ar que tiene muchos ár___oles.

El ahorcado Juega al ahorcado (*hangman*) para adivinar las palabras.

1. __ _u_ __ __ _s_   Están en el cielo.
2. __ _u_ __ __ _n_   Relacionado con el correo.
3. __ _o_ __ _e_ __ __ _a_   Está llena de líquido.
4. __ _i_ __ __ _e_   Fenómeno meteorológico.
5. __ _e_ __ __ __ __ __ _s_   Los "ojos" de la casa.

Practice more!

LM
p. 86

Ⓢ

vhlcentral.com

Video

Chichén Itzá

Los chicos exploran Chichén Itzá y se relajan en un spa.

PERSONAJES

MARISSA

FELIPE

JUAN CARLOS

JIMENA

EMPLEADA

1

MARISSA ¡Chichén Itzá es impresionante! Qué lástima que Maru y Miguel no hayan podido venir. Sobre todo Maru.

FELIPE Ha estado bajo mucha presión.

2

MARISSA ¿Ustedes ya habían venido antes?

FELIPE Sí. Nuestros papás nos trajeron cuando éramos niños.

3

(*en otro lugar de las ruinas*)

JUAN CARLOS ¡Hace calor!

JIMENA ¡Sí! Hay que estar en buena forma para recorrer las ruinas.

6

FELIPE ¡Gané!

JIMENA Qué calor. Tengo una idea. Vamos.

7

EMPLEADA Ofrecemos varios servicios para aliviar el estrés: masajes, saunas...

8

FELIPE Me gustaría un masaje.

MARISSA Yo prefiero un baño mineral.

ACTIVIDADES

1 **Seleccionar** Selecciona la respuesta que completa mejor cada oración.

1. Felipe y Marissa piensan que Maru _____.
   a. debe hacer ejercicio   b. aumentó de peso
   c. ha estado bajo mucha presión
2. Felipe y Jimena visitaron Chichén Itzá _____.
   a. para aliviar el estrés   b. cuando eran niños
   c. para llevar una vida sana
3. Jimena dice que la universidad hace a los estudiantes _____.
   a. comer una dieta equilibrada   b. ser sedentarios
   c. levantar pesas
4. En el spa ofrecen servicios para _____.
   a. sudar   b. aliviar el estrés   c. ser flexibles

2 **Identificar** Identifica quién puede decir estas oraciones.

1. No me di cuenta (*I didn't realize*) de que empezaste a correr antes, por eso ganaste.
2. Miguel y Maru no visitaron Chichén Itzá, ¡qué lástima que no pudieron venir!
3. Se necesita estar en buena forma para visitar este tipo de lugares.
4. Los masajes, saunas y baños minerales que ofrecemos alivian la tensión.
5. Salgamos sin mi hermano Felipe.
6. Yo corro más rápido que Juan Carlos.

JUAN CARLOS Siempre había llevado una vida sana antes de entrar a la universidad.

JIMENA Tienes razón. La universidad hace que seamos muy sedentarios.

JUAN CARLOS ¡Busquemos a Felipe y a Marissa!

FELIPE El otro día le gané a Juan Carlos en el parque.

JUAN CARLOS Estaba mirando hacia otro lado, cuando me di cuenta, Felipe ya había empezado a correr.

JUAN CARLOS ¿Crees que tienes un poco de tiempo libre la semana que viene? Me gustaría invitarte a salir.

JIMENA ¿Sin Felipe?

JUAN CARLOS Sin Felipe.

EMPLEADA ¿Ya tomaron una decisión?

JIMENA Sí.

3 **Inventar** En parejas, hagan descripciones de los personajes de Aventuras. Utilicen estas expresiones y otras que sepan:

aliviar el estrés	hacer ejercicios de estiramiento	masaje
bienestar	llevar una vida sana	teleadicto/a
grasa	mantenerse en forma	vitamina

modelo

Marissa siempre hace ejercicios de estiramiento. Está en buena forma y lleva una vida muy sana...

Expresiones útiles

Wishing a friend were with you

Qué lástima que no hayan podido venir.
What a shame that they were not able to come.
Sobre todo Maru.
Especially Maru.
Él/Ella ha estado bajo mucha presión.
He/She has been under a lot of pressure.
Creo que ellos ya habían venido antes.
I think they had already come (here) before.

Talking about trips

¿Ustedes ya habían venido antes?
Had you been (here) before?
Sí. He querido regresar desde que leí el *Chilam Balam*.
Yes. I have wanted to come back ever since I read the Chilam Balam.
¿Recuerdas cuando nos trajo papá?
Remember when Dad brought us?
Al llegar a la cima, comenzaste a llorar.
When we got to the top, you started to cry.

Talking about well-being

Siempre había llevado una vida sana antes de entrar a la universidad.
I had always maintained a healthy lifestyle before starting college.
Ofrecemos varios servicios para aliviar el estrés.
We offer many services to relieve stress.
Me gustaría un masaje.
I would like a massage.

Additional vocabulary

la cima *top, peak*
el escalón *step*
el muro *wall*
tomar una decisión *to make a decision*

Practice more!

VM pp. 197–198

vhlcentral.com

Spas **naturales**

¿Hay algo mejor que un buen baño° para descansar y aliviar la tensión? Y si el baño se toma en una terma°, el beneficio° es mayor. Los tratamientos con agua y lodo° para mejorar la salud y el bienestar son populares en Latinoamérica desde hace muchos siglos°. Las termas son manantiales° naturales de agua caliente. La temperatura facilita la absorción de minerales y otros elementos que el agua contiene y que son buenos para la salud. El agua de las termas se usa en piscinas, baños y duchas o en el sitio natural en el que surge° el agua: pozas°, estanques° o cuevas°.

Ecotermales en Arenal, Costa Rica

Otros balnearios°

Todos ofrecen piscinas, baños, pozas y duchas de aguas termales y además...

Lugar	Servicios
El Edén y Yanasara, Curgos (Perú)	cascadas° de aguas termales
Montbrió del Camp, Tarragona (España)	baños de algas°
Termas de Puyuhuapi (Chile)	duchas de agua de mar; baños de algas
Termas de Río Hondo, Santiago del Estero (Argentina)	baños de lodo
Tepoztlán, Morelos (México)	temazcales° aztecas
Uyuni, Potosí (Bolivia)	baños de sal

En Baños de San Vicente, en Ecuador, son muy populares los tratamientos° con lodo volcánico. El lodo caliente se extiende por el cuerpo y, de esta manera, la piel° absorbe los minerales beneficiosos

Volcán de lodo El Totumo, Colombia

para la salud. El lodo también se usa para dar masajes. La lodoterapia es útil para tratar varias enfermedades; además, hace que la piel se vea radiante.

En Costa Rica, la actividad volcánica también ha dado° origen a fuentes° y pozas termales. Si te gusta cuidarte y amas la naturaleza, recuerda estos nombres: Las Hornillas y Las Pailas. Son pozas naturales de aguas termales que están cerca del volcán Rincón de la Vieja. ¡Un baño termal en medio de un paisaje tan hermoso es una experiencia única!

baño *bath* terma *hot spring* beneficio *benefit* lodo *mud* siglos *centuries* manantiales *springs* surge *springs forth* pozas *small pools* estanques *ponds* cuevas *caves* tratamientos *treatments* piel *skin* ha dado *has given* fuentes *springs* balnearios *spas* cascadas *waterfalls* algas *seaweed* temazcales *steam and medicinal herb baths*

ASÍ SE DICE

El ejercicio

los abdominales	*sit-ups*
la bicicleta estática	*stationary bicycle*
el calambre muscular	*(muscular) cramp*
el (fisi)culturismo; la musculación (Esp.)	*bodybuilding*
las flexiones de pecho; las lagartijas (Méx.); las planchas (Esp.)	*push-ups*
la (cinta) trotadora (Arg.; Chile)	la cinta caminadora

1 **¿Cierto o falso?** Indica si lo que dicen las oraciones es **cierto** o **falso**. Corrige la información falsa.

1. Las aguas termales son beneficiosas para algunas enfermedades, incluido el estrés.

2. Los tratamientos con agua y lodo se conocen sólo desde hace pocos años.

3. Las termas son manantiales naturales de agua caliente.

4. La temperatura de las aguas termales no afecta la absorción de los minerales.

5. La lodoterapia es un tratamiento con barro.

6. Mucha gente va a Baños de San Vicente, Ecuador, por sus playas.

7. Las Hornillas y Las Pailas son pozas de aguas termales en Costa Rica.

8. Montbrió del Camp ofrece baños de sal.

9. Es posible ver aguas termales en forma de cascadas.

10. Tepoztlán ofrece temazcales aztecas.

2 **Para sentirte mejor** Entrevista a un(a) compañero/a sobre sus hábitos de salud diarios y semanales y lo que le ayuda a sentirse mejor. Incluyan las actividades deportivas, la alimentación y lo que hacen en sus ratos libres.

CONEXIÓN INTERNET

¿Qué atletas hispanos conoces?

For more information about this **Cultura**, go to **vhlcentral.com**.

¿Estrés? ¿Qué estrés?

1 **Preparación** ¿Sufres de estrés? ¿Qué situaciones te producen estrés? ¿Qué haces para combatirlo?

2 **El video** Mira el episodio de **Flash Cultura**.

Vocabulario

árabe *Moorish, Arab*	**combatir el estrés** *to fight against stress*
el bullicio *hustle and bustle*	**el ruido** *noise*

El tráfico, el ruido de las calles... Todos quieren llegar al trabajo a tiempo.

... es un lugar donde la gente viene a "retirarse", a escapar del estrés y el bullicio de la ciudad.

3 **¿Cierto o falso?** Indica si las oraciones son **ciertas** o **falsas**.

1. Madrid es la segunda ciudad más grande de España, después de Barcelona.

2. Madrid es una ciudad muy poco congestionada (*congested*) gracias a los policías de tráfico.

3. Un turista estadounidense intenta saltearse la cola (*cut the line*) para conseguir unos boletos para un espectáculo.

4. En el Parque del Retiro, puedes descansar, hacer gimnasia, etc.

5. Los baños termales Medina Mayrit son de influencia cristiana.

6. En Medina Mayrit es posible bañarse en aguas termales, tomar el té y hasta comer.

Practice more!

VM pp. 229–230	vhlcentral.com

Tutorial

15.1 Past participles used as adjectives

Forming past participles

▶ The past participles of English verbs often end in **–ed** (*to turn* ➔ *turned*), but many are irregular (*to buy* ➔ *bought; to drive* ➔ *driven*).

▶ In Spanish, regular **–ar** verbs form the past participle with **–ado**. Regular **–er** and **–ir** verbs form the past participle with **–ido**.

INFINITIVE	STEM	PAST PARTICIPLE
bailar	bail-	bailado
comer	com-	comido
vivir	viv-	vivido

▶ You already know several past participles used as adjectives: **aburrido, cansado, interesado, nublado, perdido,** etc.

Sólo tomo café descafeinado.

Estoy cansada.

▶ Note that all irregular past participles, except for those of **decir (dicho)** and **hacer (hecho)**, end in **–to.**

Irregular past participles

abrir	abierto		morir	muerto
decir	dicho		poner	puesto
describir	descrito		resolver	resuelto
descubrir	descubierto		romper	roto
escribir	escrito		ver	visto
hacer	hecho		volver	vuelto

¡ojo! The past participles of **–er** and **–ir** verbs whose stems end in **–a, –e,** or **–o** carry a written accent mark on the **i** of the **–ido** ending.

caer	caído	oír	oído	sonreír	sonreído
creer	creído	reír	reído	traer	traído
leer	leído				

Práctica

1 **Completar** Completa estas oraciones con la forma adecuada del participio pasado.

1. El hombre _____ [describir] en ese panfleto es un entrenador personal de gimnasia.
2. Lindsey Vonn es una atleta muy _____ [conocer].
3. ¿Está _____ [hacer] la cena?
4. Los libros _____ [usar] son más baratos que los nuevos.
5. Los documentos están _____ [firmar].
6. Creo que el gimnasio está _____ [abrir] veinticuatro horas al día.

2 **Describir** Completa las oraciones con las palabras de la lista. Haz los cambios necesarios.

estar cerrado	estar aburrido
estar muerto	estar descrito
estar roto	estar firmado
estar abierto	no estar hecho

1. Los estudiantes
_____.

2. Los cheques
_____.

3. La ventana
_____.

4. La cama
_____.

5. La puerta
_____.

6. El señor Vargas
_____.

Conversación

3 **Preguntas** En parejas, túrnense para hacerse estas preguntas.

1. ¿Qué haces cuando no estás preparado/a para una clase?

2. ¿Qué haces cuando estás perdido/a en una ciudad?

3. ¿Está ordenado tu cuarto?

4. ¿Dejas la luz prendida en tu cuarto?

5. ¿Prefieres comprar libros usados o nuevos? ¿Por qué?

6. ¿Tienes mucho dinero ahorrado?

7. ¿Necesitas pedirles dinero prestado a tus padres?

8. ¿Quiénes están aburridos en la clase?

9. ¿Hay alguien que esté dormido en la clase?

10. ¿Cuándo está abierto el gimnasio de la universidad?

4 **Encuesta** Averigua quién de tus compañeros/as se identifica con estas descripciones. Anota sus respuestas y comparte los resultados con la clase.

Descripciones	Nombres	Respuesta
1. Tiene un electrodoméstico roto en casa. (¿Qué es?)		
2. Lleva algo hecho en Europa o en un país hispano. (¿Qué es?)		
3. Deja la puerta de su cuarto abierta por la noche. (¿Por qué?)		
4. Toma café descafeinado. (¿Cuándo?)		
5. Está interesado/a en trabajar en un banco. (¿Por qué?)		
6. Le gusta comprar ropa usada (¿Dónde y por qué?)		
7. Tiene un pariente o un(a) amigo/a muy conocido/a. (¿Quién?)		
8. Es teleadicto/a. (¿Cuáles son sus programas favoritos?)		

Practice more!

WB pp. 151–152 | LM p. 87 | vhlcentral.com

Past participles used as adjectives

La ventana está rota.   **La puerta está abierta.**

▶ In Spanish, as in English, past participles can be used as adjectives. They are often used with the verb **estar** to describe a condition or state that results from an action. Like other Spanish adjectives, past participles must agree in gender and number with the nouns they modify.

El gimnasio **está cerrado**.
The gym is closed.

El cheque ya **está firmado**.
The check is already signed.

En la entrada, hay algunos letreros **escritos** en español.
In the entrance, there are some signs written in Spanish.

Tenemos la mesa **puesta** y la cena **hecha**.
We have the table set and dinner made.

Revista Capital

Consejos financieros escritos por gente que sabe.

Inclusive si su negocio va mal, su compañía no está acabada. ¡Tenemos la solución y montones de ideas listas para poner en práctica!

¡Manos a la obra!

Indica la forma correcta del participio pasado de estos verbos.

1. hablar ___hablado___
2. beber _____
3. decidir _____
4. romper _____
5. escribir _____
6. cantar _____
7. oír _____
8. traer _____
9. correr _____
10. leer _____
11. ver _____
12. hacer _____
13. morir _____
14. reír _____
15. mirar _____
16. abrir _____
17. decir _____
18. volver _____
19. poner _____
20. descubrir _____

15.2 The present perfect Tutorial

▸ The present perfect indicative tense (**el pretérito perfecto de indicativo**) is used to talk about what someone *has done*. It is formed with the present tense of **haber** and a past participle.

Maru ha estado bajo mucha presión.

He querido regresar desde que leí el *Chilam Balam.*

Present indicative of *haber*

Singular forms		Plural forms	
yo	he	nosotros/as	hemos
tú	has	vosotros/as	habéis
Ud./él/ella	ha	Uds./ellos/ellas	han

Tú no **has cerrado** la puerta.
You haven't closed the door.

Yo ya **he leído** esos libros.
I've already read those books.

¿**Ha asistido** Juan a la clase?
Has Juan attended class?

Hemos presentado el proyecto.
We have presented the project.

▸ The past participle agrees with the noun when it functions as an adjective, but not when it is part of the present perfect tense.

Clara **ha abierto** las ventanas.
Clara has opened the windows.

Yo **he cerrado** la puerta.
I've closed the door.

Las ventanas están **abiertas**.
The windows are open.

La puerta está **cerrada**.
The door is closed.

▸ The present perfect is generally used just as in English: to talk about what *has occurred*. It usually refers to the recent past.

He trabajado cuarenta horas.
I have worked forty hours.

¿Cuál es el último libro que **has leído**?
What is the last book that you have read?

¡ojo! To say that someone has *just done something,* **acabar de** + [*infinitive*] is used.

Juan **acaba de llegar**.
Juan has just arrived.

Acabo de terminar mi tarea.
I have just finished my homework.

Ellos **acaban de salir**.
They have just left.

Acabamos de cenar.
We have just eaten dinner.

Práctica

1 Completar Completa estas oraciones sobre el estado de salud y bienestar de algunos estudiantes con el pretérito perfecto de indicativo de estos verbos.

adelgazar	llevar
aumentar	seguir
hacer	sufrir

1. Luisa _____ muchas presiones este año.
2. Juan y Raúl _____ de peso porque no hacen ejercicio.
3. Pero María _____ porque trabaja demasiado y siempre se olvida de comer.
4. Hasta ahora, yo _____ una vida muy sana.
5. Pero tú y yo no _____ gimnasia este semestre.
6. Tú tampoco _____ una dieta equilibrada recientemente.

2 Estilos de vida Indica si has hecho estas actividades. Sigue el modelo.

 modelo

Encontrar un buen gimnasio
He encontrado un buen gimnasio. / Yo no he encontrado un buen gimnasio.

1. Tratar de estar en forma
2. Estar a dieta los últimos dos meses
3. Dejar de tomar refrescos
4. Hacerse una prueba de colesterol
5. Entrenarse cinco días a la semana
6. Cambiar de una vida sedentaria a una vida activa
7. Tomar vitaminas por las noches y por las mañanas
8. Practicar yoga para relajarse
9. Consumir mucha proteína
10. Quedarse despierto/a toda una noche
11. Levantar pesas tres días a la semana
12. Aliviar el estrés

Conversación

3 **¿Qué han hecho?** En parejas, describan lo que han hecho y lo que no han hecho estas personas. Usen la imaginación.

1. Jorge y Raúl

2. Natalia y Diego

3. Luisa

4. Ricardo

5. Jorge

6. Carmen

4 **Describir** En parejas, piensen en una persona que conozcan bien o en una celebridad que lleva una vida muy sana. Luego, describan en un párrafo lo que la persona ha hecho para llevar una vida sana.

modelo

Michael Phelps ha llevado una vida muy sana.
Ha hecho todo lo posible para mantenerse en forma.
Para ganar las competencias de natación, él ha...

5 **Cosas en común** En parejas, traten de encontrar una película, un libro y un lugar que han visto, leído y visitado los/las dos. Luego, coméntenlo al resto de la clase.

modelo

Estudiante 1: ¿Has visto la película *La piel que habito*?

Estudiante 2: ¿*La piel que habito*?

Estudiante 1: Sí, la película de Pedro Almodóvar. Los actores principales son Antonio Banderas y Elena Anaya.

Estudiante 2: Ah. Sí, la he visto. Me gustó mucho.

Practice more!

WB
pp. 153–154

LM
p. 88

S
vhlcentral.com

Using the present perfect

▶ **Haber** and the past participle cannot be separated by any word.

Siempre **hemos vivido** en Bolivia.
We have always lived in Bolivia.

Usted nunca **ha venido** a mi oficina.
You have never come to my office.

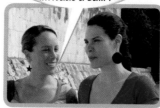

¿Y Juan Carlos todavía no te ha invitado a salir?

Últimamente hemos sufrido muchas presiones en la universidad.

▶ The word **no** and any object or reflexive pronouns are placed immediately before **haber**.

Yo **no he cobrado** el cheque.
I have not cashed the check.

¿Por qué **no lo has cobrado**?
Why haven't you cashed it?

Susana ya **lo ha hecho**.
Susana has already done it.

Ellos **no lo han arreglado**.
They haven't fixed it.

▶ In English, *to have* can be either a main verb or an auxiliary verb. As a main verb, it corresponds to **tener**; as an auxiliary, it corresponds to **haber**.

Tengo muchos amigos.
I have a lot of friends.

No **he** visto el programa.
I have not seen the program.

Tengo un problema.
I have a problem.

He resuelto mi problema.
I have resolved my problem.

▶ The present perfect of **hay** is **ha habido**.

Ha habido muchos problemas con el nuevo profesor.
There have been a lot of problems with the new professor.

Ha habido un accidente en la calle Central.
There has been an accident on Central Street.

¡Manos a la obra!

Indica el pretérito perfecto de indicativo de los siguientes verbos.

1. yo _he disfrutado, he comido, he vivido_ [disfrutar, comer, vivir]
2. tú _____ [traer, adelgazar, compartir]
3. usted _____ [venir, estar, correr]
4. ella _____ [leer, resolver, poner]
5. ellos _____ [decir, romper, hacer]
6. nosotros _____ [mantenerse, dormirse]
7. yo _____ [estar, escribir, ver]
8. él _____ [vivir, correr, morir]

15.3 The past perfect

 Tutorial

▶ The past perfect indicative (**el pretérito pluscuamperfecto de indicativo**) is used to talk about what someone *had done* or what *had occurred* before another past action, event, or state. The past perfect uses the imperfect of **haber** plus the past participle.

Creo que ya habían venido antes.

Siempre había llevado una vida sana.

Past perfect indicative

	cerrar	perder	asistir
yo	había cerrado	había perdido	había asistido
tú	habías cerrado	habías perdido	habías asistido
Ud./él/ella	había cerrado	había perdido	había asistido
nosotros/as	habíamos cerrado	habíamos perdido	habíamos asistido
vosotros/as	habíais cerrado	habíais perdido	habíais asistido
Uds./ellos/ellas	habían cerrado	habían perdido	habían asistido

Pensé que ya se **habían ido.**
I thought you had already left.

Cuando llegamos, Luis ya **había salido**.
When we arrived, Luis had already left.

▶ The past perfect is often used with the word **ya** (*already*). Note that **ya** cannot be placed between **haber** and the past participle.

Ella **ya había empezado** cuando llamaron.

She had already begun when they called.

Cuando llegué a casa, Raúl **ya se había acostado**.

When I arrived home, Raúl had already gone to bed.

¡Manos a la obra!

Indica el pretérito pluscuamperfecto de indicativo de cada verbo.

1. Nosotros ya __habíamos cenado__ [cenar] cuando nos llamaron.
2. Antes de tomar esta clase, yo no _____ [estudiar] nunca español.
3. Antes de ir a México, ellos nunca _____ [ir] a otro país.
4. Eduardo nunca _____ [entrenarse] antes de este año.
5. Pensé que Ana y Raúl ya _____ [casarse].
6. Yo ya te _____ [ver] muchas veces antes de conocerte.

Práctica

1 **Completar** Completa los minidiálogos con las formas correctas del pretérito pluscuamperfecto de indicativo.

SARA Antes de cumplir los 15 años, ¿(1)_____ [estudiar] tú otra lengua?

JOSÉ Sí, (2) _____ [tomar] clases de inglés y de italiano.
• • •

DIANA Antes del 2007, ¿(3)_____ [viajar] tú y tu familia a Europa?

TOMÁS Sí, (4) _____ [visitar] Europa tres veces.
• • •

ANTONIO Antes de este año, ¿(5)_____ [correr] usted en un maratón?

SRA. VERA No, nunca lo (6) _____ [hacer].
• • •

SOFÍA Antes de su enfermedad, ¿(7)_____ [sufrir] muchas presiones tu tío?

IRENE Sí... y mi tío nunca antes (8) _____ [mantenerse] en forma.

2 **Quehaceres** Indica lo que ya había hecho cada miembro de la familia antes de la llegada de la madre, la señora Ferrer.

3 **Tu vida** Indica si ya habías hecho las siguientes cosas cuando cumpliste los dieciséis años.

1. Hacer un viaje en avión
2. Escalar una montaña
3. Escribir un poema
4. Leer una novela
5. Enamorarte
6. Tomar una clase de educación física
7. Montar a caballo
8. Ir de pesca
9. Manejar un carro
10. Navegar en Internet

Conversación

 4 Oraciones En parejas, túrnense para completar estas oraciones, usando el pretérito pluscuamperfecto de indicativo.

1. Cuando yo llamé a mi mejor amigo/a la semana pasada, él/ella ya…

2. Antes de este año, mis amigos/as y yo nunca…

3. Hasta el año pasado, yo siempre…

4. Antes de cumplir los veinte años, mi mejor amigo/a…

5. Antes de cumplir los treinta años, mis padres ya…

6. Hasta que cumplí los dieciocho años, yo nunca…

7. Antes de este semestre, el/la profesor(a) de español nunca…

8. Antes de tomar esta clase, yo nunca…

 5 Lo dudo Escribe cinco oraciones, algunas ciertas y otras falsas, sobre cosas que habías hecho antes de venir a la universidad. Luego, en grupos, túrnense para leer sus oraciones. Cada miembro del grupo debe decir "es cierto" o "lo dudo" después de cada oración. Cada uno escribe la reacción de cada compañero/a para ver quién obtiene más respuestas ciertas.

modelo

Estudiante 1: Cuando tenía diez años, ya había manejado el carro de mi papá.

Estudiante 2: Lo dudo.

Estudiante 3: Es cierto.

6 Entrevista En parejas, preparen una conversación en la que un(a) periodista de televisión está entrevistando (*interviewing*) a un(a) actor/actriz famoso/a que está haciendo un video de ejercicios aeróbicos. El/La periodista le hace preguntas para descubrir esta información:

• Si siempre se había mantenido en forma antes de hacer este video

• Si había seguido alguna dieta especial antes de hacer este video

• Qué le recomienda a la gente que quiere mantenerse en forma

• Qué le recomienda a la gente que quiere adelgazar

• Qué va a hacer cuando termine este video

Practice more!

WB pp. 155–156	LM p. 89	vhlcentral.com

Español en vivo

¡Acabo de descubrir una nueva vida!

Hasta el año pasado, siempre había mirado la tele sentado en el sofá durante mis ratos libres. ¡Era un sedentario y un teleadicto! Había aumentado mucho de peso porque jamás había practicado ningún deporte.

Este año, he empezado a tener una dieta más sana y voy al gimnasio todos los días. He comenzado a ser una persona muy activa y he adelgazado. Disfruto de una vida sana y… ¡Me siento muy feliz!

Manténgase en forma.

Gimnasio Olímpico

Identificar

Identifica los ejemplos del pretérito pluscuamperfecto del indicativo en el anuncio.

Preguntas

1. ¿Cómo era la vida de este joven hasta el año pasado? ¿Cómo es ahora?

2. ¿Te identificas con algunos de los hábitos, presentes o pasados, de este joven? ¿Con cuáles?

3. ¿Qué les recomienda el joven del anuncio a los lectores (*readers*)?

A repasar

15.1 Past participles used as adjectives

1 **¡Ya está hecho!** Tus padres te piden ayuda con los quehaceres de la casa. Como eres un(a) hijo/a muy responsable, ya hiciste todo. Responde a sus preguntas.

modelo
¿Puedes planchar la ropa?
La ropa ya está planchada.

1. ¿Puedes arreglar la computadora?
2. ¿Puedes estacionar el carro en el garaje?
3. ¿Puedes apagar la luz del pasillo?
4. ¿Puedes preparar el almuerzo?
5. ¿Puedes sacudir los estantes?
6. ¿Puedes poner los cubiertos en la mesa?

2 **¡Qué miedo!** En parejas, imaginen que son compañeros/as de apartamento. Ayer, mientras ustedes estaban en clase, alguien rompió una ventana y entró a su apartamento. Describan a la policía lo que vieron cuando llegaron. Usen el participio pasado.

modelo
Cuando llegamos al apartamento, nuestra puerta estaba cerrada, pero la ventana estaba rota...

15.2 The present perfect

3 **¡En forma!** Son las 8:45 de la mañana. Describe las actividades que Carla ha hecho en el gimnasio y las que no ha hecho todavía.

Hora	Actividades
6:30 a.m.	hacer ejercicios de estiramiento
7:00 a.m.	tomar clase de ejercicios aeróbicos
8:00 a.m.	levantar pesas
8:30 a.m.	recibir un masaje
9:00 a.m.	ducharse
9:30 a.m.	desayunar en la cafetería
10:00 a.m.	irse a su oficina

modelo
De seis y media a siete de la mañana, Carla ha hecho ejercicios de estiramiento.

4 **¡A dieta!** Emilio ha seguido una dieta especial durante tres meses. Lee su dieta y contesta las preguntas.

Desayuno	Almuerzo	Cena
una taza de café	ensalada de atún con verduras	pollo o pescado asado
cereal con leche	un pan	ensalada de tomate y
una manzana	una naranja	queso
	té helado sin azúcar	una copa de vino tinto

1. ¿Qué alimentos con proteínas ha consumido Emilio?
2. ¿Qué frutas ha comido?
3. ¿Te gustan los alimentos que ha comido Emilio?
4. ¿Crees que Emilio ha seguido una dieta equilibrada? ¿Por qué?
5. ¿Crees que Emilio ha engordado o adelgazado con esta dieta?
6. ¿Piensas que esta dieta ha mejorado la salud de Emilio? ¿Por qué?

5 **¿Alguna vez...?** En parejas, túrnense para hacerse estas preguntas. Usen el pretérito perfecto de indicativo en sus respuestas.

modelo
tomar una clase de yoga (tú)
Estudiante 1: ¿Alguna vez has tomado una clase de yoga?
Estudiante 2: No, nunca he tomado una clase de yoga, pero he hecho ejercicios para aliviar el estrés.

1. levantar pesas (tu hermano/a)
2. tener problemas con el colesterol (tus papás)
3. entrenarse para un maratón (tu amigo/a)
4. llevar una vida sedentaria (tu hermano/a)
5. consumir alcohol en exceso (alguien que conoces)
6. seguir una dieta baja en grasas (tus amigos/as y tú)
7. ver televisión más de cinco horas en un día (tú)

15.3 The past perfect

6 **Oraciones** Forma oraciones con estos elementos. Usa el pretérito pluscuamperfecto de indicativo y haz los cambios necesarios.

1. Mi abuela / nunca / tener / problemas / de colesterol
2. Nosotros / jamás / cuidar / nuestro / nutrición
3. Todos (nosotros) / llevar / vida / sedentario
4. En agosto / mis hermanos y yo / resolver / estar a dieta
5. Yo / no / ver / mis hermanos / en dos meses
6. En octubre / ellos / adelgazar / diez libras

Practice more at **vhlcentral.com**.

7 **¡Ya lo había hecho!** En parejas, imaginen que tienen setenta años de edad. Un(a) estudiante dice algo que ya había hecho a los diez años de edad. El/La otro/a responde con algo que ya había hecho a los quince años. Terminen a los setenta años. ¡Usen su imaginación!

modelo

Estudiante 1: A los diez años de edad, ya había aprendido a hablar tres idiomas.
Estudiante 2: Antes de cumplir quince años, yo ya había conocido Nueva York.
Estudiante 1: Pues a los veinte años, yo...

8 **Anuncio de radio** En parejas, preparen un anuncio de radio para vender las vitaminas Energía 2000. Describan qué productos habían tomado ustedes antes de probar estas vitaminas y cómo se habían sentido. Usen el pretérito pluscuamperfecto de indicativo y **antes de, cuando** y **nunca**. Presenten el anuncio a la clase.

modelo   ¡Nunca nos habíamos sentido mejor!

Síntesis

9 **El maratón** Con un(a) compañero/a, preparen una conversación entre dos deportistas que se están entrenando para su cuarto maratón en Nueva York. Comparen los entrenamientos que han tenido y los planes de nutrición que han seguido. Incluyan esta información.

- ¿Cuántas horas a la semana se han entrenado? ¿Qué ejercicios han hecho?
- ¿Cómo ha sido su dieta? ¿Qué alimentos o bebidas no han consumido?
- ¿Cómo había sido su entrenamiento en años anteriores (*previous*)? ¿Qué cosas habían hecho diferente en otros años?
- ¿Se sienten preparados para ganar el maratón este año? ¿Por qué?

Videoclip   Video

1 **Preparación** ¿Es fácil o difícil para ti comunicar tus emociones y sentimientos (*feelings*)? ¿Los prefieres comunicar oralmente o por escrito?

2 **El clip** Mira el anuncio de **Azucarlito** de Uruguay.

Vocabulario	
el abrazo *hug*	gesto *gesture*
dulzura *sweetness*	mensajero *messenger*

Mañana a primera hora° se lo digo... ¿A quién?

Entendieron que un "te quiero" nunca viene solo°.

mañana a primera hora *first thing tomorrow morning* nunca viene solo *it doesn't happen by accident*

3 **Seleccionar** Selecciona la opción correcta para cada oración.

1. En el pueblo las personas necesitaban un mensajero de sentimientos porque (eran tímidos / estaban ocupados).
2. Pedro dejó de ser mensajero porque (se enfermó / se enamoró).
3. Los mejores regalos (no se compran / son los que dan los padres).
4. La dulzura (puede cambiar el mundo / ni se compra ni se vende).

4 **Soluciones** En parejas, conversen sobre soluciones que han aplicado en sus vidas ante los siguientes retos (*challenges*): aliviar el estrés durante los exámenes, resolver un conflicto con un amigo, correr más rápidamente en competencias, dormir mejor en período de clases. Luego compartan sus ideas con la clase.

modelo   Para aliviar el estrés durante los exámenes, yo he tomado clases de yoga muchas veces.

Ampliación

1 Escuchar

 A Escucha lo que dice Ofelia Cortez de Bauer. Anota algunos de los cognados que escuchas y también la idea general del discurso.

> **TIP** **Listen for the gist and cognates.** By listening for the gist, you can get the general idea of what you're hearing. Listening for cognates will help you to fill in the details.

Cognados

_____
_____
_____

Idea general

_____
_____
_____

Ahora indica si estas oraciones son **ciertas** o **falsas**.

Cierto	Falso	
____	____	1. La señora Bauer habla de la importancia de estar en buena forma.
____	____	2. Según la señora Bauer, es importante que todos sigan el mismo programa.
____	____	3. La señora Bauer participa en actividades individuales y de grupo.
____	____	4. Según la señora Bauer, el objetivo más importante de cada persona debe ser adelgazar.

B ¿Qué piensas de los consejos que ella da? ¿Hay otra información que ella debía haber incluido (_included_)?

2 Conversar

 Con un(a) compañero/a, preparen una conversación entre el/la enfermero/a de la clínica de la universidad y un(a) estudiante que no se siente bien. Usen estas preguntas guía.

- _¿Qué problema tiene y de dónde viene?_
- _¿Tiene buenos hábitos el/la estudiante?_
- _¿Qué ha hecho el/la estudiante en los últimos meses? ¿Cómo se ha sentido?_
- _¿Qué recomendaciones tiene el/la enfermero/a para el/la estudiante?_
- _¿Qué va a hacer el/la estudiante para llevar una vida más sana?_

Ampliación

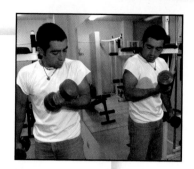

3 Escribir

Desarrolla un plan personal para mejorar tu bienestar físico y emocional. Considera la nutrición, el ejercicio y el estrés.

> **TIP** **Organize your information logically.** To make your writing and message clearer to your readers, organize information chronologically, sequentially, or in order of importance.

Organízalo	Escribe tus objetivos. Anota lo que has hecho hasta ahora, lo que no has hecho y lo que todavía tienes que hacer para conseguir tus objetivos.
Escríbelo	Organiza tus apuntes y escribe el primer borrador de tu plan personal.
Corrígelo	Intercambia tu plan personal con un(a) compañero/a. Dale sugerencias para mejorar la organización. ¿Incluye toda la información pertinente? ¿Es lógica la organización? Si ves algunos errores, coméntaselos.
Compártelo	Prepara la versión final, tomando en cuenta los comentarios de tu compañero/a. Luego con otro/a compañero/a, comparen lo que han escrito. ¿Son similares sus planes? ¿Son diferentes?

4 Un paso más

Imagina que estás a cargo de (*in charge of*) promocionar una excursión de aventuras con actividades deportivas en algún país hispano. Crea un folleto (*brochure*) atractivo para vender la idea de la excursión. Luego compara tu folleto con los de tus compañeros/as.

- Escoge el país y los lugares que van a visitar.
- Describe las actividades deportivas y de aventura que van a hacer en cada lugar.
- Explica los aspectos de la excursión que son importantes para la salud.
- Incluye el costo del viaje.

> **CONEXIÓN INTERNET**
>
> Investiga estos temas en el sitio **vhlcentral.com**.
>
> - Actividades deportivas en el mundo hispano
> - Turismo alternativo en el mundo hispano

Audio: Reading

Antes de leer

For dramatic effect and to achieve a smoother writing style, authors often do not explicitly supply the reader with all the details of a story. Clues in the text can help you infer those things the writer chooses not to state in a direct manner. You simply "read between the lines" to fill in the missing information and draw conclusions about the story.

Sobre la autora

Cristina Peri Rossi (1941) nació en Uruguay, pero ahora vive en España. En sus cuentos, novelas y poemas explora las pasiones, el aislamiento (*isolation*) y las incertidumbres (*uncertainties*) que sentimos como seres humanos (*human beings*).

El viaje

Cristina Peri Rossi

Ella me ha entregado la felicidad dentro de una caja° bien cerrada, y me la ha dado, diciéndome:

—Ten cuidado, no vayas a perderla, no seas distraída, me ha costado un gran esfuerzo° conseguirla: los mercados estaban cerrados, en las tiendas ya no había y los pocos vendedores ambulantes que existían han jubilado, porque tenían los pies cansados. Ésta es la única que pude hallar° en la plaza, pero es de las legítimas. Tiene un poco menos brillo° que aquella que consumíamos mientras éramos jóvenes y está un poco arrugada°, pero si caminas bien, no notarás° la diferencia. Si la apoyas en alguna parte°, por favor, recógela antes de irte, y si decides tomar un ómnibus, apriétala° bien entre las manos: la ciudad está llena de ladrones° y fácilmente te la podrían arrebatar°.

Después de todas estas recomendaciones soltó° la caja y me la puso entre las manos. Mientras caminaba, noté que no pesaba° mucho pero que era un poco incómoda de usar: mientras la sostenía no podía tocar otra cosa, ni me animaba a dejarla depositada, para hacer las compras. De manera que no podía entretenerme, y menos aún, detenerme a explorar, como era mi costumbre. A la mitad de la tarde tuve frío. Quería abrirla, para saber si era de las legítimas, pero ella me dijo que se podía evaporar. Cuando desprendí° el papel, noté que en la etiqueta° venía una leyenda°:

"Consérvese sin usar."

Desde ese momento tengo la felicidad guardada en una caja. Los domingos de mañana la llevo a pasear, por la plaza, para que los demás me envidien° y lamenten su situación; de noche la guardo en el fondo del ropero°. Pero se aproxima el verano y tengo un temor: ¿cómo la defenderé° de las polillas°?

me... caja *handed me happiness in a box*   esfuerzo *effort*   la única... hallar *the only one I could find*
brillo *shine*   arrugada *wrinkled*   no notarás *you won't notice*   Si... parte *If you set it down somewhere*
apriétala *hold it*   ladrones *thieves*   podrían arrebatar *could snatch*   soltó *she let go of*   no pesaba
it didn't weigh   desprendí *I took off*   etiqueta *label*   leyenda *inscription*   envidien *envy*   en... ropero
in the back of the closet   defenderé *will I defend*   polillas *moths*

Después de leer

¿Comprendiste? ✎⟳

1. La persona que narra el cuento, ¿es hombre o es mujer?
2. El regalo, la felicidad, ¿fue fácil o difícil de conseguir?
3. ¿Dónde compró la persona la felicidad, en la calle o en una tienda?
4. Según la persona que la dio, ¿esta felicidad es de mejor o de peor calidad que la que tenía de joven?
5. Según ella, ¿hay mucho o poco riesgo (*risk*) de perder la felicidad?
6. ¿Por qué no puede abrir la caja la narradora?
7. Al final, ¿qué hace la narradora con la felicidad?

Preguntas ✎⟳

Responde a estas preguntas con oraciones completas.

1. ¿Qué debe hacer la narradora para cuidar la felicidad?
2. ¿Qué límites le impone la felicidad a la narradora?
3. ¿Cómo quiere la narradora que su felicidad afecte a otras personas?
4. ¿Por qué tiene miedo de las polillas la narradora?

Coméntalo ✎⟳

En parejas, conversen sobre estas preguntas: ¿Por qué a la persona le resulta (*results*) difícil conseguir la felicidad? ¿Por qué está encerrada en una caja? ¿Vale la pena (*Is it worth it*) tener la "felicidad" guardada en una caja sin usar? ¿Qué simboliza la felicidad en este cuento?

Audio: Vocabulary Flashcards

El bienestar

el bienestar	well-being
la clase de ejercicios aeróbicos	aerobics class
la droga	drug
el/la drogadicto/a	drug addict
el masaje	massage
el músculo	muscle
el/la teleadicto/a	couch potato
adelgazar	to lose weight; to slim down
aliviar el estrés/ la tensión	to relieve stress/ tension
apurarse	to hurry; to rush
aumentar de peso	to gain weight
calentarse (e:ie)	to warm up
darse prisa	to hurry; to rush
disfrutar (de)	to enjoy; to reap the benefits (of)
engordar	to gain weight
entrenarse	to practice; to train
estar a dieta	to be on a diet
estar en buena forma	to be in good shape
(no) fumar	(not) to smoke
hacer ejercicio	to exercise
hacer ejercicios aeróbicos	to do aerobics
hacer ejercicios de estiramiento	to do stretching exercises
hacer gimnasia	to work out
levantar pesas	to lift weights
llevar una vida sana	to lead a healthy lifestyle
mantenerse en forma	to stay in shape
sudar	to sweat
sufrir muchas presiones	to be under a lot of pressure
tratar de (+ *inf.*)	to try (to do something)
activo/a	active
débil	weak
flexible	flexible
fuerte	strong
sedentario/a	sedentary
tranquilo/a	calm; quiet

La nutrición

la bebida alcohólica	alcoholic beverage
la caloría	calorie
el colesterol	cholesterol
la grasa	fat
la merienda	(afternoon) snack
los minerales	minerals
la nutrición	nutrition
la proteína	protein
las vitaminas	vitamins
consumir alcohol	to consume alcohol
merendar (e:ie)	to have a(n) (afternoon) snack
seguir una dieta equilibrada	to eat a balanced diet
descafeinado/a	decaffeinated

Otras palabras y expresiones

en exceso	in excess; too much
sin	without

Irregular past participles	See page 394.

Practice more at **vhlcentral.com**.

16 El mundo del trabajo

Communicative Goals

You will learn how to:
- discuss the world of work
- talk about future plans
- reminisce
- express hopes

PARA EMPEZAR

- ¿Está estudiando o trabajando esta persona?
- ¿Lleva ella ropa profesional?
- ¿Cuál es su profesión?
- ¿Crees que ella sufre de mucho estrés?

S Tutorials

EL MUNDO DEL TRABAJO

el científico

LAS OCUPACIONES

el/la abogado/a *lawyer*

la actriz *actress*

el/la arqueólogo/a *archaeologist*

el/la arquitecto/a *architect*

el bailarín *dancer*

la bailarina *dancer*

el/la cantante *singer*

el/la carpintero/a *carpenter*

el/la consejero/a *counselor; advisor*

el/la contador(a) *accountant*

el/la corredor(a) de bolsa *stockbroker*

el/la diseñador(a) *designer*

el/la electricista *electrician*

el/la escritor(a) *writer*

el/la escultor(a) *sculptor*

el/la gerente *manager*

el hombre/la mujer de negocios *businessperson*

el/la jefe/a *boss*

el/la maestro/a *elementary school teacher*

el/la pintor(a) *painter*

el/la poeta *poet*

el/la político/a *politician*

el/la reportero/a *reporter*

el/la secretario/a *secretary*

el/la técnico/a *technician*

el cocinero

la peluquera

el actor

el bombero

el psicólogo

Variación léxica

el/la abogado/a ⟷ el/la licenciado/a (*Amér. C.*)

el/la contador(a) ⟷ el/la contable (*Esp.*)

Se busca **diseñador gráfico.**

Ofrecemos excelentes beneficios. Para mayor información, diríjase a nuestra oficina principal, Calle Castilla, no. 44.

el anuncio
advertisement

LAS ENTREVISTAS

el/la aspirante *candidate; applicant*
los beneficios *benefits; profit*
el/la entrevistador(a) *interviewer*
el puesto *position; job*
el salario *salary*
la solicitud (de trabajo) *(job) application*
el sueldo *salary*

---

contratar *to hire*
entrevistar *to interview*
ganar *to earn*
obtener *to obtain; to get*
solicitar *to apply (for a job)*

el currículum
résumé

DATOS PERSONALES

Nombre y apellidos: **Carmela Roca**
Fecha de nacimiento: **14 de diciembre de 1988**
Lugar de nacimiento: **Salamanca**
D.N.I.: **7885270-R**
Dirección: **Calle Ferrara 17, 5**
37500 Salamanca
Teléfono: **923 270 118**
Correo electrónico: **rocac@teleline.com**

FORMACIÓN ACADÉMICA
• 2010-2013 Máster en Administración y Dirección de Empresas, Universidad Autónoma de Madrid
• 2006-2010 Licenciado en Administración y Dirección de Empresas por la Universidad de Salamanca

CURSOS Y SEMINARIOS
• 2007 "Gestión y Creación de Empresas", Universidad de Córdoba

EXPERIENCIA PROFESIONAL
• 2008-2010 Contrato de un año en la empresa RAMA, S.L., realizando tareas administrativas
• 2006-2008 Contrato de trabajo haciendo prácticas en Banco Sol

IDIOMAS
• INGLÉS Nivel alto. Título de la Escuela Oficial de Idiomas
• ITALIANO Nivel medio

INFORMÁTICA/COMPUTACIÓN
• Conocimientos de usuario de Mac / Windows
• MS Office

EL MUNDO DEL TRABAJO

el ascenso *promotion*
el aumento de sueldo *raise*
la carrera *career*
la compañía *company; firm*
el empleo *job; employment*
la empresa *company; firm*
la especialización *field of study*
los negocios *business; commerce*
la ocupación *occupation*
el oficio *trade*
la profesión *profession*
el teletrabajo *telecommuting*
el trabajo *job; work*
la videoconferencia *videoconference*
comercial *commercial; business-related*

---

dejar *to quit; to leave behind*
despedir (e:i) *to fire*
invertir (e:ie) *to invest*
renunciar (a) *to resign (from)*
tener éxito *to be successful*

la reunión
meeting

la entrevista
interview

A escuchar

1 **¿Lógico o ilógico?** Escucha las oraciones e indica si son **lógicas** o **ilógicas**.

	Lógico	Ilógico
1.	_____	_____
2.	_____	_____
3.	_____	_____
4.	_____	_____
5.	_____	_____
6.	_____	_____
7.	_____	_____
8.	_____	_____

2 **Escuchar** Escucha la descripción que hace Alejandro Dávila de su profesión y luego completa las oraciones con las palabras adecuadas.

1. Alejandro Dávila es un
   a. poeta.   b. hombre de negocios.   c. escultor.

2. El señor Dávila trabaja como _____ en una compañía multinacional.
   a. secretario   b. técnico   c. gerente

3. Al señor Dávila le interesaba _____ en la cual pudiera (*he could*) trabajar en otros países.
   a. una carrera   b. un ascenso   c. un aumento de sueldo

4. En sus negocios con empresas extranjeras, el señor Dávila prefiere
   a. usar las videoconferencias.   b. conocer a la gente personalmente.
   c. mandar mensajes electrónicos.

Practice more!

LM
p. 91

A practicar

3 Completar Escoge la respuesta que completa cada oración.

1. Quiero conseguir un puesto con _____.

   a. oficios   b. beneficios   c. ocupación

2. Luisa tiene la oportunidad de _____ la empresa donde trabaja.

   a. despedir   b. entrevistar   c. invertir en

3. Mi vecino dejó su _____ porque no le gustaba su jefe.

   a. puesto   b. anuncio   c. sueldo

4. Raúl va a _____ su empleo antes de empezar su propia empresa.

   a. solicitar   b. tener éxito   c. renunciar a

5. Mi madre _____ su carrera como escultora.

   a. tuvo éxito en   b. contrató   c. entrevistó

6. ¿Cuándo obtuviste _____ más reciente?

   a. los negocios   b. la videoconferencia   c. el aumento de sueldo

7. Jorge llegó tarde a la _____ esta mañana.

   a. reunión   b. especialización   c. carrera

4 Ocupaciones Escoge la ocupación que corresponde a cada definición.

1. Arregla las computadoras.

2. Enseña a los niños.

3. Diseña ropa.

4. Canta para el público.

5. Nos ayuda a iluminar nuestras casas.

6. Desarrolla teorías de biología, química, física, etc.

7. Construye (*Builds*) sillas, mesas, casas y otras cosas de madera (*wood*).

8. Ayuda a la gente a invertir su dinero.

9. Trabaja con números y arregla las cuentas de diferentes negocios.

10. Combate los incendios (*fires*) que destruyen edificios y bosques.

el bombero	el corredor de bolsa
la cantante	el diseñador
la carpintera	la electricista
el científico	el maestro
la contadora	la técnica

5 Asociaciones Escribe las profesiones que asocias con estas palabras.

1. pelo _____

2. novelas _____

3. emociones _____

4. teatro _____

5. periódico _____

6. pinturas _____

7. elecciones _____

8. baile _____

9. leyes _____

10. luz artificial _____

Practice more!

WB
p. 157–158

vhlcentral.com

A conversar

6 **Conversación** Contesta las preguntas con un(a) compañero/a.

1. ¿Te gusta tu especialización?

2. ¿Lees los anuncios de empleos en el periódico con regularidad?

3. ¿Cómo te preparas para una entrevista?

4. ¿Obtienes siempre los puestos que quieres?

5. ¿Qué características tiene un(a) buen(a) jefe/a?

6. ¿Te gustaría más un teletrabajo o un trabajo en una oficina? ¿Por qué?

7. ¿Quieres tener tu propia empresa?

8. ¿Cuál es tu carrera ideal? ¿Por qué?

9. ¿Cómo son tus compañeros de trabajo ideales?

7 **Entrevista** Trabaja con un(a) compañero/a para representar los papeles de un(a) aspirante a un puesto de trabajo y el de un(a) entrevistador(a).

El/La entrevistador(a) debe describir…
- el empleo
- las responsabilidades
- el salario
- los beneficios.

El/La aspirante debe…
- presentar su experiencia
- obtener más información sobre el puesto.

Entonces…
- el/la entrevistador(a) debe decidir si va a contratar al/a la aspirante
- el/la aspirante debe decidir si va a aceptar el puesto.

8 **Una feria de trabajo** La clase va a organizar una feria (*fair*) de trabajo. Unos estudiantes son representantes de compañías y otros están buscando empleo.

Representantes	**Aspirantes**
• Preparan carteles con el nombre de su compañía. • Escriben los puestos de trabajo que ofrecen. • Contestan las preguntas de los aspirantes y describen los puestos disponibles. • Consiguen los nombres y referencias de los aspirantes.	• Circulan por la feria de trabajo. • Hablan con tres representantes y formulan preguntas sobre los puestos que tienen. • Muestran sus referencias y sus currículums. • Escogen el puesto que les gustó más.

Ortografía 🅢 Audio

Las letras *y*, *ll* y *h*

The letters **ll** and **y** were not pronounced alike in Old Spanish. Nowadays, however, **ll** and **y** have the same or similar pronunciations in many parts of the Spanish-speaking world. This similarity results in frequent misspellings. The letter **h**, as you already know, is silent in Spanish, and it is often difficult to know whether words should be written with or without it. Here are some of the word groups that are spelled with each letter.

| ta**lla** | se**llo** | bote**lla** | amari**llo** |

The letter **ll** is used in these endings: **–allo/a**, **–ello/a**, **–illo/a**.

| **lla**ve | **lle**ga | **llo**rar | **llu**via |

The letter **ll** is used at the beginning of words in these combinations: **lla-**, **lle-**, **llo-**, **llu-**.

| ca**y**endo | le**y**eron | o**y**e | inclu**y**e |

The letter **y** is used in some forms of the verbs **caer**, **leer**, and **oír**, and in verbs ending in **–uir**.

| **hiper**activo | **hosp**ital | **hipo**pótamo | **hum**or |

The letter **h** is used at the beginning of words in these combinations: **hiper-**, **hosp-**, **hidr-**, **hipo-**, **hum-**.

| **hia**to | **hie**rba | **hue**so | **hui**r |

The letter **h** is also used in words that begin with these combinations: **hia-**, **hie-**, **hue-**, **hui-**.

Práctica Llena los espacios con **h**, **ll** o **y**. Después escribe una frase con cada una de las palabras.

1. cuchi___o
2. ___ielo
3. cue___o
4. estampi___a
5. estre___a
6. ___uésped
7. destru___ó
8. pla___a

Adivinanza Aquí tienes una adivinanza (*riddle*). Intenta descubrir de qué se trata.

> Una cajita chiquita, blanca como la nieve: todos la saben abrir, nadie la sabe cerrar.[1]

> Pista: Es una comida.

[1] El huevo

Practice more!
LM p. 92
vhlcentral.com

Video La entrevista de trabajo

Los chicos hablan de sus planes para el futuro. Y la Sra. Díaz prepara a Miguel para unas entrevistas de trabajo.

PERSONAJES

MARISSA

FELIPE

JIMENA

JUAN CARLOS

MIGUEL

SRA. DÍAZ

MARISSA En menos de dos meses, ya habré regresado a mi casa en Wisconsin.

FELIPE No pensé que el año terminara tan pronto.

JIMENA ¡Todavía no se ha acabado! Tengo que escribir tres ensayos.

MARISSA ¿Qué piensas hacer después de graduarte, Felipe?

JUAN CARLOS Vamos a crear una compañía de asesores de negocios.

FELIPE Les enseñaremos a las empresas a disminuir la cantidad de contaminación que producen.

MARISSA Estoy segura de que tendrán mucho éxito.

FELIPE También me gustaría viajar. Me muero por ir a visitarte a los Estados Unidos.

JIMENA Pues date prisa. Pronto estará lejos trabajando como arqueóloga.

SRA. DÍAZ Durante la entrevista, tienes que convencer al entrevistador de que tú eres el mejor candidato. ¿Estás listo para comenzar?

MIGUEL Sí.

MIGUEL Mucho gusto. Soy Miguel Ángel Lagasca Martínez.

SRA. DÍAZ Encantada, Miguel. Veamos. Hábleme sobre su trabajo en el Museo Guggenheim de Bilbao.

MIGUEL Estuve allí seis meses en una práctica.

SRA. DÍAZ ¿Cuáles son sus planes para el futuro?

MIGUEL Seguir estudiando historia del arte, especialmente la española y la latinoamericana. Me encanta el arte moderno. En el futuro, quiero trabajar en un museo y ser un pintor famoso.

ACTIVIDADES

1 **¿Cierto o falso?** Indica si lo que dicen las oraciones es **cierto** o **falso**. Corrige las oraciones falsas.

1. Juan Carlos y Felipe quieren crear su propia empresa.
2. En el futuro, Marissa va a viajar porque va a ser psicóloga.
3. La Sra. Díaz ayuda a Miguel con su currículum.
4. Miguel quiere seguir estudiando historia del arte.

2 **Identificar** Identifica quién puede decir estas oraciones.

1. Nosotros vamos a ayudar a que se reduzca la contaminación.
2. Me gustan los hospitales, por eso quiero ser doctora.
3. No imagino cómo será mi vida en el futuro.
4. Quiero ser un pintor famoso, como Salvador Dalí.
5. Lleva ese entusiasmo a la entrevista y serás el mejor candidato.

MARISSA No sé cómo vaya a ser mi vida a los 30 años. Probablemente me habré ido de Wisconsin y seré arqueóloga en un país exótico.

JUAN CARLOS (*a Jimena*) Para entonces ya serás doctora.

(*Mientras tanto, en la oficina de la Sra. Díaz*)

MIGUEL Gracias por recibirme hoy.

SRA. DÍAZ De nada, Miguel. Estoy muy feliz de poder ayudarte con las entrevistas de trabajo.

SRA. DÍAZ ¿Qué te hace especial, Miguel?

MIGUEL ¿Especial?

SRA. DÍAZ Bueno. Paremos un momento. Necesitas relajarte. Vamos a caminar.

MIGUEL Estamos esperando noticias del museo. (*al teléfono*) Hola. ¿Maru? ¡Genial! (*a la Sra. Díaz*) ¡La aceptaron!

SRA. DÍAZ Felicidades. Ahora quiero que tomes ese mismo entusiasmo y lo lleves a la entrevista.

3 **Profesiones** Los protagonistas de **Aventuras** mencionan estas profesiones. En parejas, túrnense para identificar cada profesión.

1. arqueólogo/a
2. doctor(a)
3. administrador(a) de empresas
4. artista
5. hombre/mujer de negocios
6. abogado/a
7. pintor(a)
8. profesor(a)

Expresiones útiles

Talking about future plans

En menos de dos meses, ya habré regresado a mi casa en Wisconsin.
In less than two months, I'll have gone back home to Wisconsin.

¿Qué piensas hacer después de graduarte?
What do you think you'll do after graduating?

Vamos a crear una compañía de asesores de negocios.
We're going to open a consulting firm.

Les enseñaremos a las empresas a disminuir la cantidad de contaminación que producen.
We'll teach businesses how to reduce the amount of pollution they produce.

No sé cómo vaya a ser mi vida a los treinta años.
I don't know what my life will be like when I am thirty.

Probablemente me habré ido de Wisconsin.
I'll probably have left Wisconsin.

Seré arqueóloga en un país exótico.
I'll be an archeologist in some exotic country.

Reactions

Estoy seguro/a de que tendrán mucho éxito.
I'm sure you'll be very successful.

¡Genial!
Great!

Additional Vocabulary

ejercer *to practice/exercise (a degree/profession)*
enterarse *to find out*
establecer *to establish*
extrañar *to miss*
por el porvenir *for/to the future*
el título *title*

Practice more!

VM pp. 199–200

vhlcentral.com

Reading

Beneficios
en los empleos

¿Qué piensas si te ofrecen un trabajo que te da treinta días de vacaciones pagadas? Los beneficios laborales° en los Estados Unidos, España e Hispanoamérica son diferentes en varios sentidos°. En España, por ejemplo, los empleados tienen treinta días de vacaciones pagadas al año. Por otra parte, mientras que° en los Estados Unidos se otorga° una licencia por maternidad° de doce semanas, la ley° no especifica que sea pagada, esto depende de cada empresa. En muchos países hispanoamericanos las leyes dictan que esta licencia sea pagada. Países como Cuba y Venezuela ofrecen a las madres trabajadoras° dieciocho semanas de licencia pagada. Chile cuenta con la licencia por maternidad más larga de Suramérica: veinticuatro meses.

en las últimas décadas las cosas han cambiado en Hispanoamérica: casi todos los países han incorporado el sistema privado° de jubilación, y en muchos países podemos encontrar los dos sistemas (público y privado) funcionando al mismo tiempo, como en Colombia, Perú o Costa Rica.

beneficios laborales *job benefits* varios sentidos *many ways* mientras que *while* se otorga *is given* licencia por maternidad *maternity leave* ley *law* madres trabajadoras *working mothers* jubilación *retirement* privado *private* detallado *detailed* incluye *includes*

El currículum vitae

- El currículum vitae contiene información personal y es fundamental que sea muy detallado°. En general, mientras más páginas tenga, mejor.
- Normalmente incluye° la educación completa del aspirante, todos los trabajos que ha tenido e incluso sus gustos personales y pasatiempos.
- Puede también incluir detalles que no se suele incluir en los Estados Unidos: una foto del aspirante, su estado civil e incluso si tiene auto y de qué tipo.

Otra diferencia está en los sistemas de jubilación° de los países hispanoamericanos. Hasta la década de 1990, la mayoría de los países de Centroamérica y Suramérica tenía un sistema de jubilación público. Es decir que las personas no tenían que pagar directamente por su jubilación, sino que el Estado la administraba. Sin embargo,

ASÍ SE DICE

El trabajo

la chamba (Amér. C., Ec., Méx.); el curro (Esp.); el laburo (Arg., Urug.); la pega (Bol., Chile, Cuba, Ec., Perú)	el trabajo
el/la cirujano/a	*surgeon*
la huelga, el paro	*strike*
el/la niñero/a	*babysitter*
el impuesto	*tax*

ACTIVIDADES

1 **¿Cierto o falso?** Indica si lo que dicen estas oraciones es **cierto** o **falso**. Corrige la información falsa.

1. Los trabajadores de los Estados Unidos y los de España tienen beneficios laborales diferentes.

2. La licencia por maternidad es igual en Hispanoamérica y los Estados Unidos.

3. En Venezuela, la licencia por maternidad es de cuatro meses y medio.

4. En España, los empleados tienen treinta días de vacaciones al año.

5. Hasta 1990, muchos países hispanoamericanos tenían un sistema de jubilación privado.

6. En Perú sólo tienen sistema de jubilación privado.

7. En general, el currículum vitae hispano y el estadounidense tienen contenido distinto.

8. En Hispanoamérica, es importante que el currículum vitae tenga pocas páginas.

2 **Futuro laboral** En parejas, hagan una lista con expectativas que tienen sobre su futuro como trabajadores/as y sobre el trabajo que quieren tener. Luego, respondan estas preguntas: ¿Conocen bien las reglas para conseguir un trabajo? ¿Les gustan? ¿Les disgustan? Presenten sus ideas ante la clase para un debate.

CONEXIÓN INTERNET

¿Qué tipo de trabajo voluntario se puede realizar en Latinoamérica?

For more information about this **Cultura**, go to **vhlcentral.com**.

 Video

El mundo del trabajo

1 **Preparación** ¿Trabajas? ¿Cuáles son tus metas (*goals*) profesionales?

2 **El video** Mira el episodio de **Flash Cultura**.

Vocabulario	
el desarrollo *development*	**promover** *to promote*
el horario *schedule*	**las ventas** *sales*

Gabriela, ¿qué es lo más difícil de ser una mujer policía?

Nuestra principal estrategia de ventas es promover nuestra naturaleza...

3 **Escoger** Escoge la opción correcta de cada par de afirmaciones.

1. **A.** Todos los ecuatorianos que trabajan en Ecuador son muy felices en su trabajo.

   B. En Ecuador, como en todos los países del mundo, hay personas que aman su trabajo y hay otras que lo odian.

2. **A.** El objetivo principal de la agencia Klein Tours es mostrar al mundo las maravillas de Ecuador.

   B. La agencia de viajes Klein Tours quiere mostrar al mundo que tiene los empleados más fieles y profesionales de toda Latinoamérica.

Practice more!

VM pp. 231–232	vhlcentral.com

16.1 The future tense Tutorial

▶ You have already learned how to use **ir a** + [*infinitive*] to express the near future. You will now learn the future tense. Compare these different ways of expressing the future in Spanish.

Present indicative

Voy al cine mañana.
I'm going to the movies tomorrow.

Present subjunctive

Ojalá **vaya al cine** mañana.
I hope I will go to the movies tomorrow.

ir a + infinitive

Voy a ir al cine.
I'm going to go to the movies.

Future

Iré al cine.
I will go to the movies.

Future tense of regular verbs			
	estudiar	aprender	recibir
yo	estudiaré	aprenderé	recibiré
tú	estudiarás	aprenderás	recibirás
Ud./él/ella	estudiará	aprenderá	recibirá
nosotros/as	estudiaremos	aprenderemos	recibiremos
vosotros/as	estudiaréis	aprenderéis	recibiréis
Uds./ellos/ellas	estudiarán	aprenderán	recibirán

¡ojo! All the forms of the future tense have written accents, except the **nosotros/as** form.

▶ In Spanish, the future tense consists of one word, whereas in English it is made up of the auxiliary verb *will* or *shall* and the main verb.

¿Cuándo **recibirás** el ascenso?
When will you receive the promotion?

Mañana **aprenderemos** más.
Tomorrow we will learn more.

▶ The future endings are the same for all verbs. For regular verbs, add the endings to the infinitive. For irregular verbs, add the endings to the irregular stem.

Irregular verbs in the future		
INFINITIVE	STEM	FUTURE FORMS
decir	dir-	diré
hacer	har-	haré
poder	podr-	podré
poner	pondr-	pondré
querer	querr-	querré
saber	sabr-	sabré
salir	saldr-	saldré
tener	tendr-	tendré
venir	vendr-	vendré

Práctica

1 Planes Celia está hablando de sus planes. Repite lo que dice, usando el tiempo futuro.

> **modelo**
> Voy a consultar un diccionario en la biblioteca.
> *Consultaré un diccionario en la biblioteca.*

1. Julián me va a decir dónde puedo buscar trabajo.
2. Voy a buscar un puesto que ofrezca ascensos.
3. Álvaro y yo nos vamos a casar pronto.
4. Voy a obtener un puesto en mi especialización.
5. Mis amigos van a intentar (*try*) obtener un teletrabajo.

2 En el futuro Mario habla de sus planes para el futuro y de los planes de algunos amigos y parientes suyos. Forma oraciones con los elementos dados, usando el tiempo futuro.

1. Yo / estudiar / para / exámenes finales / mañana
2. Yo / tener / entrevista de trabajo / en una semana
3. La próxima semana / mis tíos / poner / anuncio para buscar un empleado
4. Pronto / mi hermana / dejar / puesto de cocinera
5. Mis padres / tener mucho éxito / como políticos
6. Mis amigos y yo / tener / puestos interesantes

3 Preguntas En parejas, túrnense para hablar del puesto que prefieren y por qué, basándose en los anuncios. Usen las preguntas como guía y hagan también sus propias preguntas.

SE BUSCA DIRECTOR
de mercadeo para empresa privada. Mínimo de 5 años de experiencia en turismo y conexiones con INTUR (Instituto Nicaragüense de Turismo) y ANTUR (Asociación Nicaragüense de Turismo Receptivo). Debe hablar inglés, español y alemán. Salario anual: 306,000 córdobas. Horario flexible. Buenos beneficios. Envíe currículum por fax al 492-38-67.

MUEBLERÍA MANAGUA
busca carpintero/a. Experiencia en fabricación de muebles finos. Horario: lunes a viernes de 7:30 a 11:30 y de 1:30 a 5:30. Sueldo semanal: 462 córdobas (y beneficios). Comenzará inmediatamente. Solicite en persona: Calle El Lago, Managua.

1. ¿Cuál será tu trabajo?
2. ¿Qué harás?
3. ¿Cuánto te pagarán?
4. ¿Te ofrecerán beneficios?
5. ¿Qué horario tendrás?
6. ¿Crees que te gustará? ¿Por qué?
7. ¿Cuándo comenzarás a trabajar?
8. ¿Qué crees que aprenderás?

Conversación

 4 Conversar Tú y tu compañero/a viajarán a la República Dominicana por siete días. En parejas, indiquen lo que harán y no harán. Digan dónde, cómo, con quién o cuándo lo harán, usando el anuncio como guía. Pueden usar sus propias ideas también.

modelo

Estudiante 1: ¿Qué haremos el martes?
Estudiante 2: Visitaremos el Jardín Botánico.
Estudiante 1: Pues, tú visitarás el Jardín Botánico y yo caminaré por el Mercado Modelo.

¡Bienvenido a la República Dominicana!

Se divertirá desde el momento en que llegue al **Aeropuerto Internacional de las Américas**.

• Visite la ciudad colonial de **Santo Domingo** con su interesante arquitectura.
• Vaya al **Jardín Botánico** y disfrute de nuestra abundante naturaleza.
• En el **Mercado Modelo** no va a

poder resistir la tentación de comprar artesanías.
• No deje de escalar el **Pico Duarte** (se recomiendan 3 días).
• ¿Le gusta bucear? **Cabarete** tiene todo el equipo que usted necesita.
• ¿Desea nadar? **Punta Cana** le ofrece hermosas playas.

5 Una empresa privada En grupos pequeños, hagan planes para formar una empresa privada. Usen las preguntas como guía. Después presenten su plan a la clase.

1. ¿Cómo se llamará y qué tipo de empresa será?
2. ¿Cuántos empleados tendrá y cuáles serán sus oficios?
3. ¿Qué tipo de beneficios se ofrecerán?
4. ¿Quién será el/la gerente y quién será el/la jefe/a?
5. ¿Permitirá su empresa el teletrabajo? ¿Por qué?
6. ¿Qué se hará para que los empleados no dejen el trabajo?
7. ¿Dónde pondrán anuncios para buscar empleados?
8. ¿Qué harán los gerentes para que la empresa tenga éxito?
9. ¿Quiénes serán sus principales competidores?
10. ¿Dónde estará ubicada (*located*) la sede (*head office*)?

6 Predicciones En grupos pequeños, especulen sobre lo que ocurrirá en estos años: 2020, 2050 y 2080. Usen su imaginación. Luego compartan sus predicciones con la clase.

¡ojo! The future of **hay** (*inf.* **haber**) is **habrá** (*there will be*).

La próxima semana **habrá** dos reuniones.
Next week there will be two meetings.

Habrá muchos gerentes en la conferencia.
There will be many managers at the conference.

▶ Although the English verb *will* can refer to future time, it also refers to someone's willingness to do something. In this case, Spanish uses **querer** + [*infinitive*].

¿Quieres llamarme, por favor?
Will you please call me?

¿Quieren ustedes escucharnos, por favor?
Will you please listen to us?

▶ English sentences involving expressions such as *I wonder, I bet, must be, may, might,* and *probably* are often conveyed in Spanish using the future of probability. This use of the future tense expresses conjecture about *present* conditions, events, or actions.

—¿Dónde **estarán** mis llaves?
I wonder where my keys are?

—**Estarán** en la cocina.
They're probably in the kitchen.

—¿Qué hora **será**?
What time can it be? (I wonder what time it is?)

—**Serán** las once o las doce.
It must be (It's probably) eleven or twelve.

▶ The future may be used in the main clause of sentences in which the present subjunctive follows a conjunction of time such as **cuando, después (de) que, en cuanto, hasta que,** and **tan pronto como**.

Cuando llegues a la oficina, **hablaremos**.
When you arrive at the office, we will talk.

Saldremos tan pronto como termine su trabajo.
We will leave as soon as you finish your work.

Después de que obtengas el ascenso, te **invitaré** a cenar.
After you get the promotion, I'll invite you to dinner.

Hasta que contrate otro empleado, el jefe **tendrá** que hacer el trabajo.
Until he hires another employee, the boss will have to do the work.

¡Manos a la obra!

Conjuga los verbos indicados en futuro.

1. yo [dejar, correr, invertir] _____ *dejaré, correré, invertiré*
2. tú [renunciar, beber, vivir] _____
3. Lola [hacer, poner, venir] _____
4. nosotros [tener, decir, querer] _____
5. ustedes [ir, ser, estar] _____
6. usted [solicitar, comer, repetir] _____
7. yo [saber, salir, poder] _____
8. tú [encontrar, jugar, servir] _____

Practice more!

WB pp. 159–160
LM p. 93
vhlcentral.com

16.2 The conditional tense Tutorial

▶ The conditional tense in Spanish expresses what you *would do* or what *would happen* under certain circumstances. In Lesson 7, you learned the polite expression **me gustaría…** (*I would like…*), which uses a conditional form of **gustar**.

The conditional tense

	visitar	comer	aplaudir
yo	visitaría	comería	aplaudiría
tú	visitarías	comerías	aplaudirías
Ud./él/ella	visitaría	comería	aplaudiría
nosotros/as	visitaríamos	comeríamos	aplaudiríamos
vosotros/as	visitaríais	comeríais	aplaudiríais
Uds./ellos/ellas	visitarían	comerían	aplaudirían

▶ The conditional endings are the same for all verbs and all forms carry a written accent. For regular verbs, add the endings to the infinitive. For irregular verbs, add the endings to the irregular stem.

INFINITIVE	STEM	CONDITIONAL
decir	dir-	diría
haber	habr-	habría
hacer	har-	haría
poder	podr-	podría
poner	pondr-	pondría
querer	querr-	querría
saber	sabr-	sabría
salir	saldr-	saldría
tener	tendr-	tendría
venir	vendr-	vendría

¡ojo! The conditional form of **hay** is **habría** (*there would be*).

▶ While in English the conditional is made up of the auxiliary verb *would* and a main verb, in Spanish it consists of one word.

Este aspirante **sería** perfecto
para el puesto.
*This candidate would be perfect
for the job.*

Querría un puesto con un
buen salario.
*I would like a job with a
good salary.*

¿Vivirían ustedes en otro país
por un trabajo?
*Would you live in another country
for a job?*

Ganarían más en otra compañía.
*They would earn more at
another company.*

Práctica

1 Un viaje A la empresa Informática al día le gustaría tener una conferencia en Puerto Rico. En estas oraciones, los empleados nos cuentan cuáles serían sus planes de viaje. Complétalas con el condicional del verbo indicado.

1. Me _____ [gustar] llegar unos días antes de la conferencia para viajar.

2. Ana y Rubén _____ [salir] primero a la playa para descansar.

3. Yo _____ [decir] que fuéramos a San Juan porque es una ciudad muy divertida.

4. Nosotras _____ [preferir] tener las reuniones por la mañana. Así, por la tarde _____ [poder] visitar la ciudad.

5. Y nosotros _____ [visitar] la zona comercial de la ciudad. Y tú, Luisa, ¿qué _____ [hacer]?

6. Estamos seguros de que el jefe _____ [tener] interés en hacer una videoconferencia. En el fin de semana él _____ [visitar] los museos.

2 Preguntas Forma preguntas con estos elementos. Luego inventa las respuestas. Usa el condicional.

 modelo

hacer (ustedes) / videoconferencia / con / empresa de Chile
—¿Harían ustedes una videoconferencia con una empresa de Chile?
—Sí, haríamos una videoconferencia con una empresa de Chile.

1. contratar (tú) / un miembro de tu familia / para / puesto nuevo

2. invertir (ellos) / dinero / en / compañía nueva

3. solicitar (ella) / trabajo / de abogado

4. renunciar (tú) / puesto / por otro trabajo con mejores beneficios

5. tener (nosotros) / dinero / para empezar / empresa privada

3 Sugerencias Beatriz busca trabajo. Dile ocho cosas que tú harías si fueras (*if you were*) ella. Usa el condicional. Luego compara tus sugerencias con un(a) compañero/a.

Conversación

4 **En tu lugar...** Lee las situaciones. Responde con lo que harías en esta situación usando la frase **Yo en tu lugar...** (*If I were you...*). Después, compara tus ideas con las de un(a) compañero/a.

> **modelo**
>
> Me encanta mi puesto, pero mi jefe nunca me deja hablar.
>
> **Estudiante 1:** *Me encanta mi puesto, pero mi jefe nunca me deja hablar.*
> **Estudiante 2:** *Pues, yo en tu lugar, hablaría con mi jefe sobre este problema.*

1. El año pasado escogí la contabilidad como mi especialización, pero ahora he descubierto que no me gusta trabajar con números todo el día. Si cambio, mis padres quizás se enojen.

2. Me ofrecen un puesto interesantísimo, con un buen sueldo y excelentes beneficios, pero tiene un horario horrible. No volveré a ver a mis amigos jamás.

3. Mi peluquero es maravilloso, pero se va de viaje por dos meses a San Juan. Los otros peluqueros que trabajan en su salón no me gustan. Y tengo que hacer varias presentaciones públicas para mi empresa durante esos dos meses.

5 **¿Qué harías?** Quieres saber qué harían tus compañeros/as por un millón de dólares. Escribe siete preguntas usando el tiempo condicional. Circula por la clase y hazles las preguntas a tus compañeros/as. Anota las respuestas e informa a la clase de los resultados de la encuesta.

> **modelo**
>
> **Estudiante 1:** *¿Trabajarías como cantante en Las Vegas?*
> **Estudiante 2:** *Sí, lo haría. Sería un puesto muy interesante.*

Actividades	Nombre de compañero/a
_____	_____
_____	_____
_____	_____
_____	_____
_____	_____
_____	_____
_____	_____

Practice more!

WB pp. 161–162	LM p. 94	vhlcentral.com

Uses of the conditional

▶ The conditional is commonly used to make polite requests.

¿Podrías llamar al gerente, por favor?
Would you call the manager, please?

¿Sería tan amable de venir ahora?
Would you be so kind as to come now?

▶ In both Spanish and English, the conditional expresses the future in relation to a past action or state of being. The future indicates what *will happen*, whereas the conditional indicates what *would happen*. The future tense is often used if the main verb is in the present tense. The conditional is often used if the main verb is in one of the past tenses.

Creo que mañana **hará** sol.
I think it will be sunny tomorrow.

Creía que hoy **haría** sol.
I thought it would be sunny today.

▶ The English *would* can also mean *used to*, in the sense of past habitual action. To express past habitual actions, Spanish uses the imperfect.

Íbamos al parque los sábados.
We would go to the park on Saturdays.

De adolescentes, **comíamos** mucho.
As teenagers, we used to eat a lot.

▶ English sentences involving expressions such as *I wondered if*, *probably*, and *must have been* are often conveyed in Spanish using the conditional of probability. This use of the conditional expresses conjecture or probability about *past* conditions, events, or actions.

Serían las nueve cuando el jefe me llamó.
It must have been (It was probably) 9 o'clock when the boss called me.

Sonó el teléfono. **¿Llamaría** Tina para cancelar nuestra cita?
The phone rang. I wondered if it was Tina calling to cancel our date.

Sin ti, no sé qué haría.

Sólo tú sabes ordenar mi vida.

Computadoras de Bolsillo Vargas MM-3000

¡Manos a la obra!

Indica la forma apropiada del condicional de estos verbos.

1. yo [escuchar, leer, escribir] _____ *escucharía, leería, escribiría*
2. tú [invertir, comprender, compartir] _____
3. Marcos [poner, venir, querer] _____
4. nosotras [ser, saber, ir] _____
5. ustedes [presentar, deber, despedir] _____
6. ella [salir, poder, hacer] _____
7. yo [tener, tocar, acostarse] _____
8. tú [decir, ver, renunciar] _____

16.3 The past subjunctive Tutorial

▸ The past subjunctive (**el pretérito imperfecto de subjuntivo**) is also called the imperfect subjunctive. Like the present subjunctive, it is used mainly in multiple-clause sentences that express will, influence, emotion, commands, indefiniteness, and non-existence.

The past subjunctive

	estudiar	aprender	recibir
yo	estudiara	aprendiera	recibiera
tú	estudiaras	aprendieras	recibieras
Ud./él/ella	estudiara	aprendiera	recibiera
nosotros/as	estudiáramos	aprendiéramos	recibiéramos
vosotros/as	estudiarais	aprendierais	recibierais
Uds./ellos/ellas	estudiaran	aprendieran	recibieran

¡ojo! The past subjunctive endings are the same for all verbs. Also, note that the **nosotros/as** form always has a written accent.

▸ For *all* verbs, the past subjunctive is formed with the **Uds./ellos/ellas** form of the preterite. By dropping the **–ron** ending, you establish the stem for all the past subjunctive forms. You then add the past subjunctive endings.

INFINITIVE	PRETERITE FORM	STEM	PAST SUBJUNCTIVE
hablar	ellos hablaron	habla-	hablara, hablaras, habláramos
beber	ellos bebieron	bebie-	bebiera, bebieras, bebiéramos
escribir	ellos escribieron	escribie-	escribiera, escribieras, escribiéramos

▸ For verbs with irregular preterites, add the past subjunctive endings to the irregular stem.

INFINITIVE	PRETERITE FORM	STEM	PAST SUBJUNCTIVE
dar	dieron	die-	diera, dieras, diéramos
decir	dijeron	dije-	dijera, dijeras, dijéramos
estar	estuvieron	estuvie-	estuviera, estuvieras, estuviéramos
hacer	hicieron	hicie-	hiciera, hicieras, hiciéramos
ir/ser	fueron	fue-	fuera, fueras, fuéramos
poder	pudieron	pudie-	pudiera, pudieras, pudiéramos
poner	pusieron	pusie-	pusiera, pusieras, pusiéramos
querer	quisieron	quisie-	quisiera, quisieras, quisiéramos
saber	supieron	supie-	supiera, supieras, supiéramos
tener	tuvieron	tuvie-	tuviera, tuvieras, tuviéramos
venir	vinieron	vinie-	viniera, vinieras, viniéramos

Práctica

1 Conversaciones Completa los minidiálogos con el pretérito imperfecto de subjuntivo de los verbos.

PACO ¿Qué le dijo el consejero a Andrés? Quisiera saberlo.

JULIA Le aconsejó que (1) _____ [dejar] los estudios de arte y que (2) _____ [estudiar] una carrera que (3) _____ [pagar] mejor.

PACO Siempre el dinero. ¿No se enojó Andrés de que le (4) _____ [aconsejar] eso?

JULIA Sí, y le dijo que no creía que ninguna carrera le (5) _____ [ir] a gustar más.

• • •

EVA Qué lástima que ellos no te (6) _____ [ofrecer] el puesto de gerente.

LUIS Querían a alguien que (7) _____ [tener] más experiencia.

EVA Pero, ¿cómo? ¿No te molestó que te (8) _____ [decir] eso?

LUIS No, porque les gustó mucho mi currículum. Me pidieron que (9) _____ [volver] en un año y (10) _____ [solicitar] el puesto otra vez.

• • •

CARLA Cuánto me alegró que tus hijas (11) _____ [venir] ayer a visitarte. ¿Cuándo se van?

ANA Bueno, yo esperaba que (12) _____ [quedarse] dos semanas, pero no pueden. Ojalá (13) _____ [poder]. Hace muchísimo tiempo que no las veo.

2 Transformar Cambia las oraciones al pasado. Sigue el modelo.

modelo

Temo que Juanita no consiga el trabajo.
Temía que Juanita no consiguiera el trabajo.

1. Esperamos que Miguel no renuncie.

2. No hay nadie que responda al anuncio.

3. Me sorprende que ellos no inviertan su dinero.

4. Te piden que no llegues tarde a la oficina.

5. Juan quiere que Marta tome el puesto de contadora.

6. Siento mucho que no tengas éxito en el trabajo.

7. Quiero que te entrevistes con esta compañía.

8. Temen que usted no firme el contrato esta mañana.

Conversación

3 **Preguntas** Con un(a) compañero/a, contesten las preguntas.

1. De pequeño/a, ¿qué querías que hicieran tus padres?
2. Cuando eras niño/a, ¿esperaban tus padres que trabajaras en una profesión específica?
3. ¿Dudaban tus profesores que tú pudieras llegar a ser lo que querías?
4. ¿Insistían tus padres en que fueras a la universidad? ¿Insistían en otras cosas?
5. ¿Qué te aconsejaron tus amigos que hicieras para tener éxito?
6. ¿Cuál esperabas que fuera tu profesión?

4 **Minidiálogos** Trabajen en parejas. Uno/a de ustedes ha comprado una casa; la otra persona es el/la gerente de la empresa responsable de las reformas (*improvements*) de la casa. El/La cliente/a llama al/a la gerente para quejarse (*to complain*). Usen estas palabras y el modelo como guía.

modelo el/la técnico/a / conectar / módem

Estudiante 1: Le pedí al técnico que conectara el módem, pero todavía no ha venido.
Estudiante 2: No se preocupe. Yo también le pedí al técnico que fuera a su casa.

1. el/la electricista / poner / electricidad
2. el/la carpintero/a / construir / balcón
3. el/la diseñador(a) / escoger / muebles
4. el/la pintor(a) / pintar / paredes

5 **Situación** Claudia dejó su puesto por la forma en que le hablaba el gerente, por el aumento que les dieron a otros empleados (¡pero no a ella!) y por el horario que no le permitía seguir con sus clases. Con un(a) compañero/a, prepara una conversación entre Claudia y el gerente.

modelo

Estudiante 1: No estoy contenta. No me dieron un aumento de sueldo.
Estudiante 2: ¿Quería usted que le diéramos un aumento? ¡No lo sabía!

Practice more!		
WB pp. 163–164	LM p. 95	vhlcentral.com

Past subjunctive of stem-changing verbs

▸ **–Ir** stem-changing verbs and other verbs with spelling changes follow a similar process to form the past subjunctive.

INFINITIVE	PRETERITE FORM	STEM	PAST SUBJUNCTIVE
preferir	prefirieron	prefirie-	prefiriera, prefirieras, prefiriéramos
repetir	repitieron	repitie-	repitiera, repitieras, repitiéramos
dormir	durmieron	durmie-	durmiera, durmieras, durmiéramos
conducir	condujeron	conduje-	condujera, condujeras, condujéramos
creer	creyeron	creye-	creyera, creyeras, creyéramos
destruir	destruyeron	destruye-	destruyera, destruyeras, destruyéramos
oír	oyeron	oye-	oyera, oyeras, oyéramos

Cuando llegaste, no creí que tuviéramos muchas cosas en común.

Me sorprendió que el año terminara tan pronto.

▸ The past subjunctive is used in the same contexts and situations as the present subjunctive, except that it generally describes actions, events, or conditions that have already happened. The verb in the main clause is usually in the preterite or the imperfect.

Me pidieron que no **llegara** tarde.
They asked me not to arrive late.

Ellos querían que yo les **escribiera**.
They wanted me to write to them.

¡ojo! **Quisiera** is often used to make polite requests.

Quisiera hablar con Marco.
I would like to speak to Marco.

¿**Quisiera** usted algo más?
Would you like anything else?

¡Manos a la obra!

Completa estas oraciones con el pretérito imperfecto de subjuntivo.

1. Quería que tú ___vinieras___ [venir] más temprano.
2. Esperábamos que ustedes _____ [hablar] mucho más en la reunión.
3. No creían que yo _____ [poder] hacerlo.
4. Se opuso a que nosotros _____ [invertir] el dinero ayer.
5. Sentí mucho que usted no _____ [estar] con nosotros anoche.
6. No era necesario que ellas _____ [hacer] todo.
7. Me pareció increíble que tú _____ [saber] dónde encontrarlo.
8. No hubo nadie que _____ [creer] tu historia.
9. Mis padres insistieron en que yo _____ [ir] a la universidad.
10. Queríamos salir antes de que ustedes _____ [llegar].

A repasar

16.1 The future tense

1 Los detalles del trabajo ¡Felicidades! Obtuviste el empleo que querías. Completa el diálogo con tu nuevo jefe sobre los detalles de tu próximo trabajo. Usa el tiempo futuro.

TÚ Gracias por ofrecerme el puesto de contador. ¿Cuándo _____ (empezar) a trabajar?

JEFE _____

TÚ ¿Cuántos días de vacaciones _____ (tener) al año?

JEFE _____

TÚ ¿Cuándo _____ (obtener) un aumento de sueldo?

JEFE _____

TÚ ¿Cuáles _____ (ser) mis beneficios?

JEFE _____

TÚ ¿_____ (Poder) tener una computadora?

JEFE _____

TÚ ¿Dónde _____ (estar) mi oficina?

JEFE _____

2 ¿Qué ocurrirá...? Completa estas frases de una manera lógica usando el tiempo futuro.

> **modelo**
> En cuanto Javier termine su especialización, él...
> obtendrá un ascenso.

1. Tan pronto como nos graduemos, nosotros...
2. Después de que el gerente me entreviste, yo...
3. En cuanto Eva llene la solicitud de trabajo, ella...
4. Hasta que obtengan un aumento de sueldo, ellos...
5. Cuando contratemos a una secretaria, ustedes...
6. Después de que te expliquen los beneficios del puesto, tú...

3 ¿Cuál será su profesión? En parejas, utilicen el futuro de probabilidad para hacerse preguntas y responder sobre la profesión que creen que tienen las personas.

> **modelo**
> **Estudiante 1:** ¿Trabajará este hombre en un banco?
> **Estudiante 2:** Creo que sí. ¿Cuántas horas trabajará?

16.2 The conditional tense

4 El gerente dijo que... Tu empresa contrató a un gerente nuevo. Lee el discurso que dio en su primer día de trabajo. Después, cuéntale a tu novio/a lo que dijo el gerente, usando el condicional.

"Habrá muchos cambios en la empresa. Mejoraré los beneficios de los trabajadores, pero no aumentaré los sueldos. Despediré a los empleados perezosos (*lazy*). Tendremos una reunión todos los lunes a las siete de la mañana. Y juntos, solucionaremos los problemas de la compañía. ¡Será un buen año!"

> **modelo**
> El gerente nuevo dijo que habría muchos cambios
> en la empresa...

5 Peticiones En parejas, túrnense para hacer preguntas y responder con la información indicada. Usen **¿Podrías...?, ¿Serías tan amable de...?** y **por favor** en sus preguntas. Contesten en forma negativa a cada petición (*request*).

> **modelo**
> darme información acerca del puesto
>
> **Estudiante 1:** ¿Podrías darme información acerca del puesto, por favor?
> **Estudiante 2:** Te la daría, pero no puedo. El gerente hablará contigo.

1. explicarme mis beneficios
2. ayudarme a escribir mi currículum
3. enviarme una solicitud de trabajo
4. decirme el sueldo que ofrecen
5. hablarnos de tu experiencia profesional
6. venir a una entrevista
7. decirme qué hora es
8. contratarme lo antes posible
9. organizar una teleconferencia
10. entrevistar al aspirante a contador

6 Situaciones En parejas, túrnense para decir qué harían en estas situaciones.

- Estás perdido/a en un país donde no hablan tu lengua. Es de noche y tu automóvil está descompuesto.
- Tu computadora no funciona y tienes que imprimir un trabajo final. Son las once de la noche y tienes que dárselo a tu profesor a las ocho de la mañana.
- Hoy es el cumpleaños de tu novio/a, pero se te olvidó. No le compraste ningún regalo.
- Estás en un restaurante y llega Javier Bardem a cenar. Se sienta en una mesa cerca de ti.

Practice more at **vhlcentral.com**.

16.3 The past subjunctive

7 Reacciones Tu hermano y tú son cantantes famosos. Pero en el pasado, su familia y sus amigos les decían que siguieran otra profesión. Escribe las reacciones que tenían.

A mis padres les molestaba mucho que	(no) escoger la profesión de cantantes
Mis mejores amigos nos insistían en que	(no) ser arquitectos
A mi abuelo le sorprendía siempre que	(no) tener éxito
Mi novia nos sugería que	(no) aprender a cantar
Los maestros nos recomendaban que	(no) ganar mucho dinero
Ustedes se alegraban de que	(no) hacer el ridículo
Tú nos decías que era muy difícil que	(no) estudiar otra especialización

8 Películas En grupos de tres, escriban sobre una película, usando el pretérito imperfecto de subjuntivo. Después, lean sus composiciones a la clase para que ellos adivinen el nombre de la película.

modelo

Willy no quería que nadie entrara a su empresa. Le daba miedo que alguien robara su receta para hacer chocolates. Por eso, contrataba a gente pequeña para que manejaran las máquinas. Un día, decidió invitar a cinco niños a que visitaran su fábrica... (*Charlie and the Chocolate Factory*)

Síntesis

9 Cambio de profesión Con un(a) compañero/a, preparen una conversación entre un(a) psicólogo/a y un(a) cocinero/a que no está contento/a con su profesión. El/La psicólogo/a escucha a la persona hablar sobre su vida y después recomienda futuras acciones. Incluyan esta información en su conversación. Luego preséntenla a la clase.

• ¿Que profesión querían tus padres que tú siguieras?
• ¿Qué especialización querías estudiar?
• ¿Cambiarías de profesión en este momento?
• ¿Cómo te sentirías si cambiaras de empleo?
• ¿Qué acciones recomienda el/la psicólogo/a para que esta persona sea más feliz?
• ¿Qué va a hacer el/la cocinero/a para encontrar una nueva ocupación?

Videoclip **Video**

1 Preparación ¿Qué sabes de El Salvador? Haz una lista de cinco elementos que esperas ver en un video sobre El Salvador.

2 El clip Mira el reportaje **Turismo a Suchitoto**.

Vocabulario	
aislado *isolated*	las artesanías *crafts*
complacer *to please*	desarrollo *development*

¿Cuál es el atractivo que tiene para usted el pueblo?

Y es que la estrategia en Suchitoto no es complacer al turista, sino permitir la expresión cultural para atraer a los turistas.

3 ¿Cierto o falso? Indica si estas oraciones son **ciertas** o **falsas**.

1. Suchitoto fue casi destruido durante la guerra civil.
2. El turismo en Suchitoto se centra en el patrimonio cultural.
3. Las artesanías son importantes en la economía de Suchitoto.
4. El gobierno no participa en el desarrollo de Suchitoto.

4 Turismo En parejas, conversen sobre estas preguntas: ¿Cómo puede ayudar el turismo a una comunidad? ¿Qué trabajos crea? ¿Crea problemas también?

Audio: Vocabulary Flashcards

Las ocupaciones

el/la abogado/a	lawyer
el actor	actor
la actriz	actress
el/la arqueólogo/a	archeologist
el/la arquitecto/a	architect
el bailarín	dancer
la bailarina	dancer
el/la bombero/a	firefighter
el/la cantante	singer
el/la carpintero/a	carpenter
el/la científico/a	scientist
el/la cocinero/a	cook; chef
el/la consejero/a	counselor; advisor
el/la contador(a)	accountant
el/la corredor(a) de bolsa	stockbroker
el/la diseñador(a)	designer
el/la electricista	electrician
el/la escritor(a)	writer
el/la escultor(a)	sculptor
el/la gerente	manager
el hombre/la mujer de negocios	businessperson
el/la jefe/a	boss
el/la maestro/a	elementary school teacher
el/la peluquero/a	hairdresser
el/la pintor(a)	painter
el/la poeta	poet
el/la político/a	politician
el/la psicólogo/a	psychologist
el/la reportero/a	reporter
el/la secretario/a	secretary
el/la técnico/a	technician

Las entrevistas

el anuncio	advertisement
el/la aspirante	candidate; applicant
los beneficios	benefits; profits
el currículum	résumé
la entrevista	interview
el/la entrevistador(a)	interviewer
el puesto	position; job
el salario	salary
la solicitud (de trabajo)	(job) application
el sueldo	salary
contratar	to hire
entrevistar	to interview
ganar	to earn
obtener	to obtain; to get
solicitar	to apply (for a job)

El mundo del trabajo

el ascenso	promotion
el aumento de sueldo	raise
la carrera	career
la compañía	company; firm
el empleo	job; employment
la empresa	company; firm
la especialización	field of study
los negocios	business; commerce
la ocupación	occupation
el oficio	trade
la profesión	profession
la reunión	meeting
el teletrabajo	telecommuting
el trabajo	job; work
la videoconferencia	videoconference
dejar	to quit; to leave behind
despedir (e:i)	to fire
invertir (e:ie)	to invest
renunciar (a)	to resign (from)
tener éxito	to be successful
comercial	commercial; business-related

Practice more at **vhlcentral.com**.

AVENTURAS EN LOS PAÍSES HISPANOS

Una mujer baila flamenco en Sevilla. El flamenco, el baile y su música, expresa las pasiones de la gente de España. Tiene raíces *(roots)* judías *(Jewish)*, árabes y africanas. Hoy es popular en todo el mundo. ¿Te gusta la música flamenca?

ESPAÑA

España

Área: 505.370 km^2 (195.124 millas^2), incluyendo las islas Baleares y las islas Canarias

Población: 47.043.000

Capital: Madrid – 5.762.000

Ciudades principales: Barcelona, Valencia, Sevilla, Zaragoza

Moneda: euro

SOURCE: Population Division, UN Secretariat & CIA World Factbook

Interactive Map Video

Lugares

Madrid: La Plaza Mayor

La Plaza Mayor de Madrid es uno de los lugares turísticos más importantes de la capital. Fue construida *(built)* en 1617 y está totalmente rodeada *(surrounded)* por edificios de tres pisos con balcones y pórticos antiguos. En la Plaza Mayor hay muchas cafeterías, donde la gente pasa el tiempo bebiendo café y hablando con amigos.

Celebraciones

La Tomatina

En Buñol, un pequeño pueblo de Valencia, la producción de tomates es un recurso económico muy importante. Cada año en agosto se celebra el festival de La Tomatina. Durante todo un día, miles de personas se tiran *(throw)* tomates. Llegan turistas de todo el mundo, y se usan varias toneladas *(tons)* de tomates.

Mar Cantábrico

La Coruña

PORTUGAL

Salamanca

Madrid ⭐

ESPAÑA

Sevilla

Estrecho de Gibraltar

Ceuta

Islas Canarias
La Palma
Tenerife
Gran Canaria
Lanzarote
Gomera
Fuerteventura
Hierro

MARRUECOS

FRANCIA

Artes

Velázquez y el Prado

El Prado, en Madrid, es uno de los museos más famosos del mundo. En el Prado hay miles de pinturas importantes, incluyendo obras *(works)* de Botticelli, de El Greco, y de los españoles Goya y Velázquez. Diego Velázquez pintó *(painted) Las Meninas* en 1656 y es su obra más famosa. Actualmente, *Las Meninas* está en el Museo del Prado.

ANDORRA

Pirineos

bastián

Zaragoza

Barcelona

Islas Baleares

Valencia

Mallorca   Menorca

Ibiza

Mar
Mediterráneo

evada

Lugares

La Universidad de Salamanca

La Universidad de Salamanca, fundada en 1218, es la más antigua *(oldest)* de España. Más de 35.000 estudiantes toman clases en esta institución. La universidad está en la ciudad de Salamanca, famosa por sus edificios *(buildings)* históricos, tales como *(such as)* los puentes *(bridges)* romanos y las catedrales góticas.

¿Qué aprendiste?

1 ¿Cierto o falso? Indica si estas oraciones son **ciertas** o **falsas**.

	Cierto	Falso
1. La moneda de España es la peseta.	———	———
2. El flamenco es un instrumento musical.	———	———
3. El flamenco es hoy popular en todo el mundo.	———	———
4. En la Plaza Mayor no hay cafeterías.	———	———
5. La Plaza Mayor fue construida en 1617.	———	———
6. En Buñol, los tomates son un recurso importante.	———	———
7. Durante La Tomatina, se tiran pelotas.	———	———
8. En el Museo del Prado hay miles de pinturas importantes.	———	———
9. *Las meninas* es la obra más famosa de Botticelli.	———	———
10. En la ciudad de Salamanca se ve la influencia del imperio romano en la arquitectura.	———	———

2 Preguntas Contesta estas preguntas con oraciones completas.

1. ¿Alguna vez has visto bailar flamenco? ¿Te gustó?

2. ¿Sabes cuál es la capital de España? ¿Conoces algún dato interesante de esa ciudad?

3. ¿Te gustaría ir al festival de La Tomatina? ¿Conoces algún otro festival o celebración fuera de lo común (*out of the ordinary*)? ¿Cuál es y dónde se celebra?

4. ¿Cuál es tu museo favorito? ¿Recuerdas alguna obra de arte que se encuentra en ese museo? ¿Cuál?

5. ¿Cuál es la universidad más antigua que conoces? ¿Sabes en qué año fue fundada?

CONEXIÓN INTERNET

Investiga estos temas en el sitio **vhlcentral.com**.

- Gastronomía de España
- Españoles célebres

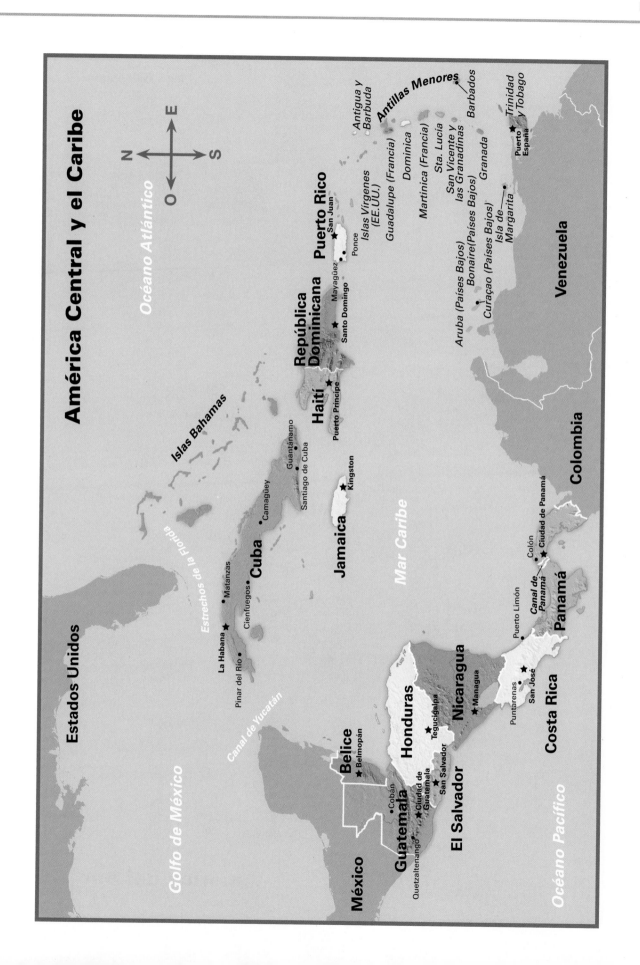

América Central y el Caribe

N · **E** · **O** · **S**

Océano Atlántico

Estados Unidos

Golfo de México

Islas Bahamas

Estrechos de la Florida

La Habana
Pinar del Río
Matanzas
Cienfuegos
Cuba
Camagüey
Santiago de Cuba
Guantánamo

Canal de Yucatán

Jamaica
Kingston

Mar Caribe

México

Belice
Belmopán

Guatemala
Quetzaltenango
Cobán
Ciudad de Guatemala

Honduras
Tegucigalpa

El Salvador
San Salvador

Nicaragua
Managua

Costa Rica
Puntarenas
San José

Puerto Limón

Colón
Ciudad de Panamá
Canal de Panamá
Panamá

Océano Pacífico

Haïtí
Puerto Príncipe

República Dominicana
Santo Domingo
Mayagüez

Puerto Rico
San Juan
Ponce

Islas Vírgenes (EE.UU.)

Antillas Menores

Antigua y Barbuda

Guadalupe (Francia)

Dominica

Martinica (Francia)

Sta. Lucía

San Vicente y las Granadinas

Barbados

Granada

Aruba (Países Bajos)
Bonaire(Países Bajos)
Curaçao (Países Bajos)

Isla de Margarita

Trinidad y Tobago
Puerto España

Venezuela

Colombia

437

América del Sur

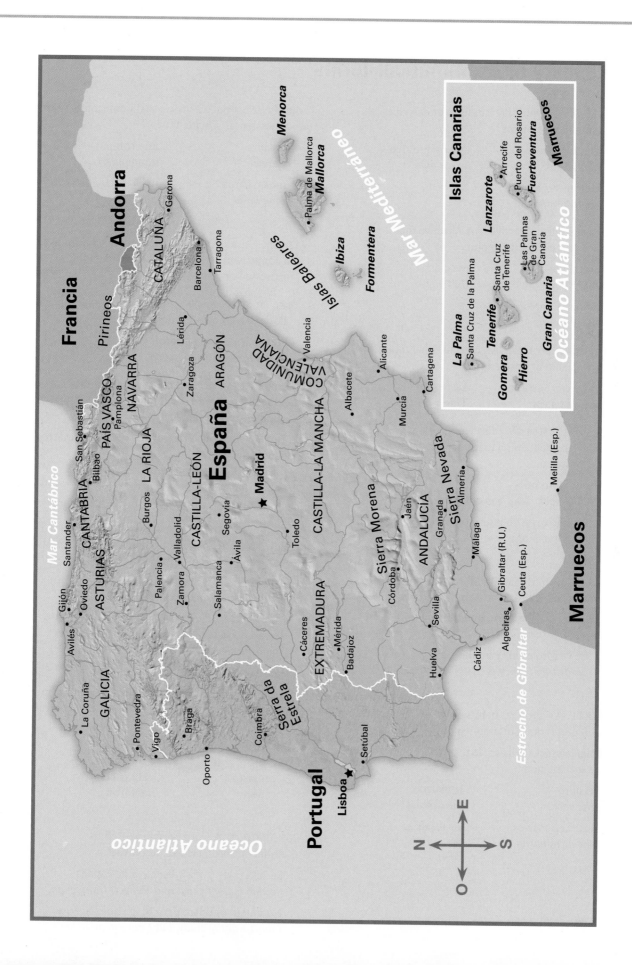

Francia
Andorra
Pirineos
CATALUÑA
Gerona
Menorca
Palma de Mallorca
Mallorca
Mar Mediterráneo
Islas Canarias
Marruecos
Lanzarote
Arrecife
Puerto del Rosario
Fuerteventura
Tarragona
Barcelona
Islas Baleares
Ibiza
Formentera
La Palma
Santa Cruz de la Palma
Tenerife
Santa Cruz de Tenerife
Las Palmas de Gran Canaria
Gomera
Hierro
Gran Canaria
Océano Atlántico
Lérida
ARAGÓN
Zaragoza
COMUNIDAD VALENCIANA
Valencia
NAVARRA
Pamplona
PAÍS VASCO
San Sebastián
Bilbao
LA RIOJA
Alicante
Cartagena
Mar Cantábrico
Santander
CANTABRIA
Burgos
CASTILLA-LEÓN
España
Madrid
Albacete
Murcia
Melilla (Esp.)
Gijón
Oviedo
ASTURIAS
Avilés
Valladolid
Segovia
Ávila
Toledo
CASTILLA-LA MANCHA
Sierra Morena
Jaén
Granada
Sierra Nevada
Almería
Málaga
Marruecos
GALICIA
La Coruña
Pontevedra
Vigo
Braga
Coimbra
Serra da Estrela
Palencia
Zamora
Salamanca
EXTREMADURA
Cáceres
Mérida
Badajoz
Córdoba
ANDALUCÍA
Sevilla
Huelva
Cádiz
Gibraltar (R.U.)
Ceuta (Esp.)
Algeciras
Estrecho de Gibraltar
Oporto
Portugal
Lisboa
Setúbal
Océano Atlántico

N
E
S
O

Glossary of Grammatical Terms

ADJECTIVE A word that modifies or describes a noun or pronoun.

muchos libros
many books

un hombre **rico**
a rich man

las mujeres **altas**
the **tall** women

Demonstrative adjective An adjective that points out a specific noun.

esta fiesta
this party

ese chico
that boy

aquellas flores
those flowers

Possessive adjective An adjective that indicates ownership or possession.

mi mejor vestido
my best dress

Éste es **mi** hermano.
This is my brother.

Stressed possessive adjective A possessive adjective that emphasizes the owner or possessor.

Es un libro **mío**.
It's my book./It's a book of mine.

Es amiga **tuya**; yo no la conozco.
She's a friend of yours; I don't know her.

ADVERB A word that modifies or describes a verb, adjective, or another adverb.

Pancho escribe **rápidamente**.
Pancho writes quickly.

Este cuadro es **muy** bonito.
This picture is very pretty.

ARTICLE A word that points out either a specific (definite) noun or a non-specific (indefinite) noun.

Definite article An article that points out a specific noun.

el libro
the book

la maleta
the suitcase

los diccionarios
the dictionaries

las palabras
the words

Indefinite article An article that points out a noun in a general, non-specific way.

un lápiz
a pencil

una computadora
a computer

unos pájaros
some birds

unas escuelas
some schools

CLAUSE A group of words that contains both a conjugated verb and a subject, either expressed or implied.

Main (or Independent) clause A clause that can stand alone as a complete sentence.

Pienso ir a cenar pronto.
I plan to go to dinner soon.

Subordinate (or Dependent) clause A clause that does not express a complete thought and therefore cannot stand alone as a sentence.

Trabajo en la cafetería **porque necesito dinero para la escuela**.
I work in the cafeteria because I need money for school.

COMPARATIVE A word or construction used with an adjective, adverb, or noun to express a comparison between two people, places, or things.

Este programa es **más interesante que** el otro.
This program is more interesting than the other one.

Tomás no es **tan alto como** Alberto.
Tomás is not as tall as Alberto.

CONJUGATION A set of the forms of a verb for a specific tense or mood or the process by which these verb forms are presented.

Preterite conjugation of **cantar**:

cant**é**	cant**amos**
cant**aste**	cant**asteis**
cant**ó**	cant**aron**

CONJUNCTION A word or phrase used to connect words, clauses, or phrases.

Susana es de Cuba **y** Pedro es de España.
Susana is from Cuba and Pedro is from Spain.

No quiero estudiar, **pero** tengo que hacerlo.
I don't want to study, but I have to do it.

CONTRACTION The joining of two words into one. The only contractions in Spanish are **al** and **del**.

Mi hermano fue **al** concierto ayer.
*My brother went **to the** concert yesterday.*

Saqué dinero **del** banco.
*I took money **from the** bank.*

DIRECT OBJECT A noun or pronoun that directly receives the action of the verb.

Tomás lee **el libro**.   **La** pagó ayer.
*Tomás reads **the book**.*   *She paid **it** yesterday.*

GENDER The grammatical categorizing of certain kinds of words, such as nouns and pronouns, as masculine, feminine, or neuter.

Masculine
articles **el**, un**o**
pronouns **él**, l**o**, mí**o**, ést**e**, és**e**, aquél
adjective simpátic**o**

Feminine
articles **la**, un**a**
pronouns ell**a**, l**a**, mí**a**, ést**a**, és**a**, aquéll**a**
adjective simpátic**a**

IMPERSONAL EXPRESSION A third-person expression with no expressed or specific subject.

Es muy importante.   **Llueve** mucho.
It's very important.   *It's raining hard.*

Aquí **se habla** español.
*Spanish **is spoken** here.*

INDIRECT OBJECT A noun or pronoun that receives the action of the verb indirectly; the object, often a living being, to or for whom an action is performed.

Eduardo **le** dio un libro **a Linda**.
*Eduardo gave a book **to Linda**.*

Carlos **me** prestó cincuenta pesos.
*Carlos lent **me** fifty pesos.*

INFINITIVE The basic form of a verb. Infinitives in Spanish end in **-ar**, **-er**, or **-ir**.

hablar   correr   abrir
to speak   *to run*   *to open*

INTERROGATIVE An adjective or pronoun used to ask a question.

¿Quién habla?   **¿Cuántos** compraste?
***Who** is speaking?*   ***How many** did you buy?*

¿Qué piensas hacer hoy?
***What** do you plan to do today?*

INVERSION Changing the word order of a sentence, often to form a question.

Statement: Elena pagó la cuenta del restaurante.

Inversion: ¿Pagó Elena la cuenta del restaurante?

MOOD A grammatical distinction of verbs that indicates whether the verb is intended to make a statement or command, or to express doubt, emotion, or a condition contrary to fact.

Imperative mood Verb forms used to make commands.

Di la verdad.   **Caminen** ustedes conmigo.
***Tell** the truth.*   ***Walk** with me.*

¡Comamos ahora!
***Let's eat** now!*

Indicative mood Verb forms used to state facts, actions, and states considered to be real.

Sé que **tienes** el dinero.
***I know** that **you have** the money.*

Subjunctive mood Verb forms used principally in subordinate (or dependent) clauses to express wishes, desires, emotions, doubts, and certain conditions, such as contrary-to-fact situations.

Prefieren que **hables** en español.
*They prefer that **you speak** in Spanish.*

Dudo que Luis **tenga** el dinero necesario.
*I doubt that Luis **has** the necessary money.*

NOUN A word that identifies people, animals, places, things, and ideas.

hombre   gato
man   *cat*

México   casa
Mexico   *house*

libertad   libro
freedom   *book*

NUMBER A grammatical term that refers to singular or plural. Nouns in Spanish and English have number. Other parts of a sentence, such as adjectives, articles, and verbs, can also have number.

Singular	Plural
una cosa	**unas** cosas
a thing	*some things*
el profesor	**los** profesores
the professor	*the professors*

NUMBERS Words that represent amounts.

Cardinal numbers Words that show specific amounts.

cinco minutos
five minutes

el año **dos mil quince**
the year 2015

Ordinal numbers Words that indicate the order of a noun in a series.

el **cuarto** jugador	la **décima** hora
the fourth player	*the tenth hour*

PAST PARTICIPLE A past form of the verb used in compound tenses. The past participle may also be used as an adjective, but it must then agree in number and gender with the word it modifies.

Han **buscado** por todas partes.
They have searched everywhere.

Yo no había **estudiado** para el examen.
I hadn't studied for the exam.

Hay una **ventana rota** en la sala.
There is a broken window in the living room.

PERSON The form of the verb or pronoun that indicates the speaker, the one spoken to, or the one spoken about. In Spanish, as in English, there are three persons: first, second, and third.

Person	Singular	Plural
1st	**yo** *I*	**nosotros/as** *we*
2nd	**tú, Ud.** *you*	**vosotros/as, Uds.** *you*
3rd	**él, ella** *he/she*	**ellos, ellas** *they*

PREPOSITION A word that describes the relationship, most often in time or space, between two other words.

Anita es **de** California.
Anita is from California.

La chaqueta está **en** el carro.
The jacket is in the car.

¿Quieres hablar **con** ella?
Do you want to talk to her?

PRESENT PARTICIPLE In English, a verb form that ends in *-ing*. In Spanish, the present participle ends in **–ndo**, and is often used with **estar** to form a progressive tense.

Mi hermana está **hablando** por teléfono ahora mismo.
My sister is talking on the phone right now.

PRONOUN A word that takes the place of a noun or nouns.

Demonstrative pronoun A pronoun that takes the place of a specific noun.

Quiero **ésta**.
I want this one.

¿Vas a comprar **ése**?
Are you going to buy that one?

Juan prefirió **aquéllos**.
Juan preferred those (over there).

Object pronoun A pronoun that functions as a direct or indirect object of the verb.

Te digo la verdad.
I'm telling you the truth.

Me lo trajo Juan.
Juan brought it to me.

Reflexive pronoun A pronoun that indicates that the action of a verb is performed by the subject on itself. These pronouns are often expressed in English with *-self: myself, yourself*, etc.

Yo **me bañé** antes de salir.
I bathed (myself) before going out.

Elena **se acostó** a las once y media.
Elena went to bed at eleven-thirty.

Relative pronoun A pronoun that connects a subordinate clause to a main clause.

El chico **que** nos escribió viene a visitarnos mañana.
*The boy **who** wrote us is coming to visit us tomorrow.*

Ya sé **lo que** tenemos que hacer.
*I already know **what** we have to do.*

Subject pronoun A pronoun that replaces the name or title of a person or thing and acts as the subject of a verb.

Tú debes estudiar más.
***You** should study more.*

Él llegó primero.
***He** arrived first.*

SUBJECT A noun or pronoun that performs the action of a verb and is often implied by the verb.

María va al supermercado.
***María** goes to the supermarket.*

(Ellos) Trabajan mucho.
***They** work hard.*

Esos **libros** son muy caros.
*Those **books** are very expensive.*

SUPERLATIVE A word or construction used with an adjective or adverb to express the highest or lowest degree of a specific quality among three or more people, places, or things.

Entre todas mis clases, ésta es la **más interesante**.
*Among all my classes, this is the **most interesting**.*

Raúl es el **menos simpático** de los chicos.
*Raúl is the **least pleasant** of the boys.*

TENSE A set of verb forms that indicates the time of an action or state: past, present, or future.

Compound tense A two-word tense made up of an auxiliary verb and a present or past participle. In Spanish, there are two auxiliary verbs: **estar** and **haber**.

En este momento, **estoy estudiando**.
*At this time, **I am studying**.*

El paquete no **ha llegado** todavía.
*The package **has** not **arrived** yet.*

Simple tense A tense expressed by a single verb form.

María **estaba** mal anoche.
*María **was** ill last night.*

Juana **hablará** con su mamá mañana.
*Juana **will speak** with her mom tomorrow.*

VERB A word that expresses actions or states of being.

Auxiliary verb A verb used with a present or past participle to form a compound tense. **Haber** is the most commonly used auxiliary verb in Spanish.

Los chicos **han** visto los elefantes.
*The children **have** seen the elephants.*

Espero que **hayas** comido.
*I hope you **have** eaten.*

Reflexive verb A verb that describes an action performed by the subject on itself and is always used with a reflexive pronoun.

Me compré un carro nuevo.
I bought myself *a new car.*

Pedro y Adela **se levantan** muy temprano.
*Pedro and Adela **get (themselves) up** very early.*

Spelling change verb A verb that undergoes a predictable change in spelling in order to reflect its actual pronunciation in the various conjugations.

practicar	c → qu	practico	practiqué
dirigir	g → j	dirijo	dirigí
almorzar	z → c	almorzó	almorcé

Stem-changing verb A verb whose stem vowel undergoes one or more predictable changes in the various conjugations.

entender (e:ie)	entiendo
pedir (e:i)	piden
dormir (o:ue, u)	duermo, durmieron

Verb Conjugation Tables

The verb lists

The list of verbs below and the model-verb tables that start on page 446 show you how to conjugate every verb taught in **AVENTURAS**. Each verb in the list is followed by a model verb conjugated according to the same pattern. The number in parentheses indicates where in the tables you can find the conjugated forms of the model verb. If you want to find out how to conjugate **divertirse**, for example, look up number 33, **sentir**, the model for verbs that follow the **e:ie** stem-change pattern.

How to use the verb tables

In the tables you will find the infinitive, present and past participles, and all the simple forms of each model verb. The formation of the compound tenses of any verb can be inferred from the table of compound tenses, pages 446–453, either by combining the past participle of the verb with a conjugated form of **haber** or combining the present participle with a conjugated form of **estar**.

abrir like vivir (3) *except* past participle is **abierto**

aburrir(se) like vivir (3)

acabar de like hablar (1)

acampar like hablar (1)

aconsejar like hablar (1)

acordar(se) (o:ue) like contar (24)

acostar(se) (o:ue) like contar (24)

adelgazar (z:c) like cruzar (37)

afeitar(se) like hablar (1)

ahorrar like hablar (1)

alegrar(se) like hablar (1)

alegrarse like hablar (1)

aliviar like hablar (1)

almorzar (o:ue) like contar (24) *except* (z:c)

alquilar like hablar (1)

apagar (g:gu) like llegar (41)

aprender like comer (2)

apurar(se) like hablar (1)

arrancar (c:qu) like tocar (43)

arreglar like hablar (1)

asistir like vivir (3)

aumentar like hablar (1)

bailar like hablar (1)

bajar(se) like hablar (1)

bañar(se) like hablar (1)

barrer like comer (2)

beber like comer (2)

brindar like hablar (1)

bucear like hablar (1)

buscar (c:qu) like tocar (43)

caer(se) (5)

calentarse (e:ie) like pensar (30)

cambiar like hablar (1)

caminar like hablar (1)

cantar like hablar (1)

casarse like hablar (1)

celebrar like hablar (1)

cenar like hablar (1)

cepillar(se) like hablar (1)

cerrar (e:ie) like pensar (30)

chocar (c:qu) like tocar (43)

cobrar like hablar (1)

cocinar like hablar (1)

comenzar (e:ie) (z:c) like empezar (26)

comer (2)

compartir like vivir (3)

comprar like hablar (1)

comprender like comer (2)

comprometerse like comer (2)

conducir (c:zc) (6)

confirmar like hablar (1)

conocer (c:zc) (35)

conseguir (e:i) (g:gu) like seguir (32)

conservar like hablar (1)

consumir like vivir (3)

contaminar like hablar (1)

contar (o:ue) (24)

controlar like hablar (1)

correr like comer (2)

costar (o:ue) like contar (24)

creer (y) (36)

cruzar (z:c) (37)

cuidar like hablar (1)

cumplir like vivir (3)

dañar like hablar (1)

dar(se) (7)

deber like comer (2)

decidir like vivir (3)

decir (e:i) (8)

dejar like hablar (1)

depositar like hablar (1)

desarrollar like hablar (1)

desayunar like hablar (1)

descansar like hablar (1)

describir like vivir (3) *except* past participle is **descrito**

descubrir like vivir (3) *except* past participle is **descubierto**

desear like hablar (1)

despedir (e:i) like pedir (29)

despertar(se) (e:ie) like pensar (30)

destruir (y) (38)

dibujar like hablar (1)

disfrutar like hablar (1)

divertirse (e:ie) like sentir (33)

divorciarse like hablar (1)

doblar like hablar (1)

doler (o:ue) like volver (34) *except* past participle is regular

dormir(se) (o:ue, u) (25)

duchar(se) like hablar (1)

dudar like hablar (1)

echar like hablar (1)

empezar (e:ie) (z:c) (26)

enamorarse like hablar (1)

encantar like hablar (1)

encontrar (o:ue) like contar (24)

enfermarse like hablar (1)

enojar(se) like hablar (1)

enseñar like hablar (1)

ensuciar like hablar (1)

entender (e:ie) (27)

entrenar(se) like hablar (1)

entrevistar like hablar (1)

enviar (envío) (39)

escalar like hablar (1)

escribir like vivir (3) *except* past participle is **escrito**

escuchar like hablar (1)

esperar like hablar (1)

esquiar (esquío) like enviar (39)

establecer (c:zc) like conocer (35)

estacionar like hablar (1)

estar (9)

estornudar like hablar (1)

estudiar like hablar (1)

evitar like hablar (1)

explicar (c:qu) like tocar (43)
faltar like hablar (1)
fascinar like hablar (1)
firmar like hablar (1)
fumar like hablar (1)
funcionar like hablar (1)
ganar like hablar (1)
gastar like hablar (1)
graduarse (gradúo) (40)
guardar like hablar (1)
gustar like hablar (1)
haber (hay) (10)
hablar (1)
hacer (11)
importar like hablar (1)
imprimir like vivir (3)
indicar (c:qu) like tocar (43)
informar like hablar (1)
insistir like vivir (3)
interesar like hablar (1)
invertir (e:ie) like sentir (33)
invitar like hablar (1)
ir(se) (12)
jubilarse like hablar (1)
jugar (u:ue) (g:gu) (28)
lastimar(se) like hablar (1)
lavar(se) like hablar (1)
leer (y) like creer (36)
levantar(se) like hablar (1)
limpiar like hablar (1)
llamar(se) like hablar (1)
llegar (g:gu) (41)
llenar like hablar (1)
llevar(se) like hablar (1)
llover (o:ue) like volver (34) *except*
  past participle is regular
mandar like hablar (1)
manejar like hablar (1)
mantenerse (e:ie) like tener (20)
maquillar(se) like hablar (1)
mejorar like hablar (1)
merendar (e:ie) like pensar (30)
mirar like hablar (1)
molestar like hablar (1)
montar like hablar (1)

morir (o:ue) like dormir (25)
  except past participle is **muerto**
mostrar (o:ue) like contar (24)
mudarse like hablar (1)
nacer (c:zc) like conocer (35)
nadar like hablar (1)
navegar (g:gu) like llegar (41)
necesitar like hablar (1)
negar (e:ie) like pensar (30)
  except (g:gu)
nevar (e:ie) like pensar (30)
obtener (e:ie) like tener (20)
odiar like hablar (1)
ofrecer (c:zc) like conocer (35)
oír (13)
olvidar like hablar (1)
pagar (g:gu) like llegar (41)
parar like hablar (1)
parecer (c:zc) like conocer (35)
pasar like hablar (1)
pasear like hablar (1)
patinar like hablar (1)
pedir (e:i) (29)
peinar(se) like hablar (1)
pensar (e:ie) (30)
perder (e:ie) like entender (27)
pescar (c:qu) like tocar (43)
pintar like hablar (1)
planchar like hablar (1)
poder (o:ue) (14)
poner(se) (15)
practicar (c:qu) like tocar (43)
preferir (e:ie) like sentir (33)
preguntar like hablar (1)
preocupar(se) like hablar (1)
preparar like hablar (1)
prestar like hablar (1)
probar(se) (o:ue) like contar (24)
prohibir like vivir (3)
proteger (g:j) (42)
quedar(se) like hablar (1)
querer (e:ie) (16)
quitar(se) like hablar (1)
recetar like hablar (1)
recibir like vivir (3)

reciclar like hablar (1)
recoger (g:j) like proteger (42)
recomendar (e:ie) like pensar (30)
recordar (o:ue) like contar (24)
reducir (c:zc) like conducir (6)
regalar like hablar (1)
regatear like hablar (1)
regresar like hablar (1)
reír(se) (e:i) (31)
relajarse like hablar (1)
renunciar like hablar (1)
repetir (e:i) like pedir (29)
resolver (o:ue) like volver (34)
respirar like hablar (1)
revisar like hablar (1)
rogar (o:ue) like contar (24)
  except (g:gu)
romper(se) like comer (2) *except*
  past participle is **roto**
saber (17)
sacar(se) (c:qu) like tocar (43)
sacudir like vivir (3)
salir (18)
seguir (e:i) (32)
sentarse (e:ie) like pensar (30)
sentir(se) (e:ie) (33)
separarse like hablar (1)
ser (19)
servir (e:i) like pedir (29)
solicitar like hablar (1)
sonar (o:ue) like contar (24)
sonreír (e:i) like reír(se) (31)
sorprender like comer (2)
subir like vivir (3)
sudar like hablar (1)
sufrir like vivir (3)
sugerir (e:ie) like sentir (33)
suponer like poner (15)
temer like comer (2)
tener (e:ie) (20)
terminar like hablar (1)
tomar like hablar (1)
torcerse (o:ue)
  like volver (34) *except* (c:z)
  and past participle is regular;
  e.g., **yo tuerzo**

toser like comer (2)
trabajar like hablar (1)
traducir (c:zc) like conducir (6)
traer (21)
transmitir like vivir (3)
tratar like hablar (1)
usar like hablar (1)
vender like comer (2)
venir (e:ie) (22)
ver (23)
vestir(se) (e:i) like pedir (29)
viajar like hablar (1)
visitar like hablar (1)
vivir (3)
volver (o:ue) (34)

Regular verbs: simple tenses

1

Infinitive	INDICATIVE						SUBJUNCTIVE		IMPERATIVE
	Present	Imperfect	Preterite	Future	Conditional		Present	Past	
hablar	hablo	hablaba	hablé	hablaré	hablaría		hable	hablara	
	hablas	hablabas	hablaste	hablarás	hablarías		hables	hablaras	habla tú (no hables)
Participles:	habla	hablaba	habló	hablará	hablaría		hable	hablara	hable Ud.
hablando	hablamos	hablábamos	hablamos	hablaremos	hablaríamos		hablemos	habláramos	hablemos
hablado	habláis	hablabais	hablasteis	hablaréis	hablaríais		habléis	hablarais	hablad (no habléis)
	hablan	hablaban	hablaron	hablarán	hablarían		hablen	hablaran	hablen Uds.

2

comer	como	comía	comí	comeré	comería		coma	comiera	
	comes	comías	comiste	comerás	comerías		comas	comieras	come tú (no comas)
Participles:	come	comía	comió	comerá	comería		coma	comiera	coma Ud.
comiendo	comemos	comíamos	comimos	comeremos	comeríamos		comamos	comiéramos	comamos
comido	coméis	comíais	comisteis	comeréis	comeríais		comáis	comierais	comed (no comáis)
	comen	comían	comieron	comerán	comerían		coman	comieran	coman Uds.

3

vivir	vivo	vivía	viví	viviré	viviría		viva	viviera	
	vives	vivías	viviste	vivirás	vivirías		vivas	vivieras	vive tú (no vivas)
Participles:	vive	vivía	vivió	vivirá	viviría		viva	viviera	viva Ud.
viviendo	vivimos	vivíamos	vivimos	viviremos	viviríamos		vivamos	viviéramos	vivamos
vivido	vivís	vivíais	vivisteis	viviréis	viviríais		viváis	vivierais	vivid (no viváis)
	viven	vivían	vivieron	vivirán	vivirían		vivan	vivieran	vivan Uds.

All verbs: compound tenses

PERFECT TENSES

INDICATIVE							SUBJUNCTIVE			
Present Perfect		**Past Perfect**		**Future Perfect**		**Conditional Perfect**		**Present Perfect**		**Past Perfect**
he	hablado	había	hablado	habré	hablado	habría	hablado	haya	hablado	hubiera
has	comido	habías	comido	habrás	comido	habrías	comido	hayas	comido	hubieras
ha	vivido	había	vivido	habrá	vivido	habría	vivido	haya	vivido	hubiera
hemos		habíamos		habremos		habríamos		hayamos		hubiéramos
habéis		habíais		habréis		habríais		hayáis		hubierais
han		habían		habrán		habrían		hayan		hubieran

(Present Perfect Subjunctive: haya, hayas, haya, hayamos, hayáis, hayan — hablado, comido, vivido)

(Past Perfect Subjunctive: hubiera, hubieras, hubiera, hubiéramos, hubierais, hubieran — hablado, comido, vivido)

PROGRESSIVE TENSES

INDICATIVE				SUBJUNCTIVE	
Present Progressive	**Past Progressive**	**Future Progressive**	**Conditional Progressive**	**Present Progressive**	**Past Progressive**
estoy	estaba	estaré	estaría	esté	estuviera
estás	estabas	estarás	estarías	estés	estuvieras
está { hablando comiendo viviendo	estaba { hablando comiendo viviendo	estará { hablando comiendo viviendo	estaría { hablando comiendo viviendo	esté { hablando comiendo viviendo	estuviera { hablando comiendo viviendo
estamos	estábamos	estaremos	estaríamos	estemos	estuviéramos
estáis	estabais	estaréis	estaríais	estéis	estuvierais
están	estaban	estarán	estarían	estén	estuvieran

Irregular verbs

		INDICATIVE					SUBJUNCTIVE		IMPERATIVE
Infinitive	**Present**	**Imperfect**	**Preterite**	**Future**	**Conditional**		**Present**	**Past**	
4 caber	**quepo**	cabía	**cupe**	**cabré**	**cabría**		**quepa**	**cupiera**	
	cabes	cabías	**cupiste**	**cabrás**	**cabrías**		**quepas**	**cupieras**	cabe tú (no **quepas**)
Participles:	cabe	cabía	**cupo**	**cabrá**	**cabría**		**quepa**	**cupiera**	**quepa** Ud.
cabiendo	cabemos	cabíamos	**cupimos**	**cabremos**	**cabríamos**		**quepamos**	**cupiéramos**	**quepamos**
cabido	cabéis	cabíais	**cupisteis**	**cabréis**	**cabríais**		**quepáis**	**cupierais**	cabed (no **quepáis**)
	caben	cabían	**cupieron**	**cabrán**	**cabrían**		**quepan**	**cupieran**	**quepan** Uds.
5 caer(se)	**caigo**	caía	caí	caeré	caería		**caiga**	**cayera**	
	caes	caías	**caíste**	caerás	caerías		**caigas**	**cayeras**	cae tú (no **caigas**)
Participles:	cae	caía	**cayó**	caerá	caería		**caiga**	**cayera**	**caiga** Ud. (no **caiga**)
cayendo	caemos	caíamos	**caímos**	caeremos	caeríamos		**caigamos**	**cayéramos**	**caigamos**
caído	caéis	caíais	**caísteis**	caeréis	caeríais		**caigáis**	**cayerais**	caed (no **caigáis**)
	caen	caían	**cayeron**	caerán	caerian		**caigan**	**cayeran**	**caigan** Uds.
6 conducir	**conduzco**	conducía	**conduje**	conduciré	conduciría		**conduzca**	**condujera**	
(c:zc)	conduces	conducías	**condujiste**	conducirás	conducirías		**conduzcas**	**condujeras**	conduce tú (no **conduzcas**)
Participles:	conduce	conducía	**condujo**	conducirá	conduciría		**conduzca**	**condujera**	**conduzca** Ud. (no **conduzca**)
conduciendo	conducimos	conducíamos	**condujimos**	conduciremos	conduciríamos		**conduzcamos**	**condujéramos**	**conduzcamos**
conducido	conducís	conducíais	**condujisteis**	conduciréis	conduciríais		**conduzcáis**	**condujerais**	conducid (no **conduzcáis**)
	conducen	conducían	**condujeron**	conducirán	conducirían		**conduzcan**	**condujeran**	**conduzcan** Uds.

Infinitive	INDICATIVE Present	Imperfect	Preterite	Future	Conditional	SUBJUNCTIVE Present	Past	IMPERATIVE
7 dar	**doy**	daba	**di**	daré	daría	**dé**	**diera**	
	das	dabas	**diste**	darás	darías	**des**	**dieras**	da tú (no **des**)
Participles:	da	daba	**dio**	dará	daría	**dé**	**diera**	**dé** Ud.
dando	damos	dábamos	**dimos**	daremos	daríamos	**demos**	**diéramos**	**demos**
dado	dais	dabais	**disteis**	daréis	daríais	**deis**	**dierais**	dad (no **deis**)
	dan	daban	**dieron**	darán	darían	**den**	**dieran**	**den** Uds.
8 decir (e:i)	**digo**	decía	**dije**	**diré**	**diría**	**diga**	**dijera**	
	dices	decías	**dijiste**	**dirás**	**dirías**	**digas**	**dijeras**	**di** tú (no **digas**)
Participles:	**dice**	decía	**dijo**	**dirá**	**diría**	**diga**	**dijera**	**diga** Ud.
diciendo	decimos	decíamos	**dijimos**	**diremos**	**diríamos**	**digamos**	**dijéramos**	**digamos**
dicho	decís	decíais	**dijisteis**	**diréis**	**diríais**	**digáis**	**dijerais**	decid (no **digáis**)
	dicen	decían	**dijeron**	**dirán**	**dirían**	**digan**	**dijeran**	**digan** Uds.
9 estar	**estoy**	estaba	**estuve**	estaré	estaría	esté	estuviera	
	estás	estabas	**estuviste**	estarás	estarías	estés	estuvieras	está tú (no estés)
Participles:	está	estaba	**estuvo**	estará	estaría	esté	estuviera	esté Ud.
estando	estamos	estábamos	**estuvimos**	estaremos	estaríamos	estemos	estuviéramos	estemos
estado	estáis	estabais	**estuvisteis**	estaréis	estaríais	estéis	estuvierais	estad (no estéis)
	están	estaban	**estuvieron**	estarán	estarían	estén	estuvieran	estén Uds.
10 haber	**he**	había	**hube**	**habré**	**habría**	**haya**	**hubiera**	
	has	habías	**hubiste**	**habrás**	**habrías**	**hayas**	**hubieras**	
Participles:	**ha**	había	**hubo**	**habrá**	**habría**	**haya**	**hubiera**	
habiendo	**hemos**	habíamos	**hubimos**	**habremos**	**habríamos**	**hayamos**	**hubiéramos**	
habido	**habéis**	habíais	**hubisteis**	**habréis**	**habríais**	**hayáis**	**hubierais**	
	han	habían	**hubieron**	**habrán**	**habrían**	**hayan**	**hubieran**	
11 hacer	**hago**	hacía	**hice**	**haré**	**haría**	**haga**	**hiciera**	
	haces	hacías	**hiciste**	**harás**	**harías**	**hagas**	**hicieras**	**haz** tú (no **hagas**)
Participles:	hace	hacía	**hizo**	**hará**	**haría**	**haga**	**hiciera**	**haga** Ud.
haciendo	hacemos	hacíamos	**hicimos**	**haremos**	**haríamos**	**hagamos**	**hiciéramos**	**hagamos**
hecho	hacéis	hacíais	**hicisteis**	**haréis**	**haríais**	**hagáis**	**hicierais**	haced (no **hagáis**)
	hacen	hacían	**hicieron**	**harán**	**harían**	**hagan**	**hicieran**	**hagan** Uds.
12 ir	**voy**	**iba**	**fui**	iré	iría	**vaya**	**fuera**	
	vas	**ibas**	**fuiste**	irás	irías	**vayas**	**fueras**	**ve** tú (no **vayas**)
Participles:	**va**	**iba**	**fue**	irá	iría	**vaya**	**fuera**	**vaya** Ud.
yendo	**vamos**	**íbamos**	**fuimos**	iremos	iríamos	**vayamos**	**fuéramos**	**vamos**
ido	**vais**	**ibais**	**fuisteis**	iréis	iríais	**vayáis**	**fuerais**	id (no **vayáis**)
	van	**iban**	**fueron**	irán	irían	**vayan**	**fueran**	**vayan** Uds.
13 oír (y)	**oigo**	oía	**oí**	oiré	oiría	**oiga**	**oyera**	
	oyes	oías	**oíste**	oirás	oirías	**oigas**	**oyeras**	**oye** tú (no **oigas**)
Participles:	**oye**	oía	**oyó**	oirá	oiría	**oiga**	**oyera**	**oiga** Ud.
oyendo	**oímos**	oíamos	**oímos**	oiremos	oiríamos	**oigamos**	**oyéramos**	**oigamos**
oído	**oís**	oíais	**oísteis**	oiréis	oiríais	**oigáis**	**oyerais**	oíd (no **oigáis**)
	oyen	oían	**oyeron**	oirán	oirían	**oigan**	**oyeran**	**oigan** Uds.

Infinitive	INDICATIVE					SUBJUNCTIVE		IMPERATIVE
	Present	Imperfect	Preterite	Future	Conditional	Present	Past	
14 poder (o:ue)	puedo	podía	pude	podré	podría	pueda	pudiera	
	puedes	podías	pudiste	podrás	podrías	puedas	pudieras	puede tú (no puedas)
	puede	podía	pudo	podrá	podría	pueda	pudiera	pueda Ud.
Participles:	podemos	podíamos	pudimos	podremos	podríamos	podamos	pudiéramos	podamos
pudiendo	podéis	podíais	pudisteis	podréis	podríais	podáis	pudierais	poded (no podáis)
podido	pueden	podían	pudieron	podrán	podrían	puedan	pudieran	puedan Uds.
15 poner	pongo	ponía	puse	pondré	pondría	ponga	pusiera	
	pones	ponías	pusiste	pondrás	pondrías	pongas	pusieras	pon tú (no pongas)
	pone	ponía	puso	pondrá	pondría	ponga	pusiera	ponga Ud.
Participles:	ponemos	poníamos	pusimos	pondremos	pondríamos	pongamos	pusiéramos	pongamos
poniendo	ponéis	poníais	pusisteis	pondréis	pondríais	pongáis	pusierais	poned (no pongáis)
puesto	ponen	ponían	pusieron	pondrán	pondrían	pongan	pusieran	pongan Uds.
16 querer (e:ie)	quiero	quería	quise	querré	querría	quiera	quisiera	
	quieres	querías	quisiste	querrás	querrías	quieras	quisieras	quiere tú (no quieras)
	quiere	quería	quiso	querrá	querría	quiera	quisiera	quiera Ud.
Participles:	queremos	queríamos	quisimos	querremos	querríamos	queramos	quisiéramos	queramos
queriendo	queréis	queríais	quisisteis	querréis	querríais	queráis	quisierais	quered (no queráis)
querido	quieren	querían	quisieron	querrán	querrían	quieran	quisieran	quieran Uds.
17 saber	sé	sabía	supe	sabré	sabría	sepa	supiera	
	sabes	sabías	supiste	sabrás	sabrías	sepas	supieras	sabe tú (no sepas)
	sabe	sabía	supo	sabrá	sabría	sepa	supiera	sepa Ud.
Participles:	sabemos	sabíamos	supimos	sabremos	sabríamos	sepamos	supiéramos	sepamos
sabiendo	sabéis	sabíais	supisteis	sabréis	sabríais	sepáis	supierais	sabed (no sepáis)
sabido	saben	sabían	supieron	sabrán	sabrían	sepan	supieran	sepan Uds.
18 salir	salgo	salía	salí	saldré	saldría	salga	saliera	
	sales	salías	saliste	saldrás	saldrías	salgas	salieras	sal tú (no salgas)
	sale	salía	salió	saldrá	saldría	salga	saliera	salga Ud.
Participles:	salimos	salíamos	salimos	saldremos	saldríamos	salgamos	saliéramos	salgamos
saliendo	salís	salíais	salisteis	saldréis	saldríais	salgáis	salierais	salid (no salgáis)
salido	salen	salían	salieron	saldrán	saldrían	salgan	salieran	salgan Uds.
19 ser	soy	era	fui	seré	sería	sea	fuera	
	eres	eras	fuiste	serás	serías	seas	fueras	sé tú (no seas)
	es	era	fue	será	sería	sea	fuera	sea Ud.
Participles:	somos	éramos	fuimos	seremos	seríamos	seamos	fuéramos	seamos
siendo	sois	erais	fuisteis	seréis	seríais	seáis	fuerais	sed (no seáis)
sido	son	eran	fueron	serán	serían	sean	fueran	sean Uds.
20 tener (e:ie)	tengo	tenía	tuve	tendré	tendría	tenga	tuviera	
	tienes	tenías	tuviste	tendrás	tendrías	tengas	tuvieras	ten tú (no tengas)
	tiene	tenía	tuvo	tendrá	tendría	tenga	tuviera	tenga Ud.
Participles:	tenemos	teníamos	tuvimos	tendremos	tendríamos	tengamos	tuviéramos	tengamos
teniendo	tenéis	teníais	tuvisteis	tendréis	tendríais	tengáis	tuvierais	tened (no tengáis)
tenido	tienen	tenían	tuvieron	tendrán	tendrían	tengan	tuvieran	tengan Uds.

21. traer
Participles: **trayendo**, **traído**

Infinitive	INDICATIVE					SUBJUNCTIVE		IMPERATIVE
	Present	Imperfect	Preterite	Future	Conditional	Present	Past	
traer	**traigo**	traía	**traje**	traeré	traería	**traiga**	**trajera**	
	traes	traías	**trajiste**	traerás	traerías	**traigas**	**trajeras**	trae tú (no **traigas**)
	trae	traía	**trajo**	traerá	traería	**traiga**	**trajera**	**traiga** Ud.
	traemos	traíamos	**trajimos**	traeremos	traeríamos	**traigamos**	**trajéramos**	**traigamos**
	traéis	traíais	**trajisteis**	traeréis	traeríais	**traigáis**	**trajerais**	traed (no **traigáis**)
	traen	traían	**trajeron**	traerán	traerían	**traigan**	**trajeran**	**traigan** Uds.

22. venir (e:ie)
Participles: **viniendo**, venido

Infinitive	INDICATIVE					SUBJUNCTIVE		IMPERATIVE
	Present	Imperfect	Preterite	Future	Conditional	Present	Past	
venir	**vengo**	venía	**vine**	**vendré**	**vendría**	**venga**	**viniera**	
	vienes	venías	**viniste**	**vendrás**	**vendrías**	**vengas**	**vinieras**	ven tú (no **vengas**)
	viene	venía	**vino**	**vendrá**	**vendría**	**venga**	**viniera**	**venga** Ud.
	venimos	veníamos	**vinimos**	**vendremos**	**vendríamos**	**vengamos**	**viniéramos**	**vengamos**
	venís	veníais	**vinisteis**	**vendréis**	**vendríais**	**vengáis**	**vinierais**	venid (no **vengáis**)
	vienen	venían	**vinieron**	**vendrán**	**vendrían**	**vengan**	**vinieran**	**vengan** Uds.

23. ver
Participles: **viendo**, **visto**

Infinitive	INDICATIVE					SUBJUNCTIVE		IMPERATIVE
	Present	Imperfect	Preterite	Future	Conditional	Present	Past	
ver	**veo**	**veía**	**vi**	veré	vería	**vea**	**viera**	
	ves	**veías**	**viste**	verás	verías	**veas**	**vieras**	ve tú (no **veas**)
	ve	**veía**	**vio**	verá	vería	**vea**	**viera**	**vea** Ud.
	vemos	**veíamos**	**vimos**	veremos	veríamos	**veamos**	**viéramos**	**veamos**
	veis	**veíais**	**visteis**	veréis	veríais	**veáis**	**vierais**	ved (no **veáis**)
	ven	**veían**	**vieron**	verán	verían	**vean**	**vieran**	**vean** Uds.

Stem-changing verbs

24. contar (o:ue)
Participles: contando, contado

Infinitive	INDICATIVE					SUBJUNCTIVE		IMPERATIVE
	Present	Imperfect	Preterite	Future	Conditional	Present	Past	
contar	**cuento**	contaba	conté	contaré	contaría	**cuente**	contara	
	cuentas	contabas	contaste	contarás	contarías	**cuentes**	contaras	**cuenta** tú (no **cuentes**)
	cuenta	contaba	contó	contará	contaría	**cuente**	contara	**cuente** Ud.
	contamos	contábamos	contamos	contaremos	contaríamos	contemos	contáramos	contemos
	contáis	contabais	contasteis	contaréis	contaríais	contéis	contarais	contad (no contéis)
	cuentan	contaban	contaron	contarán	contarían	**cuenten**	contaran	**cuenten** Uds.

25. dormir (o:ue)
Participles: **durmiendo**, dormido

Infinitive	INDICATIVE					SUBJUNCTIVE		IMPERATIVE
	Present	Imperfect	Preterite	Future	Conditional	Present	Past	
dormir	**duermo**	dormía	dormí	dormiré	dormiría	**duerma**	**durmiera**	
	duermes	dormías	dormiste	dormirás	dormirías	**duermas**	**durmieras**	**duerme** tú (no **duermas**)
	duerme	dormía	**durmió**	dormirá	dormiría	**duerma**	**durmiera**	**duerma** Ud.
	dormimos	dormíamos	dormimos	dormiremos	dormiríamos	**durmamos**	**durmiéramos**	**durmamos**
	dormís	dormíais	dormisteis	dormiréis	dormiríais	**durmáis**	**durmierais**	dormid (no **durmáis**)
	duermen	dormían	**durmieron**	dormirán	dormirían	**duerman**	**durmieran**	**duerman** Uds.

26. empezar (e:ie) (z:c)
Participles: empezando, empezado

Infinitive	INDICATIVE					SUBJUNCTIVE		IMPERATIVE
	Present	Imperfect	Preterite	Future	Conditional	Present	Past	
empezar	**empiezo**	empezaba	**empecé**	empezaré	empezaría	**empiece**	empezara	
	empiezas	empezabas	empezaste	empezarás	empezarías	**empieces**	empezaras	**empieza** tú (no **empieces**)
	empieza	empezaba	empezó	empezará	empezaría	**empiece**	empezara	**empiece** Ud.
	empezamos	empezábamos	empezamos	empezaremos	empezaríamos	**empecemos**	empezáramos	**empecemos**
	empezáis	empezabais	empezasteis	empezaréis	empezaríais	**empecéis**	empezarais	empezad (no **empecéis**)
	empiezan	empezaban	empezaron	empezarán	empezarían	**empiecen**	empezaran	**empiecen** Uds.

27 — entender (e:ie) — Participles: entendiendo, entendido

	INDICATIVE					SUBJUNCTIVE		IMPERATIVE
Infinitive	Present	Imperfect	Preterite	Future	Conditional	Present	Past	
entender (e:ie)	entiendo	entendía	entendí	entenderé	entendería	entienda	entendiera	
	entiendes	entendías	entendiste	entenderás	entenderías	entiendas	entendieras	entiende tú (no entiendas)
	entiende	entendía	entendió	entenderá	entendería	entienda	entendiera	entienda Ud.
Participles:	entendemos	entendíamos	entendimos	entenderemos	entenderíamos	entendamos	entendiéramos	entendamos
entendiendo	entendéis	entendíais	entendisteis	entenderéis	entenderíais	entendáis	entendierais	entended (no entendáis)
entendido	entienden	entendían	entendieron	entenderán	entenderían	entiendan	entendieran	entiendan Uds.

28 — jugar (u:ue) (g:gu) — Participles: jugando, jugado

	INDICATIVE					SUBJUNCTIVE		IMPERATIVE
Infinitive	Present	Imperfect	Preterite	Future	Conditional	Present	Past	
jugar (u:ue) (g:gu)	juego	jugaba	jugué	jugaré	jugaría	juegue	jugara	
	juegas	jugabas	jugaste	jugarás	jugarías	juegues	jugaras	juega tú (no juegues)
	juega	jugaba	jugó	jugará	jugaría	juegue	jugara	juegue Ud.
Participles:	jugamos	jugábamos	jugamos	jugaremos	jugaríamos	juguemos	jugáramos	juguemos
jugando	jugáis	jugabais	jugasteis	jugaréis	jugaríais	juguéis	jugarais	jugad (no juguéis)
jugado	juegan	jugaban	jugaron	jugarán	jugarían	jueguen	jugaran	jueguen Uds.

29 — pedir (e:i) — Participles: pidiendo, pedido

	INDICATIVE					SUBJUNCTIVE		IMPERATIVE
Infinitive	Present	Imperfect	Preterite	Future	Conditional	Present	Past	
pedir (e:i)	pido	pedía	pedí	pediré	pediría	pida	pidiera	
	pides	pedías	pediste	pedirás	pedirías	pidas	pidieras	pide tú (no pidas)
	pide	pedía	pidió	pedirá	pediría	pida	pidiera	pida Ud.
Participles:	pedimos	pedíamos	pedimos	pediremos	pediríamos	pidamos	pidiéramos	pidamos
pidiendo	pedís	pedíais	pedisteis	pediréis	pediríais	pidáis	pidierais	pedid (no pidáis)
pedido	piden	pedían	pidieron	pedirán	pedirían	pidan	pidieran	pidan Uds.

30 — pensar (e:ie) — Participles: pensando, pensado

	INDICATIVE					SUBJUNCTIVE		IMPERATIVE
Infinitive	Present	Imperfect	Preterite	Future	Conditional	Present	Past	
pensar (e:ie)	pienso	pensaba	pensé	pensaré	pensaría	piense	pensara	
	piensas	pensabas	pensaste	pensarás	pensarías	pienses	pensaras	piensa tú (no pienses)
	piensa	pensaba	pensó	pensará	pensaría	piense	pensara	piense Ud.
Participles:	pensamos	pensábamos	pensamos	pensaremos	pensaríamos	pensemos	pensáramos	pensemos
pensando	pensáis	pensabais	pensasteis	pensaréis	pensaríais	penséis	pensarais	pensad (no penséis)
pensado	piensan	pensaban	pensaron	pensarán	pensarían	piensen	pensaran	piensen Uds.

31 — reír(se) (e:i) — Participles: riendo, reído

	INDICATIVE					SUBJUNCTIVE		IMPERATIVE
Infinitive	Present	Imperfect	Preterite	Future	Conditional	Present	Past	
reír(se) (e:i)	río	reía	reí	reiré	reiría	ría	riera	
	ríes	reías	reíste	reirás	reirías	rías	rieras	ríe tú (no rías)
	ríe	reía	rió	reirá	reiría	ría	riera	ría Ud.
Participles:	reímos	reíamos	reímos	reiremos	reiríamos	riamos	riéramos	riamos
riendo	reís	reíais	reísteis	reiréis	reiríais	riáis	rierais	reíd (no riáis)
reído	ríen	reían	rieron	reirán	reirían	rían	rieran	rían Uds.

32 — seguir (e:i) (g:gu) — Participles: siguiendo, seguido

	INDICATIVE					SUBJUNCTIVE		IMPERATIVE
Infinitive	Present	Imperfect	Preterite	Future	Conditional	Present	Past	
seguir (e:i) (g:gu)	sigo	seguía	seguí	seguiré	seguiría	siga	siguiera	
	sigues	seguías	seguiste	seguirás	seguirías	sigas	siguieras	sigue tú (no sigas)
	sigue	seguía	siguió	seguirá	seguiría	siga	siguiera	siga Ud.
Participles:	seguimos	seguíamos	seguimos	seguiremos	seguiríamos	sigamos	siguiéramos	sigamos
siguiendo	seguís	seguíais	seguisteis	seguiréis	seguiríais	sigáis	siguierais	seguid (no sigáis)
seguido	siguen	seguían	siguieron	seguirán	seguirían	sigan	siguieran	sigan Uds.

33 — sentir (e:ie) — Participles: sintiendo, sentido

	INDICATIVE					SUBJUNCTIVE		IMPERATIVE
Infinitive	Present	Imperfect	Preterite	Future	Conditional	Present	Past	
sentir (e:ie)	siento	sentía	sentí	sentiré	sentiría	sienta	sintiera	
	sientes	sentías	sentiste	sentirás	sentirías	sientas	sintieras	siente tú (no sientas)
	siente	sentía	sintió	sentirá	sentiría	sienta	sintiera	sienta Ud.
Participles:	sentimos	sentíamos	sentimos	sentiremos	sentiríamos	sintamos	sintiéramos	sintamos
sintiendo	sentís	sentíais	sentisteis	sentiréis	sentiríais	sintáis	sintierais	sentid (no sintáis)
sentido	sienten	sentían	sintieron	sentirán	sentirían	sientan	sintieran	sientan Uds.

34

Infinitive	INDICATIVE					SUBJUNCTIVE		IMPERATIVE
	Present	Imperfect	Preterite	Future	Conditional	Present	Past	
volver (o:ue)	**vuelvo**	volvía	volví	volveré	volvería	**vuelva**	volviera	
	vuelves	volvías	volviste	volverás	volverías	**vuelvas**	volvieras	**vuelve** tú (no **vuelvas**)
	vuelve	volvía	volvió	volverá	volvería	**vuelva**	volviera	**vuelva** Ud.
Participles:	volvemos	volvíamos	volvimos	volveremos	volveríamos	volvamos	volviéramos	volvamos
volviendo	volvéis	volvíais	volvisteis	volveréis	volveríais	volváis	volvierais	volved (no volváis)
vuelto	**vuelven**	volvían	volvieron	volverán	volverían	**vuelvan**	volvieran	**vuelvan** Uds.

Verbs with spelling changes only

35

Infinitive	INDICATIVE					SUBJUNCTIVE		IMPERATIVE
	Present	Imperfect	Preterite	Future	Conditional	Present	Past	
conocer (c:zc)	**conozco**	conocía	conocí	conoceré	conocería	**conozca**	conociera	
	conoces	conocías	conociste	conocerás	conocerías	**conozcas**	conocieras	conoce tú (no **conozcas**)
	conoce	conocía	conoció	conocerá	conocería	**conozca**	conociera	**conozca** Ud.
Participles:	conocemos	conocíamos	conocimos	conoceremos	conoceríamos	**conozcamos**	conociéramos	**conozcamos**
conociendo	conocéis	conocíais	conocisteis	conoceréis	conoceríais	**conozcáis**	conocierais	conoced (no **conozcáis**)
conocido	conocen	conocían	conocieron	conocerán	conocerían	**conozcan**	conocieran	**conozcan** Uds.

36

Infinitive	INDICATIVE					SUBJUNCTIVE		IMPERATIVE
	Present	Imperfect	Preterite	Future	Conditional	Present	Past	
creer (y)	creo	creía	**creí**	creeré	creería	crea	**creyera**	
	crees	creías	**creíste**	creerás	creerías	creas	**creyeras**	cree tú (no creas)
	cree	creía	**creyó**	creerá	creería	crea	**creyera**	crea Ud.
Participles:	creemos	creíamos	**creímos**	creeremos	creeríamos	creamos	**creyéramos**	creamos
creyendo	creéis	creíais	**creísteis**	creeréis	creeríais	creáis	**creyerais**	creed (no creáis)
creído	creen	creían	**creyeron**	creerán	creerían	crean	**creyeran**	crean Uds.

37

Infinitive	INDICATIVE					SUBJUNCTIVE		IMPERATIVE
	Present	Imperfect	Preterite	Future	Conditional	Present	Past	
cruzar (z:c)	cruzo	cruzaba	**crucé**	cruzaré	cruzaría	**cruce**	cruzara	
	cruzas	cruzabas	cruzaste	cruzarás	cruzarías	**cruces**	cruzaras	cruza tú (no **cruces**)
	cruza	cruzaba	cruzó	cruzará	cruzaría	**cruce**	cruzara	**cruce** Ud.
Participles:	cruzamos	cruzábamos	cruzamos	cruzaremos	cruzaríamos	**crucemos**	cruzáramos	**crucemos**
cruzando	cruzáis	cruzabais	cruzasteis	cruzaréis	cruzaríais	**crucéis**	cruzarais	cruzad (no **crucéis**)
cruzado	cruzan	cruzaban	cruzaron	cruzarán	cruzarían	**crucen**	cruzaran	**crucen** Uds.

38

Infinitive	INDICATIVE					SUBJUNCTIVE		IMPERATIVE
	Present	Imperfect	Preterite	Future	Conditional	Present	Past	
destruir (y)	**destruyo**	destruía	destruí	destruiré	destruiría	destruya	**destruyera**	
	destruyes	destruías	destruiste	destruirás	destruirías	destruyas	**destruyeras**	**destruye** tú (no **destruyas**)
	destruye	destruía	**destruyó**	destruirá	destruiría	destruya	**destruyera**	**destruya** Ud.
Participles:	destruimos	destruíamos	destruimos	destruiremos	destruiríamos	destruyamos	**destruyéramos**	**destruyamos**
destruyendo	destruís	destruíais	destruisteis	destruiréis	destruiríais	destruyáis	**destruyerais**	destruid (no **destruyáis**)
destruido	**destruyen**	destruían	**destruyeron**	destruirán	destruirían	destruyan	**destruyeran**	**destruyan** Uds.

39

Infinitive	INDICATIVE					SUBJUNCTIVE		IMPERATIVE
	Present	Imperfect	Preterite	Future	Conditional	Present	Past	
enviar (envío)	**envío**	enviaba	envié	enviaré	enviaría	**envíe**	enviara	
	envías	enviabas	enviaste	enviarás	enviarías	**envíes**	enviaras	**envía** tú (no **envíes**)
	envía	enviaba	envió	enviará	enviaría	**envíe**	enviara	**envíe** Ud.
Participles:	enviamos	enviábamos	enviamos	enviaremos	enviaríamos	enviemos	enviáramos	enviemos
enviando	enviáis	enviabais	enviasteis	enviaréis	enviaríais	enviéis	enviarais	enviad (no **enviéis**)
enviado	**envían**	enviaban	enviaron	enviarán	enviarían	**envíen**	enviaran	**envíen** Uds.

40

Infinitive	INDICATIVE					SUBJUNCTIVE		IMPERATIVE
	Present	Imperfect	Preterite	Future	Conditional	Present	Past	
graduarse (gradúo)	gradúo	graduaba	gradué	graduaré	graduaría	gradúe	graduara	
	gradúas	graduabas	graduaste	graduarás	graduarías	gradúes	graduaras	gradúa tú (no gradúes)
	gradúa	graduaba	graduó	graduará	graduaría	gradúe	graduara	gradúe Ud.
Participles:	graduamos	graduábamos	graduamos	graduaremos	graduaríamos	graduemos	graduáramos	graduemos
graduando	graduáis	graduabais	graduasteis	graduaréis	graduaríais	graduéis	graduarais	graduad (no graduéis)
graduado	gradúan	graduaban	graduaron	graduarán	graduarían	gradúen	graduaran	gradúen Uds.

41

Infinitive	INDICATIVE					SUBJUNCTIVE		IMPERATIVE
	Present	Imperfect	Preterite	Future	Conditional	Present	Past	
llegar (g:gu)	llego	llegaba	llegué	llegaré	llegaría	llegue	llegara	
	llegas	llegabas	llegaste	llegarás	llegarías	llegues	llegaras	llega tú (no llegues)
	llega	llegaba	llegó	llegará	llegaría	llegue	llegara	llegue Ud.
Participles:	llegamos	llegábamos	llegamos	llegaremos	llegaríamos	lleguemos	llegáramos	lleguemos
llegando	llegáis	llegabais	llegasteis	llegaréis	llegaríais	lleguéis	llegarais	llegad (no lleguéis)
llegado	llegan	llegaban	llegaron	llegarán	llegarían	lleguen	llegaran	lleguen Uds.

42

Infinitive	INDICATIVE					SUBJUNCTIVE		IMPERATIVE
	Present	Imperfect	Preterite	Future	Conditional	Present	Past	
proteger (g:j)	protejo	protegía	protegí	protegeré	protegería	proteja	protegiera	
	proteges	protegías	protegiste	protegerás	protegerías	protejas	protegieras	protege tú (no protejas)
	protege	protegía	protegió	protegerá	protegería	proteja	protegiera	proteja Ud.
Participles:	protegemos	protegíamos	protegimos	protegeremos	protegeríamos	protejamos	protegiéramos	protejamos
protegiendo	protegéis	protegíais	protegisteis	protegeréis	protegeríais	protejáis	protegierais	proteged (no protejáis)
protegido	protegen	protegían	protegieron	protegerán	protegerían	protejan	protegieran	protejan Uds.

43

Infinitive	INDICATIVE					SUBJUNCTIVE		IMPERATIVE
	Present	Imperfect	Preterite	Future	Conditional	Present	Past	
tocar (c:qu)	toco	tocaba	toqué	tocaré	tocaría	toque	tocara	
	tocas	tocabas	tocaste	tocarás	tocarías	toques	tocaras	toca tú (no toques)
	toca	tocaba	tocó	tocará	tocaría	toque	tocara	toque Ud.
Participles:	tocamos	tocábamos	tocamos	tocaremos	tocaríamos	toquemos	tocáramos	toquemos
tocando	tocáis	tocabais	tocasteis	tocaréis	tocaríais	toquéis	tocarais	tocad (no toquéis)
tocado	tocan	tocaban	tocaron	tocarán	tocarían	toquen	tocaran	toquen Uds.

Guide to Vocabulary

Note on alphabetization

For purposes of alphabetization, **ch** and **ll** are not treated as separate letters, but **ñ** still follows **n**. Therefore, in this glossary you will find that **año**, for example, appears after **anuncio**.

Abbreviations used in this glossary

adj.	adjective	*form.*	formal	*poss.*	possessive
adv.	adverb	*indef.*	indefinite	*prep.*	preposition
art.	article	*interj.*	interjection	*pron.*	pronoun
conj.	conjunction	*i.o.*	indirect object	*ref.*	reflexive
def.	definite	*m.*	masculine	*sing.*	singular
d.o.	direct object	*obj.*	object	*sub.*	subject
f.	feminine	*p.p.*	past participle	*v.*	verb
fam.	familiar	*pl.*	plural		

Spanish-English

A

a *prep.* at; to **1**
  ¿A qué hora...? At what time...? **1, 9**
  a bordo aboard **1**
  a dieta on a diet **15**
  a la derecha de to the right of **2**
  a la izquierda de to the left of **2**
  a la plancha grilled **8**
  a la(s) + *time* at + *time* **1**
  a menos que unless **13**
  a menudo often **10**
  a mi nombre in my name
  a nombre de in the name of
  a plazos in installments **14**
  A sus órdenes. At your service.
  a tiempo on time **10**
  a veces sometimes **10**
  a ver let's see **2**
¡Abajo! *adv.* Down!
abeja *f.* bee
abierto/a *adj.* open **5**; *p.p.* opened **15**
abogado/a *m., f.* lawyer **16**
abrazar(se) *v.* to hug; to embrace (each other)
abrazo *m.* hug
abrigo *m.* coat **6**
abril *m.* April **5**
abrir *v.* to open **3**
abuelo/a *m., f.* grandfather; grandmother **3**
abuelos *pl.* grandparents **3**
aburrido/a *adj.* bored **5**
aburrir *v.* to bore **5**
aburrirse *v.* to get bored
acabar de (+ *inf.*) *v.* to have just (*done something*) **6**
acampar *v.* to camp **5**

accidente *m.* accident **10**
acción *f.* action
aceite *m.* oil **8**
ácido/a *adj.* acid
acompañar *v.* to go with; to accompany **14**
aconsejar *v.* to advise **12**
acontecimiento *m.* event
acordarse (de) (o:ue) *v.* to remember **7**
acostarse (o:ue) *v.* to lie down; to go to bed **7**
activo/a *adj.* active **15**
actor *m.* actor **16**
actriz *f.* actress **16**
actualidades *f., pl.* news; current events
acuático/a *adj.* aquatic **4**
adelgazar *v.* to lose weight; to slim down **15**
además (de) *adv.* furthermore; besides **10**; in addition (to)
adicional *adj.* additional
adiós *m.* goodbye **1**
adjetivo *m.* adjective
administración de empresas *f.* business administration **2**
adolescencia *f.* adolescence **9**
¿adónde? *adv.* where (to)? (*destination*) **2, 9**
aduana *f.* customs **5**
aeróbico/a *adj.* aerobic **15**
aeropuerto *m.* airport **5**
afectado/a *adj.* affected **13**
afeitarse *v.* to shave **7**
aficionado/a *adj.* fan **4**
afirmativo/a *adj.* affirmative
afueras *f., pl.* suburbs; outskirts **12**
agencia de bienes raíces *f.* real estate agency **12**
agencia de viajes *f.* travel agency **5**
agente de viajes *m., f.* travel agent **5**
agosto *m.* August **5**
agradable *adj.* pleasant

agrio/a *adj.* sour **8**
agua *f.* water **8**
  agua mineral mineral water **8**
ahora *adv.* now
  ahora mismo right now **5**
ahorrar *v.* to save money **14**
ahorros *m., pl.* savings **14**
aire *m.* air **6**
ajo *m.* garlic
al (*contraction of* **a** + **el**) **4**
  al aire libre open-air **6**
  al contado in cash **14**
  (al) este (to the) east **14**
  al fondo (de) at the end (of)
  al lado de next to; beside **2**
  (al) norte (to the) north **14**
  (al) oeste (to the) west **14**
  (al) sur (to the) south **14**
alcoba *f.* bedroom **12**
alcohol *m.* alcohol **15**
alcohólico/a *adj.* alcoholic **15**
alegrarse (de) *v.* to be happy **13**
alegre *adj.* happy **5**
alegría *f.* happiness **9**
alemán, alemana *adj.* German **3**
alérgico/a *adj.* allergic **10**
alfombra *f.* carpet; rug **12**
algo *pron.* something; anything **7**
algodón *m.* cotton **6**
alguien *pron.* someone; anyone **7**
algún, alguno/a(s) *adj.* any; some **7**
aliviar *v.* to relieve **15**
  aliviar el estrés/la tensión to relieve stress/tension **15**
allí *adv.* there **5**
  allí mismo right there **14**
almacén *m.* department store **6**
almohada *f.* pillow **12**
almorzar (o:ue) *v.* to have lunch **8**
almuerzo *m.* lunch **8**
¿Aló? *interj.* Hello? (*on the telephone*) **11**
alojamiento *m.* lodging **5**
alquilar *v.* to rent **12**
alquiler *m.* rent **12**

alternador *m.* alternator
altillo *m.* attic 12
alto/a *adj.* tall 3
aluminio *m.* aluminum 13
amable *adj.* nice; friendly 5
ama *f.* **de casa** homemaker; housekeeper 12; housewife
amarillo/a *adj.* yellow 6
amigo/a *m., f.* friend 3
amistad *f.* friendship 9
amor *m.* love 9
anaranjado/a *adj.* orange 6
animal *m.* animal 13
aniversario (de bodas) *m.* (wedding) anniversary 9
anoche *adv.* last night 6
anteayer *adv.* the day before yesterday 6
antes *adv.* before 7
  antes de *prep.* before 7
  antes (de) que *conj.* before 13
antibiótico *m.* antibiotic 10
antipático/a *adj.* unpleasant 3
anunciar *v.* to announce; to advertise
anuncio *m.* advertisement 16
año *m.* year 5
  el año pasado last year 6
apagar *v.* to turn off 11
aparato *m.* appliance 12
apartamento *m.* apartment 12
apellido *m.* last name 9
apenas *adv.* hardly; scarcely; just 10
aplaudir *v.* to applaud
apreciar *v.* to appreciate
aprender *v.* to learn 3
apurarse *v.* to hurry; to rush 15
aquel, aquella *adj.* that; those (over there) 6
aquél, aquélla *pron.* that; those (over there) 6
aquello *neuter, pron.* that; that thing; that fact 6
aquellos/as *pl. adj.* that; those (over there) 6
aquéllos/as *pl. pron.* those (ones) (over there) 6
aquí *adv.* here 1
  Aquí está... Here it is... 5
    Aquí estamos en... Here we are at/in... 2
    aquí mismo right here
árbol *m.* tree 13
archivo *m.* file 11
argentino/a *adj.* Argentine 3
armario *m.* closet 12
arqueólogo/a *m., f.* archaeologist 16
arquitecto/a *m., f.* architect 16
arrancar *v.* to start (*a car*) 11
arreglar *v.* to fix; to arrange 11; to clean up 12
arriba *adv.* up
arroz *m.* rice 8
arte *m.* art 2
artes *f., pl.* arts

artesanía *f.* craftsmanship; crafts
artículo *m.* article
artista *m., f.* artist 3
artístico/a *adj.* artistic
arveja *m.* pea 8
asado/a *adj.* roasted 8
ascenso *m.* promotion 16
ascensor *m.* elevator 5
así *adj.* like this; so (*in such a way*) 10
  así así so-so
asistir (a) *v.* to attend 3
aspiradora *f.* vacuum cleaner 12
aspirante *m., f.* candidate; applicant 16
aspirina *f.* aspirin 10
atún *m.* tuna 8
aumentar *v.* **de peso** to gain weight 15
aumento *m.* increase 16
  aumento de sueldo pay raise 16
aunque *conj.* although
autobús *m.* bus 1
automático/a *adj.* automatic 14
auto(móvil) *m.* auto(mobile) 5
autopista *f.* highway
ave *f.* bird
avenida *f.* avenue
aventura *f.* adventure
avergonzado/a *adj.* embarrassed 5
avión *m.* airplane 5
¡Ay! *interj.* Oh!
  ¡Ay, qué dolor! Oh, what pain!
ayer *adv.* yesterday 6
ayudar *v.* to help 12
ayudarse *v.* to help each other
azúcar *m.* sugar 8
azul *adj.* blue 6

B

bailar *v.* to dance 2
bailarín/bailarina *m., f.* dancer 16
baile *m.* dance
bajar *v.* to go down 11
bajar(se) de *v.* to get out of (a vehicle) 11
bajo/a *adj.* short (*in height*) 3
  bajo control under control
balcón *m.* balcony 12
ballena *f.* whale 13
ballet *m.* ballet
baloncesto *m.* basketball 4
banana *f.* banana 8
banco *m.* bank 14
banda *f.* band
bandera *f.* flag
bañarse *v.* to bathe; to take a bath 7
baño *m.* bathroom 7
barato/a *adj.* cheap 6
barco *m.* boat 5
barrer *v.* to sweep 12
  barrer el suelo to sweep the floor 12

barrio *m.* neighborhood 12
bastante *adv.* enough; quite 10; pretty
basura *f.* trash 12
baúl *m.* trunk 11
beber *v.* to drink 3
bebida *f.* drink 8
  bebida alcohólica alcoholic beverage 15
béisbol *m.* baseball 4
bellas artes *f., pl.* fine arts
belleza *f.* beauty 14
beneficio *m.* benefit; profit 16
besar(se) *v.* to kiss (each other)
beso *m.* kiss 6
biblioteca *f.* library 2
bicicleta *f.* bicycle 4
bien *adj.* good; well 1
bienestar *m.* well-being 15
¡Bienvenido(s)/a(s)! *adj.* Welcome! 1
billete *m.* paper money 8
billón trillion 6
biología *f.* biology 2
bistec *m.* steak 8
bizcocho *m.* biscuit
blanco/a *adj.* white 6
bluejeans *m., pl.* jeans 6
blusa *f.* blouse 6
boca *f.* mouth 10
boda *f.* wedding 9
boleto *m.* ticket
bolsa *f.* bag; purse 6
bombero/a *m., f.* firefighter 16
bonito/a *adj.* pretty 3
borrador *m.* eraser 2
bosque *m.* forest 13
  bosque tropical tropical forest; rainforest 13
bota *f.* boot 6
botella *f.* bottle 9
  botella de vino bottle of wine 9
botones *m., f., sing.* bellhop 5
brazo *m.* arm 10
brindar *v.* to toast (*drink*) 9
bucear *v.* to scuba dive 4
bueno... *adv.* well...
buen, bueno/a *adj.* good 3, 6
  ¡Buen viaje! Have a good trip!
  buena forma good shape (*physical*) 15
  ¡Buena idea! Good idea! 4
  Buenas noches. Good evening; Good night. 1
  Buenas tardes. Good afternoon. 1
  buenísimo extremely good
  ¿Bueno? Hello? (*on telephone*) 11
  Buenos días. Good morning. 1
bulevar *m.* boulevard
buscar *v.* to look for 2
buzón *m.* mailbox 14
  buzón de voz voicemail 11

C

caballo *m.* horse **5**
cabaña *f.* cabin **5**
cabe: no cabe duda de there's no doubt **13**
cabeza *f.* head **10**
cada *adj.* each **6**
caerse *v.* to fall **10**
café *m.* café **4**; *adj.* brown **6**; coffee **8**
cafetera *f.* coffee maker
cafetería *f.* cafeteria **2**
caído/a *p.p.* fallen **15**
caja *f.* cash register **6**
cajero/a *m., f.* cashier
  cajero automático automatic teller machine (ATM) **14**
calcetín *m.* sock **6**
calculadora *f.* calculator **11**
caldo *m.* soup
  caldo de patas beef soup
calentamiento global *m.* global warming **13**
calentarse (e:ie) *v.* to warm up **15**
calidad *f.* quality **6**
calle *f.* street **11**
calor *m.* heat **3**
caloría *f.* calorie **15**
calzar *v.* to take size … shoes **6**
cama *f.* bed **5**
cámara *f.* camera **11**
  cámara de video videocamera **11**
  cámara digital digital camera **11**
camarero/a *m., f.* waiter **8**
camarón *m.* shrimp **8**
cambiar (de) *v.* to change **9**
cambio *m.* **de moneda** currency exchange
caminar *v.* to walk **2**
camino *m.* route **11**
camión *m.* truck; bus
camisa *f.* shirt **6**
camiseta *f.* t-shirt **6**
campo *m.* countryside **5**
canadiense *adj.* Canadian **3**
canal *m.* channel (TV)
canción *f.* song
candidato/a *m., f.* candidate
cansado/a *adj.* tired **5**
cantante *m., f.* singer **16**
cantar *v.* to sing **2**
capital *f.* capital city **1**
capó *m.* (car) hood **11**
cara *f.* face **7**
caramelo *m.* caramel
carne *f.* meat **8**
  carne de res beef **8**
carnicería *f.* butcher shop **14**
caro/a *adj.* expensive **6**
carpintero/a *m., f.* carpenter **16**
carrera *f.* career **16**
carretera *f.* highway

carro *m.* car **11**
carta *f.* letter **4**; (playing) card
cartel *m.* poster
cartera *f.* wallet **6**
cartero *m.* mail carrier **14**
casa *f.* house **4**; home
casado/a *adj.* married **9**
casarse (con) *v.* to get married (to) **9**
casi *adv.* almost **10**
catorce fourteen **1**
caza *f.* hunting **13**
cebolla *f.* onion **8**
celebrar *v.* to celebrate **9**
cena *f.* dinner **8**
cenar *v.* to have dinner **8**
centro *m.* downtown **4**
  centro comercial shopping mall **6**
cepillarse los dientes/el pelo *v.* to brush one's teeth/one's hair **7**
cerámica *f.* pottery
cerca de *prep.* near **2**
cerdo *m.* pork **8**
cereales *m., pl.* cereal; grains **8**
cero zero **1**
cerrado/a *adj.* closed **5**
cerrar (e:ie) *v.* to close **4**
cerveza *f.* beer **8**
césped *m.* grass **13**
ceviche *m.* lemon-marinated fish dish
  ceviche de camarón lemon-marinated shrimp
chaleco *m.* vest
champán *m.* champagne **9**
champiñón *m.* mushroom **8**
champú *m.* shampoo **7**
chaqueta *f.* jacket **6**
chau *fam., interj.* bye **1**
cheque *m.* (bank) check **14**
  cheque de viajero traveler's check **14**
chévere *adj., fam.* terrific
chico/a *m., f.* boy/girl **1**
chino/a *adj.* Chinese
chocar (con) *v.* to run into; to crash **11**
chocolate *m.* chocolate
choque *m.* collision
chuleta *f.* chop (food) **8**
  chuleta de cerdo pork chop **8**
ciclismo *m.* cycling **4**
cielo *m.* sky **13**
cien(to) one hundred **2, 6**
  por ciento percent
ciencia *f.* science
  ciencia ficción science fiction
científico/a *m., f.* scientist **16**
cierto *m.* certain; true **13**
  es cierto it's true/certain **13**
  no es cierto it's not true/certain **13**
cifra *f.* figure
cinco five **1**
cincuenta fifty **2**
cine *m.* movie theater **4**

cinta *f.* (audio) tape
cinturón *m.* belt **6**
circulación *f.* traffic
cita *f.* date; appointment **9**
ciudad *f.* city **4**
ciudadano/a *adj.* citizen
claro que sí *fam.* of course
clase *f.* class **2**
  clase de ejercicios aeróbicos aerobics class **15**
clásico/a *adj.* classical
cliente/a *m., f.* client **6**
clínica *f.* clinic **10**
cobrar *v.* to cash a check **14**; to charge for a product or service **14**
coche *m.* car **11**
cocina *f.* kitchen **12**; stove
cocinar *v.* to cook **12**
cocinero/a *m., f.* cook, chef **16**
cola *f.* line **14**
colesterol *m.* cholesterol **15**
color *m.* color **6**
comedia *f.* comedy; play
comedor *m.* dining room **12**
comenzar (e:ie) *v.* to begin **4**
comer *v.* to eat **3**
comercial *adj.* commercial; business-related **16**
comida *f.* food; meal **8**
como *prep.* like, as **8**
¿cómo? what?; how? **1, 9**
  ¿Cómo es…? What's… like?
  ¿Cómo está usted? How are you? (form.) **1**
  ¿Cómo estás? How are you? (fam.) **1**
  ¿Cómo les fue…? *pl.* How did… go for you? **15**
  ¿Cómo se llama usted? What's your name? (form.) **1**
  ¿Cómo te llamas (tú)? What's your name? (fam.) **1**
cómoda *f.* chest of drawers **12**
cómodo/a *adj.* comfortable **5**
compañero/a de clase *m., f.* classmate **2**
compañero/a de cuarto *m., f.* roommate **2**
compañía *f.* company; firm **16**
compartir *v.* to share **3**
completamente *adv.* completely
compositor(a) *m., f.* composer
comprar *v.* to buy **2**
compras *f., pl.* purchases
  ir de compras go shopping
comprender *v.* to understand **3**
comprobar *v.* to check
comprometerse (con) *v.* to get engaged (to) **9**
computación *f.* computer science **2**
computadora *f.* computer **1, 11**
computadora portátil *f.* laptop **11**; portable computer

comunicación *f.* communication
comunicarse (con) *v.* to communicate (with)
comunidad *f.* community 1
con *prep.* with
  Con él/ella habla. This is he/she. (*on telephone*) 11
  con frecuencia *adv.* frequently 10
  Con permiso. Pardon me., Excuse me. 1
  con tal (de) que provided that 13
concierto *m.* concert
concordar *v.* to agree
concurso *m.* contest; game show
conducir *v.* to drive 8, 11
conductor(a) *m., f.* driver, chauffeur 1
conexión *f.* **inalámbrica** wireless (connection) 11
confirmar *v.* to confirm 5
  confirmar una reservación to confirm a reservation 5
congelador *m.* freezer
congestionado/a *adj.* congested; stuffed-up 10
conmigo *pron.* with me 4
conocer *v.* to know; to be acquainted with 8
conocido/a *adj.* known
conseguir (e:i) *v.* to get; to obtain 4
consejero/a *m., f.* counselor; advisor 16
consejo *m.* advice 9
conservación *f.* conservation 13
conservar *v.* to conserve 13
construir *v.* to build
consultorio *m.* doctor's office 10
consumir *v.* to consume 15
contabilidad *f.* accounting 2
contador(a) *m., f.* accountant 16
contaminación *f.* pollution 13; contamination
  contaminación del aire/del agua air/water pollution 13
contaminado/a *adj.* polluted 13
contaminar *v.* to pollute 13
contar (con) *v.* to count (on) 12
contento/a *adj.* happy; content 5
contestar *v.* to answer 2
contigo *pron.* with you
contratar *v.* to hire 16
control *m.* control
  control remoto remote control 11
controlar *v.* to control 13
conversación *f.* conversation 1
conversar *v.* to talk; to chat 2
copa *f.* wineglass 12
corazón *m.* heart 10
corbata *f.* tie 6
corredor(a) *m., f.* **de bolsa** stockbroker 16
correo *m.* post office; mail 14
  correo electrónico e-mail 4
correr *v.* to run 3
cortesía *f.* courtesy
cortinas *f., pl.* curtains 12

corto/a *adj.* short (*in length*) 6
cosa *f.* thing 1
costar (o:ue) *f.* to cost 6
cráter *m.* crater 13
creer *v.* to believe 13
  creer (en) *v.* to believe (in) 3
creído/a *p.p.* believed 15
crema de afeitar *f.* shaving cream 7
crimen *m.* crime; murder
cruzar *v.* to cross 14
cuaderno *m.* notebook 1
cuadra *f.* city block 14
cuadros *m., pl.* plaid 6
¿cuál(es)? which?; which one(s)? 2; what? 9
  ¿Cuál es la fecha de hoy? What is today's date? 5
cuando *conj.* when 7
¿cuándo? *adv.* when? 2, 9
¿cuánto(s)/a(s)? *adv.* how much?, how many? 1, 9
  ¿Cuánto cuesta...? How much does... cost? 6
  ¿Cuántos años tienes/tiene? How old are you? 3
cuarenta forty 2
cuarto *m.* room
cuarto/a *adj.* quarter 1; fourth 5
  menos cuarto quarter to (time) 1
  y cuarto quarter after (time) 1
cuarto de baño *m.* bathroom
cuatro four 1
cuatrocientos/as four hundred 6
cubano/a *adj.* Cuban 3
cubiertos *m., pl.* silverware
cubierto/a *p.p.* covered
cubrir *v.* to cover
cuchara *f.* spoon 12
cuchillo *m.* knife 12
cuello *m.* neck 10
cuenta *f.* bill 9; account 14
  cuenta corriente *f.* checking account 14
  cuenta de ahorros *f.* savings account 14
cuento *m.* story
cuerpo *m.* body 10
cuidado *m.* care 3
cuidar *v.* to take care of 13
¡Cuídense! Take care!
cultura *f.* culture
cumpleaños *m., sing.* birthday 9
cumplir años *v.* to have a birthday 9
cuñado/a *m., f.* brother-in-law; sister-in-law 3
currículum *m.* résumé 16; curriculum vitae
curso *m.* course 2

D

danza *f.* dance
dañar *v.* to damage; to break down 10

dar *v.* to give 6
  dar un consejo to give advice
  darse con *v.* to bump into; to run into
  darse prisa to hurry; to rush 15
de *prep.* of; from 1
  ¿de dónde? from where? 9
  ¿De dónde eres? *fam.* Where are you from? 1
  ¿De dónde es usted? *form.* Where are you from? 1
  ¿De parte de quién? Who is calling? (*on telephone*) 11
  ¿de quién...? whose...? (*sing.*) 1
  ¿de quiénes...? whose...? (*pl.*) 1
  de algodón (made of) cotton 6
  de aluminio (made of) aluminum 13
  de compras shopping
  de cuadros plaid 6
  de excursión hiking 4
  de hecho in fact
  de ida y vuelta round-trip 5
  de la mañana in the morning; A.M. 1
  de la noche in the evening; at night; P.M. 1
  de la tarde in the afternoon; in the early evening; P.M. 1
  de lana (made of) wool 6
  de lunares polka-dotted 6
  de mi vida of my life
  de moda in fashion 6
  De nada. You're welcome. 1
  de ninguna manera no way
  de niño/a as a child 10
  de parte de on behalf of
  de plástico (made of) plastic 13
  de rayas striped 6
  de repente suddenly 6
  de seda (made of) silk 6
  de vaqueros western (genre)
  de vez en cuando from time to time 10
  de vidrio (made of) glass 13
debajo de *prep.* below; under 2
deber (+ *inf.*) *v.* to have to (*do something*), should (*do something*) 3
  Debe ser... It must be... 6
deber *m.* responsibility; obligation
debido a due to; the fact that
débil *adj.* weak 15
decidido/a *adj.* decided
decidir *v.* to decide 3
décimo/a *adj.* tenth 5
decir *v.* to say; to tell 6
declarar *v.* to declare; to say
dedo *m.* finger 10
deforestación *f.* deforestation 13
dejar *v.* to let 12; to quit; to leave behind 16
  dejar de (+ *inf.*) to stop (*doing something*) 13
  dejar una propina to leave a tip 9

del (*contraction of* **de + el**) of the; from the

delante de *prep.* in front of **2**

delgado/a *adj.* thin **3**

delicioso/a *adj.* delicious **8**

demás *pron.* the rest

demasiado *adv.* too much **6**

dentista *m., f.* dentist **10**

dentro de *adv.* within

dependiente/a *m., f.* clerk **6**

deporte *m.* sport **4**

deportista *m.* sports person

deportivo/a *adj.* sports-related **4**

depositar *v.* to deposit **14**

derecha *f.* right **2**

   a la derecha de to the right of **2**

derecho *adj.* straight **14**

derechos *m., pl.* rights

desarrollar *v.* to develop **13**

desastre natural *m.* natural disaster

desayunar *v.* to have breakfast **8**

desayuno *m.* breakfast **8**

descafeinado/a *adj.* decaffeinated **15**

descansar *v.* to rest **2**

descompuesto/a *adj.* not working; out of order **11**

describir *v.* to describe **3**

descrito/a *p.p.* described **15**

descubierto/a *p.p.* discovered **15**

descubrir *v.* to discover **13**

desde *prep.* from **6**

desear *v.* to want; to wish **2**; to desire **12**

desempleo *m.* unemployment

desierto *m.* desert **13**

desigualdad *f.* inequality

desordenado/a *adj.* disorderly **5**

despacio *adj.* slowly

despedida *f.* farewell; goodbye

despedir (e:i) *v.* to fire **16**

despejado/a *adj.* clear (*weather*)

despertador *m.* alarm clock **7**

despertarse (e:ie) *v.* to wake up **7**

después *adv.* afterwards; then **7**

   después de after **7**

   después (de) que *conj.* after **13**

destruir *v.* to destroy **13**

detrás de *prep.* behind **2**

día *m.* day **1**

   día de fiesta holiday **9**

diario *m.* diary **1**; newspaper

   diario/a *adj.* daily **7**

dibujar *v.* to draw **2**

dibujo *m.* drawing

   dibujos animados *m., pl.* cartoons

diccionario *m.* dictionary **1**

dicho/a *p.p.* said **15**

diciembre *m.* December **5**

dictadura *f.* dictatorship

diecinueve nineteen **1**

dieciocho eighteen **1**

dieciséis sixteen **1**

diecisiete seventeen **1**

diente *m.* tooth **7**

dieta *f.* diet **15**

   dieta equilibrada balanced diet **15**

diez ten **1**

difícil *adj.* difficult **3**

¿Diga? Hello? (*on telephone*) **11**

diligencia *f.* errand **14**

dinero *m.* money **6**

dirección *f.* address **14**

director(a) *m., f.* director; (*musical*) conductor

disco *m.* disk **11**

disco compacto compact disc (CD) **11**

discriminación *f.* discrimination

discurso *m.* speech

diseñador(a) *m., f.* designer **16**

diseño *m.* design

disfrutar (de) *v.* to enjoy; to reap the benefits (of) **15**

diversión *f.* entertainment; fun activity **4**

divertido/a *adj.* fun

divertirse (e:ie) *v.* to have fun **9**

divorciado/a *adj.* divorced **9**

divorciarse (de) *v.* to get divorced (from) **9**

divorcio *m.* divorce **9**

doblar *v.* to turn **14**

doble *adj.* double

doce twelve **1**

doctor(a) *m., f.* doctor **3, 10**

documental *m.* documentary

documentos de viaje *m., pl.* travel documents

doler (o:ue) *v.* to hurt **10**

dolor *m.* ache; pain **10**

dolor de cabeza *m.* headache **10**

doméstico/a *adj.* domestic

domingo *m.* Sunday **2**

don/doña title of respect used with a person's first name **1**

donde *prep.* where

   ¿dónde? where? **1, 9**

   ¿Dónde está…? Where is…? **2**

dormir (o:ue) *v.* to sleep **4**

dormirse (o:ue) *v.* to go to sleep; to fall asleep **7**

dos two **1**

   dos veces twice; two times **6**

doscientos/as two hundred **6**

drama *m.* drama; play

dramático/a *adj.* dramatic

dramaturgo/a *m., f.* playwright

droga *f.* drug **15**

drogadicto/a *m., f.* drug addict **15**

ducha *f.* shower

ducharse *v.* to shower **7**

duda *f.* doubt **13**

dudar *v.* to doubt **13**

dueño/a *m., f.* owner **8**; landlord

dulce *adj.* sweet **8**

dulces *m., pl.* sweets; candy **9**

durante *prep.* during **7**

durar *v.* to last

E

e *conj.* (*used instead of* **y** *before words beginning with* **i** *and* **hi**) and

echar *v.* to throw

   echar una carta al buzón to put a letter in the mailbox; to mail a letter **14**

ecología *f.* ecology **13**

ecologista *adj.* ecological; ecologist **13**

economía *f.* economics

ecoturismo *m.* ecotourism **13**

ecuatoriano/a *adj.* Ecuadorian **3**

edad *f.* age

edificio *m.* building **12**

   edificio de apartamentos apartment building **12**

efectivo *m.* cash

ejercicio *m.* exercise **15**

   ejercicios aeróbicos aerobic exercises **15**

   ejercicios de estiramiento stretching exercises **15**

ejército *m.* army

el *m., sing., def. art.* the **1**

él *sub. pron.* he **1**; *adj. pron.* him

elección *f.* election

electricista *m., f.* electrician **16**

electrodoméstico *m.* electrical appliance **12**

elegante *adj. m., f.* elegant **6**

elegir *v.* to elect

ella *sub. pron.* she **1**; *obj. pron.* her

ellos/as *sub. pron.* they **1**; them

embarazada *adj.* pregnant **10**

emergencia *f.* emergency **10**

emitir *v.* to broadcast

emocionante *adj.* exciting

empezar (e:ie) *v.* to begin **4**

empleado/a *m., f.* employee **5**

empleo *m.* job; employment **16**

empresa *f.* company; firm **16**

en *prep.* in; on; at **2**

   en casa at home **7**

   en caso (de) que in case (that) **13**

   en cuanto as soon as **13**

   en efectivo in cash

   en exceso in excess; too much **15**

   en línea in-line **4**

   ¡En marcha! Let's get going!

   en mi nombre in my name

   en punto on the dot; exactly; sharp (*time*) **1**

   en qué in which; in what; how **2**

   ¿En qué puedo servirles? How can I help you? **5**

enamorado/a *adj.* **(de)** in love (with) **5**

enamorarse (de) *v.* to fall in love (with) **9**

encantado/a *adj.* pleased to meet you **1**

encantar *v.* to like very much; to love (*objects*) **7**

encima de *prep.* on top of **2**
encontrar (o:ue) *v.* to find **4**
encontrar(se) *v.* to meet (each other); to find (each other)
encuesta *f.* poll; survey
energía *f.* energy **13**
   energía nuclear nuclear energy **13**
   energía solar solar energy **13**
enero *m.* January **5**
enfermarse *v.* to get sick **10**
enfermedad *f.* illness **10**
enfermero/a *m., f.* nurse **10**
enfermo/a *adj.* sick **10**
enfrente de *adv.* opposite; facing; in front of **14**
engordar *v.* to gain weight **15**
enojado/a *adj.* mad; angry **5**
enojarse *v.* to get angry **7**
ensalada *f.* salad **8**
enseguida *adv.* right away
enseñar *v.* to teach **2**
ensuciar *v.* to get (something) dirty **12**; to dirty
entender (e:ie) *v.* to understand **4**
entonces *adv.* then **7**
entrada *f.* entrance **12**; ticket
entre *prep.* between; among **2**
entremeses *m., pl.* hors d'oeuvres **8**; appetizers
entrenarse *v.* to practice; to train **15**
entrevista *f.* interview **16**
entrevistador(a) *m., f.* interviewer **16**
entrevistar *v.* to interview **16**
envase *m.* container **13**
enviar *v.* to send **14**; to mail
equilibrado/a *adj.* balanced **15**
equipado/a *adj.* equipped
equipaje *m.* luggage **5**
equipo *m.* team **4**
equivocado/a *adj.* wrong **5**
eres you are *fam.* **1**
es you are *form.* ; he/she/it is **1**
   Es una lástima... It's a shame... **13**
   Es bueno que... It's good that... **12**
   Es de... He/She is from . . . **1**
   Es extraño... It's strange... **13**
   Es importante que... It's important that . . . **12**
   Es imposible... It's impossible... **13**
   Es improbable... It's improbable... **13**
   Es la una. It's one o'clock. **1**
   Es malo que... It's bad that... **12**
   Es mejor que... It's better that... **12**
   Es necesario que... It's necessary that... **12**
   Es obvio... It's obvious... **13**
   Es ridículo... It's ridiculous... **13**
   Es seguro... It's sure... **13**
   Es terrible... It's terrible... **13**
   Es triste... It's sad... **13**

   Es urgente que... It's urgent that... **12**
   Es verdad... It's true... **13**
esa(s) *f., adj.* that; those **6**
ésa(s) *f., pron.* those (ones) **6**
escalar *v.* to climb **4**
   escalar montañas *f., pl.* to go mountain climbing **4**
escalera *f.* stairs; stairway **12**
escoger *v.* choose
escribir *v.* to write **3**
   escribir una carta to write a letter **4**
   escribir un mensaje electrónico to write an e-mail **4**
   escribir una (tarjeta) postal to write a postcard **4**
escrito/a *p.p.* written **15**
escritor(a) *m., f.* writer **16**
escritorio *m.* desk **2**
escuchar *v.* to listen **2**
   escuchar la radio to listen to the radio
   escuchar música to listen to music
escuela *f.* school **1**
esculpir *v.* to sculpt
escultor(a) *m., f.* sculptor **16**
escultura *f.* sculpture
ese *m., sing., adj.* that **6**
ése *m., sing., pron.* that (one) **6**
eso *neuter, pron.* that; that thing **6**
esos *m., pl., adj.* those **6**
ésos *m., pl., pron.* those (ones) **6**
español *m.* Spanish (*language*) **2**
español(a) *adj.* Spanish **3**
espárragos *m., pl.* asparagus
especialización *f.* field of study **16**; specialization
espectacular *adj.* spectacular
espectáculo *m.* show
espejo *m.* mirror **7**
esperar *v.* to wait (for); to hope **2**; to wish **13**
esposo/a *m., f.* husband/wife; spouse **3**
esquí (acuático) *m.* (water) skiing **4**
esquiar *v.* to ski **4**
esquina *m.* corner **14**
está he/she/it is, you are *form.* **1**
   Está despejado. It's clear. (*weather*) **5**
   Está (muy) nublado. It's (very) cloudy. (*weather*) **5**
   Está bien. That's fine.
esta(s) *f., adj.* this; these **6**
   esta noche tonight **4**
ésta(s) *f., pron.* this (one); these (ones) **6**
   Ésta es... *f.* This is... (*introducing someone*) **1**
establecer *v.* to establish
estación *f.* station; season **5**
   estación de autobuses bus station **5**

   estación del metro subway station **5**
   estación del tren train station **5**
estacionar *v.* to park **11**
estadio *m.* stadium **2**
estado civil *m.* marital status **9**
estadounidense *adj.* from the United States **3**
estampado/a *adj.* print
estampilla *f.* stamp **14**
estante *m.* bookcase; bookshelf **12**
estar *v.* to be **2**
   estar a (veinte kilómetros) de aquí to be (20 kilometers) from here
   estar a dieta to be on a diet **15**
   estar aburrido/a to be bored **5**
   estar afectado/a (por) to be affected (by) **13**
   estar bajo control to be under control
   estar cansado/a to be tired **5**
   estar contaminado/a to be polluted **13**
   estar de acuerdo to agree
   estar de moda to be in fashion **6**
   estar de vacaciones to be on vacation **5**
   estar en buena forma to be in good shape **15**
   estar enfermo/a to be sick **10**
   estar listo/a to be ready
   estar perdido/a to be lost **14**
   estar roto/a to be broken
   estar seguro/a (de) to be sure (of) **5, 13**
   estar torcido/a to be twisted; to be sprained **10**
estatua *f.* statue
este *m.* east **14**; umm
este *m., sing., adj.* this **6**
éste *m., sing., pron.* this (one) **6**
   Éste es... *m.* This is... (*introducing someone*) **1**
estéreo *m.* stereo **11**
estilo *m.* style
estiramiento *m.* stretching **15**
esto *neuter pron.* this; this thing **6**
estómago *m.* stomach **10**
estornudar *v.* to sneeze **10**
estos *m., pl., adj.* these **6**
éstos *m., pl., pron.* these (ones) **6**
estrella *f.* star **13**
   estrella de cine *m., f.* movie star
estrés *m.* stress **15**
estudiante *m., f.* student **1, 2**
estudiantil *adj. m., f.* student
estudiar *v.* to study **2**
estufa *f.* stove **12**
estupendo/a *adj.* stupendous **5**
etapa *f.* stage **9**; step
evitar *v.* to avoid **13**
examen *m.* test; exam **2**
   examen médico physical exam **10**

excelente *adj.* excellent 5
exceso *m.* excess; too much 15
excursión *f.* hike; tour; excursion 4
excursionista *m., f.* hiker 4
éxito *m.* success 16
experiencia *f.* experience
explicar *v.* to explain 2
explorar *v.* to explore
   explorar un pueblo to explore a
    town
   explorar una ciudad to explore a
    city
expresión *f.* expression
extinción *f.* extinction 13
extranjero/a *adj.* foreign
extraño/a *adj.* strange 13

F

fábrica *f.* factory 13
fabuloso/a *adj* fabulous 5
fácil *adj.* easy 3
   facilísimo extremely easy 8
falda *f.* skirt 6
faltar *v.* to lack; to need 7
familia *f.* family 3
famoso/a *adj.* famous 16
farmacia *f.* pharmacy 10
fascinar *v.* to fascinate; to like very
   much 7
favorito/a *adj.* favorite 4
fax *m.* fax (machine) 11
febrero *m.* February 5
fecha *f.* date 5
feliz *adj.* happy 5
   ¡Felicidades! Congratulations!
    (*for an event such as a birthday*
    or anniversary)
   ¡Felicitaciones! Congratulations!
    (*for an event such as an engagement*
    or a good grade on a test)
   ¡Feliz cumpleaños! Happy
    birthday! 9
fenomenal *adj.* great 5; phenomenal
feo/a *adj.* ugly 3
festival *m.* festival
fiebre *f.* fever 10
fiesta *f.* party 9
fijo/a *adj.* set, fixed 6
fin *m.* end 4
   fin de semana weekend 4
finalmente *adv.* finally
firmar *v.* to sign (*a document*) 14
física *f.* physics 2
flan *m.* baked custard 9
flexible *adj.* flexible 15
flor *f.* flower 13
folclórico/a *adj.* folk; folkloric
folleto *m.* brochure
fondo *m.* end 12
forma *f.* shape 15
formulario *m.* form 14
foto(grafía) *f.* photograph 1

francés, francesa *adj.* French 3
frecuentemente *adv.* frequently 10
frenos *m., pl.* brakes 11
fresco/a *adj.* cool
frijoles *m., pl.* beans 8
frío *m.* cold 3
fritada *f.* fried dish (pork, fish, etc.)
frito/a *adj.* fried 8
fruta *f.* fruit 8
frutería *f.* fruit shop 14
frutilla *f.* strawberry 8
fuente de fritada *f.* platter of fried
   food
fuera *adv.* outside
fuerte *adj.* strong 15
fumar *v.* to smoke 15
   no fumar not to smoke 15
funcionar *v.* to work 11; to function
fútbol *m.* soccer 4
fútbol americano football 4
futuro/a *adj.* future 16
   en el futuro in the future

G

gafas (de sol) *f., pl.* (sun)glasses 6
gafas (oscuras) *f., pl.* (sun)glasses
galleta *f.* cookie 9
ganar *v.* to win 4; to earn (money) 16
ganga *f.* bargain 6
garaje *m.* garage; (mechanic's) repair
   shop 11; garage 12
garganta *f.* throat 10
gasolina *f.* gasoline 11
gasolinera *f.* gas station 11
gastar *v.* to spend (*money*) 6
gato/a *m., f.* cat 3
gente *f.* people 3
geografía *f.* geography 2
gerente *m., f.* manager 16
gimnasio *m.* gym, gymnasium 4
gobierno *m.* government 13
golf *m.* golf 4
gordo/a *adj.* fat 3
gracias *f., pl.* thank you; thanks 1
   Gracias por todo. Thanks for
    everything.
   Gracias una vez más. Thanks once
    again.
graduarse (de) *v.* to graduate
   (from) 9
gran; grande *adj.* great; big 3
grasa *f.* fat 15
gratis *adj.* free of charge 14
grave *adj.* grave; serious 10
gravísimo/a *adj.* extremely
   serious 13
grillo *m.* cricket
gripe *f.* flu 10
gris *adj.* gray 6
gritar *v.* to scream
guantes *m., pl.* gloves 6
guapo/a *adj.* good-looking 3

guardar *v.* to save (on a computer) 11
guerra *f.* war
guía *m., f.* guide
gustar *v.* to be pleasing to; to like 2, 7
   Me gustaría(n)... I would like 7
gusto *m.* pleasure 1
   El gusto es mío. The pleasure
    is mine. 1
   Gusto de (**+ *inf.***) It's a pleasure
    to…
   Mucho gusto. Pleased to meet you. 1

H

haber (*aux.*) *v.* to have (*done*
   something) 15
   ha sido un placer it's been a
    pleasure
habitación *f.* room 5
   habitación doble double room 5
   habitación individual single
    room 5
habitantes *m., pl.* inhabitants 13
hablar *v.* to talk; to speak 2
hacer *v.* to do; to make 4
   Hace buen tiempo. It's nice weather.
    5; The weather is good.
   Hace (mucho) calor. It's (very) hot.
    (*weather*) 5
   Hace fresco. It's cool. (*weather*) 5
   Hace (mucho) frío. It's (very) cold.
    (*weather*) 5
   Hace mal tiempo. It's bad weather.
    5; The weather is bad.
   Hace (mucho) sol. It's (very) sunny.
    (*weather*) 5
   Hace (mucho) viento. It's (very)
    windy. (*weather*) 5
   hacer cola to stand in line 14
   hacer diligencias to do errands;
    to run errands 14
   hacer ejercicio to exercise 15
   hacer ejercicios aeróbicos to do
    aerobics 15
   hacer ejercicios de estiramiento
    to do stretching exercises 15
   hacer el papel to play a role
   hacer gimnasia to work out 15
   hacer juego (con) to match 6
   hacer la cama to make the bed 12
   hacer las maletas to pack (one's
    suitcases) 5
   hacer los quehaceres domésticos
    to do household chores 12
   hacer turismo to go sightseeing 5
   hacer un viaje to take a trip 5
   hacer una excursión to go on a
    hike; to go on a tour 5
hacha *f.* ax
hacia *prep.* toward 14
hambre *f.* hunger 3
hamburguesa *f.* hamburger 8
hasta *prep.* until 6; toward

Hasta la vista. See you later. 1
Hasta luego. See you later. 1
Hasta mañana. See you tomorrow. 1
hasta que until 13
Hasta pronto. See you soon. 1
hay there is; there are 1
Hay (mucha) contaminación. It's (very) smoggy.
Hay (mucha) niebla. It's (very) foggy. 5
Hay que It is necessary that 14
No hay duda de There's no doubt 13
No hay de qué. You're welcome. 1
hecho/a *p.p.* done 15
heladería *f.* ice cream shop 14
helado/a *adj.* iced 8
helado *m.* ice cream 9
hermanastro/a *m., f.* stepbrother/stepsister 3
hermano/a *m., f.* brother/sister 3
hermano/a mayor/menor *m., f.* older/younger brother/sister 3
hermanos *m., pl.* siblings (brothers and sisters) 3
hermoso/a *adj.* beautiful 6
hierba *f.* grass 13
hijastro/a *m., f.* stepson/stepdaughter 3
hijo/a *m., f.* son/daughter 3
hijo/a único/a only child 3
hijos *m., pl.* children 3
historia *f.* history 2; story
hockey *m.* hockey 4
hogar *m.* home 12
hola *interj.* hello 1
hombre *m.* man 1
hombre de negocios businessman 16
hora *f.* hour 1
horario *m.* schedule 2
horno *m.* oven 12
horno de microondas microwave oven 12
hospital *m.* hospital 10
hotel *m.* hotel 5
hoy *adv.* today 2
hoy día nowadays
Hoy es... Today is... 2
huelga *f.* strike (labor)
hueso *m.* bone 10
huésped *m., f.* guest 5
huevo *m.* egg 8
humanidades *f., pl.* humanities
huracán *m.* hurricane

I

ida *f.* one way (*travel*)
idea *f.* idea 4
iglesia *f.* church 4
igualdad *f.* equality

igualmente *adv.* likewise 1
impermeable *m.* raincoat 6
importante *adj.* important 3
importar *v.* to be important (to); to matter 7, 12
imposible *adj.* impossible 13
impresora *f.* printer 11
imprimir *v.* to print 11
improbable *adj.* improbable 13
impuesto *m.* tax
incendio *m.* fire
increíble *adj.* incredible 5
indicar cómo llegar *v.* to give directions 14
individual *adj.* private (*room*) 5
infección *f.* infection 10
informar *v.* to inform
informe *m.* report; paper (*written work*)
ingeniero/a *m., f.* engineer 3
inglés *m.* English (*language*) 2
inglés, inglesa *adj.* English 3
insistir (en) *v.* to insist (on) 12
inspector(a) de aduanas *m., f.* customs inspector 5
inteligente *adj.* intelligent 3
intercambiar *v.* exchange
interesante *adj.* interesting 3
interesar *v.* to be interesting to; to interest 7
internacional *adj.* international
Internet *m.* Internet 11
inundación *f.* flood
invertir (e:ie) *v.* to invest 16
invierno *m.* winter 5
invitado/a *m., f.* guest (*at a function*) 9
invitar *v.* to invite; to treat 9
inyección *f.* injection 10
ir *v.* to go 4
ir a (+ inf.) to be going to do something 4
ir a la playa to go to the beach 5
ir de compras to go shopping 6
ir de excursión (a las montañas) to go for a hike (in the mountains) 4
ir de pesca to go fishing 5
ir de vacaciones to go on vacation 5
ir en autobús to go by bus 5
ir en auto(móvil) to go by car 5; to go by auto(mobile)
ir en avión to go by plane 5
ir en barco to go by ship 5
ir en metro to go by subway
ir en motocicleta to go by motorcycle 5
ir en taxi to go by taxi 5
ir en tren to go by train
irse *v.* to go away; to leave 7
italiano/a *adj.* Italian 3
izquierdo/a *adj.* left 2
a la izquierda de to the left of 2

J

jabón *m.* soap 7
jamás *adv.* never; not ever 7
jamón *m.* ham 8
japonés, japonesa *adj.* Japanese 3
jardín *m.* garden; yard 12
jefe, jefa *m., f.* boss 16
joven *adj.* young 3
joven *m., f.* youth; young person 1
joyería *f.* jewelry store 14
jubilarse *v.* to retire (*from work*) 9
juego *m.* game
jueves *m., sing.* Thursday 2
jugador(a) *m., f.* player 4
jugar (u:ue) *v.* to play 4
jugar a las cartas to play cards
jugo *m.* juice 8
jugo de fruta fruit juice 8
julio *m.* July 5
jungla *f.* jungle
junio *m.* June 5
juntos/as *adj.* together 9
juventud *f.* youth 9

K

kilómetro *m.* kilometer 11

L

la *f., sing., def. art.* the 1
la *f., sing., d.o. pron.* her, it, *form.* you 5
laboratorio *m.* laboratory 2
lago *m.* lake 13
lámpara *f.* lamp 12
lana *f.* wool 6
langosta *f.* lobster 8
lápiz *m.* pencil 1
largo/a *m.* long (*in length*) 6
las *f., pl., def. art.* the 1
las *f., pl., d.o. pron.* them; *form.* you 5
lástima *f.* shame 13
lastimarse *v.* to injure oneself 10
lastimarse el pie to injure one's foot 10
lata *f.* (*tin*) can 13
lavabo *m.* sink
lavadora *f.* washing machine 12
lavandería *f.* laundromat 14
lavaplatos *m., sing.* dishwasher 12
lavar *v.* to wash 12
lavarse *v.* to wash oneself 7
lavarse la cara to wash one's face 7
lavarse las manos to wash one's hands 7
le *sing., i.o. pron.* to/for him, her, you *form.* 6
Le presento a... I would like to introduce... to you. *form.* 1

lección *f.* lesson **1**
leche *f.* milk **8**
lechuga *f.* lettuce **8**
leer *v.* to read **3**
   leer el correo electrónico
     to read e-mail **4**
   leer el periódico to read the
     newspaper **4**
   leer una revista to read a
     magazine **4**
leído/a *p.p.* read **15**
lejos de *prep.* far from **2**
lengua *f.* language **2**
   lenguas extranjeras *f., pl.*
     foreign languages **2**
lentes de contacto *m., pl.* contact
   lenses
   lentes de sol sunglasses
lento/a *adj.* slow **11**
les *pl., i.o. pron.* to/for them,
   you *form.* **6**
letrero *m.* sign **14**
levantar *v.* to lift **15**
   levantar pesas to lift weights **15**
levantarse *v.* to get up **7**
ley *f.* law **13**
libertad *f.* liberty; freedom
libre *adj.* free **4**
librería *f.* bookstore **2**
libro *m.* book **2**
licencia de conducir *f.* driver's
   license **11**
limón *m.* lemon **8**
limpiar *v.* to clean **12**
   limpiar la casa to clean the
     house **12**
limpio/a *adj.* clean **5**
línea *f.* line **4**
listo/a *adj.* smart; ready **5**
literatura *f.* literature
llamar *v.* to call **11**
   llamar por teléfono to call on
     the phone
   llamarse to be named **7**
llanta *f.* tire **11**
llave *f.* key **5**
llegada *f.* arrival **5**
llegar *v.* to arrive **2**
llenar *v.* to fill
   llenar el tanque to fill the tank **11**
   llenar un formulario to fill out
     a form **14**
lleno/a *adj.* full **11**
llevar *v.* to carry **2**; to take; to wear **6**
   llevar una vida sana to lead
     a healthy lifestyle **15**
   llevarse bien/mal (con) to
     get along well/badly (with) **9**
llover (o:ue) *v.* to rain **5**
   Llueve. It's raining. **5**
lluvia *f.* rain
lo *m., sing. d.o. pronoun.* him, it,
   you *form.* **5**
   lo mejor the best (thing)

Lo pasamos de película. We had a
   great time.
lo peor the worst (thing)
lo que what; that; which **9**
Lo siento. I'm sorry. **1**
Lo siento muchísimo. I'm so
   sorry.
loco/a *adj.* crazy **6**
locutor(a) *m., f.* TV or radio
   announcer
lomo a la plancha *m.* grilled flank
   steak
los *m., pl., def. art.* the **1**
los *m., pl., do. pron.* them, you *form.* **5**
luchar (contra), (por) *v.* to fight; to
   struggle (against), (for)
luego *adv.* afterwards, then **7**; *adv.*
   later **1**
lugar *m.* place **4**
luna *f.* moon **13**
lunar *m.* polka dot **6**; mole
lunes *m., sing.* Monday **2**
luz *f.* light; electricity **12**

M

madrastra *f.* stepmother **3**
madre *f.* mother **3**
madurez *f.* maturity; middle age **9**
maestro/a *m., f.* teacher (*elementary
   school*) **16**
magnífico/a *adj.* magnificent **5**
maíz *m.* corn **8**
mal, malo/a *adj.* bad **3**; sick **5**
   malísimo very bad **8**
maleta *f.* suitcase **1**
mamá *f.* mom **3**
mandar *v.* to order **12**; to send **14**; to
   mail
manejar *v.* to drive **11**
manera *f.* way
mano *f.* hand **1**
   ¡Manos arriba! Hands up!
manta *f.* blanket **12**
mantener *v.* to maintain **15**
   mantenerse en forma to stay
     in shape **15**
mantequilla *f.* butter **8**
manzana *f.* apple **8**
mañana *f.* morning, A.M. **1**;
   tomorrow **1**
mapa *m.* map **1**
maquillaje *m.* makeup **7**
maquillarse *v.* to put on makeup **7**
mar *m.* ocean; sea **5**
maravilloso/a *adj.* marvelous **5**
mareado/a *adj.* dizzy; nauseated **10**
margarina *f.* margarine **8**
mariscos *m., pl.* seafood **8**
marrón *adj. m., f.* brown
martes *m., sing.* Tuesday **2**
marzo *m.* March **5**
más *adj.* more **2**

el/la/los/las más the most **8**
más de (+ *number*) more
   than (+ *number*) **8**
más tarde later (on) **7**
más... que more... than **8**
masaje *m.* massage **15**
matemáticas *f., pl.* mathematics **2**
materia *f.* course
matrimonio *m.* marriage; married
   couple **9**
máximo/a *m., f.* maximum **11**
mayo *m.* May **5**
mayonesa *f.* mayonnaise **8**
mayor *adj.* older **3**; bigger **8**
   el/la mayor *adj.* the oldest; the
     biggest **8**
me *pron.* me **5**
   Me duele mucho. It hurts me a
     lot. **10**
   Me gusta(n)... I like... **2**
   No me gusta(n)... I don't like... **2**
   Me gustaría(n)... I would like... **7**
   Me llamo... My name is... **1**
   Me muero por... I'm dying to
     (for)...
mecánico/a *m., f.* mechanic **11**
mediano/a *adj.* medium
medianoche *f.* midnight **1**
medias *f., pl.* pantyhose, stockings **6**
medicamento *m.* medication **10**
medicina *f.* medicine **10**
médico/a *m., f.* doctor **3**;
   adj. medical **10**
medio/a *m. adj.* half **3**
   medio ambiente environment **13**
   medio/a hermano/a
     half-brother/half-sister **3**
   medios de comunicación *m., pl.*
     means of communication; media
   y media thirty minutes past the
     hour (*time*) **1**
mediodía *m.* noon **1**
mejor *adj.* better **8**
   el/la mejor *m., f.* the best **8**
mejorar *v.* to improve **13**
melocotón *m.* peach
menor *adj.* younger **3**; smaller **8**
   el/la menor *m., f.* the youngest;
     the smallest **8**
menos *adv.* less **10**
   el/la/los/las menos the least **8**
   menos cuarto/menos quince
     quarter to (*time*) **1**
   menos de (+ *number*) less
     than (+ *number*) **8**
   menos... que less... than **8**
mensaje de texto text message **11**
mensaje electrónico *m.* e-mail
   message **4**
mentira *f.* lie **6**
menú *m.* menu **8**
mercado *m.* market **6**
   mercado al aire libre open-air
     market **6**

merendar (e:ie) *v.* to snack in the afternoon; to have a(n) (afternoon) snack **15**

merienda *f.* (afternoon) snack **15**

mes *m.* month **5**

mesa *f.* table **2**

mesita *f.* end table **12**

    mesita de noche night stand **12**

metro *m.* subway **5**

mexicano/a *adj.* Mexican **3**

mí *pron. obj. of prep.* me

mi(s) *poss. adj.* my **3**

microonda *f.* microwave **12**

    horno de microondas microwave oven **12**

miedo *m.* fear **3**

mientras *adv.* while **10**

miércoles *m., sing.* Wednesday **2**

mil one thousand **6**

    mil millones billion **6**

    Mil perdones. I'm so sorry. (*lit.* A thousand pardons.)

milla *f.* mile **11**

millón million **6**

millones (de) millions (of) **6**

mineral *m.* mineral **15**

minuto *m.* minute **1**

mío(s)/a(s) *poss.* my; (of) mine **11**

mirar *v.* to look (at); to watch **2**

    mirar (la) televisión to watch television **2**

mismo/a *adj.* same

mochila *f.* backpack **1**

moda *f.* fashion **6**

moderno/a *adj.* modern

molestar *v.* to bother; to annoy **7**

monitor *m.* monitor **11**

mono *m.* monkey **13**

montaña *f.* mountain **4**

montar *v.* **a caballo** to ride a horse **5**

monumento *m.* monument **4**

mora *f.* blackberry **8**

morado/a *adj.* purple **6**

moreno/a *adj.* dark-haired **3**

morir (o:ue) *v.* to die **8**

mostrar (o:ue) *v.* to show **4**

moto(cicleta) *f.* motorcycle **5**

motor *m.* motor **11**

muchacho/a *m., f.* boy; girl **3**

mucho/a *adj., adv.* many; a lot; much **2, 3**

    muchas veces a lot; many times **10**

    Muchísimas gracias. Thank you very, very much.

    muchísimo *adj., adv.* very much **8**

    Mucho gusto. Pleased to meet you. **1**

    (Muchas) gracias. Thank you (very much) **1**

mudarse *v.* to move (from one house to another) **12**

muebles *m., pl.* furniture **12**

muela *f.* tooth **10**

muerte *f.* death **9**

muerto/a *p.p.* died **15**

mujer *f.* woman **1**

    mujer de negocios business woman **16**

    mujer policía female police officer **11**

multa *f.* fine; ticket **11**

mundial *adj.* worldwide

mundo *m.* world **13**

municipal *adj.* municipal

músculo *m.* muscle **15**

museo *m.* museum **4**

música *f.* music

musical *adj.* musical

músico/a *m., f.* musician

muy *adv.* very **1**

    Muy amable. That's very kind of you. **5**

(Muy) bien, gracias. (Very) well, thanks. **1**

N

nacer *v.* to be born **9**

nacimiento *m.* birth **9**

nacional *adj.* national

nacionalidad *f.* nationality **1**

nada *pron., adv.* nothing **1**; not anything **7**

    nada mal not bad at all **5**

nadar *v.* to swim **4**

    nadar en la piscina to swim in the pool **4**

nadie *pron.* no one, not anyone **7**

naranja *m.* orange **8**

nariz *f.* nose **10**

natación *f.* swimming **4**

natural *adj.* natural **13**

naturaleza *f.* nature **13**

navegador GPS GPS **11**

navegar en Internet *v.* to surf the Internet **11**

Navidad *f.* Christmas **9**

necesario/a *adj.* necessary **12**

necesitar *v.* to need **2, 12**

negar (e:ie) *v.* to deny **13**

negativo/a *m.* negative **7**

negocios *m., pl.* business; commerce **16**

negro/a *adj.* black **6**

nervioso/a *adj.* nervous **5**

nevar (e:ie) *v.* to snow **5**

    Nieva. It's snowing. **5**

ni... ni *conj.* neither... nor **7**

niebla *f.* fog

nieto/a *m., f.* grandson/ granddaughter **3**

nieve *f.* snow

ningún, ninguno/a(s) *adj.* no; none; not any **7**

    Ningún problema. No problem.

niñez *f.* childhood **9**

niño/a *m., f.* child; boy/girl **3**

no *adv.* no; not **1**

    No cabe duda de There is no doubt **13**

    No es así. That's not the way it is.

    No es para tanto. It's not a big deal.

    No es seguro... It's not sure... **13**

    No es verdad... It's not true... **13**

    No está. It's not here. **5**

    No está nada mal. It's not bad at all. **5**

    no estar de acuerdo to disagree

    no estar seguro/a (de) not to be sure (of) **13**

    No estoy seguro. I'm not sure.

    no hay there is not; there are not **1**

    No hay de qué. You're welcome. **1**

    No hay duda de There is no doubt **13**

    ¡No me diga(s)! You don't say!

    No me gustan nada. I don't like them at all.

    no muy bien not very well **1**

    ¿no? right? **1**

    no quiero I don't want to **4**

    no sé I don't know

    No te/se preocupe(s). Don't worry. **7**

    no tener razón to be wrong **3**

noche *f.* night **1**

nombre *m.* name **5**

norte *m.* north **14**

norteamericano/a *adj.* (North) American **3**

nos *pron.* us **5**

    Nos vemos. See you. **1**

nosotros/as *sub. pron.* we **1**; *ob. pron.* us **8**

noticias *f., pl.* news

noticiero *m.* newscast

novecientos/as nine hundred **6**

noveno/a *adj.* ninth **5**

noventa ninety **2**

noviembre *m.* November **5**

novio/a *m., f.* boyfriend/girlfriend **3**

nube *f.* cloud **13**

nublado/a *adj.* cloudy

    Está (muy) nublado. It's (very) cloudy.

nuclear *adj.* nuclear **13**

nuera *f.* daughter-in-law **3**

nuestro(s)/a(s) *poss. adj.* our **3**; of ours **11**

nueve nine **1**

nuevo/a *adj.* new **6**

número *m.* number **1**

    número (shoe) size **6**

nunca *adj.* never; not ever **7**

nutrición *f.* nutrition **15**

O

o *conj.* or **7**
o... o *conj.* either . . . or **7**
obedecer (c:zc) *v.* to obey
obra *f.* work (*of art, literature, music, etc.*)
　obra maestra masterpiece
obtener *v.* to obtain; to get **16**
obvio/a *adj.* obvious **13**
océano *m.* ocean **13**; sea
ochenta eighty **2**
ocho eight **1**
ochocientos/as eight hundred **6**
octavo/a *adj.* eighth **5**
octubre *m.* October **5**
ocupación *f.* occupation **16**
ocupado/a *adj.* busy **5**
ocurrir *v.* to occur; to happen
odiar *v.* to hate **9**
oeste *m.* west **14**
oferta *f.* offer
oficina *f.* office **12**
oficio *m.* trade **16**
ofrecer (c:zc) *v.* to offer **8**
oído *m.* sense of hearing; inner ear
oído *p.p.* heard **15**
oír *v.* to hear **4**
　oiga *form., sing.* listen (*in conversation*) **1**
　oigan *form., pl.* listen (*in conversation*) **1**
　Oye. *fam., sing.* Listen. (*in conversation*) **1**
ojalá (que) *interj.* I hope (that); I wish (that) **13**
ojo *m.* eye **10**
olvidar *v.* to forget **10**
once eleven **1**
ópera *f.* opera
operación *f.* operation **10**
ordenado/a *adj.* orderly **5**; well organized
ordinal *adj.* ordinal (*number*)
oreja *f.* (outer) ear **10**
orquesta *f.* orchestra
ortográfico/a *adj.* spelling
os *fam., pl. pron.* you **5**
otoño *m.* autumn **5**
otro/a *adj.* other; another **6**
　otra vez again

P

paciente *m., f.* patient **10**
padrastro *m.* stepfather **3**
padre *m.* father **3**
　padres *m., pl.* parents **3**
pagar *v.* to pay **6**
　pagar a plazos to pay in installments **14**
　pagar al contado to pay in cash **14**
　pagar con to pay with **6**

pagar en efectivo to pay in cash
pagar la cuenta to pay the bill **9**
página *f.* page **11**
　página principal home page **11**
país *m.* country **1**
paisaje *m.* landscape **13**; countryside
pájaro *m.* bird **13**
palabra *f.* word **1**
pan *m.* bread **8**
　pan tostado toasted bread **8**; toast
panadería *f.* bakery **14**
pantalla *f.* screen **11**
pantalones *m., pl.* pants **6**
　pantalones cortos shorts **6**
papa *f.* potato **8**
　papas fritas *f., pl.* French fries **8**
papá *m.* dad **3**
　papás *m., pl.* parents **3**
papel *m.* paper **2**; role
paquete *m.* package **14**
par *m.* pair **6**
　par de zapatos pair of shoes **6**
para *prep.* for; in order to; toward; in the direction of; by; used for; considering **11**
　para que so that **13**
parabrisas *m., sing.* windshield **11**
parar *v.* to stop **11**
parecer *v.* to seem; to appear **8**
pared *f.* wall **12**
pareja *f.* couple; partner **9**
parientes *m., pl.* relatives **3**
parque *m.* park **4**
párrafo *m.* paragraph
parte: de parte de on behalf of
partido *m.* game **4**; match (*sports*)
pasado/a *adj.* last; past **6**
pasado *p.p.* passed
pasaje *m.* ticket **5**
　pasaje de ida y vuelta *m.* round-trip ticket **5**
pasajero/a *m., f.* passenger **1**
pasaporte *m.* passport **5**
pasar *v.* to go through **5**; to pass
　pasar la aspiradora to vacuum **12**
　pasar por el banco to go by the bank **14**
　pasar por la aduana to go through customs **5**
　pasar el tiempo to spend time **4**
　pasarlo bien/mal to have a good/bad time **9**
pasatiempo *m.* pastime, hobby **4**
pasear *v.* to take a walk; to stroll **4**
　pasear en bicicleta to ride a bicycle **4**
　pasear por la ciudad/el pueblo to walk around the city/town **4**
pasillo *m.* hallway **12**
pastel *m.* cake **9**
　pastel de chocolate chocolate cake **9**
　pastel de cumpleaños birthday cake **9**
pastelería *f.* pastry shop **14**

pastilla *f.* pill **10**
patata *f.* potato **8**
　patatas fritas *f., pl.* French fries **8**
patinar (en línea) *v.* to skate (in-line) **4**
patio *m.* patio; yard **12**
pavo *m.* turkey **8**
paz *f.* peace
pedir (e:i) *v.* to ask for; to request **4, 12**; to order (*food*) **8**
　pedir prestado to borrow **14**
　pedir un préstamo to apply for a loan **14**
peinarse *v.* to comb one's hair **7**
película *f.* movie **4**
peligro *m.* danger **13**
peligroso/a *adj.* dangerous
pelirrojo/a *adj.* red-haired **3**
pelo *m.* hair **7**
pelota *f.* ball **4**
peluquería *f.* hairdressing salon **14**
peluquero/a *m., f.* hairdresser **16**
penicilina *f.* penicillin
pensar (e:ie) *v.* to think **4**
　pensar (+ inf.) to intend; to plan (*to do something*) **4**
　pensar en to think about **4**
pensión *f.* boarding house **5**
peor *adj.* worse **8**
　el/la peor the worst **8**
pequeño/a *adj.* small **3**
pera *f.* pear
perder (e:ie) *v.* to lose; to miss **4**
perdido/a *adj.* lost
Perdón. Pardon me.; Excuse me. **1**
perezoso/a *adj.* lazy
perfecto/a *adj.* perfect **5**
periódico *m.* newspaper **4**
periodismo *m.* journalism **2**
periodista *m., f.* journalist
permiso *m.* permission
pero *conj.* but **2**
perro/a *m., f.* dog **3**
persona *f.* person **3**
personaje *m.* character
　personaje principal main character
pesas *f., pl.* weights **15**
pesca *f.* fishing **5**
pescadería *f.* fish market **14**
pescado *m.* fish (*cooked*) **8**
pescador(a) *m., f.* fisherman/ fisherwoman
pescar *v.* to fish **5**
peso *m.* weight **15**
pez *m.* fish (*live*) **13**
picante *adj.* hot, spicy **8**
pie *m.* foot **10**
piedra *f.* stone **13**
pierna *f.* leg **10**
pimienta *f.* pepper **8**
piña *f.* pineapple **8**
pintar *v.* to paint
pintor(a) *m., f.* painter **16**
pintura *f.* painting

piscina *f.* swimming pool **4**
piso *m.* floor (*of a building*) **5**
pizarra *f.* blackboard **2**
placer *m.* pleasure
   Ha sido un placer. It's been a
     pleasure.
planchar la ropa *v.* to iron clothes **12**
planes *m., pl.* plans
planta *f.* plant **13**
   planta baja ground floor **5**
plástico *m.* plastic **13**
plato *m.* dish (*in a meal*) **8**; *m.*
   plate **12**
   plato principal main dish **8**
playa *f.* beach **5**
plazos *m., pl.* periods; time
pluma *f.* pen **2**
población *f.* population **13**
pobre *m., f., adj.* poor **6**
pobreza *f.* poverty
poco/a *adj.* little **5, 10**; few
poder (o:ue) *v.* to be able to; can **4**
poema *m.* poem
poesía *f.* poetry
poeta *m., f.* poet **16**
policía *f.* police (force) **11**; *m.* (male)
   police officer **11**
política *f.* politics
político/a *m., f.* politician **16**
pollo *m.* chicken **8**
   pollo asado roast chicken **8**
ponchar *v.* to deflate; to get a
   flat (*tire*)
poner *v.* to put; to place **4**; to turn on
   (*electrical appliances*) **11**
   poner la mesa to set the table **12**
   poner una inyección to give an
     injection **10**
ponerse (+ adj.) to become (+ *adj.*) **7**;
   to put on **7**
por *prep.* in exchange for; for; by;
   in; through; by means of; along;
   during; around; in search of; by way
   of; per **11**
   por aquí around here **11**
   por avión by plane
   por ciento percent
   por ejemplo for example **11**
   por eso that's why; therefore **11**
   Por favor. Please. **1**
   por fin finally **11**
   por la mañana in the morning **7**
   por la noche at night **7**
   por la tarde in the afternoon; in
     the (early) evening **7**
   por lo menos at least **10**
   ¿por qué? why? **2, 9**
   por supuesto of course
   por teléfono by phone; on the
     phone
   por último finally **7**
portátil *adj.* portable **11**
porvenir *m.* future
posesivo/a *adj.* possessive **3**

posible *adj.* possible **13**
   es posible it's possible **13**
   no es posible it's not possible **13**
postal *f.* postcard **4**
postre *m.* dessert **9**
practicar *v.* to practice **2**
   practicar deportes *m., pl.* to play
     sports **4**
precio (fijo) *m.* (fixed) price **6**
preferir (e:ie) *v.* to prefer **4, 12**
pregunta *f.* question
preguntar *v.* to ask (*a question*) **2**
premio *m.* prize; award
prender *v.* to turn on **11**
prensa *f.* press
preocupado/a (por) *adj.* worried
   (about) **5**
preocuparse (por) *v.* to worry
   (about) **7**
preparar *v.* to prepare **2**
preposición *f.* preposition
presentación *f.* introduction
presentar *v.* to introduce; to put on
   (*a performance*)
presiones *f., pl.* pressure **15**
prestado/a *adj.* borrowed
préstamo *m.* loan **14**
prestar *v.* to loan **6**
primavera *f.* spring **5**
primer, primero/a *adj.* first **5**
primo/a *m., f.* cousin **3**
principal *adj.* main **8**
prisa *f.* haste **3**
probable *adj. m., f.* probable **13**
   es probable it's probable **13**
   no es probable it's not probable **13**
probar (o:ue) *v.* to taste; to try **8**
probarse (o:ue) *v.* to try on **7**
problema *m.* problem **1**
profesión *f.* profession **3, 16**
profesor(a) *m., f.* teacher; professor **1**
programa *m.* program **1**
   programa de computación
     software **11**
   programa de entrevistas talk show
programador(a) *m., f.* programmer **3**
prohibir *v.* to prohibit **10, 12**; to forbid
pronombre *m.* pronoun **8**
pronto *adj.* soon **10**
propina *f.* tip **9**
propio/a *adj.* own
proteger *v.* to protect **13**
proteína *f.* protein **15**
próximo/a *adj.* next
prueba *f.* test; quiz **2**
psicología *f.* psychology **2**
psicólogo/a *m., f.* psychologist **16**
publicar *v.* to publish
público *m.* audience
pueblo *m.* town **4**
puerta *f.* door **2**
puertorriqueño/a *adj.* Puerto
   Rican **3**
pues *conj.* well; then

puesto *m.* position; job **16**
puesto/a *p.p.* put **15**
puro/a *adj.* pure **13**

Q

que *pron.* that; who; which **9**
   ¡Qué…! How…! **3**
   ¡Qué dolor! What pain!
   ¡Qué gusto (+ inf.)! What a
     pleasure to… !
   ¡Qué ropa más bonita!
     What pretty clothes! **6**
   ¡Qué sorpresa! What a surprise!
   ¿qué? what? **1**; which? **9**
   ¿Qué día es hoy? What day is it?
   ¿Qué es? What is it? **1**
   ¿Qué hay de nuevo? What's
     new? **1**
   ¿Qué hicieron ellos/ellas? What
     did they do? **6**
   ¿Qué hicieron ustedes? What did
     you (*form., pl.*) do? **6**
   ¿Qué hiciste? What did you
     (*fam., sing.*) do? **6**
   ¿Qué hizo él/ella? What did
     he/she do? **6**
   ¿Qué hizo usted? What did you
     (*form., sing.*) do? **6**
   ¿Qué hora es? What time is it? **1**
   ¿Qué les parece? What do
     you guys think? **9**
   ¿Qué pasa? What's going on? **1**
   ¿Qué pasó? What happened?;
     What's wrong?
   ¿Qué precio tiene? What is the
     price?
   ¿Qué tal? How is it going? **1**;
     How is/are…?
   ¿Qué talla lleva/usa usted? What
     size do you wear? **6**
   ¿Qué tiempo hace? How's the
     weather? **5**
quedar *v.* to be left over; to fit
   (*clothing*) **7**; to be left behind **10**; to
   be located **14**
quedarse *v.* to stay; to remain **7**
quehaceres domésticos *m., pl.*
   household chores **12**
quemado/a *adj.* burned (out) **11**
querer (e:ie) *v.* to want; to love **4**
queso *m.* cheese **8**
quien(es) *pron.* who **1**; whom; that **9**
   ¿Quién es...? Who is…? **1**
   ¿Quién habla? Who is
     speaking? (*telephone*) **11**
   ¿quién(es)? who?; whom? **1, 9**
química *f.* chemistry **2**
quince fifteen **1**
   menos quince quarter to (time) **1**
   y quince quarter after (time) **1**
quinceañera *f.* young woman
   celebrating her fifteenth birthday **9**

quinientos/as five hundred **6**
quinto/a *adj.* fifth **5**
quisiera *v.* I would like
quitar la mesa *v.* to clear the table **12**
quitarse *v.* to take off **7**
quizás *adv.* maybe **5**

R

racismo *m.* racism
radio *f.* radio (*medium*)
radio *m.* radio (set) **11**
radiografía *f.* X-ray **10**
rápido/a *adj.* fast
ratón *m.* mouse **11**
ratos libres *m., pl.* spare time **4**
raya *f.* stripe **6**
razón *f.* reason **3**
rebaja *f.* sale **6**
recado *m.* (telephone) message **11**
receta *f.* prescription **10**
recetar *v.* to prescribe **10**
recibir *v.* to receive **3**
reciclaje *m.* recycling **13**
reciclar *v.* to recycle **13**
recién casado/a *m., f.* newlywed **9**
recoger *v.* to pick up **13**
recomendar (e:ie) *v.* to recommend **8, 12**
recordar (o:ue) *v.* to remember **4**
recorrer *v.* to tour an area
recurso *m.* resource **13**
  recurso natural natural resource **13**
red *f.* network; Web **11**
reducir *v.* to reduce **13**
refresco *m.* soft drink **8**
refrigerador *m.* refrigerator **12**
regalar *v.* to give (*as a gift*) **9**
regalo *m.* gift **6**
regatear *v.* to bargain **6**
región *f.* region; area **13**
regresar *v.* to return **2**
regular *adj. m., f.* so-so **1**
reído *p.p.* laughed **15**
reírse (e:i) *v.* to laugh **9**
relaciones *f., pl.* relationships
relajarse *v.* to relax **9**
reloj *m.* clock; watch **2**
renovable *adj.* renewable **13**
renunciar (a) *v.* to resign (from) **16**
repetir (e:i) *v.* to repeat **4**
reportaje *m.* report
reportero/a *m., f.* reporter **16**; journalist
representante *m., f.* representative
reproductor de CD *m.* CD player **11**
reproductor de DVD *m.* DVD player **11**
reproductor de MP3 *m.* MP3 player **11**
resfriado *m.* cold (*illness*) **10**
residencia estudiantil *f.* dormitory **2**
resolver (o:ue) *v.* to resolve; to solve **13**

respirar *v.* to breathe **13**
respuesta *f.* answer **9**
restaurante *m.* restaurant **4**
resuelto/a *p.p.* resolved **15**
reunión *f.* meeting **16**
revisar *v.* to check **11**
  revisar el aceite to check the oil **11**
revista *f.* magazine **4**
rico/a *adj.* rich **6**; *adj.* tasty; delicious **8**
ridículo *adj.* ridiculous **13**
río *m.* river **13**
riquísimo/a *adj.* extremely delicious **8**
rodilla *f.* knee **10**
rogar (o:ue) *v.* to beg; to plead **12**
rojo/a *adj.* red **6**
romántico/a *adj.* romantic
romper (con) *v.* to break up (with) **9**
romper(se) *v.* to break **10**
  romperse la pierna to break one's leg **10**
ropa *f.* clothing **6**
  ropa interior underwear **6**
rosado/a *adj.* pink **6**
roto/a *adj.* broken; *p.p.* broken **15**
rubio/a *adj.* blond **3**
ruso/a *adj.* Russian
rutina *f.* routine **7**
  rutina diaria daily routine **7**

S

sábado *m.* Saturday **2**
saber *v.* to know; to know how **8**
sabrosísimo/a *adj.* extremely delicious
sabroso/a *adj.* tasty; delicious **8**
sacar *v.* to take out **12**
  sacar fotos to take pictures **5**
  sacar la basura to take out the trash **12**
  sacar(se) una muela to have a tooth pulled **10**
sacudir *v.* to dust **12**
  sacudir los muebles dust the furniture **12**
sal *f.* salt **8**
sala *f.* living room **12**; room
  sala de emergencia(s) emergency room **10**
salado/a *adj.* salty **8**
salario *m.* salary **16**
salchicha *f.* sausage **8**
salida *f.* departure; exit **5**
salir *v.* to leave **4**; to go out
  salir con to leave with; to go out with **4**; to date (*someone*) **9**
  salir de to leave from **4**
  salir para to leave for (*a place*) **4**
salmón *m.* salmon **8**
salón de belleza *m.* beauty salon **14**
salud *f.* health **10**

saludable *adj.* healthy **10**
saludar(se) *v.* to greet (each other)
saludo *m.* greeting **1**
  saludos a... say hello to... **1**
sandalia *f.* sandal **6**
sándwich *m.* sandwich **8**
sano/a *adj.* healthy **10**
se *ref.pron.* himself, herself, itself, *form.* yourself, themselves, yourselves **7**
se *impersonal* one **10**
  Se nos dañó... The... broke down. **11**
  Se hizo... He/she/it became...
  Se nos pinchó una llanta. We got a flat tire. **11**
secadora *f.* clothes dryer **12**
sección de (no) fumadores *f.* (non) smoking section **8**
secretario/a *m., f.* secretary **16**
secuencia *f.* sequence
sed *f.* thirst **3**
seda *f.* silk **6**
sedentario/a *adj.* sedentary **15**; related to sitting
seguir (e:i) *v.* to follow; to continue; to keep (doing something) **4**
  seguir una dieta equilibrada to eat a balanced diet **15**
según *prep.* according to
segundo/a *adj.* second **5**
seguro/a *adj.* sure; safe; confident **5**
seis six **1**
seiscientos/as six hundred **6**
sello *m.* stamp **14**
selva *f.* jungle **13**
semáforo *m.* traffic light **11**
semana *f.* week **2**
  fin *m.* **de semana** weekend **4**
  la semana pasada last week **6**
semestre *m.* semester **2**
sendero *m.* trail **13**; trailhead
sentarse (e:ie) *v.* to sit down **7**
sentir(se) (e:ie) *v.* to feel **7**; to be sorry; to regret **13**
señor (Sr.) *m.* Mr.; sir **1**
señora (Sra.) *f.* Mrs.; ma'am **1**
señorita (Srta.) *f.* Miss **1**; young woman
separado/a *adj.* separated **9**
separarse (de) *v.* to separate (from) **9**
septiembre *m.* September **5**
séptimo/a *adj.* seventh **5**
ser *v.* to be **1**
  ser aficionado/a (a) to be a fan (of) **4**
  ser alérgico/a (a) to be allergic (to) **10**
  ser gratis to be free of charge **14**
serio/a *adj.* serious
servilleta *f.* napkin **12**
servir (e:i) *v.* to help **5**; to serve **8**

sesenta sixty **2**
setecientos/as seven hundred **6**
setenta seventy **2**
sexismo *m.* sexism
sexto/a *adj.* sixth **5**
sí *adv.* yes **1**
si *conj.* if **13**
SIDA *m.* AIDS
sido *p.p.* been **15**
siempre *adv.* always **7**
siete seven **1**
silla *f.* chair **2**
sillón *m.* armchair **12**
similar *adj. m., f.* similar
simpático/a *adj.* nice **3**
sin *prep.* without **13, 15**
   sin duda without a doubt
   sin embargo *adv.* however
   sin que *conj.* without **13**
sino *conj.* but
síntoma *m.* symptom **10**
sitio *m.* **web** website **11**
situado/a *p.p.* located
sobre *m.* envelope **14**; *prep.* on;
   over **2**
sobrino/a *m., f.* nephew/niece **3**
sociología *f.* sociology **2**
sofá *m.* sofa **12**
sois *fam.* you are **1**
sol *m.* sun **4, 5, 13**
solar *adj.* solar **13**
solicitar *v.* to apply (*for a job*) **16**
solicitud (de trabajo) *f.* (job)
   application **16**
sólo *adv.* only
soltero/a *adj.* single **9**; unmarried
solución *f.* solution **13**
sombrero *m.* hat **6**
somos we are **1**
son you/they are **1**
   Son las... It's... o'clock. **1**
sonar (o:ue) *v.* to ring **11**
sonreído *p.p.* smiled **15**
sonreír (e:i) *v.* to smile **9**
sopa *f.* soup **8**
sorprender *v.* to surprise **9**
sorpresa *f.* surprise **9**
sótano *m.* basement **12**
soy I am **1**
   Soy yo. That's me. **1**
   soy de... I'm from... **1**
su(s) *poss. adj.* his; her; its; *form.*
   your; their; **3**
subir *v.* to go up **11**
subir(se) a to get into
   (a vehicle) **11**
sucio/a *adj.* dirty **5**
sucre *m.* former Ecuadorian
   currency **6**
sudar *v.* to sweat **15**
suegro/a *m., f.* father-in-law;
   mother-in-law **3**
sueldo *m.* salary **16**

suelo *m.* floor **12**
sueño *m.* sleep **3**
suerte *f.* luck **3**
suéter *m.* sweater **6**
sufrir *v.* to suffer **13**
   sufrir muchas presiones to
     be under a lot of pressure **15**
   sufrir una enfermedad to
     suffer (from) an illness **13**
sugerir (e:ie) *v.* to suggest **12**
supermercado *m.* supermarket **14**
suponer *v.* to suppose **4**
sur *m.* south **14**
sustantivo *m.* noun
suyo(s)/a(s) *poss.* (of) his/her; (of)
   hers; (of) its; (of) *form.* your, (of)
   yours, (of) theirs; their **11**

T

tal vez *adv.* maybe **5**
talentoso/a *adj.* talented
talla *f.* size **6**
   talla grande large **6**
taller *m.* **(mecánico)** (mechanic's)
   repair shop **11**
también *adv.* also; too **7**
tampoco *adv.* neither; not either **7**
tan *adv.* so **5**
   tan pronto como as soon as **13**
   tan... como as... as **8**
tanque *m.* tank **11**
tanto *adv.* so much
   tanto... como as much... as **8**
   tantos/as... como as
     many... as **8**
tarde *adv.* late **7**
tarde *f.* afternoon; evening; P.M. **1**
tarea *f.* homework **2**
tarjeta *f.* (post) card **4**
   tarjeta de crédito credit card **6**
   tarjeta postal postcard **4**
taxi *m.* taxi(cab) **5**
taza *f.* cup; mug **12**
te *fam. pron.* you **5**
   Te presento a... I would like to
     introduce... to you. (*fam.*) **1**
   ¿Te gustaría? Would you like to?
   ¿Te gusta(n)... ? Do you like...? **2**
té *m.* tea **8**
   té helado iced tea **8**
teatro *m.* theater
teclado *m.* keyboard **11**
técnico/a *m., f.* technician **16**
tejido *m.* weaving
teleadicto/a *m., f.* couch potato **15**
teléfono celular *m.* cell phone **11**
telenovela *f.* soap opera
teletrabajo *m.* telecommuting **16**
televisión *f.* television **11**
   televisión por cable cable
     TV **11**

televisor *m.* television set **11**
temer *v.* to be afraid/concerned; to
   fear **13**
temperatura *f.* temperature **10**
temprano *adv.* early **7**
tenedor *m.* fork **12**
tener *v.* to have **3**
   tener... años to be... years old **3**
   Tengo... años. I'm... years old. **3**
   tener (mucho) calor to be (very)
     hot **3**
   tener (mucho) cuidado to be
     (very) careful **3**
   tener dolor de to have a pain in
   tener éxito to be successful **16**
   tener fiebre to have a fever **10**
   tener (mucho) frío to be (very)
     cold **3**
   tener ganas de (+ *inf.*) to feel
     like (*doing something*) **3**
   tener (mucha) hambre *f.* to be
     (very) hungry **3**
   tener (mucho) miedo to be (very)
     afraid/scared of **3**
   tener miedo (de) que to be afraid
     that
   tener planes to have plans **4**
   tener (mucha) prisa to be in a
     (big) hurry **3**
   tener que (+ *inf.*) *v.* to have to
     (*do something*) **3**
   tener razón to be right **3**
   tener (mucha) sed to be (very)
     thirsty **3**
   tener (mucho) sueño to be (very)
     sleepy **3**
   tener (mucha) suerte to be (very)
     lucky **3**
   tener tiempo to have time
   tener una cita to have a date;
     an appointment **9**
tenis *m.* tennis **4**
tensión *f.* tension
tercer, tercero/a *adj.* third **5**
terminar *v.* to end; to finish **2**
   terminar de (+ *inf.*) to finish
     (*doing something*)
terremoto *m.* earthquake
terrible *adj.* terrible **13**
terror *m.* horror
ti *prep., obj. of prep., fam.* you
tiempo *m.* time **4**; weather
   tiempo libre free time **4**
tienda *f.* store **6**
   tienda de campaña *f.* tent **5**
tierra *f.* land; soil **13**
tinto/a *adj.* red (wine) **8**
tío/a *m., f.* uncle/aunt **3**
tíos *m.* aunts and uncles **3**
título *m.* title
tiza *f.* chalk **2**
toalla *f.* towel **7**
tobillo *m.* ankle **10**

tocar *v.* to play (*a musical instrument*); to touch **13**
todavía *adv.* yet; still **5**
todo *m.* everything **5**
  en todo el mundo throughout the world **13**
  Todo está bajo control.
    Everything is under control.
  (todo) derecho straight ahead **14**
  ¡Todos a bordo! All aboard!
todo(s)/a(s) *adj.* all **4**; whole
todos *m., pl.* all of us; *m., pl.*
  everybody; everyone
  todos los días every day **10**
tomar *v.* to take; to drink **2**
  tomar clases to take classes **2**
  tomar el sol to sunbathe **4**
  tomar en cuenta to take into account **8**
  tomar fotos to take pictures **13**
  tomar(le) la temperatura (a alguien) to take (someone's) temperature **10**
tomate *m.* tomato **8**
tonto/a *adj.* foolish **3**
torcerse (el tobillo) *v.* to sprain (one's ankle) **10**
torcido/a *adj.* twisted; sprained **10**
tormenta *f.* storm
tornado *m.* tornado
tortilla *f.* tortilla **8**
  tortillas de maíz tortilla made of corn flour
tortuga marina *f.* sea turtle **13**
tos *f., sing.* cough **10**
toser *v.* to cough **10**
tostado/a *adj.* toasted **8**
tostadora *f.* toaster
trabajador(a) *adj.* hard-working **3**
trabajar *v.* to work **2**
trabajo *m.* job; work **16**; written work
traducir *v.* to translate **8**
traer *v.* to bring **4**
tráfico *m.* traffic **11**
tragedia *f.* tragedy
traído/a *p.p.* brought **15**
traje *m.* suit **6**
  traje de baño bathing suit **6**
tranquilo/a *adj.* calm; quiet **15**
  ¡Tranquilo! Stay calm!
transmitir to broadcast
tratar de (+ inf.) *v.* to try (*to do something*) **15**
  Trato hecho. It's a deal.
trece thirteen **1**
treinta thirty **1**
  y treinta thirty minutes past the hour (time) **1**
tren *m.* train **5**
tres three **1**
trescientos/as three hundred **6**

trimestre *m.* trimester; quarter **2**
triste *adj.* sad **5**
tú *fam. sing. sub. pron.* you **1**
  Tú eres… You are… **1**
tu(s) *fam. poss. adj.* your **3**
turismo *m.* tourism **5**
turista *m., f.* tourist **1**
turístico/a *adj.* touristic
tuyo(s)/a(s) *fam. poss. pron.* your; (of) yours **11**

U

Ud. *form., sing. sub. pron.* you **1**
Uds. *form., pl. sub. pron.* you **1**
último/a *adj.* last
un, uno/a *indef. art.* a; one **1**
  una vez once; one time **6**
  una vez más once again **9**
único/a *adj.* only **3**
universidad *f.* university **2**; college
unos/as *pron.* some **1**
urgente *adj.* urgent **12**
usar *v.* to wear; to use **6**
usted *form., sing. sub. pron.* you **1**
ustedes *form., pl. sub. pron.* you **1**
útil *adj.* useful
uva *f.* grape **8**

V

vaca *f.* cow
vacaciones *f., pl.* vacation **5**
valle *m.* valley **13**
vamos let's go **4**
vaquero *m.* cowboy
  de vaqueros *m., pl.* western
varios/as *adj., pl.* several
vaso *m.* glass **12**
veces *f., pl.* times **6**
vecino/a *m., f.* neighbor **12**
veinte twenty **1**
veinticinco twenty-five **1**
veinticuatro twenty-four **1**
veintidós twenty-two **1**
veintinueve twenty-nine **1**
veintiocho twenty-eight **1**
veintiséis twenty-six **1**
veintisiete twenty-seven **1**
veintitrés twenty-three **1**
veintiún, veintiuno/a twenty-one **1**
vejez *f.* old age **9**
velocidad *f.* speed **11**
  velocidad máxima speed limit **11**
vendedor(a) *m., f.* salesperson **6**
vender *v.* to sell **6**
venir *v.* to come **3**
ventana *f.* window **2**
ver *v.* to see; to watch **4**
  ver películas *f., pl.* to watch movies **4**
  a ver let's see **2**

verano *m.* summer **5**
verbo *m.* verb
verdad *f.* truth **6**
  ¿verdad? right?
verde *adj.*, green; not ripe **5**
verduras *pl., f.* vegetables **8**
vestido *m.* dress **6**
vestirse (e:i) *v.* to get dressed **7**
vez *f.* time **6**
viajar *v.* to travel **2**
viaje *m.* trip **5**
viajero/a *m., f.* traveler **5**
vida *f.* life **9**
video *m.* video **1**
videoconferencia *f.* video conference **16**
vidrio *m.* glass **13**
viejo/a *adj.* old **3**
viento *m.* wind
viernes *m., sing.* Friday **5**
vinagre *m.* vinegar **8**
vino *m.* wine **8**
  vino blanco white wine **8**
  vino tinto red wine **8**
violencia *f.* violence
visitar *v.* to visit **4**
  visitar un monumento to visit a monument **4**
visto/a *p.p.* seen **15**
vitamina *f.* vitamin **15**
viudo/a *adj.* widowed **9**
vivienda *f.* housing **12**
vivir *v.* to live **3**
vivo/a *adj.* clever; alive **5**; bright
volante *m.* steering wheel **11**
volcán *m.* volcano **13**
vóleibol *m.* volleyball **4**
volver (o:ue) *v.* to return **4**
volver a ver(te, lo, la) *v.* to see (you) again
vos *pron.* you
vosotros/as *fam., pl. sub. pron.* you **1**
votar *v.* to vote
vuelta *f.* return trip
vuelto/a *p.p.* returned **15**
vuestro(s)/a(s) *poss. adj.* your **3**; (of) yours **11**

Y

y *conj.* and **1**
  y cuarto quarter after (time) **1**
  y media half-past (time) **1**
  y quince quarter after (time) **1**
  y treinta thirty (minutes past the hour) **1**
  ¿Y tú? *fam.* And you? **1**
  ¿Y usted? *form.* And you? **1**
ya *adv.* already **6**
yerno *m.* son-in-law **3**

yo *sub. pron.* I **1**
   Yo soy… I'm… **1**
yogur *m.* yogurt

Z

zanahoria *f.* carrot **8**
zapatería *f.* shoe store **14**
zapato *m.* shoe **6**
   par de zapatos pair of shoes **6**
   zapatos de tenis sneakers **6**

English-Spanish

A

A.M. **mañana** *f.* 1
able: be able to **poder (o:ue)** *v.* 4
aboard **a bordo** 1
accident **accidente** *m.* 10
accompany **acompañar** *v.* 14
account **cuenta** *f.* 14
accountant **contador(a)** *m., f.* 16
accounting **contabilidad** *f.* 2
ache **dolor** *m.* 10
acquainted: be acquainted with
　　conocer *v.* 8
action **acción** *f.*
active **activo/a** *adj.* 15
actor **actor** *m.* 16
actress **actriz** *f.* 16
addict (*drug*) **drogadicto/a** *adj.* 15
additional **adicional** *adj.*
address **dirección** *f.* 14
adjective **adjetivo** *m.*
adolescence **adolescencia** *f.* 9
adventure **aventura** *f.*
advertise **anunciar** *v.*
advertisement **anuncio** *m.* 16
advice **consejo** *m.* 9
　　give advice **dar** *v.* **un consejo**
advise **aconsejar** *v.* 12
advisor **consejero/a** *m., f.* 16
aerobic **aeróbico/a** *adj.* 15
　　aerobic exercises **ejercicios
　　　　aeróbicos** 15
　　aerobics class **clase de
　　　　ejercicios aeróbicos** 15
affected **afectado/a** *adj.* 13
　　be affected (by) **estar** *v.*
　　　　afectado/a (por) 13
affirmative **afirmativo/a** *adj.*
afraid: be (very) afraid **tener (mucho)
　　miedo** 3
　　be afraid **temer** *v.* 13
after **después de** *prep.* 7; **después
　　(de) que** *conj.* 13
afternoon **tarde** *f.* 1
afterward **después** *adv.* 7; **luego** *adv.* 7
again **otra vez** *adv.*
age **edad** *f.*
agree **concordar** *v.* agree; **estar** *v.* **de
　　acuerdo**
agreement **acuerdo** *m.*
AIDS **SIDA** *m.*
air **aire** *m.* 6
　　air pollution **contaminación del
　　　　aire** 13
airplane **avión** *m.* 5
airport **aeropuerto** *m.* 5
alarm clock **despertador** *m.* 7
alcohol **alcohol** *m.* 15
alcoholic **alcohólico/a** *adj.* 15

alcoholic beverage **bebida
　　alcohólica** 15
alive **vivo/a** *adj.* 5
all **todo(s)/toda(s)** *adj.* 4
　　All aboard! **¡Todos a bordo!**
　　all of us **todos**
　　all over the world **en todo el mundo**
allergic **alérgico/a** *adj.* 10
　　be allergic (to) **ser alérgico/a (a)** 10
alleviate **aliviar** *v.*
almost **casi** *adv.* 10
alone **solo/a** *adj.*
along **por** *prep.* 11
already **ya** *adv.* 6
also **también** *adv.* 7
alternator **alternador** *m.*
although **aunque** *conj.*
aluminum **aluminio** *m.* 13
　　(made of) aluminum **de aluminio** 13
always **siempre** *adv.* 7
American (*North*)
　　norteamericano/a *adj.* 3
among **entre** *prep.* 2
amusement **diversión** *f.*
and **y** 1; **e** (*before words beginning
　　with* **i** *or* **hi**)
　　And you? **¿Y tú?** *fam.* 1;
　　　　¿Y usted? *form.* 1
angry **enojado/a** *adj.* 5
　　get angry **enojarse** *v.* 7
animal **animal** *m.* 13
ankle **tobillo** *m.* 10
anniversary **aniversario** *m.* 9
　　wedding anniversary **aniversario
　　　　de bodas** 9
announce **anunciar** *v.*
announcer (*TV/radio*) **locutor(a)** *m., f.*
annoy **molestar** *v.* 7
another **otro/a** *adj.* 6
answer **contestar** *v.* 2; **respuesta** *f.* 9
antibiotic **antibiótico** *m.* 10
any **algún, alguno/a(s)** *adj.* 7
anyone **alguien** *pron.* 7
anything **algo** *pron.* 7
apartment **apartamento** *m.* 12
apartment building **edificio de
　　apartamentos** 12
appear **parecer** *v.* 8
appetizers **entremeses** *m., pl.*
applaud **aplaudir** *v.*
apple **manzana** *f.* 8
appliance (*electrical*) **electrodoméstico**
　　m. 12
applicant **aspirante** *m., f.* 16
application **solicitud** *f.* 16
　　job application **solicitud de
　　　　trabajo** 16
apply (*for a job*) **solicitar** *v.* 16
　　apply for a loan **pedir** *v.* **un
　　　　préstamo** 14
appointment **cita** *f.* 9
　　have an appointment **tener** *v.*
　　　　una cita 9

appreciate **apreciar** *v.*
April **abril** *m.* 5
aquatic **acuático/a** *adj.* 4
archaeologist **arqueólogo/a** *m., f.* 16
architect **arquitecto/a** *m., f.* 16
area **región** *f.* 13
Argentine **argentino/a** *adj.* 3
arm **brazo** *m.* 10
armchair **sillón** *m.* 12
army **ejército** *m.*
around **por** *prep.* 11
around here **por aquí** 11
arrange **arreglar** *v.* 11
arrival **llegada** *f.* 5
arrive **llegar** *v.* 2
art **arte** *m.* 2
　　fine arts **bellas artes** *f., pl.*
article *m.* **artículo**
artist **artista** *m., f.* 3
artistic **artístico/a** *adj.*
arts **artes** *f., pl.*
as **como** *conj.* 8
　　as... as **tan... como** 8
　　as a child **de niño/a** 10
　　as many... as **tantos/as... como** 8
　　as much... as **tanto... como** 8
　　as soon as **en cuanto** *conj.* 13;
　　　　tan pronto como *conj.* 13
ask (*a question*) **preguntar** *v.* 2
　　ask for **pedir (e:i)** *v.* 4, 12
asparagus **espárragos** *m., pl.*
aspirin **aspirina** *f.* 10
at **a** *prep.* 1; **en** *prep.* 2
　　at + *time* **a la(s)** + *time* 1
　　at home **en casa** 7
　　at least **por lo menos** 10
　　at night **por la noche** 7
　　at the end (of) **al fondo (de)**
　　At what time...? **¿A qué hora...?**
　　　　1, 9
　　At your service. **A sus órdenes.**
attend **asistir (a)** *v.* 3
attic **altillo** *m.* 12
attract **atraer** *v.*
audience **público** *m.*
August **agosto** *m.* 5
aunt **tía** *f.* 3
　　aunts and uncles **tíos** *m., pl.* 3
automatic **automático/a** *adj.* 14
　　automatic teller machine (ATM)
　　　　cajero automático 14
automobile **automóvil** *m.* 5
autumn **otoño** *m.* 5
avenue **avenida** *f.*
avoid **evitar** *v.* 13
award **premio** *m.*

B

backpack **mochila** *f.* 1
bad **mal, malo/a** *adj.* 3
　　It's bad that... **Es malo que...** 12

It's not bad at all. **No está nada mal.** 5
bag **bolsa** *f.* 6
bakery **panadería** *f.* 14
balanced **equilibrado/a** *adj.* 15
  balanced diet **dieta equilibrada** 15
balcony **balcón** *m.* 12
ball **pelota** *f.* 4
ballet **ballet** *m.*
banana **banana** *f.* 8
band **banda** *f.*
bank **banco** *m.* 14
bargain **ganga** *f.* 6; **regatear** *v.* 6
baseball (*game*) **béisbol** *m.* 4
basement **sótano** *m.* 12
basketball (*game*) **baloncesto** *m.* 4
bath **baño** *m.*
  take a bath **bañarse** *v.* 7
bathe **bañarse** *v.* 7
bathing suit **traje** *m.* **de baño** 6
bathroom **baño** *m.* 7; **cuarto de baño** *m.*
be **ser** *v.* 1; **estar** *v.* 2
be… years old **tener… años** 3
beach **playa** *f.* 5
  go to the beach **ir a la playa** 5
beans **frijoles** *m., pl.* 8
beautiful **hermoso/a** *adj.* 6
beauty **belleza** *f.* 14
  beauty salon **peluquería** *f.*; **salón** *m.* **de belleza** 14
because of **por** *prep.*
become (+ *adj.*) **ponerse (+ *adj.*)** 7; **convertirse** *v.*
bed **cama** *f.* 5
  go to bed **acostarse (o:ue)** *v.* 7
bedroom **alcoba** *f.* 12; **cuarto** *m.*; **recámara** *f.*
beef **carne** *f.* **de res** 8
  beef soup **caldo** *m.* **de patas**
been **sido** *p.p.* 15
beer **cerveza** *f.* 8
before **antes** *adv.* 7; **antes de** *prep.* 7; **antes (de) que** *conj.* 13
beg **rogar (o:ue)** *v.* 12
begin **comenzar (e:ie)** *v.* 4; **empezar (e:ie)** *v.* 4
behalf: on behalf of **de parte de**
behind **detrás de** *prep.* 2
believe **creer** *v.* 13
  believe (in) **creer** *v.* **(en)** 3
  believed **creído** *p.p.* 15
bellhop **botones** *m., f., sing.* 5
beloved **enamorado/a** *adj.*
below **debajo de** *prep.* 2
belt **cinturón** *m.* 6
benefit **beneficio** *m.* 16
beside **al lado de** *prep.* 2
besides **además (de)** *adv.* 10
best **mejor** *adj.* 8
  the best **el/la mejor** *m., f.* 8; **lo mejor** *neuter*

better **mejor** *adj.* 8
  It's better that… **Es mejor que…** 12
between **entre** *prep.* 2
bicycle **bicicleta** *f.* 4
big **gran; grande** *adj.* 3
  bigger **mayor** *adj.* 8
  biggest, (the) **el/la mayor** *m., f.* 8
bill **cuenta** *f.* 9
billion **mil millones** 6
biology **biología** *f.* 2
bird **pájaro** *m.* 13; **ave** *f.*
birth **nacimiento** *m.* 9
birthday **cumpleaños** *m., sing.* 9
  birthday cake **pastel de cumpleaños** 9
  have a birthday **cumplir** *v.* **años** 9
biscuit **bizcocho** *m.*
black **negro/a** *adj.* 6
blackberry **mora** *f.* 8
blackboard **pizarra** *f.* 2
blanket **manta** *f.* 12
block (city) **cuadra** *f.* 14
blond **rubio/a** *adj.* 3
blouse **blusa** *f.* 6
blue **azul** *adj.* 6
boarding house **pensión** *f.* 5
boat **barco** *m.* 5
body **cuerpo** *m.* 10
bone **hueso** *m.* 10
book **libro** *m.* 2
bookcase **estante** *m.* 12
bookshelves **estante** *m.* 12
bookstore **librería** *f.* 2
boot **bota** *f.* 6
bore **aburrir** *v.* 7
bored **aburrido/a** *adj.* 5
  be bored **estar** *v.* **aburrido/a** 5
  get bored **aburrirse** *v.*
born: be born **nacer** *v.* 9
borrow **pedir prestado** 14
borrowed **prestado/a** *adj.*
boss **jefe** *m.*, **jefa** *f.* 16
bottle **botella** *f.* 9
  bottle of wine **botella de vino** 9
bother **molestar** *v.* 7
bottom **fondo** *m.*
boulevard **bulevar** *m.*
boy **chico** *m.* 1; **muchacho; niño** *m.* 3
boyfriend **novio** *m.* 3
brakes **frenos** *m., pl.* 11
bread **pan** *m.* 8
break **romper(se)** *v.* 10
  break (one's leg) **romperse (la pierna)** 10
break down **dañar** *v.* 10
  The bus broke down. **Se nos dañó el autobús.**
  break up (with) **romper** *v.* **(con)** 9
breakfast **desayuno** *m.* 8
  have breakfast **desayunar** *v.* 8

breathe **respirar** *v.* 13
bring **traer** *v.* 4
broadcast **transmitir** *v.*; **emitir** *v.*
brochure **folleto** *m.*
broken **roto/a** *adj.*; **roto/a** *p.p.* 15
  be broken **estar roto/a**
brother **hermano** *m.* 3
  brother-in-law **cuñado** *m., f.* 3
  brothers and sisters **hermanos** *m., pl.* 3
brought **traído/a** *p.p.* 15
brown **café** *adj.* 6; **marrón** *adj.*
brunet(te) **moreno/a** *adj.*
brush **cepillar** *v.* 7
  brush one's hair **cepillarse el pelo** 7
  brush one's teeth **cepillarse los dientes** 7
build **construir** *v.*
building **edificio** *m.* 12
bullfight **corrida** *f.* **de toros**
bump into (*meet accidentally*) **darse con**
burned (out) **quemado/a** *adj.* 11
bus **autobús** *m.* 1
  bus station **estación** *f.* **de autobuses** 5
business **negocios** *m., pl.* 16
  business administration **administración** *f.* **de empresas** 2
  business-related **comercial** *adj.* 16
businessman **hombre** *m.* **de negocios** 16
businesswoman **mujer** *f.* **de negocios** 16
busy **ocupado/a** *adj.* 5
but **pero** *conj.* 2; **sino** *conj.* (*in negative sentences*)
butcher shop **carnicería** *f.* 14
butter **mantequilla** *f.* 8
buy **comprar** *v.* 2
by **por** *conj.* 11; **para** *prep.* 11
  by means of **por** *prep.* 11
  by phone **por teléfono**
  by plane **en avión** 5
  by way of **por** *prep.* 11
Bye. **Chau.** *interj. fam.* 1

C

cabin **cabaña** *f.* 5
cable TV **televisión** *f.* **por cable** *m.* 11
café **café** *m.* 4
cafeteria **cafetería** *f.* 2
cake **pastel** *m.* 9
calculator **calculadora** *f.* 11
call **llamar** *v.* 11
  call on the phone **llamar por teléfono**
calm **tranquilo/a** *adj.* 15
  Stay calm! **¡Tranquilo/a!**

calorie **caloría** *f.* 15

camera **cámara** *f.* 11

  digital camera **cámara digital** 11

camp **acampar** *v.* 5

can **lata** *f.* 13

can **poder (o:ue)** *v.* 4

Canadian **canadiense** *adj.* 3

candidate **aspirante** *m. f.* 16;

  candidate **candidato/a** *m., f.*

candy **dulces** *m., pl.* 9

capital city **capital** *f.* 1

car **coche** *m.* 11; **carro** *m.* 11;

  auto(móvil) *m.* 5

caramel **caramelo** *m.*

card **tarjeta** *f.* 4; (*playing*) **carta** *f.*

care **cuidado** *m.* 3

  take care of **cuidar** *v.* 13

career **carrera** *f.* 16

careful: be (very) careful **tener** *v.*

  (mucho) cuidado 3

caretaker **ama** *f.* **de casa** 12

carpenter **carpintero/a** *m., f.* 16

carpet **alfombra** *f.* 12

carrot **zanahoria** *f.* 8

carry **llevar** *v.* 2

cartoons **dibujos** *m., pl.* **animados**

case: in case (that) **en caso (de) que**

  13

cash (a check) **cobrar** *v.* 14; **efectivo** *m.*

  cash register **caja** *f.* 6

  pay in cash **pagar** *v.* **al contado**

    pagar en efectivo

cashier **cajero/a** *m., f.*

cat **gato/a** *m., f.* 3

CD player **reproductor** *m.* **de CD** 11

celebrate **celebrar** *v.* 9

cell phone **teléfono** *m.* **celular** 11

cereal **cereales** *m., pl.* 8

certain **cierto** *m.*; **seguro** *m.* 13

  it's (not) certain **(no) es**

    seguro/cierto 13

chair **silla** *f.* 2

chalk **tiza** *f.* 2

champagne **champán** *m.* 9

change **cambiar** *v.* **(de)** 9

channel (*TV*) **canal** *m.*

character (*fictional*) **personaje** *m.*

  main character **personaje principal**

charge (for a product or service)

  cobrar *v.* 14

chauffeur **conductor(a)** *m., f.* 1

chat **conversar** *v.* 2

cheap **barato/a** *adj.* 6

check **comprobar** *v.;* **revisar** *v.* 11;

  (*bank*) **cheque** *m.* 14

  check the oil **revisar el aceite** 11

checking account **cuenta** *f.* **corriente**

  14

cheese **queso** *m.* 8

chef **cocinero/a** *m., f.* 16

chemistry **química** *f.* 2

chest of drawers **cómoda** *f.* 12

chicken **pollo** *m.* 8

child **niño/a** *m., f.* 3

childhood **niñez** *f.* 9

children **hijos** *m., pl.* 3

Chinese **chino/a** *adj.*

chocolate **chocolate** *m.*

  chocolate cake **pastel** *m.* **de**

    chocolate

cholesterol **colesterol** *m.* 15

choose **escoger** *v.*

chop (*food*) **chuleta** *f.* 8

Christmas **Navidad** *f.* 9

church **iglesia** *f.* 4

citizen **ciudadano/a** *m., f.*

city **ciudad** *f.* 4

class **clase** *f.* 2

  take classes **tomar** *v.* **clases** 2

classical **clásico/a** *adj.*

classmate **compañero/a** *m., f.* **de**

  clase 2

clean **limpio/a** *adj.* 5; **limpiar** *v.* 12

  clean the house *v.* **limpiar**

    la casa 12

  clean up **arreglar** *v.* 12

clear (*weather*) **despejado/a** *adj.* 5

  clear the table **quitar** *v.*

    la mesa 12

  It's clear. (*weather*) **Está**

    despejado. 5

clerk **dependiente/a** *m., f.* 6

clever **vivo/a** *adj.* 5

client **cliente/a** *m., f.* 6

clinic **clínica** *f.* 10

clock **reloj** *m.* 2

close **cerrar (e:ie)** *v.* 4

closed **cerrado/a** *adj.* 5

closet **armario** *m.* 12

clothes dryer **secadora** *f.* 12

clothing **ropa** *f.* 6

cloud **nube** *f.* 13

cloudy **nublado/a** *adj.* 5

  It's (very) cloudy. **Está (muy)**

    nublado. 5

coat **abrigo** *m.* 6

coffee **café** *m.* 8

  coffee maker **cafetera** *f.*

cold **frío** *m.* 3; (*disease*) **resfriado** *m.* 10

  be (very) cold (*feel*) **tener (mucho)**

    frío 3

  It's (very) cold. (*weather*) **Hace**

    (mucho) frío. 5

college **universidad** *f.*

collision **choque** *m.*

color **color** *m.* 6

comb one's hair **peinarse** *v.* 7

come **venir** *v.* 3

comedy **comedia** *f.*

comfortable **cómodo/a** *adj.* 5

commerce **negocios** *m., pl.* 16

commercial **comercial** *adj.* 16

communicate (with) **comunicarse** *v.*

  (con)

communication **comunicación** *f.*

  means of communication

    medios *m., pl.* **de comunicación**

community **comunidad** *f.* 1

compact disc (CD) **disco** *m.* **compacto**

  11

  compact disc player **reproductor** *m.*

    de CD 11

company **compañía** *f.* 16; **empresa**

  f. 16

comparison **comparación** *f.*

completely **completamente** *adv.*

composer **compositor(a)** *m., f.*

computer **computadora** *f.* 1, 11

  computer disc **disco** *m.* 11

  computer monitor **monitor** *m.* 11

  computer programmer

    programador(a) *m., f.* 3

  computer science **computación** *f.* 2

concerned: to be concerned **temer**

  v. 13

concert **concierto** *m.*

conductor (*musical*) **director(a)** *m., f.*

confirm **confirmar** *v.* 5

  confirm a reservation **confirmar**

    una reservación 5

congested **congestionado/a** *adj.* 10

Congratulations! (*for an event such*

  as a birthday or anniversary)

  ¡Felicidades!; (*for an event such as*

  an engagement or a good grade on a

  test) *f., pl.* **¡Felicitaciones!**

conservation **conservación** *f.* 13

conserve **conservar** *v.* 13

considering **para** *prep.* 11

consume **consumir** *v.* 15

contact lenses **lentes** *m. pl.* **de**

  contacto

container **envase** *m.* 13

contamination **contaminación** *f.*

content **contento/a** *adj.* 5

contest **concurso** *m.*

continue **seguir (e:i)** *v.* 4

control **control** *m.*; **controlar** *v.* 13

  be under control **estar bajo control**

conversation **conversación** *f.* 2

converse **conversar** *v.*

cook **cocinar** *v.* 12; **cocinero/a** *m.,*

  f. 16

cookie **galleta** *f.* 9

cool **fresco/a** *adj.* 5

  It's cool. (*weather*) **Hace fresco.** 5

corn **maíz** *m.*

corner **esquina** *m.* 14

cost **costar (o:ue)** *v.* 6

cotton **algodón** *m.* 6

  (made of) cotton **de algodón** 6

couch potato **teleadicto/a** *m., f.* 15

cough **tos** *f.* 10; **toser** *v.* 10

counselor **consejero/a** *m., f.* 16

count (on) **contar** *v.* **(con)** 12

country (*nation*) **país** *m.* 1

countryside **campo** *m.* 5; **paisaje** *m.*

couple **pareja** *f.* 9

  couple (married) **matrimonio** *m.* 9

course **curso** *m.* 2; **materia** *f.*

courtesy **cortesía** *f.*

cousin **primo/a** *m., f.* 3

cover **cubrir** *v.*
covered **cubierto** *p.p.*
cow **vaca** *f.*
cowboy **vaquero** *m.*
crafts **artesanía** *f.*
craftsmanship **artesanía** *f.*
crash **chocar** *v.* **(con)** 11
crater **cráter** *m.* 13
crazy **loco/a** *adj.* 6
create **crear** *v.*
credit **crédito** *m.* 6
  credit card **tarjeta** *f.* **de crédito** 6
crime **crimen** *m.*
cross **cruzar** *v.* 14
Cuban **cubano/a** *adj.* 3
culture **cultura** *f.*
cup **taza** *f.* 12
currency exchange **cambio** *m.* **de moneda**
current events **actualidades** *f., pl.*
curriculum vitae **currículum** *m.*
curtains **cortinas** *f., pl.* 12
custard (*baked*) **flan** *m.* 9
custom **costumbre** *f.*
customer **cliente/a** *m., f.*
customs **aduana** *f.* 5
  customs inspector **inspector(a)** *m., f.* **de aduanas** 5
cycling **ciclismo** *m.* 4

D

dad **papá** *m.* 3
daily **diario/a** *adj.* 7
  daily routine **rutina** *f.* **diaria** 7
damage **dañar** *v.* 10
dance **bailar** *v.* 2; **danza** *f.* **baile** *m.*
dancer **bailarín/bailarina** *m., f.* 16
danger **peligro** *m.* 13
dangerous **peligroso/a** *adj.*
dark-haired **moreno/a** *adj.* 3
date (*appointment*) **cita** *f.* 9; (*calendar*) **fecha** *f.* 5; (*someone*) **salir** *v.* **con (alguien)** 9
  date: have a date **tener** *v.* **una cita** 9
daughter **hija** *f.* 3
  daughter-in-law **nuera** *f.* 3
day **día** *m.* 1
  day before yesterday **anteayer** *adv.* 6
deal **trato** *m.*
  It's a deal. **Trato hecho.**
  It's not a big deal. **No es para tanto.**
death **muerte** *f.* 9
decaffeinated **descafeinado/a** *adj.* 15
December **diciembre** *m.* 5
decide **decidir** *v.* 3
decided **decidido/a** *adj.*
declare **declarar** *v.*
deforestation **deforestación** *f.* 13
delicious **delicioso/a** *adj.* 8; **rico/a** *adj.* 8; **sabroso/a** *adj.* 8

dentist **dentista** *m., f.* 10
deny **negar (e: ie)** *v.* 13
department store **almacén** *m.* 6
departure **salida** *f.* 5
deposit **depositar** *v.* 14
describe **describir** *v.* 3
described **descrito/a** *p.p.* 15
desert **desierto** *m.* 13
design **diseño** *m.*
designer **diseñador(a)** *m., f.* 16
desire **desear** *v.* 12
desk **escritorio** *m.* 2
dessert **postre** *m.* 9
destroy **destruir** *v.* 13
develop **desarrollar** *v.* 13
diary **diario** *m.* 1
dictatorship **dictadura** *f.*
dictionary **diccionario** *m.* 1
die **morir (o:ue)** *v.* 8
died **muerto/a** *p.p.* 15
diet **dieta** *f.* 15
  balanced diet **dieta equilibrada** 15
  be on a diet **estar** *v.* **a dieta** 15
  eat a balanced diet **seguir una dieta equilibrada** 15
difficult **difícil** *adj.* 3
dining room **comedor** *m.* 12
dinner **cena** *f.* 8
  have dinner **cenar** *v.* 8
direction: in the direction of **para** *prep.* 11
directions: give directions **indicar cómo llegar** *v.* 14
director **director(a)** *m., f.*
dirty **ensuciar** *v.;* **sucio/a** *adj.* 5
  get (something) dirty **ensuciar** *v.* 12
disagree **no estar de acuerdo**
disaster **desastre** *m.*
discover **descubrir** *v.* 13
discovered **descubierto** *p.p.* 15
discrimination **discriminación** *f.*
dish **plato** *m.* 8
  main dish **plato principal** 8
dishwasher **lavaplatos** *m., sing.* 12
disk **disco** *m.* 11
disorderly **desordenado/a** *adj.* 5
dive **bucear** *v.* 4
divorce **divorcio** *m.* 9
divorced **divorciado/a** *adj.* 9
  get divorced (from) **divorciarse** *v.* **(de)** 9
dizzy **mareado/a** *adj.* 10
do **hacer** *v.* 4
  do aerobics **hacer ejercicios aeróbicos** 15
  do errands **hacer diligencias**
  do household chores **hacer quehaceres domésticos** 12
  do stretching exercises **hacer ejercicios de estiramiento** 15
doctor **médico/a** *m., f.* 3; **doctor(a)** *m., f.* 10
documentary (*film*) **documental** *m.*

dog **perro/a** *m., f.* 3
domestic **doméstico/a** *adj.*
done **hecho/a** *p.p.* 15
door **puerta** *f.* 2
dormitory **residencia** *f.* **estudiantil** 2
double **doble** *adj.* 5
  double room **habitación** *f.* **doble** 5
doubt **duda** *f.* 13; **dudar** *v.* 13
  There is no doubt… **No cabe duda de…** 13; **No hay duda de…** 13
Down with… ! **¡Abajo el/la…!**
downtown **centro** *m.* 4
drama **drama** *m.*
dramatic **dramático/a** *adj.*
draw **dibujar** *v.* 2
drawing **dibujo** *m.*
dress **vestido** *m.* 6
  get dressed **vestirse (e:i)** *v.* 7
drink **beber** *v.* 3; **bebida** *f.* 8; **tomar** *v.* 2
  Do you want something to drink? **¿Quieres algo de tomar?**
drive **conducir** *v.* 8; **manejar** *v.* 11
driver **conductor(a)** *m., f.* 1
drug *f.* **droga** 15
  drug addict **drogadicto/a** *adj.* 15
due to **por** *prep.*
  due to the fact that **debido a**
during **durante** *prep.* 7; **por** *prep.* 11
dust **sacudir** *v.* 12
  dust the furniture **sacudir los muebles** 12
DVD player **reproductor de DVD** *m.* 11
dying: I'm dying to (for)… **me muero por…**

E

each **cada** *adj.* 6
eagle **águila** *f.*
ear (*outer*) **oreja** *f.* 10
early **temprano** *adv.* 7
earn **ganar** *v.* 16
earthquake **terremoto** *m.*
ease **aliviar** *v.*
east **este** *m.* 14
  to the east **al este** 14
easy **fácil** *adj.* 3
  extremely easy **facilísimo** 8
eat **comer** *v.* 3
ecological **ecologista** *adj.* 13
ecologist **ecologista** *adj.* 13
ecology **ecología** *f.* 13
economics **economía** *f.*
ecotourism **ecoturismo** *m.* 13
Ecuadorian **ecuatoriano/a** *adj.* 3
effective **eficaz** *adj. m., f.*
egg **huevo** *m.* 8
eight **ocho** 1
eight hundred **ochocientos/as** 6
eighteen **dieciocho** 1
eighth **octavo/a** 5

eighty **ochenta** 2
either... or **o... o** *conj.* 7
elect **elegir** *v.*
election **elecciones** *f., pl.*
electrician **electricista** *m., f.* 16
electricity **luz** *f.* 12
elegant **elegante** *adj.* 6
elevator **ascensor** *m.* 5
eleven **once** 1
e-mail **correo** *m.* **electrónico** 4
   e-mail message **mensaje** *m.*
     electrónico 4
   read e-mail **leer** *v.* **el correo**
     electrónico 4
   write an e-mail **escribir** *v.* **un**
     mensaje electrónico 4
embarrassed **avergonzado/a** *adj.* 5
embrace (each other) **abrazar(se)** *v.*
emergency **emergencia** *f.* 10
   emergency room **sala** *f.* **de**
     emergencia(s) 10
employee **empleado/a** *m., f.* 5
employment **empleo** *m.* 16
end **fin** *m.* 4; **terminar** *v.* 2
   end table **mesita** *f.* 12
energy **energía** *f.* 13
engaged: get engaged (to)
   comprometerse *v.* **(con)** 9
engineer **ingeniero/a** *m., f.* 3
English (language) **inglés** *m.* 2; **inglés,**
   inglesa *adj.* 3
enjoy **disfrutar** *v.* **(de)** 15
enough **bastante** *adj.* 10
entertainment **diversión** *f.* 4
entrance **entrada** *f.* 12
envelope **sobre** *m.* 14
environment **medio ambiente** *m.* 13
equality **igualdad** *f.*
equipped **equipado/a** *adj.*
eraser **borrador** *m.* 2
errand *f.* **diligencia** 14
establish **establecer** *v.*
evening **tarde** *f.* 1
event **acontecimiento** *m.*
every day **todos los días** 10
everybody **todos** *m., pl.*
everything **todo** *m.* 5
   Everything is under control. **Todo**
     está bajo control.
exactly **en punto** *adv.* 1
exam **examen** *m.* 2
excellent **excelente** *adj.* 5
excess **exceso** *m.* 15
   in excess **en exceso** 15
exchange **intercambiar** *v.*
   in exchange for **por** 11
exciting **emocionante** *adj. m., f.*
excursion **excursión** *f.* 4
excuse **disculpar** *v.*
Excuse me. (*May I?*) **Con permiso.** 1;
   (*I beg your pardon.*) **Perdón.** 1
exercise **ejercicio** *m.* 15
   hacer *v.* **ejercicio** 15
exit **salida** *f.* 5

expensive **caro/a** *adj.* 6
experience **experiencia** *f.*
explain **explicar** *v.* 2
explore **explorar** *v.*
   explore a city/town **explorar una**
     ciudad/pueblo
expression **expresión** *f.*
extinction **extinción** *f.* 13
eye **ojo** *m.* 10

F

fabulous **fabuloso/a** *adj* 5
face **cara** *f.* 7
facing **enfrente de** *prep.* 14
fact: in fact **de hecho**
factory **fábrica** *f.* 13
fall **caerse** *v.* 10
   fall asleep **dormirse (o:ue)** *v.* 7
   fall in love (with) **enamorarse** *v.*
     (de) 9
fallen **caído/a** *p.p.* 15
family **familia** *f.* 3
famous **famoso/a** *adj.* 16
fan **aficionado/a** *adj.* 4
   be a fan (of) **ser aficionado/a (a)** 4
far from **lejos de** *prep.* 2
farewell **despedida** *f.*
fascinate **fascinar** *v.* 7
fashion **moda** *f.* 6
   be in fashion **estar** *v.* **de moda** 6
fast **rápido/a** *adj.*
fat **gordo/a** *adj.* 3; **grasa** *f.* 15
father **padre** *m.* 3
father-in-law **suegro** *m.* 3
favorite **favorito/a** *adj.* 4
fax (machine) **fax** *m.* 11
fear **miedo** *m.* 3; **temer** *v.* 13
February **febrero** *m.* 5
feel *v.* **sentir(se) (e:ie)** 7
   feel like (*doing something*) **tener**
     ganas de (+ *inf.***)** 3
festival **festival** *m.*
fever **fiebre** *f.* 10
   have a fever **tener** *v.* **fiebre** 10
few **pocos/as** *adj. pl.*
field: field of study **especialización**
   f. 16
fifteen **quince** 1
   young woman celebrating her
     fifteenth birthday
     quinceañera *f.* 9
fifth **quinto/a** *adj.* 5
fifty **cincuenta** 2
fight **luchar** *v.* **(por)**
figure (*number*) **cifra** *f.*
file **archivo** *m.* 11
fill **llenar** *v.*
   fill out a form **llenar un formulario**
     14
   fill the tank **llenar el tanque** 11
finally **finalmente** *adv*; **por último** 7;
   por fin 11

find **encontrar (o:ue)** *v.* 4
   find (each other) **encontrar(se)** *v.*
fine arts **bellas artes** *f., pl.*
fine **multa** *f.* 11
   That's fine. **Está bien.**
finger **dedo** *m.* 10
finish **terminar** *v.* 4
   finish (*doing something*)
     terminar *v.* **de (+** *inf.***)**
fire **incendio** *m.*; **despedir (e:i)** *v.* 16
firefighter **bombero/a** *m., f.* 16
firm **compañía** *f.* 16; **empresa** *f.* 16
first **primer, primero/a** *adj.* 5
fish (*food*) **pescado** *m.* 8; **pescar** *v.* 5;
   (*live*) **pez** *m.* 13
   fish market **pescadería** *f.* 14
fisherman **pescador** *m.*
fisherwoman **pescadora** *f.*
fishing **pesca** *f.* 5
fit (*clothing*) **quedar** *v.* 7
five **cinco** 1
five hundred **quinientos/as** 6
fix (*put in working order*) **arreglar** *v.* 11
fixed **fijo/a** *adj.* 6
flag **bandera** *f.*
flank steak **lomo** *m.*
flat tire: We got a flat tire. **Se nos**
   pinchó una llanta. 11
flexible **flexible** *adj.* 15
flood **inundación** *f.*
floor (*story in a building*) **piso** *m.* 5;
   suelo *m.* 12
   ground floor **planta** *f.* **baja** 5
   top floor **planta** *f.* **alta**
flower **flor** *f.* 13
flu **gripe** *f.* 10
fog **niebla** *f.*
foggy: It's (very) foggy. **Hay (mucha)**
   niebla. 5
folk **folclórico/a** *adj.*
follow **seguir (e:i)** *v.* 4
food **comida** *f.* 8
foolish **tonto/a** *adj.* 3
foot **pie** *m.* 10
football **fútbol** *m.* **americano** 4
for **para** *prep.* 11; **por** *prep.* 11
   for example **por ejemplo** 11
   for me **para mí**
forbid **prohibir** *v.*
foreign **extranjero/a** *adj.*
   foreign languages **lenguas**
     f., pl. **extranjeras** 2
forest **bosque** *m.* 13
forget **olvidar** *v.* 10
fork **tenedor** *m.* 12
form **formulario** *m.* 14
forty **cuarenta** 2
forward **en marcha** *adv.*
four **cuatro** 1
four hundred **cuatrocientos/as** 6
fourteen **catorce** 1
fourth **cuarto/a** *adj.* 5
free **libre** *adj.* 4
   be free of charge **ser gratis** 14

free time **tiempo** *m.* **libre** 4;
    ratos *m., pl.* **libres** 4
freedom **libertad** *f.*
freezer **congelador** *m.*
French **francés, francesa** *adj.* 3
    French fries **papas** *f., pl* **fritas** 8;
        patatas *f., pl* **fritas** 8
frequently **frecuentemente** *adv.;* **con
    frecuencia** 10
Friday **viernes** *m., sing.* 2
fried **frito/a** *adj.* 8
    fried potatoes **papas** *f., pl.* **fritas;
        patatas** *f., pl.* **fritas**
friend **amigo/a** *m., f.* 3
friendly **amable** *adj.* 5
friendship **amistad** *f.* 9
from **de** *prep.* 1; **desde** *prep.* 6
    from where? **¿de dónde?** 9
    from the United States
        estadounidense *adj.* 3
    from time to time **de vez en
        cuando** 10
    He/She/It is from… **Es de…** 1
    I'm from… **Soy de…** 1
fruit **fruta** *f.* 8
    fruit juice **jugo** *m.* **de fruta** 8
    fruit shop **frutería** *f.* 14
full **lleno/a** *adj.*11
fun **divertido/a** *adj.*
    fun activity **diversión** *f.* 4
    have fun **divertirse (e:ie)** *v.* 9
function **funcionar** *v.*
furniture **muebles** *m., pl.* 12
furthermore **además (de)** *adv.* 10
future **futuro** *m.* 16; **porvenir** *m.*
    in the future **en el futuro**

G

gain weight **aumentar** *v.* **de peso** 15;
    engordar *v.* 15
game (*match*) **partido** *m.* 4; **juego** *m.* 5
    game show **concurso** *m.*
garage **garaje** *m.* 11, 12
garden **jardín** *m.* 12
garlic **ajo** *m.* 8
gas station **gasolinera** *f.* 11
gasoline **gasolina** *f.* 11
geography **geografía** *f.* 2
German **alemán, alemana** *adj.* 3
get **conseguir (e:i)** *v.* 4; **obtener** *v.* 16
    get along well/badly (with)
        llevarse bien/mal (con) 9
    get bored **aburrirse** *v.*
    get out of (a vehicle)
        bajar(se) *v.* **de** 11
    get into (a vehicle)
        subir(se) *v.* **a** 11
    get up **levantarse** *v.* 7
gift **regalo** *m.* 6
girl **chica** *f.* 1; **muchacha; niña** *f.* 3
girlfriend **novia** *f.* 3
give **dar** *v.* 6; (*as a gift*) **regalar** 9

give directions **indicar cómo llegar**
    v. 14
glass (*drinking*) **vaso** *m.* 12; **vidrio**
    m. 13
    (made of) glass **de vidrio** 13
glasses **gafas** *f., pl.* 6
    sunglasses **gafas de sol** 6
global warming **calentamiento global**
    m. 13
gloves **guantes** *m., pl.* 6
go **ir** *v.* 4
    go away **irse** 7
    go by boat **ir en barco** 5
    go by bus **ir en autobús** 5
    go by car **ir en auto(móvil)** 5
    go by motorcycle **ir en
        motocicleta** 5
    go by plane **ir en avión** 5
    go by subway **ir en metro** 5
    go by taxi **ir en taxi** 5
    go by the bank **pasar por el banco**
        14
    go by train **ir en tren**
    go by **pasar** *v.* **por**
    go down; **bajar** *v.* 11
    go fishing **ir de pesca** 5
    go for a hike (in the mountains) **ir
        de excursión (a las montañas)** 4
    go mountain climbing **escalar
        montañas** 4
    go out **salir** *v.* 9
    go out with **salir con** 4, 9
    go through customs **pasar por la
        aduana** 5
    go up **subir** *v.* 11
    go with **acompañar** *v.* 14
    Let's get going. **En marcha.**
    Let's go. **Vamos.** 4
going to: be going to (*do something*) **ir
    a (+ *inf.*)** 4
golf **golf** *m.* 4
good **buen, bueno/a** *adj.* 1, 3
    Good afternoon. **Buenas tardes.** 1
    Good evening. **Buenas noches.** 1
    Good idea! **¡Buena idea!**
    Good morning. **Buenos días.** 1
    Good night. **Buenas noches.** 1
    I'm good, thanks. **Bien, gracias.**
    It's good that… **Es bueno que…** 12
goodbye **adiós** *m.* 1
good-looking **guapo/a** *adj.* 3
government **gobierno** *m.* 13
GPS **navegador GPS** *m.* 11
graduate (from) **graduarse** *v.* **(de)** 9
grains **cereales** *m., pl.* 8
granddaughter **nieta** *f.* 3
grandfather **abuelo** *m.* 3
grandmother **abuela** *f.* 3
grandparents **abuelos** *m., pl.* 3
grandson **nieto** *m.* 3
grape **uva** *f.* 8
grass **hierba** *f.;* **césped** *m.* 13
grave **grave** *adj.* 10
gray **gris** *adj. m., f.* 6

great **gran; grande** *adj.* 3;
    fenomenal *adj.* 5
green **verde** *adj. m., f.* 5
greet (each other) **saludar(se)** *v.*
greeting **saludo** *m.* 1
grilled (*food*) **a la plancha** 8
    grilled flank steak **lomo a la
        plancha**
ground floor **planta** *f.* **baja** 5
guest (*at a house/hotel*) **huésped** *m., f.*
    5; (*invited to a function*) **invitado/a**
    m., f. 9
guide **guía** *m., f.*
gym **gimnasio** *m.* 4
gymnasium **gimnasio** *m.* 4

H

hair **pelo** *m.* 7
hairdresser **peluquero/a** *m., f.* 16
hairdressing salon **peluquería** *f.* 14
half **medio/a** *adj.* 3
    half-brother **medio hermano** 3;
        half-sister **media hermana** 3
    half-past (*time*) **y media** 1
hallway **pasillo** *m.* 12
ham **jamón** *m.* 8
hamburger **hamburguesa** *f.* 8
hand **mano** *f.* 1
Hands up! **¡Manos arriba!**
happen **ocurrir** *v.*
happiness **alegría** *f.* 9
Happy birthday! **¡Feliz cumpleaños!**
happy **alegre** *adj.* 5; **contento/a** *adj.* 5;
    feliz *adj.* 5
    be happy **alegrarse** *v.* **(de)** 13
hard-working **trabajador(a)** *adj.* 3
hardly **apenas** *adv.* 10
haste **prisa** *f.* 3
hat **sombrero** *m.* 6
hate **odiar** *v.* 9
have **tener** *v.* 3
    Have a good trip! **¡Buen viaje!**
    have a tooth pulled **sacar(se) una
        muela** 10
    have to (*do something*) **tener
        que (+ *inf.*)** 3; **deber (+ *inf.*)** 3
he **él** *sub. pron.* 1
he is **él es** 1
he/she/it is, you (*form., sing.*)
    are **está** 2
head **cabeza** *f.* 10
headache **dolor de cabeza** *m.* 10
health **salud** *f.* 10
healthful **saludable** *adj.*
healthy **sano/a, saludable** *adj.* 10
    lead a healthy life **llevar** *v.* **una
        vida sana** 15
hear **oír** *v.* 4
heard **oído/a** *p.p.* 15
hearing: sense of hearing **oído** *m.*
heart **corazón** *m.* 10
heat **calor** *m.* 3

Hello. **Hola.** *interj.* 1; (*on the telephone*) **Aló.** 11; **¿Bueno?** 11; **Diga.** 11

help **ayudar** *v.* 12; **servir (e:i)** *v.* 5
help each other **ayudarse** *v.*

her **su(s)** *poss. adj.* 3; **la** *pron.* 5; **le** *pron.* 6;
hers **suyo(s)/a(s)** *poss. pron.* 11

here **aquí** *adv.* 1
Here it is… **Aquí está…** 5
Here we are at/in… **Aquí estamos en…** 2
It's not here. **No está.** 5

highway **autopista** *f.*; **carretera** *f.*

hike **excursión** *f.* 4
go on a hike **hacer una excursión** 5; **ir de excursión** 4

hiker **excursionista** *m., f.* 4

hiking **de excursión** 4

him **lo** *pron.* 5; **le** *pron.* 6

hire **contratar** *v.* 16

his **su(s)** *poss. adj.* 3; **suyo(s)/a(s)** *poss. pron.* 11

history **historia** *f.* 2

hobby **pasatiempo** *m.* 4

hockey **hockey** *m.* 4

holiday **día** *m.* **de fiesta** 9

home **hogar** *m.* 12
home page **página** *f.* **principal** 11

homemaker **ama** *f.* **de casa** 12

homework **tarea** *f.* 2

hood (car) **capó** *m.* 11

hope **esperar** *v.* 2, 13
I hope (that) **ojalá (que)** *interj.* 13

horror **terror** *m.*

hors d'oeuvres **entremeses** *m., pl.* 8

horse **caballo** *m.* 5

hospital **hospital** *m.* 10

hot **picante** *adj.* 8

hot: be (very) hot (*feel*) **tener (mucho) calor** 3; (*weather*) **hacer (mucho) calor** 5

hotel **hotel** *m.* 5

hour **hora** *f.* 1

house **casa** *f.* 4

household chores **quehaceres** *m., pl.* **domésticos** 12

housekeeper **ama** *f.* **de casa** 12

housing **vivienda** *f.* 12

How…! **¡Qué…!** 3
how **¿cómo?** *adv.* 1, 9
How are you? **¿Cómo estás?** *fam.* 1
How are you? **¿Cómo está usted?** *form.* 1
How can I help you? **¿En qué puedo servirles?** 5
How did… go for you? **¿Cómo les fue…?** 15
How is it going? **¿Qué tal?** 1
How is/are . . . ? **¿Qué tal…?**
How much/many? **¿Cuánto(s)/a(s)?** 1, 9
How much does… cost? **¿Cuánto cuesta…?** 6

How old are you? **¿Cuántos años tienes?** *fam.* 3
How's the weather? **¿Qué tiempo hace?** 5

however **sin embargo** *adv.*

hug (each other) **abrazar(se)** *v.*

humanities **humanidades** *f., pl.*

hunger **hambre** *f.* 3

hundred **cien, ciento** 2

hungry: be (very) hungry **tener** *v.* **(mucha) hambre** 3

hunting **caza** *f.* 13

hurricane **huracán** *m.*

hurry **apurarse; darse prisa** *v.* 15
be in a (big) hurry **tener** *v.* **(mucha) prisa** 3

hurt **doler (o:ue)** *v.* 10
It hurts me a lot. **Me duele mucho.** 10

husband **esposo** *m.* 3

I

I **yo** *sub. pron.* 1
I am… **Yo soy…** 1
I don't like them at all. **No me gustan nada.**
I hope (that) **Ojalá (que)** *interj.* 13
I wish (that) **Ojalá (que)** *interj.* 13
I would like… **me gustaría(n)…** 7
I would like to introduce… to you. **Le presento a…** *form.* 1; **Te presento a…** *fam.* 1

ice cream **helado** *m.* 9
ice cream shop **heladería** *f.* 14

iced **helado/a** *adj.* 9
iced tea **té helado** 8

idea **idea** *f.* 4

if **si** *conj.* 13

illness **enfermedad** *f.* 10

important **importante** *adj.* 3
be important to **importar** *v.* 7, 12
It's important that… **Es importante que…** 12

impossible **imposible** *adj.* 13
It's impossible… **Es imposible…** 13

improbable **improbable** *adj.* 13
It's improbable… **Es improbable…** 13

improve **mejorar** *v.* 13

in **en** *prep.* 2; **por** *prep.* 11
in the afternoon **de la tarde** 1; **por la tarde** 7
in the evening **de la noche** 1; (*early*) **por la tarde** 7
in the morning **de la mañana** 1; **por la mañana** 7
in love (with) **enamorado/a (de)** 5
in which **en qué** 2
in front of **delante de** *prep.* 2; **enfrente** 14

increase **aumento** *m.* 16

incredible **increíble** *adj.* 5

inequality **desigualdad** *f.*

infection **infección** *f.* 10

inform **informar** *v.*

inhabitants **habitantes** *m., pl* 13

injection **inyección** *f.* 10
give an injection **poner** *v.* **una inyección** 10

injure (oneself) **lastimarse** *v.* 10
injure (one's foot) **lastimarse (el pie)** 10

inner ear **oído** *m.*

insist (on) **insistir** *v.* **(en)** 12

installments: pay in installments **pagar** *v.* **a plazos** 14

intelligent **inteligente** *adj.* 3

intend **pensar** *v.* **(+ inf.)** 4

interest **interesar** *v.* 7

interesting **interesante** *adj.* 3
be interesting to **interesar** *v.* 7

international **internacional** *adj. m., f.*

Internet **red** *f.*; **Internet** *m.* 11

interview **entrevista** *f.* 16; interview **entrevistar** *v.* 16

interviewer **entrevistador(a)** *m., f.* 16

introduction **presentación** *f.*

invest **invertir (e:ie)** *v.* 16

invite **invitar** *v.* 9

iron clothes **planchar** *v.* **la ropa** 12

it **lo/la** *pron.* 5

Italian **italiano/a** *adj.* 3

its **su(s)** *poss. adj.* 3 , **suyo(s)/a(s)** *poss. pron.* 11

J

jacket **chaqueta** *f.* 6

January **enero** *m.* 5

Japanese **japonés, japonesa** *adj.* 3

jeans **bluejeans** *m., pl.* 6

jewelry store **joyería** *f.* 14

job **empleo** *m.* 16; **puesto** *m.* 16; **trabajo** *m.* 16
job application **solicitud** *f.* **de trabajo** 16

jog **correr** *v.*

journalism **periodismo** *m.* 2

journalist **periodista** *m., f.*; **reportero/a** *m., f.*

joy **alegría** *f.*
give joy **dar** *v.* **alegría**

juice **jugo** *m.* 8

July **julio** *m.* 5

June **junio** *m.* 5

jungle **selva** *f.* 13, **jungla** *f.*

just **apenas** *adv.* 10
have just done something **acabar de (+ inf.)** 6

K

keep (doing something) **seguir (e:ie)** *v.* 4

key **llave** *f.* 5

keyboard **teclado** *m.* 11

kilometer **kilómetro** *m.* 11

kind: That's very kind of you. **Muy amable.** *adj.* 5

kiss (each other) **besar(se)** *v.*; **beso** *m.* 6

kitchen **cocina** *f.* 12

knee **rodilla** *f.* 10

knife **cuchillo** *m.* 12

know **saber** *v.* 8; **conocer** *v.* 8

know how **saber** *v.* 8

L

laboratory **laboratorio** *m.* 2

lack **faltar** *v.* 7

lake **lago** *m.* 13

lamp **lámpara** *f.* 12

land **tierra** *f.* 13

landlord **dueño/a** *m., f.*

landscape **paisaje** *m.* 13

language **lengua** *f.* 2

laptop (computer) **computadora** *f.* **portátil** 11

large (clothing size) **talla** *f.* **grande** *adj.* 6

last **durar** *v.*; **pasado/a** *adj.* 6; **último/a** *adj.*

last name **apellido** *m.* 9

last night **anoche** *adv.* 6

last week **la semana pasada** 6

last year **el año pasado** 6

late **tarde** *adv.* 7

later (on) **más tarde** *adv.* 7

See you later. **Hasta la vista. 1; Hasta luego.** 1

laugh **reírse (e:i)** *v.* 9

laughed **reído** *p.p.* 15

laundromat **lavandería** *f.* 14

law **ley** *f.* 13

lawyer **abogado/a** *m., f.* 16

lazy **perezoso/a** *adj.*

learn **aprender** *v.* 3

least, (the) **el/la/los/las menos** 8

leave **salir** *v.* 4; **irse** *v.* 7

leave a tip **dejar una propina** 9

leave for (a place) **salir para** 4

leave from **salir de** 4

leave behind **dejar** *v.* 16

left **izquierdo/a** *adj.* 2

be left behind **quedar** *v.* 10

be left over **quedar** *v.* 7

to the left of **a la izquierda de** 2

leg **pierna** *f.* 10

lemon **limón** *m.* 8

less **menos** *adv.* 10

less… than **menos… que** 8

less than (+ number) **menos de (+ number)** 8

lesson **lección** *f.* 1

let **dejar** *v.* 12

let's see **a ver**

letter **carta** *f.* 4

lettuce **lechuga** *f.* 8

liberty **libertad** *f.*

library **biblioteca** *f.* 2

license (driver's) **licencia** *f.* **de conducir** 11

lie **mentira** *f.* 6

lie down **acostarse (o:ue)** *v.* 7

life **vida** *f.* 9

of my life **de mi vida**

lifestyle: lead a healthy lifestyle **llevar una vida sana** 15

lift **levantar** *v.* 15

lift weights **levantar pesas** 15

light **luz** *f.* 12

like **como** *prep.* 8; **gustar** *v.* 2, 7

like this **así** *adv.* 10

like very much **encantar** *v.*; **fascinar** *v.* 7

I like… **me gusta(n)…** 2

I like… very much *v.* **Me encanta…**

Do you like… ? **¿Te gusta(n)…?** 2

likewise **igualmente** *adv.* 1

line **línea** *f.* 4; **cola** (queue) *f.* 14

listen to **escuchar** *v.* 2

Listen! (command) **¡Oye!** *fam., sing.* 1; **¡Oigan!** *form., pl.*

listen to music **escuchar música**

listen to the radio **escuchar la radio**

literature **literatura** *f.*

little (quantity) **poco/a** *adj.* 5; **poco** *adv.* 10

live **vivir** *v.* 3

living room **sala** *f.* 12

loan **préstamo** *m.* 14; **prestar** *v.* 6

lobster **langosta** *f.* 8

located **situado/a** *adj.*

be located **quedar** *v.* 14

lodging **alojamiento** *m.* 5

long **largo/a** *adj.* 6

look (at) **mirar** *v.* 2

look for **buscar** *v.* 2

lose **perder (e:ie)** *v.* 4

lose weight **adelgazar** *v.* 15

lost **perdido/a** *adj.* 14

be lost **estar perdido/a** 14

lot, a **muchas veces** 10

lot of, a **mucho/a** *adj.*

love (another person) **querer (e:ie)** *v.* 4; (things) **encantar** *v.* 7; **amor** *m.* 9; in love (with) **enamorado/a (de)** *adj.* 5

luck **suerte** *f.* 3

lucky: be (very) lucky **tener (mucha) suerte** 3

luggage **equipaje** *m.* 5

lunch **almuerzo** *m.* 8

have lunch **almorzar (o:ue)** *v.* 8

M

ma'am **señora (Sra.)** *f.* 1

mad **enojado/a** *adj.* 5

magazine **revista** *f.* 4

read a magazine **leer una revista** 4

magnificent **magnífico/a** *adj.* 5

mail **correo** *m.* 14; **enviar** *v.*, **mandar** *v.* mail a letter **echar una carta al buzón** 14

mail carrier **cartero/a** *m.* 14

mailbox **buzón** *m.* 14

main **principal** *adj. m., f.* 8

maintain **mantener** *v.* 15

make **hacer** *v.* 4

make the bed **hacer la cama** 12

makeup **maquillaje** *m.* 7

man **hombre** *m.* 1

manager **gerente** *m., f.* 16

many **mucho/a** *adj.* 3

many times **muchas veces** 10

map **mapa** *m.* 1

March **marzo** *m.* 5

margarine **margarina** *f.* 8

marinated fish **ceviche** *m.*

lemon-marinated shrimp **ceviche de camarón**

marital status **estado** *m.* **civil** 9

market **mercado** *m.* 6

open-air market **mercado al aire libre** 6

marriage **matrimonio** *m.* 9

married **casado/a** *adj.* 9

get married (to) **casarse** *v.* **(con)** 9

marvelous **maravilloso/a** *adj.* 5

marvelously **maravillosamente** *adv.*

massage **masaje** *m.* 15

masterpiece **obra** *f.* **maestra**

match (sports) **partido** *m.*

match **hacer** *v.* **juego (con)** 6

mathematics **matemáticas** *f., pl.* 2

matter **importar** *v.* 7, 12

maturity **madurez** *f.* 9

maximum **máximo/a** *m.* 11

May **mayo** *m.* 5

maybe **tal vez** *adv.* 5; **quizás** *adv.* 5

mayonnaise **mayonesa** *f.* 8

me **me** *pron.* 5

meal **comida** *f.* 8

means of communication **medios** *m., pl.* **de comunicación**

meat **carne** *f.* 8

mechanic **mecánico/a** *m., f.* 11

(mechanic's) repair shop **taller** *m.* **mecánico** 11; **garaje** *m.* 11

media **medios** *m., pl.* **de comunicación**

medical **médico/a** *adj.* 10

medication **medicamento** *m.* 10

medicine **medicina** *f.* 10

medium **mediano/a** *adj.*

meet (each other) **encontrar(se)** *v.*

meeting **reunión** *f.* 16

menu **menú** *m.* 8

message (telephone) **recado** *m.* 11

Mexican **mexicano/a** *adj.* 3

microwave **microonda** *f.* 12
  microwave oven **horno** *m.* **de microondas** 12
middle age **madurez** *f.* 9
midnight **medianoche** *f.* 1
mile **milla** *f.* 11
milk **leche** *f.* 8
million **millón** 6
  million of **millón de** 6
mine **mío/a(s)** *poss. pron.* 11
mineral **mineral** *m.* 15
  mineral water **agua** *f.* **mineral** 8
minute **minuto** *m.* 1
mirror **espejo** *m.* 7
Miss **señorita (Srta.)** *f.* 1
miss **perder (e:ie)** *v.* 4
modern **moderno/a** *adj.*
mom **mamá** *f.* 3
Monday **lunes** *m., sing.* 2
money **dinero** *m.* 6
monitor **monitor** *m.* 11
monkey **mono** *m.* 13
month **mes** *m.* 5
monument **monumento** *m.* 4
moon **luna** *f.* 13
more **más** *adj.* 2
  more... than **más... que** 8
  more than (+ *number*) **más de (+** *number***)** 8
morning **mañana** *f.* 1
most, (the) **el/la/los/las más** 8
mother **madre** *f.* 3
mother-in-law **suegra** *f.* 3
motor **motor** *m.* 11
motorcycle **moto(cicleta)** *f.* 5
mountain **montaña** *f.* 4
mouse **ratón** *m.* 11
mouth **boca** *f.* 10
move (*to another house/city/country*) **mudarse** *v.* 12
movie **película** *f.* 4
  movie star **estrella** *f.* **de cine**
  movie theater **cine** *m.* 4
MP3 player **reproductor de MP3** *m.* 11
Mr. **señor (Sr.)** *m.* 1
Mrs. **señora (Sra.)** *f.* 1
much **mucho/a** *adj.* 2, 3
mug **taza** *f.* 12
municipal **municipal** *adj.*
murder **crimen** *m.*
muscle **músculo** *m.* 15
museum **museo** *m.* 4
mushroom **champiñón** *m.* 8
music **música** *f.*
musical **musical** *adj.*
musician **músico/a** *m., f.*
must: It must be . . . **Debe ser...** 6
my **mi(s)** *poss. adj.* 3; **mío(s)/a(s)** *poss. pron.* 11

N

name **nombre** *m.* 5
  in my name **a mi nombre**
  in the name of **a nombre de**
  last name **apellido** *m.* 9
  My name is... **Me llamo...** 1
  be named **llamarse** *v.* 7
napkin **servilleta** *f.* 12
national **nacional** *adj., m., f.*
nationality **nacionalidad** *f.* 1
natural **natural** *adj., m., f.* 13
  natural disaster **desastre** *m.* **natural**
  natural resource **recurso** *m.* **natural** 13
nature **naturaleza** *f.* 13
nauseated **mareado/a** *adj.* 10
near **cerca de** *prep.* 2
necessary **necesario/a** *adj.* 12
  It's necessary that... **Es necesario que...** 12; **Hay que...** 14
neck **cuello** *m.* 10
need **faltar** *v.* 7; **necesitar** *v.* 2, 12
negative **negativo/a** *adj.*
neighbor **vecino/a** *m., f.* 12
neighborhood **barrio** *m.* 12
neither... nor **ni... ni** *conj.* 7; neither **tampoco** *adv.* 7
nephew **sobrino** *m.* 3
nervous **nervioso/a** *adj.* 5
network **red** *f.* 11
never **nunca** *adv.* 7; **jamás** *adv.* 7
new **nuevo/a** *adj.* 6
newlywed **recién casado/a** *m., f.* 9
news **noticias** *f., pl.*; **actualidades** *f., pl.*
newscast **noticiero** *m.*
newspaper **periódico** *m.* 4; **diario** *m.*
  read the newspaper **leer el periódico** 4
next **próximo/a** *adj.*
next to **al lado de** 2
nice **simpático/a** *adj.* 3; **amable** *adj.* 5
niece **sobrina** *f.* 3
night **noche** *f.* 1
  night stand **mesita** *f.* **de noche** 12
nine **nueve** 1
nine hundred **novecientos/as** 6
nineteen **diecinueve** 1
ninety **noventa** 2
ninth **noveno/a** 5
no **no** 1; **ningún, ninguno/a(s)** *adj.* 7
  no one **nadie** *pron.* 7
  No problem. **Ningún problema.**
  no way **de ninguna manera**
none **ningún, ninguno/a(s)** *adj.* 7
noon **mediodía** *m.* 1
nor **ni** *conj.* 7
north **norte** *m.* 14
  to the north **al norte** 14

nose **nariz** *f.* 10
not **no** 1
  not any **ningún, ninguno/a(s)** *adj.* 7
  not anyone **nadie** *pron.* 7
  not anything **nada** *pron.* 7
  not bad at all **nada mal** 5
  not either **tampoco** *adv.* 7
  not ever **nunca** *adv.* 7; **jamás** *adv.* 7
  Not very well. **No muy bien.** 1
  not working **descompuesto/a** *adj.* 11
notebook **cuaderno** *m.* 1
nothing **nada** *pron.* 1; 7
noun **sustantivo** *m.*
November **noviembre** *m.* 5
now **ahora** *adv.*
nowadays **hoy día** *adv.*
nuclear energy **energía nuclear** 13
number **número** *m.* 1
nurse **enfermero/a** *m., f.* 10
nutrition **nutrición** *f.* 15

O

o'clock: It's... o'clock **Son las...** 1
  It's one o'clock. **Es la una.** 1
obey **obedecer (c:zc)** *v.*
obligation **deber** *m.*
obtain **conseguir (e:i)** *v.* 4; **obtener** *v.* 16
obvious **obvio** *adj.* 13
  it's obvious **es obvio** 13
occupation **ocupación** *f.* 16
occur **ocurrir** *v.*
ocean **mar** *m.* 5; **océano** *m.* 13
October **octubre** *m.* 5
of **de** *prep.* 1
  of course **claro que sí; por supuesto**
offer **oferta** *f.*; **ofrecer (c:zc)** *v.* 8
office **oficina** *f.* 12
  doctor's office **consultorio** *m.* 10
often **a menudo** *adv.* 10
Oh! **¡Ay!**
oil **aceite** *m.* 8
okay: It's okay. **Está bien.**
old **viejo/a** *adj.* 3; old age **vejez** *f.* 9
older **mayor** *adj., m., f.* 3
  older brother, sister **hermano/a mayor** *m., f.* 3
oldest **el/la mayor** 8
on **en** *prep.* 2; **sobre** *prep.* 2
  on behalf of **de parte de** *prep.*
  on the dot **en punto** *adv.* 1
  on time **a tiempo** *adv.* 10
  on top of **encima de** *prep.* 2
once **una vez** 6
once again **una vez más** 9
one **un, uno/a** 1
  one hundred **cien(to)** 2
  one million **un millón** 6
  one thousand **mil** 6
  one time **una vez** 6
  one way (*travel*) **ida** *f.*

onion **cebolla** *f.* 8
only **sólo** *adv.*; **único/a** *adj.* 3
    only child **hijo/a único/a** *m., f.* 3
open **abrir** *v.* 3; **abierto/a** *adj.* 5
open-air **al aire libre** 6
opened **abierto/a** *p.p.* 15
opera **ópera** *f.*
operation **operación** *f.* 10
opposite **en frente de** *prep.* 14
or **o** *conj.* 7
orange **anaranjado/a** *adj.* 6;
    naranja *f.* 8
orchestra **orquesta** *f.*
order **mandar** 12; *(food)* **pedir (e:i)** *v.* 8
    in order to **para** *prep.* 11
orderly **ordenado/a** *adj.* 5
ordinal *(numbers)* **ordinal** *adj.*
other **otro/a** *adj.* 6
our **nuestro(s)/a(s)** *poss. adj.* 3; *poss.*
    pron. 11
out of order **descompuesto/a** *adj.* 11
outside **fuera** *adv.*
outskirts **afueras** *f., pl.* 12
oven **horno** *m.* 12
over **sobre** *prep.* 2
own **propio/a** *adj.*
owner **dueño/a** *m., f.* 8

P

P.M. **tarde** *f.* 1
pack (one's suitcases) **hacer** *v.* **las**
    maletas 5
package **paquete** *m.* 14
page **página** *f.* 11
pain **dolor** *m.* 10
    have a pain in the (knee) **tener** *v.*
        dolor de (rodilla)
paint **pintar** *v.*
painter **pintor(a)** *m., f.* 16
painting **pintura** *f.* 12
pair **par** *m.* 6
    pair of shoes **par de zapatos** 6
pants **pantalones** *m., pl.* 6
pantyhose **medias** *f., pl.* 6
paper **papel** *m.* 2; *(report)* **informe** *m.*
    paper money **billete** *m.*
paragraph **párrafo** *m.*
Pardon me. *(May I?)* **Con permiso.** 1;
    (Excuse me.) Pardon me. **Perdón.** 1
parents **padres** *m., pl.* 3; **papás** *m.,*
    pl. 3
park **parque** *m.* 4; **estacionar** *v.* 11
partner *(one of a couple)* **pareja** *f.* 9
party **fiesta** *f.* 9
pass **pasar** *v.*
passed **pasado/a** *p.p.*
passenger **pasajero/a** *m., f.* 1
passport **pasaporte** *m.* 5
past **pasado/a** *adj.* 6
pastime **pasatiempo** *m.* 4
pastry shop **pastelería** *f.* 14

patient **paciente** *m., f.* 10
patio **patio** *m.* 12
pay **pagar** *v.* 6
    pay with **pagar con** 6
pay in cash **pagar** *v.* **al contado** 14;
    pagar en efectivo
pay in installments **pagar** *v.*
    a plazos 14
pay the bill **pagar** *v.* **la cuenta** 9
pea **arveja** *m.* 8
peace **paz** *f.*
peach **melocotón** *m.*
pear **pera** *f.*
pen **pluma** *f.* 2
pencil **lápiz** *m.* 1
penicillin **penicilina** *f.*
people **gente** *f.* 3
pepper **pimienta** *f.* 8
per **por** *prep.* 11
percent **por ciento**
perfect **perfecto/a** *adj.* 5
perhaps **quizás** *adv.*; **tal vez** *adv.*
periods **plazos** *m., pl.*
permission **permiso** *m.*
person **persona** *f.* 3
pharmacy **farmacia** *f.* 10
phenomenal **fenomenal** *adj.*
photograph **foto(grafía)** *f.* 1
physical *(exam)* **examen** *m.* **médico** 10
physics **física** *f., sing.* 2
pick up **recoger** *v.* 13
picture **foto** *f.* 5; **pintura** *f.*
pie **pastel** *m.*
pill *(tablet)* **pastilla** *f.* 10
pillow **almohada** *f.* 12
pineapple **piña** *f.* 8
pink **rosado/a** *adj.* 6
place **lugar** *m.* 4; **poner** *v.* 4
plaid **de cuadros** *adj.* 6
plan *(to do something)* **pensar** *v.*
    (+ inf.) 4
plane **avión** *m.* 5
plans **planes** *m., pl.*
    have plans **tener** *v.* **planes** 4
plant **planta** *f.* 13
plastic **plástico** *m.* 13
    (made of) plastic **de plástico** 13
plate **plato** *m.* 12
    platter of fried food **fuente** *f.*
        de fritada
play **drama** *m.*; **comedia** *f.*;
    jugar (u:ue) *v.* 4; *(a musical*
    instrument) **tocar** *v.*; *(a role)*
    hacer *v.* **el papel**; *(cards)* **jugar** *v.*
    a (las cartas); *(sports)* **practicar** *v.*
    deportes 4
player **jugador(a)** *m., f.* 4
playwright **dramaturgo/a** *m., f.*
plead **rogar (o:ue)** *v.* 12
pleasant **agradable** *adj.*
Please. **Por favor.** 1
Pleased to meet you. **Mucho gusto.** 1;
    Encantado/a. *adj.* 1

pleasing: be pleasing to **gustar** *v.* 7
pleasure **gusto** *m.* 1; **placer** *m.*
    It's a pleasure to… **Gusto de (+ *inf.*)**
    It's been a pleasure. **Ha sido un**
        placer.
    The pleasure is mine. **El gusto**
        es mío. 1
poem **poema** *m.*
poet **poeta** *m., f.* 16
poetry **poesía** *f.*
police *(force)* **policía** *f.* 11
    police officer **policía** *m.*, **mujer** *f.*
        policía 11
political **político/a** *adj.*
politician **político/a** *m., f.* 16
politics **política** *f.*
polka-dotted **de lunares** *adj.* 6
poll **encuesta** *f.*
pollute **contaminar** *v.* 13
polluted **contaminado/a** *adj.* 13
    be polluted **estar contaminado/a**
    13
pollution **contaminación** *f.* 13
pool **piscina** *f.* 4
poor **pobre** *adj.* 6
population **población** *f.* 13
pork **cerdo** *m.* 8
    pork chop **chuleta** *f.* **de cerdo** 8
portable **portátil** *adj.* 11
    portable computer **computadora**
        f. **portátil**
position **puesto** *m.* 16
possessive **posesivo/a** *adj.* 3
possible **posible** *adj.* 13
    it's (not) possible **(no) es posible** 13
post office **correo** *m.* 14
postcard **postal** *f.* 4; **tarjeta** *f.* **postal** 4
poster **cartel** *m.*
potato **papa** *f.* 8; **patata** *f.* 8
pottery **cerámica** *f.*
practice **entrenarse** *v.* 15;
    practicar *v.* 2
prefer **preferir (e:ie)** *v.* 4, 12
pregnant **embarazada** *adj. f.* 10
prepare **preparar** *v.* 2
preposition **preposición** *f.*
prescribe *(medicine)* **recetar** *v.* 10
prescription **receta** *f.* 10
present **regalo** *m.*; **presentar** *v.*
press **prensa** *f.*
pressure: be under a lot of pressure
    sufrir *v.* **muchas presiones** 15
pretty **bonito/a** *adj.* 3; **bastante** *adv.*
price **precio** *m.* 6
    fixed price **precio** *m.* **fijo** 6
print **estampado/a** *adj.*; **imprimir** *v.*
    11
printer **impresora** *f.* 11
private *(room)* **individual** *adj.* 5
prize **premio** *m.*
probable **probable** *adj.* 13
    it's (not) probable **(no) es**
        probable 13

problem **problema** *m.* 1
profession **profesión** *f.* 3, 16
professor **profesor(a)** *m., f.* 1
profit **beneficios** *m., pl.* 16
program **programa** *m.* 1
programmer **programador(a)** *m., f.* 3
prohibit **prohibir** *v.* 10, 12
promotion (*career*) **ascenso** *m.* 16
pronoun **pronombre** *m.*
protect **proteger** *v.* 13
protein **proteína** *f.* 15
provided that **con tal (de) que** *conj.* 13
psychologist **psicólogo/a** *m., f.* 16
psychology **psicología** *f.* 2
publish **publicar** *v.*
Puerto Rican **puertorriqueño/a** *adj.* 3
pull a tooth **sacar** *v.* **una muela**
purchases **compras** *f., pl.*
pure **puro/a** *adj.* 13
purple **morado/a** *adj.* 6
purse **bolsa** *f.* 6
put **poner** *v.* 4; **puesto/a** *p.p.* 15
   put a letter in the mailbox **echar** *v.*
      una carta al buzón 14
   put on (*a performance*) **presentar** *v.*
   put on (*clothing*) **ponerse** *v.* 7
   put on makeup **maquillarse** *v.* 7

Q

quality **calidad** *f.* 6
quarter **trimestre** *m.* 2
   quarter after (*time*) **y cuarto** 1;
      y quince 1
   quarter to (*time*) **menos cuarto** 1;
      menos quince 1
question **pregunta** *f.*
quickly **rápido** *adv.*
quiet **tranquilo/a** *adj.* 15
quit **dejar** *v.* 16
quite **bastante** *adv.* 10
quiz **prueba** *f.* 2

R

racism **racismo** *m.*
radio (*medium*) **radio** *f.*;
   radio (*set*) **radio** *m.* 11
rain **llover (o:ue)** *v.* 5
   It's raining. **Llueve.** 5
raincoat **impermeable** *m.* 6
rainforest **bosque** *m.* **tropical** 13
raise (*salary*) **aumento** *v.* **de sueldo** 16
read **leer** *v.* 3; **leído/a** *p.p.* 15
ready **listo/a** *adj.*
real estate agency **agencia** *f.* **de bienes raíces** 12
reap the benefits (of) **disfrutar** *v.* **(de)** 15
reason **razón** *f.* 3
receive **recibir** *v.* 3

recommend **recomendar (e:ie)** *v.* 8, 12
recycle **reciclar** *v.* 13
recycling **reciclaje** *m.* 13
red **rojo/a** *adj.* 6
red-haired **pelirrojo/a** *adj.* 3
reduce **reducir** *v.* 13
   reduce stress/tension **aliviar** *v.* **el estrés/la tensión**
refrigerator **refrigerador** *m.* 12
region **región** *f.* 13
regret **sentir (e:ie)** *v.* 13
related to sitting **sedentario/a** *adj.*
relationships **relaciones** *f., pl.*
relatives **parientes** *m., pl.* 3
relax **relajarse** *v.* 9
relieve stress/tension **aliviar el estrés/la tensión** 15
remain **quedarse** *v.* 7
remember **recordar (o:ue)** *v.* 4;
   acordarse (o:ue) *v.* **(de)** 7
remote control **control** *m.* **remoto** 11
renewable **renovable** *adj.* 13
rent **alquilar** *v.* 12; **alquiler** *m.* 12
repeat **repetir (e:i)** *v.* 4
report **informe** *m.*; **reportaje** *m.*
reporter **reportero/a** *m., f.* 16
representative **representante** *m., f.*
request **pedir (e:i)** *v.* 4
reservation **reservación** *f.* 5
resign (from) **renunciar (a)** *v.* 16
resolve **resolver (o:ue)** *v.* 13
resolved **resuelto/a** *p.p.* 15
resource **recurso** *m.* 13
responsibility **deber** *v.*
rest **descansar** *v.* 2
   the rest **lo/los/las demás** *pron.*
restaurant **restaurante** *m.* 4
résumé **currículum** *m.* 16
retire (*from work*) **jubilarse** *v.* 9
return **regresar** *v.* 2; **volver (o:ue)** *v.* 4
   return trip **vuelta** *f.*
returned **vuelto/a** *p.p.* 15
rice **arroz** *m.* 8
rich **rico/a** *adj.* 6
ride **pasear** *v.* 4
   ride a bicycle **pasear en bicicleta** 4
   ride a horse **montar a caballo** 5
ridiculous **ridículo/a** *adj.* 13
   it's ridiculous **es ridículo** 13
right **derecha** *f.* 2
   right away **enseguida** *adv.*
   right here **aquí mismo**
   right now **ahora mismo** 5
   right there **allí mismo** 14
   be right **tener** *v.* **razón** 3
   to the right of **a la derecha de** 2
   right? (*question tag*) **¿no?;**
      ¿verdad?
rights **derechos** *m., pl.*
ring (*a doorbell*) **sonar (o:ue)** *v.* 11
river **río** *m.* 13
road **camino** *m.*

roast chicken **pollo** *m.* **asado** 8
roasted **asado/a** *adj.* 8
role **papel** *m.*
rollerblade **patinar** *v.* **en línea**
romantic **romántico/a** *adj.*
room **habitación** *f.* 5; **cuarto** *m.*;
   (*large, living*) **sala** *f.*
roommate **compañero/a** *m., f.*
   de cuarto 2
round-trip **de ida y vuelta** 5
   round-trip ticket **pasaje** *m.* **de ida y vuelta** 5
route **camino** *m.* 11
routine **rutina** *f.* 7
rug **alfombra** *f.* 12
run **correr** *v.* 3
   run errands **hacer diligencias** 14
   run into (*have an accident*)
      chocar *v.* **(con)** 11; (*meet accidentally*) **darse con** *v.*
rush **apurarse; darse prisa** *v.* 15
Russian **ruso/a** *adj.*

S

sad **triste** *adj.* 5
   it's sad **es triste** 13
safe **seguro/a** *adj.* 5
said **dicho/a** *p.p.* 15
sake: for the sake of **por** *prep.*
salad **ensalada** *f.* 8
salary **salario** *m.* 16; **sueldo** *m.* 16
sale **rebaja** *f.* 6
salesperson **vendedor(a)** *m., f.* 6
salmon **salmón** *m.* 8
salt **sal** *f.* 8
salty **salado/a** *adj.* 8
same **mismo/a** *adj.*
sandal **sandalia** *f.* 6
sandwich **sándwich** *m.* 8
Saturday **sábado** *m.* 2
sausage **salchicha** *f.* 8
save (*on a computer*) **guardar** *v.* 11;
   save (*money*) **ahorrar** *v.* 14
savings **ahorros** *m., pl.* 14
   savings account **cuenta** *f.* **de ahorros** 14
say **decir** *v.* 6; **declarar** *v.*
   say hello to... **saludos** *m., pl.* **a...** 1
scarcely **apenas** *adv.* 10
scared: be (very) scared **tener** *v.*
   (mucho) miedo 3
schedule **horario** *m.* 2
school **escuela** *f.* 1
science **ciencia** *f.*
   science fiction **ciencia ficción** *f.*
scientist **científico/a** *m., f.* 16
scream **gritar** *v.*
screen **pantalla** *f.* 11
scuba dive **bucear** *v.* 4
sculpt **esculpir** *v.*
sculptor **escultor(a)** *m., f.* 16

sculpture **escultura** *f.*

sea **mar** *m.* 5; **océano** *m.*

sea turtle **tortuga marina** *f.* 13

seafood **mariscos** *m., pl.* 8

search: in search of **por** *prep.* 11

season **estación** *f.* 5

seat **silla** *f.*

second **segundo/a** *adj.* 5

secretary **secretario/a** *m., f.* 16

sedentary **sedentario/a** *adj.* 15

see **ver** *v.* 4

see (you) again **volver** *v.* **a ver(te, lo, la)**

See you. **Nos vemos.** 1

See you later. **Hasta la vista.** 1; **Hasta luego.** 1

See you soon. **Hasta pronto.** 1

See you tomorrow. **Hasta mañana.** 1

seem **parecer** *v.* 8

seen **visto/a** *p.p.* 15

sell **vender** *v.* 6

semester **semestre** *m.* 2

send **enviar** *v.*; **mandar** *v.* 14

separate (from) **separarse** *v.* **(de)** 9

separated **separado/a** *adj.* 9

September **septiembre** *m.* 5

sequence **secuencia** *f.*

serious **grave** *adj.* 10

extremely serious **gravísimo/a** *adj.* 13

serve **servir (e:i)** *v.* 8

set (*fixed*) **fijo** *adj.* 6

set the table **poner** *v.* **la mesa** 12

seven **siete** 1

seven hundred **setecientos/as** 6

seventeen **diecisiete** 1

seventh **séptimo/a** *adj.* 5

seventy **setenta** 2

several **varios/as** *adj., pl.*

sexism **sexismo** *m.*

shame **lástima** *f.* 13

It's a shame. **Es una lástima.** 13

shampoo **champú** *m.* 7

shape **forma** *f.* 15

be in good shape **estar en buena forma** 15

share **compartir** *v.* 3

sharp (*time*) **en punto** 1

shave **afeitarse** *v.* 7

shaving cream **crema** *f.* **de afeitar** 7

she **ella** *sub. pron.* 1

she is **ella es** 1

shellfish **mariscos** *m., pl.*

ship **barco** *m.*

shirt **camisa** *f.* 6

shoe **zapato** *m.* 6

pair of shoes **par de zapatos** 6

shoe size **número** *m.* **de zapato** 6

shoe store **zapatería** *f.* 14

tennis shoes **zapatos** *m., pl.* **de tenis**

shopping, to go **ir** *v.* **de compras** 6

shopping mall **centro** *m.* **comercial** 6

short (*in height*) **bajo/a** *adj.* 3; (*in length*) **corto/a** *adj.* 6

short story **cuento** *m.*

shorts **pantalones cortos** *m., pl.* 6

should (*do something*) **deber** *v.* **(+ inf.)** 3

show **mostrar (o:ue)** *v.* 4; **espectáculo** *m.*

shower **ducha** *f.*; **ducharse** *v.* 7; **bañarse** *v.*

shrimp **camarón** *m.* 8

siblings **hermanos** *m., pl.* 3

sick **mal, malo/a** 5; **enfermo/a** *adj.* 10

be sick **estar enfermo/a** 10

get sick **enfermarse** *v.* 10

sightseeing: go sightseeing **hacer** *v.* **turismo** 5

sign **firmar** *v.* 14; **letrero** *m.* 14

silk **seda** *f.* 6; (made of) **de seda** 6

silverware **cubierto** *m.*

similar **similar** *adj. m., f.*

since **desde** *prep.*

sing **cantar** *v.* 2

singer **cantante** *m., f.* 16

single **soltero/a** *adj.* 9

single room **habitación** *f.* **individual** 5

sink **lavabo** *m.*

sir **señor (Sr.)** *m.* 1

sister **hermana** *f.* 3

sister-in-law **cuñada** *f.* 3

sit down **sentarse (e:ie)** *v.* 7

six **seis** 1

six hundred **seiscientos/as** 6

sixteen **dieciséis** 1

sixth **sexto/a** *adj.* 5

sixty **sesenta** 2

size **talla** *f.* 6

shoe size **número** *m.* **de zapato** 6

skate (in-line) **patinar** *v.* **(en línea)** 4

ski **esquiar** *v.* 4

skiing **esquí** *m.* 4

water-skiing **esquí acuático** 4

skirt **falda** *f.* 6

sky **cielo** *m.* 13

sleep **dormir (o:ue)** *v.* 4; **sueño** *m.* 3

go to sleep **dormirse (o:ue)** *v.* 7

sleepy: be (very) sleepy **tener** *v.* **(mucho) sueño** 3

slim down **adelgazar** *v.* 15

slow **lento/a** *adj.* 11

slowly **despacio** *adv.*

small **pequeño/a** *adj.* 3

smaller **menor** *adj.* 8

smallest, (the) **el/la menor** *m., f.* 8

smart **listo/a** *adj.* 5

smile **sonreír (e:i)** *v.* 9

smiled **sonreído** *p.p.* 15

smoggy: It's (very) smoggy. **Hay (mucha) contaminación.**

smoke **fumar** *v.* 15

not to smoke **no fumar** *v.* 15

smoking section **sección** *f.* **de fumadores** 8

(non) smoking section **sección de (no) fumadores** 8

snack (in the afternoon) **merendar** *v.* 15; (afternoon snack) **merienda** *f.* 15

have a snack **merendar** *v.* 15

sneakers **zapatos de tenis** 6

sneeze **estornudar** *v.* 10

snow **nevar (e:ie)** *v.* 5; **nieve** *f.*

snowing: It's snowing. **Nieva.** 5

so (*in such a way*) **así** *adv.* 10; **tan** *adv.* 5

so much **tanto** *adv.*

so-so **regular** 1; **así así**

so that **para que** *conj.* 13

soap **jabón** *m.* 7

soap opera **telenovela** *f.*

soccer **fútbol** *m.* 4

sociology **sociología** *f.* 2

sock **calcetín** *m.* 6

sofa **sofá** *m.* 12

soft drink **refresco** *m.* 8

software **programa** *m.* **de computación** 11

soil **tierra** *f.* 13

solar energy **energía solar** 13

solution **solución** *f.* 13

solve **resolver (o:ue)** *v.* 13

some **algún, alguno/a(s)** *adj.* 7; **unos/as** *pron.* 1; **unos/as** *m., f., pl. indef. art.* 1

somebody **alguien** *pron.*

someone **alguien** *pron.* 7

something **algo** *pron.* 7

sometimes **a veces** *adv.* 10

son **hijo** *m.* 3

song **canción** *f.*

son-in-law **yerno** *m.* 3

soon **pronto** *adj.* 10

See you soon. **Hasta pronto.** 1

sorry: be sorry **sentir (e:ie)** *v.* 13

I'm sorry. **Lo siento.** 1

I'm so sorry. **Mil perdones.**; **Lo siento muchísimo.**

soup **caldo** *m.*; **sopa** *f.*

sour **agrio/a** *adj.* 8

south **sur** *m.* 14

to the south **al sur** 14

Spanish (*language*) **español** *m.* 2; **español(a)** *adj.; m., f.* 3

spare time **ratos** *m., pl.* **libres** 4

speak **hablar** *v.* 2

specialization **especialización** *f.*

spectacular **espectacular** *adj.*

speech **discurso** *m.*

speed **velocidad** *f.* 11

speed limit **velocidad máxima** 11

spelling **ortográfico/a** *adj.*

spend (*money*) **gastar** *v.* 6

spend time **pasar** *v.* **el tiempo** 4

spicy **picante** *adj.* 8

spoon (*table or large*) **cuchara** *f.* 12

sport **deporte** *m.* 4
　　sports-loving **deportivo/a** *adj.*
　　sports-related **deportivo/a** *adj.* 4
spouse **esposo/a** *m., f.* 3
sprain (one's ankle) **torcerse** *v.*
　　(el tobillo) 10
sprained **torcido/a** *adj.* 10
　　be sprained **estar** *v.* **torcido/a** 10
spring **primavera** *f.* 5
stadium **estadio** *m.* 2
stage **etapa** *f.* 9
stairs **escalera** *f.* 12
stairway **escalera** *f.* 12
stamp **estampilla** *f.* 14; **sello** *m.* 14
stand in line **hacer** *v.* **cola** 14
star **estrella** *f.* 13
start (*a vehicle*) **arrancar** *v.* 11
state **estado** *m.*
station **estación** *f.* 5
statue **estatua** *f.*
status: marital status **estado** *m.* **civil** 9
stay **quedarse** *v.* 7
　　Stay calm! **¡Tranquilo/a!** *adj.*
　　stay in shape **mantenerse** *v.* **en**
　　　　forma 15
steak **bistec** *m.* 8
steering wheel **volante** *m.* 11
step **etapa** *f.*
stepbrother **hermanastro** *m.* 3
stepdaughter **hijastra** *f.* 3
stepfather **padrastro** *m.* 3
stepmother **madrastra** *f.* 3
stepsister **hermanastra** *f.* 3
stepson **hijastro** *m.* 3
stereo **estéreo** *m.* 11
still **todavía** *adv.* 5
stock broker **corredor(a)** *m., f.* **de**
　　bolsa 16
stockings **medias** *f., pl.* 6
stomach **estómago** *m.* 10
stone **piedra** *f.* 13
stop **parar** *v.* 11
　　stop (*doing something*) **dejar** *v.* **de**
　　　　(+ *inf.*) 13
store **tienda** *f.* 6
storm **tormenta** *f.*
story **cuento** *m.*; **historia** *f.*
stove **estufa** *f.* 12
straight **derecho** *adj.* 14
　　straight ahead **(todo) derecho** 14
strange **extraño/a** *adj.* 13
　　It's strange… **Es extraño…** 13
strawberry **frutilla** *f.*; **fresa** *f.* 8
street **calle** *f.* 11
stress **estrés** *m.* 15
stretching **estiramiento** *m.* 15
　　stretching exercises **ejercicios**
　　　　m., pl. **de estiramiento** 15
strike (*labor*) **huelga** *f.*
stripe **raya** *f.* 6
　　striped **de rayas** *adj.* 6
stroll **pasear** *v.* 4
strong **fuerte** *adj.* 15
struggle (for) **luchar** *v.* **(por)**

student **estudiante** *m., f.* 1;
　　estudiantil *adj.*
study **estudiar** *v.* 2
stuffed up (*sinuses*) **congestionado/a**
　　adj. 10
stupendous **estupendo/a** *adj.* 5
style **estilo** *m.*
suburbs **afueras** *f., pl.* 12
subway **metro** *m.* 5
　　subway station **estación** *f.* **del**
　　　　metro 5
success **éxito** *m.* 16
successful: be successful **tener** *v.* **éxito** 16
such as **tales como**
suddenly **de repente** *adv.* 6
suffer **sufrir** *v.* 13
　　suffer from an illness **sufrir una**
　　　　enfermedad 13
sufficient **bastante** *adj.*
sugar **azúcar** *m.* 8
suggest **sugerir (e:ie)** *v.* 12
suit **traje** *m.* 6
suitcase **maleta** *f.* 1
summer **verano** *m.* 5
sun **sol** *m.* 4, 13
sunbathe **tomar** *v.* **el sol** 4
Sunday **domingo** *m.* 2
sunglasses **gafas** *f., pl.* **de sol** 6; **gafas**
　　oscuras; **lentes** *m., pl.* **de sol**
sunny: It's (very) sunny. **Hace (mucho)**
　　sol. 5
supermarket **supermercado** *m.* 14
suppose **suponer** *v.* 4
sure **seguro/a** *adj.* 5
　　be sure (of) **estar** *v.* **seguro/a (de)**
　　　　5, 13
surf the Internet **navegar** *v.* **en Internet**
　　11
surprise **sorprender** *v.* 9; **sorpresa** *f.* 9
survey **encuesta** *f.*
sweat **sudar** *v.* 15
sweater **suéter** *m.* 6
sweep the floor **barrer** *v.* **el suelo** 12
sweet **dulce** *adj.* 8
sweets **dulces** *m., pl.* 9
swim **nadar** *v.*
　　swim in the pool **nadar en la**
　　　　piscina 4
swimming **natación** *f.* 4
　　swimming pool **piscina** *f.* 4
symptom **síntoma** *m.* 10

T

table **mesa** *f.* 2
tablespoon **cuchara** *f.* 12
take **tomar** *v.* 2, 8; **llevar** *v.*
　　Take care! **¡Cuídense!**
　　take care of **cuidar** *v.* 13
　　take (someone's) temperature
　　　　tomar(le) *v.* **la temperatura**
　　　　(a alguien) 10
　　take (*wear*) a shoe size **calzar** *v.* 6

take a bath **bañarse** *v.* 7
take into account **tomar** *v.* **en**
　　cuenta
take off **quitarse** *v.* 7
take out the trash **sacar** *v.* **la basura**
　　12
take pictures **sacar** *v.* **fotos** 5;
　　tomar fotos 13
talented **talentoso/a** *adj.*
talk **hablar** *v.* 2; **conversar** *v.* 2
　　talk show **programa** *m.* **de**
　　　　entrevistas
tall **alto/a** *adj.* 3
tank **tanque** *m.* 11
tape (audio) **cinta** *f.*
taste **probar (o:ue)** *v.* 8
tasty **rico/a** *adj.* 8; **sabroso/a** *adj.* 8
tax **impuesto** *m.*
taxi(cab) **taxi** *m.* 5
tea **té** *m.* 8
teach **enseñar** *v.* 2
teacher **profesor(a)** *m., f.*;
　　(*elementary school*) **maestro/a** *m.,*
　　f. 16
team **equipo** *m.* 4
technician **técnico/a** *m., f.* 16
telecommuting **teletrabajo** *m.* 16
teleconference **videoconferencia** *f.*
telephone **teléfono** *m.* 11
　　cell phone **teléfono celular** 11
television **televisión** *f.* 11
　　television set **televisor** *m.* 11
tell **decir** *v.* 6
temperature **temperatura** *f.* 10
ten **diez** 1
tennis **tenis** *m.* 4
　　tennis shoes **zapatos** *m., pl.* **de**
　　　　tenis
tension **tensión** *f.* 15
tent **tienda** *f.* **de campaña** 5
tenth **décimo/a** *adj.* 5
terrible **terrible** *adj. m., f.* 13
　　it's terrible **es terrible** 13
terrific **chévere** *adj.*
test **prueba** *f.* 2; **examen** *m.* 2
text message **mensaje de texto** *m.* 11
Thank you. **Gracias.** *f., pl.* 1
　　Thank you (very much).
　　　　(Muchas) gracias. 1
　　Thank you very, very much.
　　　　Muchísimas gracias.
　　Thanks for everything. **Gracias**
　　　　por todo.
　　Thanks once again. **Gracias una**
　　　　vez más.
that **que; quien(es); lo que** *rel. pron.* 9
　　that (one) **ése, ésa, eso** *pron.* 6;
　　　　ese, esa, *adj.* 6
　　that (*over there*) **aquél, aquélla,**
　　　　aquello *pron.* 6;
　　　　aquel, aquella *adj.* 6
　　that which **lo que** *conj.* 9
　　That's me. **Soy yo.**
　　that's why **por eso** 11

the **el** *m.,* **la** *f. sing., def. art.;* **los** *m.,*
   las *f. pl., def. art.* 1
theater **teatro** *m.*
their **su(s)** *poss., adj.* 3; **suyo(s)/a(s)**
   poss., pron. 11
them **los/las** *pron.* 5; **les** *pron.* 6
then **después** *(afterward) adv.* 7;
   entonces *(as a result) adv.* 7;
     luego *(next) adv.* 7; **pues** *adv.* 15
there **allí** *adv.* 5
   There is/are… **Hay…** 1;
   There is/are not… **No hay…** 1
therefore **por eso** *adv.* 11
these **éstos, éstas** *pron.* 6;
   estos, estas *adj.* 6
they **ellos/as** *sub. pron.* 1
   they are **ellos/as son** 1
thin **delgado/a** *adj.* 3
thing **cosa** *f.* 1
think **pensar (e:ie)** *v.* 4; *(believe)*
   creer *v.* think about **pensar en** 4
third **tercer, tercero/a** *adj.* 5
thirst **sed** *f.* 3
thirsty: be (very) thirsty **tener** *v.*
   (mucha) sed 3
thirteen **trece** 1
thirty **treinta** 1; thirty *(minutes past*
   the hour) **y treinta** 1; **y media** 1
this **este, esta** *adj.;*
   éste, ésta, esto *pron.* 6
     This is… *(introduction)* **Éste/a**
      es… 1
     This is he/she. *(on telephone)*
      Con él/ella habla. 11
those **ésos, ésas** *pron.* 6;
   esos, esas *adj.* 6
those *(over there)* **aquéllos, aquéllas**
   pron. 6; **aquellos, aquellas** *adj.* 6
thousand **mil** *m.* 6
three **tres** 1
three hundred **trescientos/as** 6
throat **garganta** *f.* 10
through **por** *prep.* 11
throughout: throughout the world **en**
   todo el mundo 13
throw **echar** *v.*
Thursday **jueves** *m., sing.* 2
thus *(in such a way)* **así** *adj.*
ticket **boleto** *m.;* **entrada** *f.;* **pasaje** *m.*
   5; *(traffic)* **multa** *f.* 11
tie **corbata** *f.* 6
time **vez** *f.* 6; **tiempo** *m.* 4
   buy on time **comprar** *v.* **a plazos** *m.,*
   pl. have a good/bad time **pasar**
     lo *v.* **bien/mal** 9
   We had a great time. **Lo**
     pasamos de película.
times **veces** *f., pl.*
   many times **muchas veces** 10
tip **propina** *f.* 9
tire **llanta** *f.* 11
tired **cansado/a** *adj.* 5
   be tired **estar** *v.* **cansado/a** 5
title **título** *m.*

to **a** *prep.* 1
toast *(drink)* **brindar** *v.* 9
   toast **pan** *m.* **tostado**
toasted **tostado/a** *adj.* 8
toaster **tostadora** *f.*
today **hoy** *adv.* 2
   Today is … **Hoy es…** 2, 5
together **juntos/as** *adj.* 9
tomato **tomate** *m.* 8
tomorrow **mañana** *adv.* 1
   See you tomorrow. **Hasta mañana.** 1
tonight **esta noche** *adv.* 4
too **también** *adv.* 7
   too much **demasiado** *adv.* 6;
     en exceso 15
tooth **diente** *m.* 7; tooth **muela** *f.* 10
tornado **tornado** *m.*
tortilla **tortilla** *f.* 8
touch **tocar** *v.* 13
tour an area **recorrer** *v.;* **excursión** *f.*
   go on a tour **hacer** *v.* **una**
     excursión 5
tourism **turismo** *m.* 5
tourist **turista** *m., f.* 1; **turístico/a** *adj.*
toward **para** *prep.* 11; **hacia** *prep.* 14
towel **toalla** *f.* 7
town **pueblo** *m.* 4
trade **oficio** *m.* 16
traffic **circulación** *f.;* **tráfico** *m.* 11
   traffic light **semáforo** *m.* 11
tragedy **tragedia** *f.*
trail **sendero** *m.* 13
   trailhead **sendero** *m.*
train **entrenarse** *v.* 15; **tren** *m.* 5
   train station **estación** *f.* **del tren**
     m. 5
translate **traducir** *v.* 8
trash **basura** *f.* 12
travel **viajar** *v.* 2
   travel agency **agencia** *f.* **de viajes** 5
   travel agent **agente** *m., f.* **de**
     viajes 5
   travel documents **documentos**
     m., pl. **de viaje**
traveler **viajero/a** *m., f.* 5
   traveler's check **cheque** *m.* **de**
     viajero 14
treat *(entertain)* **invitar** *v.* 9
tree **árbol** *m.* 13
trillion **billón** *m.*
trimester **trimestre** *m.* 2
trip **viaje** *m.* 5
   take a trip **hacer** *v.* **un viaje** 5
tropical forest **bosque** *m.* **tropical** 13
truck **camión** *m.*
true **cierto/a; verdad** *adj.* 13
   it's (not) true **(no) es cierto/verdad**
   13
trunk **baúl** *m.* 11
truth **verdad** *f.* 6
try **intentar** *v.;* **probar (o:ue)** *v.* 8
   try *(to do something)* **tratar** *v.* **de**
     (+ inf.) 15
   try on **probarse (o:ue)** *v.* 7

t-shirt **camiseta** *f.* 6
Tuesday **martes** *m., sing.* 2
tuna **atún** *m.* 8
turkey **pavo** *m.* 8
turn **doblar** *v.* 14
   turn off *(electricity/appliance)*
     apagar *v.* 11
   turn on *(electricity/appliance)*
     poner *v.* 11; **prender** *v.* 11
turtle **tortuga** *f.* 13
   sea turtle **tortuga marina** 13
twelve **doce** 1
twenty **veinte** 1
twenty-eight **veintiocho** 1
twenty-five **veinticinco** 1
twenty-four **veinticuatro** 1
twenty-nine **veintinueve** 1
twenty-one **veintiún, veintiuno/a** 1
twenty-seven **veintisiete** 1
twenty-six **veintiséis** 1
twenty-three **veintitrés** 1
twenty-two **veintidós** 1
twice **dos veces** 6
twisted **torcido/a** *adj.* 10
   be twisted **estar** *v.* **torcido/a** 10
two **dos** 1
two hundred **doscientos/as** 6
   two times **dos veces** 6

U

ugly **feo/a** *adj.* 3
uncle **tío** *m.* 3
under **debajo de** *prep.* 2; **bajo** *prep.*
understand **comprender** *v.* 3;
   entender (e:ie) *v.* 4
underwear **ropa** *f.* **interior** 6
unemployment **desempleo** *m.*
university **universidad** *f.* 2
unless **a menos que** *adv.* 13
unmarried **soltero/a** *adj.* 9
unpleasant **antipático/a** *adj.* 3
until **hasta** *prep.* 6; **hasta que** *conj.* 13
up **arriba** *adv.*
urgent **urgente** *adj.* 12
   It's urgent that… **Es urgente que…**
   12
us **nos** *pron.* 5
use **usar** *v.* 6
used for **para** *prep.* 11
useful **útil** *adj.*

V

vacation **vacaciones** *f., pl.* 5
   be on vacation **estar** *v.* **de**
     vacaciones 5
   go on vacation **ir** *v.* **de vacaciones** 5
vacuum **pasar** *v.* **la aspiradora** 12
   vacuum cleaner **aspiradora** *f.* 12
valley **valle** *m.* 13
various **varios/as** *adj., pl.*
vegetables **verduras** *f., pl.* 8

verb **verbo** m.

very **muy** adv. 1

 very bad **malísimo** 8

 very much **muchísimo** adv.

 Very good, thank you. **Muy bien, gracias.**

 (Very) well, thanks. **(Muy) bien, gracias.** 1

vest **chaleco** m.

video **video** m. 1

 video conference **videoconferencia** f. 16

 videocamera **cámara** f. **de video** 11

vinegar **vinagre** m. 8

violence **violencia** f.

visit **visitar** v. 4

 visit a monument **visitar un monumento** 4

vitamin **vitamina** f. 15

voicemail **buzón** m. **de voz** 11

volcano **volcán** m. 13

volleyball **vóleibol** m. 4

vote **votar** v.

W

wait (for) **esperar** v. 2

waiter **camarero/a** m., f. 8

wake up **despertarse (e:ie)** v. 7

walk **caminar** v. 2

 take a walk **pasear** v. 4

 walk around the city/town **pasear por la ciudad/el pueblo** 4

wall **pared** f. 12

wallet **cartera** f. 6

want **desear** v. 2; **querer (e:ie)** v. 4, 12

 I don't want to **no quiero** 4

war **guerra** f.

warm (oneself) up **calentarse** v. 15

wash **lavar** v. 12

 wash one's face/hands **lavarse** v. **la cara/las manos** 7

 wash oneself **lavarse** 7

washing machine **lavadora** f. 12

watch **mirar** v. 2; **reloj** m. 2; **ver** v. 4

 watch television **mirar (la) televisión** 2

 watch movies **ver películas** 4

water **agua** f. 8

 water pollution **contaminación del agua** 13

 water-skiing **esquí** m. **acuático** 4

way **manera** f.

we **nosotros/as** sub. pron. 1

 we are **nosotros/as somos** 1

weak **débil** adj. 15

wear **llevar** v. 6; **usar** v. 6; **calzar** v. (shoes) 6

weather **tiempo** m. 5

 It's bad weather. **Hace mal tiempo.** 5

 It's nice weather. **Hace buen tiempo.** 5

weaving **tejido** m.

Web **red** f. 11

website **sitio** m. **web** 11

wedding **boda** f. 9

Wednesday **miércoles** m., sing. 2

week **semana** f. 2

weekend **fin** m. **de semana** 4

weight **peso** m. 15

 lift weights **levantar** v. **pesas** f., pl. 15

Welcome! **¡Bienvenido(s)/a(s)!** adj. 12

well **pues** adv.; **bueno** adv.

well-being **bienestar** m. 15

well organized **ordenado/a** adj.

west **oeste** m. 14

 to the west **al oeste** 14

western (genre) **de vaqueros** adj.

whale **ballena** f. 13

what **lo que** 9

 what? **¿qué?** adj., pron. 1, 9; **¿cuál(es)?** 9

 At what time...? **¿A qué hora...?** 1

 What a... ! **¡Qué...!**

 What a pleasure to . . . ! **¡Qué gusto (+ inf.)...**

 What a surprise! **¡Qué sorpresa!**

 What day is it? **¿Qué día es hoy?**

 What did he/she do? **¿Qué hizo él/ella?** 6

 What did they do? **¿Qué hicieron ellos/ellas?** 6

 What did you do? **¿Qué hiciste?** fam., sing.; **¿Qué hizo usted?** form., sing.; **¿Qué hicieron ustedes?** form., pl. 6

 What did you say? **¿Cómo?**

 What do you guys think? **¿Qué les parece?** 9

 What happened? **¿Qué pasó?**

 What is it? **¿Qué es?** 1

 What is the date (today)? **¿Cuál es la fecha (de hoy)?**

 What is the price? **¿Qué precio tiene?**

 What is today's date? **¿Cuál es la fecha de hoy?** 5

 What pain! **¡Qué dolor!**

 What pretty clothes! **¡Qué ropa más bonita!** 6

 What size do you wear? **¿Qué talla lleva (usa)?** 6

 What time is it? **¿Qué hora es?** 1

 What's going on? **¿Qué pasa?** 1

 What's... like? **¿Cómo es...?**

 What's new? **¿Qué hay de nuevo?** 1

 What's wrong? **¿Qué pasó?**

 What's your name? **¿Cómo se llama usted?** form. 1

 What's your name? **¿Cómo te llamas (tú)?** fam. 1

when **cuando** conj. 7

 When? **¿Cuándo?** 2, 9

where **donde** adj., conj.

 where? (destination) **¿adónde?** 2, 9; (location) **¿dónde?** 1, 9

 Where are you from? **¿De dónde eres?** fam. 1; **¿De dónde es usted?** form. 1

 Where is...? **¿Dónde está...?** 2

 (to) where? **¿adónde?** 2

which **que; lo que** rel. pron. 9

which? **¿cuál(es)?** adj., pron.; **¿qué?** 2, 9

 which one(s)? **¿cuál(es)?** 2

while **mientras** adv. 10

white **blanco/a** adj. 6

 white wine **vino** m. **blanco** 8

who **que; quien(es)** rel. pron. 9

 who? **¿quién(es)?** 1, 9

 Who is...? **¿Quién es...?** 1

 Who is calling? (on telephone) **¿De parte de quién?**

 Who is speaking? (on telephone) **¿Quién habla?** 11

whole **todo/a** adj.

whom **quien(es)** rel. pron. 9

whose...? **¿de quién(es)...?** 1

why? **¿por qué?** adv. 2, 9

widowed **viudo/a** adj. 9

wife **esposa** f. 3

win **ganar** v. 4

wind **viento** m.

window **ventana** f. 2

windshield **parabrisas** m., sing. 11

windy: It's (very) windy. **Hace (mucho) viento.** 5

wine **vino** m. 8

 red wine **vino tinto** 8

 white wine **vino blanco** 8

wineglass **copa** f. 12

winter **invierno** m. 5

wireless (connection) **conexión** f. **inalámbrica** 11

wish **desear** v. 2; **esperar** v. 13

 I wish (that) **Ojalá que** 13

with **con** prep.

 with me **conmigo** 4

 with you **contigo** fam.

within **dentro de** prep.

without **sin** prep. 13, 15; **sin que** conj. 13

 without a doubt **sin duda**

woman **mujer** f. 1

wool **lana** f. 6

 (made of) wool **de lana** 6

word **palabra** f. 1

work **trabajar** v. 2; **funcionar** v. 11; **trabajo** m. 16

 work (of art, literature, music, etc.) **obra** f.

 work out **hacer** v. **gimnasia** 15

world **mundo** m. 13

worldwide **mundial** adj. m., f.

worried (about) **preocupado/a (por)** adj. 5

worry (about) **preocuparse** *v.* **(por)** 7
    Don't worry. **No se preocupe.**
      form. 7; **No te preocupes.** *fam.* 7
worse **peor** *adj. m., f.* 8
worst **el/la peor** 8; **lo peor**
Would you like to? **¿Te gustaría?**
write **escribir** *v.* 3
   write a letter/post card/e-mail
    escribir una carta/(tarjeta)
    postal/mensaje *m.*
    electrónico 4
writer **escritor(a)** *m., f.* 16
written **escrito/a** *p.p.* 15
wrong **equivocado/a** *adj.* 5
   be wrong **no tener** *v.* **razón** 3

X

X-ray **radiografía** *f.* 10

Y

yard **jardín** *m.* 12; **patio** *m.* 12
year **año** *m.* 5
   be... years old **tener** *v.* **... años** 3
yellow **amarillo/a** *adj.* 6
yes **sí** *interj.* 1
yesterday **ayer** *adv.* 6
yet **todavía** *adv.* 5
yogurt **yogur** *m.*
you **tú** *sub. pron. fam. sing.* 1; **usted**
    sub. pron. form. sing. 1; **vosotros/**
    as *sub. pron. fam. pl.* 1; **ustedes**
    sub. pron. form. pl. 1; **te** *d. o. pron.*
    fam. sing. 5; **lo** *d. o. pron. m. form.*
    sing. 5; **la** *d. o. pron. f. form. sing.*
    5; **os** *d. o. pron. fam. pl.* 5; **los** *d. o.*
    pron. m. form. pl. 5; **las** *d. o. pron.*
    f. form. pl. 5; **le(s)** *i. o. pron.*
    form. 6
   you are **tú eres** *fam. sing.* 1; **usted**
    es *form. sing.* 1; **vosotros/as**
    sois *fam. pl.* 1; **ustedes son**
    form. pl. 1
   You don't say! **¡No me digas!** *fam.;*
    ¡No me diga! *form.*
   You're welcome. **De nada.** 1; **No**
   hay de qué. 1
young **joven** *adj.* 3
   young person **joven** *m., f.* 1
   young woman **señorita** *f.*
younger **menor** *adj. m., f.* 3
   younger brother, sister **hermano/a**
    menor *m., f.* 3
youngest **el/la menor** *m., f.* 8
your **su(s)** *poss., adj., form.* 3
   your **tu(s)** *poss., adj., fam. sing.* 3
   your **vuestro(s)/a(s)** *poss., adj.*
    form., pl.
   your(s) *form.* **suyo(s)/a(s)**
    poss. pron., form. 11

your(s) **tuyo(s)/a(s)** *poss.,*
   fam., sing. 11
youth **juventud** *f.* 9; (young person)
   joven *m., f.* 1

Z

zero **cero** *m.* 1

Índice

Text Credits

300-301 © TUTE.

376-377 © Denevi, Marco, *Cartas peligrosas y otros cuentos. Obras completas, Tomo 5*, Buenos Aires, Corregidor, 1999, págs. 192-193.

404-405 © EL VIAJE by CRISTINA PERI ROSSI.

428-429 © Augusto Monterroso.

Photography and Art Credits

All images © Vista Higher Learning unless otherwise noted. Fotonovela photos provided by Carolina Zapata.

Cover: (full pg) © PhotoLatino/eStock Photo-All rights reserved.

Front Matter (IAE): IAE-4 © digitalskillet/iStockphoto; **IAE-7** Pascal Pernix.

Front Matter (SE): iii Darío Eusse Tobón; **xxx** (t) © rvlsoft/Shutterstock.com; (m) © Imoloko/Shutterstock.com; (b) © L_amica/Shutterstock.com.

Lesson One: 1 (full pg) Carolina Zapata; **2** (l) Paul Díez; (r) Martín Bernetti; **3** (t, b) Martín Bernetti; **4** Martín Bernetti; **5** Martín Bernetti; **6** (l, m, r) Martín Bernetti; **10** (l) Rachel Distler; (r) Ali Burafi; **11** Paul Díez; **12** (t, mr, bl, br) Martin Bernetti; (ml) © Supertrooper/Shutterstock.com; **13** (t) Dario Eusse Tobon; (mt) © tiero/Fotolia.com; (mmt) © VibrantImage/Big Stock Photo; (mmb, mb) Martin Bernetti; (b) © gchutka/iStockphoto; **14** © Blend Images/Alamy; **16** (left col: tl) Martin Bernetti; (left col: tm) © Andresr/Shutterstock.com; (left col: tr) © elenathewise/Big Stock Photo; (left col: b) © Scanrail/Fotolia.com; (right col: t, right col: tr) © kathclick/Big Stock Photo; (right col: mtl) © Hector Mata/AFP/Getty Images; (right col: mtr) © Jeff Gross/Getty Images Sport/Getty Images; (right col: mbl) © Mitchell Gerber/Corbis; (right col: mbr) © WireImage/Getty Images; (right col: bl) © Rafique Rahman/Reuters/Corbis; **17** © Reuters/Corbis; **22** © Gary Conner/Getty Images; **23** (t) © RapidEye/iStockphoto; (b) © Philip Lange/123RF.

Lesson Two: 27 (full pg) Carolina Zapata; **28** (t) © RazvanPhotography/Big Stock Photo; (ml) © Alexander Raths/Fotolia.com; (mr) Martín Bernetti; (b) © Moodboard/123RF; **29** (t, ml, mr) Martín Bernetti; **30** Martín Bernetti; **31** (t) © Bettmann/Corbis; (b) © Johnny Lye/iStockphoto; **32** Martín Bernetti; **36** (t) © Pablo Corral V/Corbis; (b) Mauricio Osorio; **37** © Robert Fried/Alamy; **38** (l) Martín Bernetti; (r) © Allihays/Dreamstime.com; **39** (t, ml, br) Martín Bernetti; (mr) © LWA/Sharie Kennedy/Blend Images/Alamy; (bl) © Kenhurst/Dreamstime.com; **40** © PNC/Media Bakery; **41** Martín Bernetti; **42** (l, r) Martín Bernetti; **45** (t) Martín Bernetti; (b) © ADALBERTO ROQUE/AFP/Getty Images; **46** Martín Bernetti; **48** (tl, b) Martín Bernetti; (tr) Darío Eusse Tobón; **49** (t) Martín Bernetti; (b) © David R. Frazier Photolibrary, Inc./Alamy; **50** José Blanco; **51** (t) Pascal Pernix; (b) Mauricio Osorio; **53** © Richard H. Cohen/Corbis; **54** (tl) © Ian Dagnall/Age Fotostock; (tr) © Sylvain Grandadam/Age Fotostock; (l) © Lou Rocco/Disney ABC Television Group/Getty Images; (ml) © Alliance Images/Alamy; (mr) © DFree/Big Stock Photo; (r) © spacephotos com./Spacephotos/Age Fotostock; **55** (tl) © Richard Cummins/Corbis; (tr) © Danny Lehman/Corbis; (b) Marta Mesa.

Lesson Three: 57 (full pg) Carolina Zapata; **58** Martín Bernetti; **59** (t) © Media Bakery; (m) Gloria Elena Restrepo; (b) © Rob Marmion/Shutterstock.com; **61** (t, mm, bl, bm) Martín Bernetti; (ml) Darío Eusse Tobón; (mr) © LWA-Dann Tardif/Corbis; (br) Ventus Pictures; **66** (tl) © AP Photo/David Cantor; (tr) ©

Rafael Perez/Reuters/Corbis; (b) © Martial Trezzini/epa/Corbis; **67** © Media Bakery; **68** (tl) © Chris Fertnig/iStockphoto; (tm) © Juniors Bildarchiv/Alamy; (tr, bm, br) Martín Bernetti; (bl) © Olena Savytska/iStockphoto; **69** (t) © Ted Spiegel/Corbis; (mtl) © Heribert Proepper/AP Images; (mtr) © Shubroto Chattopadhyay/Corbis; (mml) © Jon Kopaloff/Contributor/FilmMagic/Getty Images; (mmr) © ZUMA Wire Service/Alamy; (mbl) © Ivo Roospold/Alamy; (mbr) © Dennis Brack/Danita Delimont, Agent/Alamy; (b) Gloria Elena Restrepo; **70** Martín Bernetti; **71** (left col: t) Darío Eusse Tobón; (left col: m, left col: b) Martín Bernetti; (r) © Jupiterimages/Getty Images; (insert) © Melica/Dreamstime.com; **72** (t, mtl, mbl) Martín Bernetti; (mtr) © Blend Images/Fotolia.com; (mbr) © Photodisc/Alamy; (b) Darío Eusse Tobón; **73** (l) Martín Bernetti; (r) © James Woodson/Getty Images; **78** (tl) Carolina Patino Andrade; (tr) Martín Bernetti; (b) Darío Eusse Tobón; **79** (tl) Ventus Pictures; (tr, bl, br) Martín Bernetti; **80** (t, m, b) Martín Bernetti; **81** (t) Nora y Susana © Fotocolombia.com; (m) © Chuck Savage/Corbis; (b) Martín Bernetti.

Lesson Four: 83 (full pg) Carolina Zapata; **84** (tl) © PCN Photography/Alamy; (tr) © Cathy Yeulet/123RF; (b) © Djmattaar/Dreamstime.com; **85** (tl) © Michael Chamberlin/Fotolia.com; (tm) Martin Bernetti; (tr) © Ty Allison/Taxi/Getty Images; (bl) © Aleksandar Todorovic/Big Stock Photo; (br) © Richard Human/Alamy; **86** (l, r) Martin Bernetti; **87** (tl, tmr, tr, br) Martin Bernetti; (tml) Darío Eusse Tobón; (bl) © Image Source/Corbis; **92** (l) © JAVIER SORIANO/Staff/AFP/Getty Images; (r) © AP Photo/Fernando Bustamante; **93** © Max Earey/Shutterstock.com; **95** © Monkey Business Images/Dreamstime.com; **96** © hjalmeida/Big Stock Photo; **97** (tl) © Rolfbodmer/iStockphoto; (tr) © Ana Abejon/iStockphoto; (b) © Curtis J. Morley/iStockphoto; **98** © Paul Bradbury/OJO Images Ltd/Alamy; **99** (t) © VojtechVlk/Shutterstock.com; (b) © koh sze kiat/Shutterstock.com; **100** (tl) Martin Bernetti; (tr) © Blend Images/Fotolia.com; (bl) © Bailey-Cooper Photography/Alamy; (br) Dario Eusse Tobon; **101** Dario Eusse Tobon; **102** © Image Source/Alamy; **103** Ventus Pictures; **104** (tl) Martin Bernetti; (tr) Ventus Pictures; (b) © TheSupe87/Fotolia.com; **105** (t) Martin Bernetti; (b) © ra2studio/Big Stock Photo; **106** (t) © Jeff Greenberg/Alamy; (b) © Jupiter Images; **107** © Roger Viollet/Getty Images; **109** © Bill Ross/Corbis; **110** (t) © jschultes/Big Stock Photo; (bl) © holbox/Big Stock Photo; (br) © Ritu Jethana/123RF; **111** (tl) © Bettmann/Corbis; (tr) Diego Rivera. (1866–1957) *Sugar Cane*, 1930. Fresco, 57 1/8 x 94 1/8 inches (145.1 x 239.1 cm). Gift of Mr. and Mrs. Herbert Cameron Morris, 1943. Location: Philadelphia Museum of Art, Philadelphia, U.S.A. © 2012 Banco de México Diego Rivera Frida Kahlo Museums Trust, Mexico, D.F./Artists Rights Society (ARS), New York. Photo credit: © Philadelphia Museum of Art/Corbis; (bl) © David R. Frazier Photolibrary/Alamy; (br) © Omar Torres/AFP/Getty Images.

Lesson Five: 113 (full pg) Carolina Zapata; **114** (tl, tr, b) Martín Bernetti; **115** (t) Martín Bernetti; (bl) © Wendy Carter/iStockphoto; (br) © Ionescu Bogdan Cristian/iStockphoto; **116** (l) © Margo Silver/Stone/Getty Images; (m) © PJF News/Alamy Limited; (r) Darío Eusse Tobón; **122** © Jeremy Horner/Corbis; **123** © Mrallen/Dreamstime.com; **124** Martín Bernetti; **125** © Medioimages/Photodisc/Getty Images; **135** Martín Bernetti; **136** Carlos Gaudier; **137** (tr, m, b) Carlos Gaudier.

Lesson Six: 139 (full pg) Carolina Zapata; **140** (l, r) Martín Bernetti; **141** (t) Martín Bernetti; (b) © Karkas/Big Stock Photo; **142** (l) Martín Bernetti; (r) Darío Eusse Tobón; **148** (l) © Jose Caballero Digital Press Photos/Newscom; (r) © INSADCO Photography/Alamy; **149** © Ivanchenko/iStockphoto; **153** (tl, tr, bl, br) Martín Bernetti; **154** © Randy Faris/Corbis; **156** (left col; t, left col: m, left col: b) Paula Díez; (right col) © Andres Rodriguez/123RF; **159** © David J. Green - lifestyle themes/Alamy; **160** (l, m, r) Darío Eusse Tobón; **161** (t, b) Martín Bernetti; **162** Paula Díez; **163** Paula Díez; **165** © PictureLake/Fotolia.com; **166** (tl, tr) Doren Spinner; (bl) © Mike Segar/Reuters/Corbis; (br) © Michael Kim/Corbis; **167** (t) © © Jeremy Horner/Corbis; (b) © R. Peterkin/Fotolia.com.

Lesson Seven: 169 (full pg) Carolina Zapata; **170** (t, m, b) Martín Bernetti; **171** (l) Martín Bernetti; (r) Darío Eusse Tobón; **172** (tl, mr, bml, br) Darío Eusse Tobón; (tr, ml, bl, bmr) Martín Bernetti; **174** (t, ml, mm, mr, bl, bm, br) Martín Bernetti; **178** © Stewart Cohen/Getty Images; **179** © Ocean/Corbis; **180** (tl, tr, ml, mr, bl) Martín

Bernetti; (br) © Stockbyte/Getty Images; **181** (left col, right col: l, right col: r) Martín Bernetti; **183** (t, m) Martín Bernetti; (b) Darío Eusse Tobón; **184** Martín Bernetti; **185** © Masterfile (Royalty-Free Division); **187** Martín Bernetti; **190** Anne Loubet; **191** Jimena V.

Lesson Eight: 195 (full pg) Carolina Zapata; **196** (t) Martín Bernetti; (b) © Jack Puccio/iStockphoto; **197** (tl, tr, br) Martín Bernetti; (bl) © Barry Gregg/Corbis; **204** (l) Rachel Distler; (r) © Greg Elms/Lonely Planet Images/Getty Images; **205** © GrenouilleFilms/iStockphoto; **207** (left col: t, left col: b) Darío Eusse Tobón; (l) © Benitez, Rodolfo/Age Fotostock; (ml) Janet Dracksdorf; (mr) © StockFood/Gustavo Andrade - StockFood Munich; (r) José Blanco; **210** © Hemis/Alamy; **211** (left col: t) © Ben Blankenburg/Corbis; (left col: ml) © Corbis; (left col: mm, left col: bm, left col: br) Martín Bernetti; (left col: mr, left col: bl) Darío Eusse Tobón; (r) © Jack Hollingsworth/Corbis; **216** © Commercial Eye/Getty Images; **217** Darío Eusse Tobón; **221** © Galen Rowell/Corbis; **222** (tl) © John Beatty/Getty Images; (b) © Jeff Luckett/iStockphoto; **223** (t) © Piero Pomponi/Getty Images; (bl) Jimena V.; (br) © Marshall Bruce/iStockphoto.

Lesson Nine: 225 (full pg) Carolina Zapata; **226** (tl) © Susana/Fotocolombia.com; (tr, br) Martín Bernetti; (bl) © Andrew Unangst/Corbis; **228** Martín Bernetti; **230** Martín Bernetti; **234** (l) © Sylwia Blaszczyszyn/Dreamstime.com; (r) © PictureNet/Corbis; **235** © Jeff Greenberg/Alamy; **236** Martín Bernetti; **239** (left col: l) Darío Eusse Tobón; (left col: m, left col: r) Martín Bernetti; (right col: t) © Nikolai Sorokin/Dreamstime.com; (right col: b) © ecliff6/iStockphoto; **240** Martín Bernetti; **243** (left col: t) Darío Eusse Tobón; (left col: ml, left col: mr, left col: br) Martín Bernetti; (left col: bl) Gloria Elena Restrepo ; (right col: t) © Trouvail/Dreamstime.com; (right col: b) © padnpen/iStockphoto; **244** (l) © reggie casagrande/iStockphoto; (r) © Arne9001/Dreamstime.com; **245** © JUPITERIMAGES/Brand X/Alamy ; **248** (t) © Katrina Brown/123RF; (b) Esteban Corbo; **249** Armando Brito.

Lesson Ten: 251 (full pg) Carolina Zapata; **252** (t) Martín Bernetti; (b) José Blanco; **253** (t) © kmiragaya/Big Stock Photo; (b) © James Steidl/Dreamstime.com; **254** Martín Bernetti; **256** © JupiterImages/Photos.com/Alamy; **260** (t) José Blanco; (b) © Ricardo Figueroa/AP Images; **261** Janet Dracksdorf; **263** Rossy Llano; **267** (l) © endomotion/Big Stock Photo; (r) Martín Bernetti; **268** © JupiterImages/Photos.com/Alamy; **270** Paula Díez; **271** © Stephanie Maze/Corbis; **272** Martín Bernetti; **275** © Duomo/Corbis; **276** (t) Ali Burafi; (b) © gaelj/Fotolia.com; **277** (tl, tr, b) Ali Burafi.

Lesson Eleven: 279 (full pg) Carolina Zapata; **280** (t, br) Martín Bernetti; (bl) Celeste Avila; **281** (l) © Dmitry Kutlayev/iStockphoto; (r) © Ju-Lee/iStockphoto; **283** Darío Eusse Tobón; **288** (t) Carolina Zapata; (b) Esteban Corbo; **289** © Pictrough/Big Stock Photo; **291** (l) Martín Bernetti; (r) © Reuters/Corbis; **294** (t) © LdF/iStockphoto; (tml) © Fred De Bailliencourt/iStockphoto; (tmr, bmr, bl) Martín Bernetti; (bml, br) Liliana P. Bobadilla; **295** (t) © LdF/iStockphoto; (b) © Greg Nicholas/iStockphoto; **298** Ventus Pictures; **299** Darío Eusse Tobón.

Lesson Twelve: 303 (full pg) Carolina Zapata; **304** (l) Martín Bernetti; (r) Darío Eusse Tobón; **305** (tl, tr) Martín Bernetti; (b) © Comstock Images/Jupiterimages; **306** (l, r) Martín Bernetti; **308** (l) © Terry J Alcorn/iStockphoto; (r) © Harry Neave/Fotolia.com; **312** (l) © Dusko Despotovic/Corbis; (r) Martín Bernetti; **313** © Iconotec/Alamy; **317** Martín Bernetti; **320** Carolina Patino Andrade; **321** © Fred Goldstein/Fotolia.com; **323** © Tony Arruza/Corbis; **324** © Chile DesConocido/Alamy; **327** © Owen Franken/Corbis; **328** (t) © Katoton/Dreamstime.com; (bl) © Dave G. Houser/Corbis; (br) © Craig Lovell/Corbis; **329** (tl) © Kevin Schafer/Corbis; (tr) © Tony Arruza/Corbis; (b) © Yann Arthus-Bertrand/Altitude.

Lesson Thirteen: 331 (full pg) Carolina Zapata; **332** (tl, b) Martín Bernetti; (tr) Rachel Distler; **333** (tl) © Ron Masessa/iStockphoto; (tm) © Wendy Boos/iStockphoto; (tr) © Simone van den Berg/iStockphoto; (b) © Darren Greenwood/Design Pics/Corbis; **334** (tl) Carlos Arango; (tr) © Daniel Stein/iStockphoto; (bl)

Martín Bernetti; (br) © Dpenn/Dreamstime.com; **335** Martín Bernetti; **340** (t) © Clive Tully/Alamy; (b) © Fotosearch; **341** © Paul Springett 05/Alamy; **343** Martín Bernetti; **345** © Carsten Koall/Getty Images; **346** © Rick Rusing/Getty Images; **349** © Junko Kimura/Getty Images; **350** © Deron Rodehaver/123RF; **351** Doren Spinner.

Lesson Fourteen: 355 (full pg) Carolina Zapata; **356** (m, bl) Martín Bernetti; **357** (tl) Martín Bernetti; (tr) © skynesher/iStockphoto.com; (b) © bilge/iStockphoto; **358** (tl) Anne Loubet; (tr, ml, mr, bl, br) Martín Bernetti; **364** (t) José Blanco; (b) www.metro.df.gob.mx; **365** © meunierd/Shutterstock.com; **367** © tarras79/iStockphoto; **369** Darío Eusse Tobón; **370** (t) Darío Eusse Tobón; (b) © Juan Herrera/iStockphoto; **372** © xmasbaby/Big Stock Photo; **374** Martín Bernetti; **375** (t, b) Martín Bernetti; **377** © Radius Images/Alamy; **379** © Bettmann/Corbis; **380** (t) © Richard Cummins/Media Bakery; (bl) © John Nakata/Corbis; (br) © Bettmann/Corbis; **381** (t) © Bernard Bisson/Sygma/Corbis; (b) © Bill Gentile/Corbis.

Lesson Fifteen: 383 (full pg) Carolina Zapata; **384** (t, b) Martín Bernetti; (m) © manley099/iStockphoto; **385** (l) © 5xinc/iStockphoto; (r) Martín Bernetti; **386** © diego_cervo/iStockphoto; **388** Martín Bernetti; **392** (t) Oscar Artavia Solano; (b) © Krzysztof Dydynski/Getty Images; **393** © Ximagination/Big Stock Photo; **394** (l) Darío Eusse Tobón; (r) Martín Bernetti; **395** (l, r) Martín Bernetti; **399** Martín Bernetti; **402** Darío Eusse Tobón; **403** (t) Martín Bernetti; (b) Doren Spinner; **404** Martín Bernetti.

Lesson Sixteen: 407 (full pg) Carolina Zapata; **408** (tl) Darío Eusse Tobón; (tr, br) Martín Bernetti; (bl) © Glyn Jones/Corbis; **409** (t) © jeffwqc/Big Stock Photo; (m) © pressmaste/Fotolia.com; (b) Martín Bernetti; **410** © Marmion/Big Stock Photo; **416** (l) © PhotoAlto sas/Alamy; **417** © maigidesign/Big Stock Photo; **423** Martín Bernetti; **424** (l) © track5/iStockphoto; (r) © forgiss/Fotolia.com; **427** Darío Eusse Tobón; **428** © Catherine Karnow/CORBIS; **431** © Elke Stolzenberg/CORBIS; **432** (t) © graficart.net/Alamy; (b) © Reuters/CORBIS; **433** (tl) Velazquez, Diego Rodriguez (1599–1660) *Las Meninas* (with Velazquez' self-portrait) or the *Family of Philip IV*, 1656. Oil on canvas, 276 x 318 cm. Museo del Prado, Madrid, Spain. Photo credit: Ali Burafi; (tr) José Blanco; (b) © Paul Almasy/CORBIS.

Television Credits

"Azucarlito" By permission of Azucarlito, Bokeh and CAMARA\TBWA.
"Balay" By permission of Jean Marie Boursicot.
"Cruzar la avenida" By permission of Tango Films.
"Davivienda" By permission of Davivienda.
"Down Taxco" By permission of Univision.com.
"Edenor" By permission of Edenor S.A.
"Galerías" By permission of Jean Marie Boursicot.
"Jumbo mountainbike" By permission of Cencosud.
"Mastercard perrito" By permission of Edgardo Tettamanti.
"Personal - Hippie" By permission of Personal Argentina.
"Personal - Tres deseos" By permission of Personal Argentina.
"Sopas Roa" By permission of Andres Felipe Roa.
"Strepsils" By permission of Jean Marie Boursicot.
"Totofutbol" By permission of Diego Reves.
"Trivago" By permission of Trivago.
"Turismo a Suchitoto" By permission of La Prensa Gráfica.

About the Authors

José A. Blanco founded Vista Higher Learning in 1998. A native of Barranquilla, Colombia, Mr. Blanco holds a B.A. in Literature from the University of California, Santa Cruz, and an M.A. in Hispanic Studies from Brown University. He has worked as a writer, editor, and translator for Houghton Mifflin and D.C. Heath and Company and has taught Spanish at the secondary and university levels. Mr. Blanco is also the co-author of several other Vista Higher Learning programs: **VISTAS** and **PANORAMA** at the introductory level, **VENTANAS**, **FACETAS**, and **ENFOQUES** at the intermediate level, and **REVISTA** at the advanced conversation level.

Philip Redwine Donley received his M.A. in Hispanic Literature from the University of Texas at Austin in 1986 and his Ph.D. in Foreign Language Education from the University of Texas at Austin in 1997. Dr. Donley taught Spanish at Austin Community College, Southwestern University, and the University of Texas at Austin. He published articles and conducted workshops about language anxiety, language anxiety management, and the development of critical thinking skills, and was involved in research about teaching languages to the visually impaired. Dr. Donley was also the co-author of three other introductory college Spanish textbook programs published by Vista Higher Learning, **VISTAS**, **PANORAMA**, and **¡VIVA!**.